国際刑事法

国境を越える犯罪への対処

中野目 善則 編

日本比較法研究所
研究叢書
90

中央大学出版部

装幀　道吉　剛

はしがき

　本書は、中央大学法科大学院において、2005年3月から2007年2月にかけて、3年間に亙って、韓国、オーストラリア、UK（イギリス）、米国から諸先生を招聘して開催された国際刑事法のセミナーでの講演記録を元に、それに若干の論考を加えて編集したものである。

　文部科学省の「法科大学院等専門職大学院形成支援プログラム」により、中央大学法科大学院に資金が交付されることとなり、中央大学法科大学院において、長内了教授が中心となり、その資金を利用して、「法曹養成のための国際教育プログラムの形成」が企画された。この国際刑事法のセミナー[1]は、その一環として開かれたものであり、各国から先生方を招聘し、外国での国境を越える犯罪への対処のあり方について伺い、対話する機会に恵まれた。

　本国際刑事法のプログラムの狙いは、国境を越えて多国間にまたがって行われる犯罪行為に各国がどのような考え方と方法で対処しているのかを知り、外国法制についての理解を深め、我が国における対処を考える参考にするとともに、他国との協力関係を取り結ぶ基礎についてより十分な理解を得ることにあった。今後の進むべき方向を見いだすことも課題の一つであった。本書がその点で参考になる視点を提供することができれば幸いである。

---

1) 本書で扱う国際刑事法は、ローマ規定により国際刑事裁判所（ICC）で訴追対象となる国際犯罪（Genocide, Crime against Humanity, War Crime, Crime of Aggression など）を中心とするものではなく、国境を越えて行われる組織犯罪を含めた犯罪への、各国の主権による対処と、二国間・多国間条約及び国連条約を含めた各国の協力・調整を中心に考察するものである。ICC に付随的に言及される場合もあるが、本書は「国境を越える犯罪」への対処に中心を置いている。

韓国法務部からは、朴榮珆検事（2005年3月）、金學根検事（2005年3月）、魏在民検事（2006年2月）及び梁炳錘検事（2007年2月）、UKからは、誤判審査委員会法律顧問のJohn Wagstaff先生（2006年2月）及びSFO（Serious Fraud Office, 重大不正犯罪捜査局）のHelen Garlick検事（2007年2月）、オーストラリアからはMichelle M. Gordonヴィクトリア州弁護士（Queen's Counsel）（2006年2月）、Daniel D. Caporaleヴィクトリア州検事（同年同月）、また米国イリノイ大ロークール（University of Illinois College of Law）のPatrick Keenan先生（2007年2月）をお招きした。お忙しい中、このセミナーでの講演を快くお引き受けいただき、貴重な時間を割いて来日していただいた各先生方に深甚の謝意を表したい。

　3年に亙るこのセミナーには毎年、韓国法務部から検事にご出向いただいた。韓国検察官の所属される法務部長官の快諾なくしてはこのセミナーの成功はあり得なかった。法務部のご理解・ご協力に感謝申し上げたい。

　韓国法務部と中央大学との間の交流・受入れは、渥美東洋中央大学名誉教授が日本比較法研究所の所長であったときに開始され、その後途切れることなく中央大学との交流が継続しており、2014年度には交流30周年を迎えようとしている。この国際刑事法セミナーはこのような韓国法務部と同法務部ご所属の検事の先生方との交流を示すものでもある。

　各報告において、韓国法制について詳細な説明がなされており、韓国法制の理解にとって極めて重要且つ有用であるとともに、日韓の法制比較に言及しつつ分析がされている部分が多くあり、日本の読者にとっても、韓国法制で言及されたものに相当する日本法制を想起しながら読み比べ、自国法制について検討することができる。比較法は自国の法制を写す鏡であると言われるが、まさに相互に特徴を映し出し問題点を検討する作業が行われており、比較法の面目躍如たる感がある。

　初年度の2005年3月には、国境を越える犯罪の問題について、朴榮珆検事が、韓国の事実状況と法状況を踏まえた包括的且つ基本的な説明を日本法と比

較しつつ行い、金學根検事が、組織犯罪のマネー・ロンダリング、テロリズム法制、サイバー犯罪等に関して、より個別化された報告をされた。

　次年度には、魏在民検事が、外国人犯罪、韓米駐屯軍地位協定、北朝鮮で南韓国人の犯した刑事事件の処理、南北関係の法律問題等について、事実を踏まえた法的分析を示された。第1講演での、外国人犯罪の問題に関しては、刑事手続と入管の関係、通訳に関する諸問題などが検討されており、我が国の刑事手続と共通する問題が示されている。第2講演の韓米駐屯軍地位協定に関する説明は、我が国の日米地位協定を考察する際の参考になろう。第3講演で北朝鮮と南北の関係に関して我が国に初めて伝えられる事実や問題点も多くあった。北朝鮮の刑法や刑事法に関する叙述に接して、我が国で初めてこの事実を知る読者も多いと思われる。

　本書では、2005年及び2006年の韓国法制に関するセミナーにおいて行われた質疑のセッションを収録した。質疑において、朴検事、金検事及び魏検事の報告で示された内容を一層深めた詳細な議論がなされ、重要な視点が示されている。また、初年度のセッションにおいて、渥美東洋教授に、法執行の国際的展開を効果的にする国際（刑事）法の変化について、第二次世界大戦後の世界の変化を踏まえたコメントをしていただいた。

　3年目（2007年）には、梁炳鍾検事が、取調における韓国の映像録画制度についての立法段階の動向に関する報告とサイバー犯罪等について現状を踏まえた報告をされた。これらは、国際刑事法に直接関係するテーマではないが、日韓の刑事法の比較上重要な意義がある。取調における韓国の映像録画制度に関しては、その後、刑事訴訟法が改正されている（本文訳者註で若干の追記をした）。本報告では法案段階での詳細な検討がされており、参考になろう。梁検事には、この他に、犯人特定のための、「遺伝子鑑識情報銀行」に関する法案についても詳細なご説明をいただいたが、その後この法案は廃案となり、新たに、「DNA身元確認情報の収集及び管理に関する法律」が制定されており、遺伝子情報銀行に関する報告は、本書には収録しなかった。

2年目（2006年）にUKから、Wagstaff先生をお招きした。同先生は、本書の講演中にも出てくるバーミンガムのInnocence Commission（誤判審査委員会）において、誤判救済の機関の法律顧問として活躍されており[2]、国境を越える犯罪へのUKでの対処について御説明いただいた。Wagstaff先生は、第1講演で、IRAとの関係を含め、特に、テロリズムに悩まされたイギリスの対応について、第2講演で、重大組織犯罪対策局（SOCA）を中心とするイギリスの新たな対応について、第3講演で犯罪人引渡しに関するイギリスの法制について分析し説明された。

　第1講演のテロリズムに関する考察は、テロリズムの歴史と法制の変化について触れた説明となっており、法律的な考察をしたものとして重要な意味があるのはもちろんだが、歴史的な叙述としても興味あるものとなっている。テロリズムへの対処が他方では誤判の問題と関係してきたことを踏まえて、誤判防止の視点からも検討が加えられている。

　第2講演の組織犯罪に対処するための新たな政府組織であるSOCA（Serious Organized Crime Agency）に関する叙述は、その後、キャメロン政権に至り、より大きな「犯罪庁（National Crime Agency）」を創設し、SOCAがそこに吸収される予定であり、その意味で、本書の叙述の意義は薄れたのではないかと見る向きもあるかも知れないが、SOCAの機能はそのまま維持される予定であるとのことであり、SOCAを中心とする組織犯罪への対処を考察した本書の叙述は決してその意義が薄れてはいない。おそらく、SOCAに関する我が国での紹介は、本講演が最初であったと思われる。本稿はイギリスの警察機構の歴史の叙述ともなっている。ここでも、Wagstaff先生は、誤判をもたらすことになった警察組織の活動について触れて、かかる弊害を回避する視点の重要性を指摘されている。組織犯罪に対処するための効果的な法執行制度のあり方を基本権への配慮と組織と捜査手法、捜査に必要な制度の両面から解説している。

　第3講演の犯罪人引渡しは、EUとの関係も含めたイギリスの法制について

---

[2]　現同機関長

説明したものであり、EUとイギリスとの法制度上の関係、EUとの関係について分析が加えられている。イギリス法（common law）と大陸法（civil law）は、かなり異なる特徴を持つが、イギリスのEUへの加盟により、制度の違いからイギリスに生ずる問題点について、詳細な解説を加えている。Wagstaff先生のUKとEUの両法制の特徴を捉えた優れた叙述から、UKとEUとの法制の相違と調整について知ることができる。

　UKからは、3年目（2007年）に、SFOのHelen Garlick検事に来日していただいた。本書では、Helen Garlick先生の、犯罪収益の没収に関する講演の一部と捜査共助や共同捜査に関する部分を収録させていただいた。Helen Garlick先生には、本書に収録した講演以外にも、SFOの活動、贈収賄に関する捜査、コーポレイト・ガバナンス、などについてもお話いただいたが、本書には収録していない。SFOでの検事としての活動中であったにもかかわらず、O'Keeffe局長（当時）は、私からの依頼を快諾されて、Helen先生を派遣してくださった。O'Keeffe局長（当時）のご高配にも感謝申し上げたい[3]。

　2年目（2006年）に、オーストラリアからは、Michell M. Gordon弁護士（Qeen's Counsel・当時）とDaniel Caporale検事（当時）においでいただき、オーストラリア法での国境を越える犯罪への対処についてご説明いただいた。依頼申し上げてから短期間であったにもかかわらず、講演原稿を準備していただいたMichell M. Gordon弁護士とDaniel Caporale検事に感謝申し上げたい。紹介されることの少ないオーストラリア法に関する紹介でもあり、本書に収録したかったが、お二方ともその後、職が変わるなどしたこともあり、連絡を取ることがままならないなどの事情から、残念ながら、今回の収録を断念した。

3）　O'Keeffe局長には、これとは別に中央大学で2007年に各国から先生を招聘して行われた「企業の活動に関する法規制」（日本比較法研究所第5回シンポジウム）に、Jayne Astley検事を派遣していただいた。このシンポジウムの成果は日本比較法研究所より、丸山秀平編『企業の活動に関する法規制』（日本比較法研究所、2011年）（非売品）として刊行されている。

最後の年である3年目の2007年には、韓国法務部梁炳鍾検事に加えて、米国から、イリノイ大ロースクール（The College of Law at University of Illinois-Urbana-Champaign）のPatrick Keenan先生[4]に来日していただき、2001年9月11日の米国ニューヨークでのテロ以降の、米国の国境を越える犯罪に関する刑事法の領域での変化を踏まえたご講演をいただいた。この講演については、センシティヴな事項も含む関係から公刊については配慮が必要であるとのご意志であったこともあり、本書には収録していない。キーナン先生は、個人的には直接存じ上げない私からの突然の依頼であったにもかかわらず、快諾されて、授業中のお忙しいスケジュールの中、本務校の学生には授業を本人が担当できない間の授業用ビデオをあらかじめ作成されて来日されたとのことであった。大学間の若干の接触はあったものの、全く見知らぬ私からの依頼を快く引き受けて講演してくださったKeenan先生に感謝申し上げたい。

　英語の講演の通訳に関しては私が多くの部分を担当したが、お手伝いいただいた先生方にも感謝申し上げたい。
　韓国の検事の先生方は中央大学日本比較法研究所で研究され、日本語も堪能であるが、韓国検事の質疑応答に関しては当時東京大学大学院の国際法の学生であった権南希先生[5]のご助力を得た。
　英語圏の通訳はほとんど私が行うこととなったが、オーストラリアの第5講演（人身取引）に関する当日の通訳に関しては、中央大学総合政策学部の堤和通教授にご助力いただいた。

　このセミナーには、多くの方にご参加いただいた。とりわけ、渥美東洋中央大学名誉教授・京都産業大学法科大学院教授には、セミナーのほぼ全てにわたってご参加いただいた他、全体にわたるコメントをしていただくなど、毎回、

---

[4] 同先生の現在の状況については、http://www.law.illinois.edu/faculty/profile/patrickkeenan を参照。
[5] 現関西学院大学国際法准教授

有意義なコメントや質問をしていただき、多大なご協力・ご支援を賜った。その一部は、本書に収録した質疑・コメントの記録にも示されている。ご助力に深甚の謝意を表したい。また、国際刑事法のトピックスに関係するということで警察関係者にも多くの参加をいただいた。忙しいスケジュールの中このセミナーにご足労いただいたことに感謝申し上げたい。このセミナーに中央大学法科大学院の関心を持つ学生諸君が参加されたのはもちろんであるが、日頃一緒に研究を重ねている日本比較法研究所の「米国刑事法の調査研究」のグループ[6]のメンバーや他大学の先生にも熱心に参加していただいた。

こうした方々のご参加により、このセミナーを成功裡に終了させることができたものと思う。

講演がなされた当初から日時が経過しており、その間に、講演で言及された各国の法制に進展がみられることは想像に難くないが、報告していただいた国境を越える犯罪への対処はその後の発展の基礎となるものであり、本書で示された骨格は引き継がれて法と実務が発展してきており、公演後の時間の経過を考慮しても、各講演の意義は色あせてはおらず、公刊する意義は依然として失われていないと考えて、公刊することとした。なお、可能な限り、現時点での法状況をフォローすることができるものについては註で補充するなどした。

このセミナーは多くの方々のご尽力とご助力、ご支援があって開催されたものであり、このセミナーで示された知見が、今後の、国境を越える犯罪に対処する領域での刑事法の諸問題の解決と法の発展に資するところがあれば、これに過ぎる喜びはない。

　　　　　　　　　　　　　　　　　2012年11月　　編者　中野目 善則

---

[6] 米国刑事法の調査研究として、これまで、渥美東洋編『米国刑事判例の動向Ⅰ』（1989年）、『米国刑事判例の動向Ⅱ』（1989年）、『米国刑事判例の動向Ⅲ』（1994年）を、2012年度には、米国憲法第四修正に関する『米国刑事判例の動向Ⅳ』（捜索・押収）を刊行してきている。

国際刑事法——国境を越える犯罪への対処

目　　次

はしがき

第1章　日本における国境を越える犯罪への対処
日本における国境を越える犯罪と法的・実務的対処 ………… 中野目　善則… 3
- Ⅰ　国境を越える犯罪の実態と法制の変化
- Ⅱ　立法上、裁判上及び執行上の jurisdiction（管轄）

第2章　韓国における国境を越える犯罪への対処
1　韓国における国境を越える犯罪への対処……………………… 朴　榮　珆… 29
- Ⅰ　域外犯罪に関する韓国の法制
- Ⅱ　犯罪人引渡し制度
- Ⅲ　韓国の国際受刑者移送制度
- Ⅳ　麻薬類犯罪捜査と国際共助
- Ⅴ　韓国における組織犯罪の実情と対処方案
- Ⅵ　国際的な犯罪と捜査の実際
- Ⅶ　組織犯罪と裁判における証人保護
- Ⅷ　国際刑事警察機構
- Ⅸ　国際犯罪の準拠法としての条約
- Ⅹ　結　　び

2　朴榮珆検事の報告に関する質疑 ……………………………………………105

3　組織犯罪のマネー・ローンダリング ………………………… 金　學　根… 141
　　Ⅰ　はじめに
　　Ⅱ　資金洗浄規制の意義
　　Ⅲ　資金洗浄の段階及び主要資金洗淨手法
　　Ⅳ　韓国の資金洗浄に対応するための法制
　　Ⅴ　韓国金融情報分析院の活動
　　Ⅵ　資金洗浄規制の国際的動向
　　Ⅶ　国外犯の処罰と他国との捜査共助

4　テロリズムに関する法制…………………………………… 金　學　根… 155
　　Ⅰ　はじめに
　　Ⅱ　テロリズムの定義
　　Ⅲ　韓国のテロに関連する法制
　　Ⅳ　テロに対する対処
　　Ⅴ　国 際 協 力
　　Ⅵ　刑事裁判管轄権と司法共助

5　サイバー犯罪 ……………………………………………… 金　學　根… 171
　　Ⅰ　はじめに
　　Ⅱ　サイバー犯罪の類型
　　Ⅲ　サイバー犯罪に対する韓国の対応
　　Ⅳ　サイバー犯罪に対処するための捜査体制
　　Ⅴ　デジタル証拠の押収及び捜索
　　Ⅵ　プロヴァイダの刑事責任
　　Ⅶ　サイバー犯罪に対する国際協力
　　Ⅷ　刑事裁判管轄権と刑事司法共助

6　金學根検事の補足説明と報告に関する質疑 ………………………………… 187

7 法執行の国際展開を効果的にする国際（刑事）法の変化
　　　　　　　　　　　　　　　　　　　　　　　　……………渥美　東洋…207

8 韓国における外国人犯罪の現況と法的問題………… 魏　在　民…229
　Ⅰ　はじめに
　Ⅱ　外国人犯罪の動向
　Ⅲ　外国人犯罪の発生と処理上の特徴
　Ⅳ　外国人犯罪の類型別特徴
　Ⅴ　外国人犯罪捜査と通訳
　Ⅵ　外国人犯罪捜査に関する問題点

9 韓米駐屯軍地位協定 ……………………………… 魏　在　民…281
　Ⅰ　はじめに
　Ⅱ　韓米地位協定の歴史的背景及び沿革
　Ⅲ　韓米駐屯軍地位協定の適用範囲
　Ⅳ　刑事裁判権の配分
　Ⅴ　捜査に関する事項
　Ⅵ　裁判手続上の特則
　Ⅶ　刑の執行に関する特則
　Ⅷ　敵対行為時又は戒厳時の特則
　Ⅸ　具体的な事例の検討

10 韓国住民が北朝鮮において犯した刑事事件の処理 …… 魏　在　民…299
　　　――刑事事件の処理に関する韓国と北朝鮮の協力体制を中心に――
　Ⅰ　問題の所在
　Ⅱ　韓国と北朝鮮の刑法の場所的・人的適用範囲
　Ⅲ　北朝鮮の韓国住民に対する身辺安全保障の方法及び問題点
　Ⅳ　北朝鮮刑事法適用の問題点

Ⅴ　他の分断国家の立法例及び事例分析
　　Ⅵ　開城工業地区及び金剛山観光地区への出入り及び滞在に関する合意
　　　　書に基づく身辺安全保障の後続措置
　　Ⅶ　結　　論

11　韓国と北朝鮮の関係をめぐる法的課題 ……………… 魏　在　民 … 331
　　Ⅰ　韓国と北朝鮮の関係の近況
　　Ⅱ　韓国と北朝鮮の統一をめぐる法的整備の現況
　　Ⅲ　南北関係の進展による法的問題

12　魏在民検事の報告に関する質疑 …………………………………… 339

13　韓国の映像録画調査制度 …………………………………… 梁　炳　鍾 … 357
　　Ⅰ　はじめに
　　Ⅱ　法律的根拠
　　Ⅲ　映像録画調査室の概要
　　Ⅳ　韓国の映像録画調査制度の運営
　　Ⅴ　映像録画物の証拠としての使用
　　Ⅵ　刑事訴訟法改正案の関連条項
　　Ⅶ　映像録画調査制度の運用成果の評価及び補完要望事項
　　Ⅷ　おわりに

14　サイバー犯罪と韓国刑法の適用範囲 ……………… 梁　炳　鍾 … 385
　　Ⅰ　はじめに
　　Ⅱ　サイバー犯罪の特性
　　Ⅲ　サイバー犯罪の類型及び韓国の対応法規
　　Ⅳ　サイバー犯罪に対する韓国刑法の適用範囲
　　Ⅴ　おわりに

第3章　UKにおける国境を越える犯罪への対処

1　1880年から2006年までのテロリズムに対するイギリスの対応
　　　　………………………………………………… John Wagstaff… 411
　　Ⅰ　は じ め に
　　Ⅱ　イギリスの外でのテロリズム
　　Ⅲ　大英国内におけるテロリズム

2　重大組織犯罪に対するイギリスの対応 ………………… John Wagstaff… 445
　　Ⅰ　は じ め に
　　Ⅱ　「重大組織犯罪」の定義
　　Ⅲ　現在の警察制度
　　Ⅳ　地域犯罪捜査班のスキャンダル
　　Ⅴ　全国犯罪情報サービスと全国犯罪捜査班の創設
　　Ⅵ　重大組織犯罪対策局（SOCA）
　　Ⅶ　税関の情報収集機関でのスキャンダルの例
　　Ⅷ　捜査官の尋問への返答の法的義務づけ
　　Ⅸ　刑 事 免 責
　　Ⅹ　証 人 保 護
　　Ⅺ　通信傍受により得られた証拠
　　Ⅻ　最後に一風変わった話を

3　犯罪人引渡し及び国際協力に関するイギリスのアプローチ
　　　　………………………………………………… John Wagstaff… 481
　　Ⅰ　は じ め に
　　Ⅱ　欧州人権条約及び欧州人権裁判所
　　Ⅲ　刑事に関する事項における共助に関する1959年欧州条約
　　Ⅳ　UKから共助を得るための内容に関するガイドライン

Ⅴ　1985年シェンゲン協定
　　Ⅵ　1992年ユーロポール
　　Ⅶ　マネー・ローンダリングと犯罪収益
　　Ⅷ　没収と賠償——2002犯罪収益法
　　Ⅸ　資産回復庁
　　Ⅹ　保 全 命 令
　　Ⅺ　イギリスの国外から発せられた命令
　　Ⅻ　枠組み決定
　　ⅩⅢ　ヨーロッパ逮捕令状
　　ⅩⅣ　2003年犯罪人引渡し法

4　犯罪収益の没収 ………………………………………… Helen Garlick… 519
　　Ⅰ　マネー・ローンダリング：その予防と処罰方法
　　Ⅱ　非刑事の没収
　　Ⅲ　凍結・没収命令執行法

5　UKにおける国際協力 …………………………………… Helen Garlick… 529
　　Ⅰ　迅速な国際共助と手続に異議を申し立てる容疑者の権利のバランスを如何にしてとるか
　　Ⅱ　複数のjurisdictionの法執行機関の共同捜査
　　Ⅲ　複数のjurisdictionでの同時に行われる非刑事と刑事の訴訟の調整
　　Ⅳ　犯罪人引渡し

第 1 章

日本における国境を越える犯罪への対処

日本における国境を越える犯罪と法的・実務的対処

中野目 善則

I 国境を越える犯罪の実態と法制の変化

　本稿では、国境を越える犯罪への我が国の対処について述べる。まず、はじめに、我が国に関係する、国境を越える犯罪の実態についての理解が、この問題について考察する前提となるので、最初に若干言及する[1]。

　国境を越える犯罪の問題は我が国の社会にも大きな悪影響を与えてきている。

　外国人が、日本国・日本人に対して犯罪を行い、日本国外で邦人に犯罪を行い、外国人が日本国内での犯行後に外国に逃亡し、また、日本人が海外で行えば見つかりにくいとみて海外で犯罪を行うなど、個人の犯罪の場合をとっても様々の懸念すべき場合があるほか、海外の犯罪組織と連携する形で日本において又は日本に影響を及ぼす形で犯罪組織による犯罪が行われる場合があり、このような国境を越えて行われる犯罪に有効に対処することができなければ、日本国における治安を維持し、日本の人々の生活の安全を確保することが難しくなる。

---

[1]　テロリズムなどを含めた国境を越える犯罪に関しては、本書の渥美東洋教授のコメントなどにも示されている。ここでは、なるべく重複を避けて論述する。
　なお、国際刑事裁判所で扱われる、人道に反する罪、大量虐殺罪、戦争犯罪などは本稿では扱っていない。

近時は、特に、米国での2001年9月11日の貿易センタービルに乗っ取った飛行機を突入させて多くの人を死傷させたテロを契機に、テロリズムの問題が大きな問題として全世界的に意識され、取り上げられるに至っている[2]。

個人によってなされる国外犯についても有効な対処が必要だが、金銭的・経済的利益の獲得を目的として継続・反復的に犯罪を行う組織犯罪は、個人の犯罪以上に、社会に及ぼす脅威と影響が強い[3]。組織犯罪は一国内でのみ行われるのではなく、国境を越えて異なる国の犯罪組織と連携して行われる場合が多い点に特徴がある[4]。

これらの組織犯罪が関係する事例には、例えば、薬物の密輸入に関わる犯罪があり[5]、犯罪者間の国際的連携により、密輸入が行われてきている[6]。また、

---

[2] 我が国においても、日本連合赤軍事件、オウム真理教事件など、テロリズム犯罪は発生してきており、これらの犯罪は、その遂行過程で国境を越える活動に関係している。（金學根検事の質疑でも示されているところであるが、）北朝鮮による被害者の拉致もテロリズムの一場合である。

　　2001年9月11日の事件は、対象国がアメリカであり、その後、大規模な軍隊の動員による対処がなされた。アルカーイダによる国際的テロ活動の展開との関係での対処が求められてきている。この9月11日事件後の、テロリズムへの国際的な対処の一環として、マネー・ローンダリングとの関係での「疑わしい取引」についての報告義務対象者の範囲の拡大などの動向が見られる。

[3] 組織犯罪について、特に、渥美東洋『複雑社会で法をどう活かすか』（1989年）（立花書房）、渥美東洋編『組織・企業犯罪を考える』（1998年）（日本比較法研究所）、渥美東洋他編『日韓における立法の新展開』（1998年）（日本比較法研究所）等を参照。この他、警察白書、那須修『新訂　警察実務家による「刑事学」ノート』（立花書房）（2010年）等を参照。

[4] 日本国内を主な標的とする「振り込め詐欺」なども、電話が中国に渡航した日本人により中国からかけられているなど、何らかの形で国境を越える形で行われている。犯罪組織間の国際的連携に関する事実については、例えば、平成22年度警察白書「犯罪のグローバル化と警察の取組み」などを参照。

[5] 国際的にはコカインなどが問題とされるが、我が国の場合、覚せい剤が大きな問題であり、組織暴力団の大きな資金源となってきている。

[6] 薬物犯罪は単に人を廃人にするという健康面、公衆衛生面での被害だけではなく、薬物による収益が関係するところから、シマを廻る、銃撃戦を含む縄張り争

人の密輸入[7]や銃器の密輸入[8]に関しても同様である。

近時は、日本国内での自動車窃盗と海外での売りさばき[9]や、外国人等によるピッキング[10]、宝石店などにおける国際的窃盗団による窃取[11]などが問題と

いや誤襲撃などによる治安の悪化はもちろん、国境を越えた犯罪者間の連携によって——我が国おける最も問題とされる覚せい剤は、外国人が国内で覚せい剤を製造して摘発されるなどの若干の例外があるが、今では、そのほとんどが国外で製造されており、海外の犯罪組織との連携の下に密輸入されてきている。——得られた莫大な収益により、経済、政治が裏の世界によって支配される危険が高まるなど、健全な市場経済や民主主義的統治制度の根幹に関わる重大な影響が及ぶとの懸念を生む。薬物犯罪が社会に及ぼすかかる甚大な被害に鑑み、「犯罪が儲かることがあってはならない」という常識にかなう状態とするべく、薬物の生産、密輸出入、頒布・販売まで（trafficking）を視野に入れて、犯罪収益及びそれに由来する収益の没収を重要な柱とする、国際的連携により薬物犯罪に対処する、麻薬新条約（国連多国間条約）が締結されて各国において批准され、国際的連携が強められてきている。麻薬及び向精神薬の不正取引の防止に関する国際連合条約（United Nations Convention against Illicit Traffic in Narcotic Drugs and Psychotropic Substance, 1988.）がそれであり、麻薬新条約又はウィーン条約ともいわれる。この麻薬新条約を受けて国内法の改正も行われ、麻薬新法（国際的な協力の下に規制薬物に係る不正行為を助長する行為等の防止を図るための麻薬及び向精神薬取締法等の特例等に関する法律（平成3年10月5日法律第94号））が制定された。犯罪に「由来する」収益の没収を含む没収や薬物の収益に関する推定規定など、多くの新しい方策が導入された。

20年以上前であるが、平成元年の警察白書によれば、暴力団全体の年間収入を個別に生活程度等から推定する方法によると、10万人強の暴力団の年間収益の総額は1兆3,019億円とされ、そのうちの覚せい剤による収益が34.8％を示す。約3分の1が覚せい剤による収益である。犯罪組織の目的は、犯罪による「収益（profit）」を得ることにある。

7) 人身取引の実態については、「平成23年度中における人身取引事犯について」警察庁保安課広報資料平成24年2月2日参照。http://www.npa.go.jp/safetylife/hoan/h23_zinshin.pdf なお、渥美東洋「人身取引に対する日本の総合戦略」警察学論集63巻2号108-119頁（2010年）参照。

8) 実際に押収される拳銃は数百丁の単位であるが、トカレフなどの他国の軍の横流しによる流入が相当数あるともいわれている。

9) ロシア方面への窃盗車輌の売りさばきが問題とされた時期もあるが、近時問題

されるに至ってきており、ナイジェリア人による国際的詐欺活動[12]も問題とされてきている。組織的に金銭を詐取する振り込め詐欺なども国外から振り込め詐欺のための電話がかけられるなどしていると伝えられている[13]。

 とされているのは窃盗車輌を「ヤード」で解体し、密輸出して、中東で組み立て、アフリカで売りさばく、犯罪者・集団間の国際連携による自動車窃盗であり、自動車盗組織、解体・密輸出組織、中東での組立組織、アフリカへの密輸出組織、アフリカでの販売組織など様々の国の犯罪者組織が関わる。国内での窃盗集団も、外国人を含む固定的でない組合せからなる集団により自動車窃盗が行われ、自動車盗が発覚すると市街を猛スピードで逃走して複数人を撥ねて死亡させるなど危険な犯行を行っている。解体は「ヤード」と呼ばれる、視界を遮った場所で、外国人などにより行われ、解体された自動車がコンテナに入れられて輸出されるなど、手の込んだ方法が用いられている。平成22年度警察白書「犯罪のグローバル化と警察の取組み」参照。
 このように社会に脅威を与えている「組織犯罪」をその実態の点からみると、複数人が継続反復的に多種多様な犯行を行い、社会に脅威を与えるものとなっている。上意下達型の、系列化された暴力団のような組織形態を有するものだけを対象にして処罰を考えるのではなく、もっと初期段階又は小規模な緩やかな連携により行う組織を組織犯罪と捉えた対処がなされるべきである。組織犯罪処罰法（組織的な犯罪の処罰及び犯罪収益の規制等に関する法律）や通信傍受法（犯罪捜査のための通信傍受に関する法律）に定められているような、上意下達型の明確な構造を持つ組織犯罪を取り締まるという観点に立つ方法──組織的な犯罪の処罰及び犯罪収益の規制等に関する法律（平成11年8月18日法律第136号）第2条は、「この法律において「団体」とは、共同の目的を有する多数人の継続的結合体であって、その目的又は意思を実現する行為の全部又は一部が組織（指揮命令に基づき、あらかじめ定められた任務の分担に従って構成員が一体として行動する人の結合体をいう。以下同じ。）により反復して行われるものをいう。」と定める。──では、犯罪の実態を捉えきれておらず、効果的な取締を実現できない虞がある。反覆継続的に犯罪を行う場合には、ならず者による犯罪の場合を越えて、社会に与える脅威が飛躍的に高まる。萌芽的な形態のものや、共通する者がいるが犯行により組合せを変え、反覆継続的に犯罪を行うものを組織犯罪と捉えて対処することが必要であり、組織形態がより強固なものとなり、阻止や除去に多くの労力を必要とする段階に至らなければ組織犯罪に当たらないとし、対処が遅れる対処の仕方は、遅きに過ぎ、解体・撲滅により多くの労力と時間を要するものとなる。市民生活の平穏を最大限確保するという視点と、「予防的な」観

また、日本国内で犯罪を行い、国外に逃亡する事件もあり、中には、詐欺によって得た巨額の金を国外に持ち出し、海外でマネー・ローンダリングで身柄拘束される事例もある[14]。

点を重視した組織犯罪の考察が重視されるべきであろう。
　　国際組織犯罪条約が関係する。近時の「国際的な組織犯罪の防止に関する国際連合条約（略称：国際組織犯罪防止条約）（United Nations Convention against Transnational Organized Crime and the Protocols Thereto）は、直接又は間接に金銭的又はその他の物質的利益を得ることを目的とした、3名以上の者から成り、一定期間存続し、この条約に従って定められた一つ以上の重大犯罪を犯す目的で共同して行動する、構造化されたグループを、組織犯罪グループと定義して、その「予防」を重視し、加盟各国に、組織犯罪結社罪か共謀罪のいずれかを定めるように求めている。我が国では、事後の処罰に中心を置く議論が多いようであり、法務省の提案にかかる共謀罪の提案は現時点（2012年）では未だ法律となっておらず、そのため、同条約も現時点では批准されていない。共謀罪について検討したものに、中野目善則「組織犯罪対策と共謀罪（コンスピラシー）―国際組織犯罪防止条約と共謀罪を契機に―」『立石二六先生古稀祝賀論文集』605頁、（2010年）成文堂。

10) 家屋に窃盗に入り家人と遭遇するや居直って強盗となるなどの行動に出る、外国人による組織的に行われるピッキング盗犯は重大な問題となった。平成15年（2003年）6月、侵入犯罪を未然に防止するため、特殊開錠用具の所持、指定侵入工具の隠匿携帯を禁じた「特殊開錠用具の所持の禁止等に関する法律」（いわゆるピッキング防止法）が制定された。当時の発生件数等については、国家公安委員会・警察庁「平成15年　実績評価経過報告書」（平成16年8月）http://www.npa.go.jp/seisaku_hyoka/keikaku/h15-2.pdf 参照。

11) 爆窃団による窃盗（窃盗後被害品を海外に持ち出して売りさばくなどして一部は香港警察との協力により発見されている）や、仲間を奪還するためには警察などを襲うことも辞さないピンク・パンサーと呼ばれる危険な集団による窃盗などが行われてきている。平成22年度警察白書「犯罪のグローバル化と警察の取組み」3頁。

12) 我が国でも被害者が生じているだけでなく、外国で詐欺にあった人に振込先を他人から買い取った日本の銀行口座を指定して振り込ませ、出し子を使って振り込まれた金を引き出す活動が日本でも行われてきている。平成22年警察白書2-3頁。
　　ナイジェリア詐欺の事例について、平成22年度警察白書2-3頁参照。

マネー・ローンダリングについてみると、ヤミ金融事件で違法な高利貸しにより得られた約90億円の犯罪収益をクレディ・スイス香港支店を通して、スイスの銀行に無記名債権で預け、スイスでマネー・ローンダリングとして摘発され没収され、金銭の一部が日本に還付された五菱会事件[15]などにみられるよ

---

13) 振り込め詐欺の被害に関しては、平成22年度は認知件数6,637件、被害総額約82億であるが、平成16年度は認知件数25,667件、被害総額約284億円、平成20年度は認知件数20,481件、被害総額約276億円と、多額の被害に上っている。振り込め詐欺の被害総額は翌平成21年には被害件数が7,340件、被害額は約96億円、平成22年には被害件数は6,637件、被害額は約82億円と減少したが、平成23年には被害件数こそ6,233件と減少しているものの、被害総額は約110億円、平成24年には11月末現在で被害件数は5,951件、被害総額は約133億円と被害額は増加している。http://www.npa.go.jp/safetylife/seianki31/1_hurikome.htm 外国に渡航した日本人が被害者に電話をかけている場合があり、外国治安機関との連携が重視されている。平成23年度警察白書。

14) 茨城県ゴルフ場会員権による詐取事件の逃亡犯が米国で逮捕され没収された違法収益の一部が被害者に還付された事例などがそれである。FBIのRICOの担当部署を訪問した折、法執行に要した費用を差し引いた没収金銭を日本に還付したと伺った。日本において受け皿が当時政府になかったため、被害者を代表する弁護士への還付通して被害者への還付がなされたようである。

15) このヤミ金融事件も組織犯罪の場合であり、ローン・シャーキングの一形態である。ヤミ金融によりこの五菱会が被害者から違法に得た多額の金銭は、本来被害者の金銭であるが、没収が、被害者への返還を第一次の優先順位とし、被害者への還付のシステムを組み込んだ制度とはされていなかったため、刑法上の没収と同じ考え方が適用されれば、没収・追徴した金銭は国庫に帰属することになり、被害者には還付されない事態となりかねなかった。組織的な犯罪の処罰及び犯罪収益の規制等に関する法律においては、「被害者の財産」については没収ができないとされていたため、没収・追徴ができるのかどうかが問題となったが、東京高裁は、損害賠償請求権等が現実に行使される可能性がないような場合にまで没収・追徴が許されないのは相当ではない、と判示し、被告人らの得た約51億円の追徴を、「犯罪被害財産」に当たるので、没収・追徴が許されないとした原審判断を破棄した（東京高判平成17年11月17日判タ1212号310頁。被害者が特定されていない犯罪被害財産については没収できないとしたのは、東京地判平成17年2月9日判タ1185号159頁）。

現在では法が改正され、被害者の損害賠償請求が困難であるときには没収でき

うに、犯罪後のマネー・ローンダリングが国際的規模で行われるなどしている[16]。

経済的利益の獲得を目的として行われる組織暴力活動[17]は、国際的連携によ

ることとなった。同法第13条第3項1号。他方、犯罪被害財産等による被害回復給付金の支給に関する法律が制定された（平成18年）。同法は、組織的な犯罪の処罰及び犯罪収益の規制等に関する法律）第13条第2項各号に掲げる罪の犯罪行為により財産の被害を受けた者に対して、没収された犯罪被害財産、追徴されたその価額に相当する財産及び外国譲与財産により被害回復給付金を支給することによって、その財産的被害の回復を図ることを目的とするものである。

五菱会ヤミ金融事件において、事件関係者によりスイス連邦の銀行に送金されて隠匿され、同国チューリッヒ州により没収されていた犯罪被害財産等の一部（約29億円）が、平成20年5月23日、スイスより日本に譲与され、東京地方検察庁においては、同年7月25日、「犯罪被害財産等による被害回復給付金の支給に関する法律」に基づき、上記の外国譲与財産を被害者に被害回復給付金として支給するための手続である「外国譲与財産支給手続」を開始する決定をし、裁定が確定した5,490名に対して、支給を行った。

この事件に示されるように、組織犯罪対策は、被害者の保護も含めた総合的、包括的な視点が重要である。この点は、本書の各報告及び質疑等において示されているところである。

16）マネー・ローンダリングに関しては、国際的連携をとった対処が極めて重要となる。FATF（Financial Action Task Force）の勧告を受けた我が国のマネー・ローンダリングに関する法整備の動向については、例えば、http://www.npa.go.jp/sosikihanzai/jafic/maneron/manetop.htm#b を参照。

現在では、（「犯罪による収益の移転防止に関する法律」（平成十九年三月三十一日法律第二十二号））が制定され、JAFIC（Japan Financial Intelligence Center）が警察庁に置かれている。警察庁刑事局組織犯罪対策部犯罪収益移転防止管理官制度。http://www.npa.go.jp/sosikihanzai/jafic/index.htm

なお、テロリズム対策の関係で本人確認等の義務を課す範囲が金融業者のみならず、ファイナンスリース業者、クレジットカード業者、宅地建物取引業者、不動産業者、貴金属等取引業者、郵便物受取・電話受付サービス業者、弁護士、司法書士、行政書士、公認会計士、税理士等の特定業者にも広げられた。①本人確認 ②本人確認記録の作成・保存 ③取引記録の作成・保存 ④疑わしい取引の届出 の義務が金融機関などには求められるが、とりわけ弁護士について、①、②、③、④の義務についてはどのような形にすべきかについて議論の残るところ

ってその収益を確保・隠匿する活動を行っており、このような、国際的規模で行われる活動ついて効果的に対処することが必要とされてきている[18]。

さらには、特に米国での2001年9月11日の貿易センタービルへのハイジャ

であり、「犯罪による収益の移転防止に関する法律」第八条において、「弁護士等による顧客等又は代表者等の本人確認、本人確認記録の作成及び保存並びに取引記録等の作成及び保存に相当する措置については、第2条第2項第40号から第43号までに掲げる特定事業者の例に準じて日本弁護士連合会の会則で定めるところによる。」と定めており、2007年の、「依頼者の身元確認及び記録保存に関する規定」により身元確認義務及び記録保存義務については、日本弁護士連合会会則規定により定められるに至ったが、疑わしい取引について、弁護士は、直接JAFICへの届け出義務を負わず、日弁連を通して、疑わしい取引を届ける制度としているようであるが、届け出義務は負わないとする議論もなされているところである。

マネー・ローンダリングについては、永井達也「犯罪収益流通防止法案（仮称）と今後のマネー・ローンダリング対策（警察政策フォーラム　マネー・ローンダリング対策――組織犯罪・国際テロリズムの資金源を断つために）」警察学論集60巻2号82007年2月）、太刀川浩一「犯罪による収益の移転防止に関する法律（特集　第166回国会主要成立法律(1)）ジュリ1340号61頁（2007年）、同「反マネロン国際連携に応える犯罪収益移転防止法」週刊金融財政事情58巻19号38頁（2007年）、人見信男「暴力団等に係る不法収益のはく奪等に向けた施策の現状と課題〈基調講演〉（特集　マネー・ローンダリングに関するフォーラム）」警察学論集49巻10号16頁（1996年）、中野目善則「マネー・ローンダリングと犯罪収益移転規制――テロ資金等規制戦略〈テロ対策関係〉警察政策10号66頁（2008年）等を参照。

17) 組織犯罪は、反覆継続的に多種多様な犯行や民事暴力などによって経済的利益を獲得するという特徴を持つ。渥美東洋『複雑社会で法をどう活かすか』前掲、四方光『社会安全政策のシステム論的展開』成文堂（2007年）。

18) 金銭的利益の獲得を目的に行われる組織犯罪に対処するには、金銭的利益の剥奪が重要であり、犯罪は儲かることがあってはならない、という、常識にかなう対処が必要であり、この点から犯罪収益を犯罪に由来する収益まで含めて没収することが重要だと指摘されてきた。渥美東洋編『企業・組織犯罪を考える』中央大学出版部（日本比較法研究叢書）（1998年）渥美『複雑社会で法をどう活かすか』前掲。没収を重視する麻薬新条約とそれに伴う国内法における没収の強化（「国際的な協力の下に規制薬物に係る不正行為を助長する行為等の防止を図るた

ックした飛行機によるテロリズム活動以降、国境を越えるテロ組織の活動の阻止が重要課題とされてきている[19]。

近時は、さらに、事実上の国境がないサイバー犯罪への対処がこれに加わる[20]。

めの麻薬及び向精神薬取締法等の特例等に関する法律」（平成三年十月五日法律第九十四号））及び組織犯罪処罰法による麻薬以外の犯罪の収益を含めた没収の強化（「組織的な犯罪の処罰及び犯罪収益の規制等に関する法律」（平成十一年八月十八日法律第百三十六号）などはこのような犯罪の実態を踏まえた処理である。

19) マネー・ローンダリングに関する規律が拡大された背景にはこのテロリズムの問題がある。テロリズムに関しては、刑事法による対処もあるが、米国はこれを軍事的対処によっても解決しようとしてきた。

20) スタンド・アローンでの利用が中心的利用形態であった時代を経て、今はネットワークで結ばれたコンピュータの利用が中心的重要性を占めるに至っており、インフラとしてのネットワークの安全性を保護のあり方が問われている。他人のIDとパスワードを不正に利用して財産的被害を与える行為、他人のコンピュータにウィルスに感染させる行為——これは、コンピュータの不正操作と関係しており、踏み台を作り実際の攻撃時の真の攻撃者を隠すためでもある——、他のコンピュータのデータを破壊し又は改ざんする行為、他人のコンピュータの情報を不正に取得する行為——近時、国家機密や国防上の情報などを盗む目的での標的型メールの利用などが問題とされている——、DoS攻撃によりインターネットのシステムをダウンさせる行為、児童ポルノの頒布行為等、様々な犯罪が問題とされてきており、匿名性を特徴とするサイバー空間での対処の難しさがある。犯罪の被害は瞬時に、広範に生ずる。実害が生じた場合の犯罪の捜査訴追も重要なのはもちろんだが、その被害を生ぜしめるに至る前段階の行為の段階で止めることも重要である。他人のIDとパスワードの不正取得、それを利用した不正アクセス、他人のIDとパスワードの不正取得のためのフィッシング、他人のIDとパスワードをの不正な保管、頒布などが問題とされ、不正アクセス禁止法（不正アクセス行為の禁止等に関する法律）及びその後の改正（平成24年）により、処罰範囲が拡大されて来ている。刑法上導入されたウィルス作成罪（刑法168条の2）も、実害の予防としての側面を持つであろう。最近では、ルーティングの追跡を困難にさせる手法による犯行が問題とされてきている。

サイバー犯罪に関しては、従来の物理的に隔てられた国境という障壁が意味を持たない。物理的な移動が関係する場合には、国境での検査などのボーダー・コントロールで対処することになるが、サイバー空間は、国境によって事実上遮ら

社会の安全を維持するためには、これらの国境を越えて行われる犯罪に有効に対処することが強く求められている。

II 立法上、裁判上及び執行上の jurisdiction（管轄）

犯罪者は国境による障壁により遮られることなく、連携して犯罪を行うのに対し、国家は主権の枠に縛られており、領土外で自国と同じように捜査活動などを行うことができない場合が多い。国境を越えて行われる犯罪に対処するためには、この障害をどのようにして克服するのかが問われる。

まず、国外でなされる犯罪行為に我が国の主権をどこまで及ぼし犯罪とすることができるのかをみて、次に、国外での法執行活動が関係する場合に関係する、これまで示されてきている諸原則について考察しておこう。我が国の主権の範囲を超える場合には、外国との調整・交渉・連携が必要とされる。

国外における法の執行が問題となる場合には、立法上の jurisdiction[21]、執行

　　れていない。サイバー空間を通して、外国から行われる、また、国内からであれ、外国を経緯して行なわれる犯罪に関係する犯罪の捜査に関係する執行上の jurisdiction（管轄）に関して、今までとは相当に異なる考え方によって対処することが求められるのかもしれない。

　　　サイバーテロ（重要インフラの基幹システムに対する電子的攻撃等により国家又は社会の重要な基盤を機能不全に陥れる行為）対策が重要視さてきているのは周知の通りである。米国は、サイバー攻撃を「戦争行為」と見なす場合があることを示唆している。

21）"jurisdiction"（ジュリスディクション・管轄）という言い方をそのまま用いる。
　　jurisdiction は、通常、「管轄」、と訳されている。国家の主権が及ぶ範囲、国家がその主権・権限を正当に及ぼす（行使する）ことができる範囲を意味する。管轄という言葉を使うならば、立法上の管轄（権）、裁判上の管轄（権）、及び執行上の管轄（権）をその内容とし、後述のように、その範囲は同じではない。例えば、立法上は、国外の犯罪行為について、国外犯を定めて処罰の対象に含めることができるが、裁判をするには、犯罪人の引渡しを受けることが原則的に必要とされ、また、他国に被疑者がいる場合の逮捕や証拠の捜索・押収は、他国に捜査共助を依頼しなければならず、犯罪人の引渡しを受けなければならない。一国の

上の jurisdiction、裁判上の jurisdiction との関係で、他国の主権との調整が必要となる。立法上の jurisdiction の範囲と執行上の jurisdiction の範囲は同じではないことに示されるように、それぞれの場面での主権の及ぶ範囲と他国の主権との調整が必要となる。

以下で、各国の国境を越える犯罪に対処するための考え方の特徴を知るために、我が国の法制上の特徴について概観しておこう[22]。

1．立法上の jurisdiction（管轄）

刑法上、属地主義[23]、属人主義（積極的属人主義、消極的属人主義）[24]、国家主義[25]、世界主義[26]などの考え方を基礎とする対処がなされているのは周知のところである。

刑法第１条は、属地主義を定める。国外犯に関して、米国のような "long-arm jurisdiction" の考え方は採用していない[27]。

> 主権により、立法上、国外犯の処罰規定を設けて処罰の対象に含めることができる場合でも、その国家の主権を実際に行使する裁判や執行の場面においては、他国の主権と衝突する場合があり、調整・交渉が必要とされる場合があるのであり、一国の主権により、立法上、犯罪と定めることができる範囲（立法上の管轄）と、裁判上・執行上の管轄とはその範囲は同一ではない。また、jurisdiction は、その主権によりその国の法による裁判及び法の執行がなされる領域という意味での「法域」の意味でも用いられる場合がある。それぞれのコンテクストにあわせた理解が必要とされる。

22) 日本法の法制については、朴榮珪検事の講演において、日本法と比較しつつ韓国法について考察されており、それも合わせて参照されたい。なお、山本草二『国際刑事法』（三省堂、1991 年）を参照。
23) territorial principle
24) active personality principle or nationality principle（積極的属人主義―国外の犯行者が自国民であるとき）、passive personality principle（消極的属人主義―被害者が自国民であるとき）
25) 保護主義ともいう。protective principle. 国家の利益を保護する場合。
26) universal principle. どこの国で行われても犯罪とされる場合。

属人主義に関して、刑法第3条がこれを定め日本国民が国外で犯罪を行った場合についての国外犯処罰規定を定める。

国民が国外（外国船籍の船舶）で外国人による犯罪の被害者になった場合に、これを処罰する規定がないときに、船籍国もその外国人の所属国も処罰しないとき、邦人の保護に欠けるとの理由で、邦人が外国人による犯罪の被害者である場合の、国民以外の者の国外犯の処罰規定が刑法3条の2で定められた[28]。

国家的利益の保護に関する規定として刑法第2条がある。国家の存立の基礎を脅かす犯罪がこれである。

刑法第2条では、さらに、正常な経済取引を著しく害するクレジットカードの不正作出等に関する犯罪[29]などにみられるように、誰がどこで行っても世界で共通に犯罪であると認識されるべき行為について、全ての者の国外犯処罰規定が定められている。

27) 米国の場合には、territorial principle（属地主義）を基礎に、自国の利益に「重大な影響（substantial effect）」を与える犯罪行為を、国外で行われた犯行であっても、自国の法律で処罰することができるとする考え方が採られている。The Restatement Third : Foreign Relations Law of the United States, section 402 ; Charles Doyle, Extraterritorial Application of American Criminal Law, Feb 15, 2012, Congressional Research Service. effect doctrine は、米国独禁法（Sherman Act）の域外適用に関する United States v. Aluminum Co. of America, 148 U. S. 416 (2d Cir., 1945) での、Learned Hand 裁判官の意見により示されている。

28) フランスなどはこの消極的属人主義をとる国であるが、UK は消極的属人主義を採用していない。近時、日本人男性が商談名目で南アフリカでナイジェリア人及び南アフリカ人により誘拐される事件も起きており（平成22年警察白書5頁参照）、海外での日本人を被害者とする組織的犯罪からの犯罪被害者保護の重要性が増している。

29) 保護主義の場合として説明されるのが、一般的である（大塚仁・河上和雄・佐藤文哉編『大コンメンタール刑法』第一巻77頁（青林書院）(1991年))が、クレジットカードの不正作出等に関する犯罪の国外犯を処罰する趣旨は、支払・決済の手段として外国にも共通する利益を保護するところにあると解されるので、世界主義によるものと解するのが適切であろう。森下忠『新しい国際刑法』（信山社）(2002年) 55頁は、1929年の通貨偽造処罰国際条約に言及して、世界主義思想の片鱗がうかがわれる、とする。

犯罪類型の中には、犯罪の基本的性質について、誰がどこで行っても世界の多くの国で共通に犯罪として認識されるべき、世界主義 (universal jurisdiction) による犯罪とみるべきものがあり、刑法第 4 条の定める、国際条約による国外犯の処罰がこの類型に入る場合が多く、テロリズムはこの典型例である[30]。こ

---

30) 条約で定める犯罪類型が直接国内法として効力を持つわけではない。通常、条約の内容を「国内法化」する手続があって初めて国内にも条約の趣旨が効力を持つことになる。国によっては、条約が直接国内法としての効力を持つと解する国もあるが、国際法上の条約を国内法化する手続があって初めて国内法として効力を持つ、と解される場合が多い（但し、刑法の問題とは直接の関係はないが、国際人権規約（いわゆる B 条約——市民的及び政治的権利に関する国際規約）は、そのまま国内法として妥当するとの解釈が採用されているようであるが、これも主権との関係でみると、疑問は残る）。テロ関連の条約をあげると、以下のような 13 本の条約がある（これらの条約については、朴榮琯検事及び金學根検事の報告において触れられている）。航空機内で行われた犯罪その他ある種の行為に関する条約（航空機内の犯罪防止条約（東京条約）、航空機の不法な奪取の防止に関する条約（航空機不法奪取防止条約（ヘーグ条約））、民間航空の安全に対する不法な行為の防止に関する条約（民間航空不法行為防止条約（モントリオール条約））、国際的に保護される者（外交官を含む）に対する犯罪の防止及び処罰に関する条約（国家代表等犯罪防止処罰条約）、人質をとる行為に関する国際条約（人質行為防止条約）、核物質の防護に関する条約（核物質防護条約）、1971 年 9 月 23 日にモントリオールで作成された民間航空の安全に対する不法な行為の防止に関する条約を補足する国際民間航空に使用される空港における不法な暴力行為の防止に関する議定書（空港不法行為防止議定書）、海洋航行の安全に対する不法な行為の防止に関する条約（海洋航行不法行為防止条約）、大陸棚に所在する固定プラットフォームの安全に対する不法な行為の防止に関する議定書（大陸棚プラットフォーム不法行為防止議定書）、可塑性爆薬の探知のための識別措置に関する条約（プラスチック爆薬探知条約）、テロリストによる爆弾使用の防止に関する国際条約（爆弾テロ防止条約）、テロリズムに対する資金供与の防止に関する国際条約（テロ資金供与防止条約）、核によるテロリズムの行為の防止に関する国際条約（核テロリズム防止条約）等。これらの条約では、条約に規定する一定のテロ行為を国内法上の犯罪とし、そのような犯罪が外国において外国人によって行われた場合にも我が国において訴追ないし引渡ができるようにする対応を求めている。例えば、条約に沿って国内法が改正されている例として、爆弾テロ防止条約に伴う、テロリストによる爆弾使用の防止に関する国際条約の締結に伴

のような世界の多くの国々に共通して犯罪であると考えられる類型には、例えば、古くからあるものとしては海賊行為[31]があるが、その対象は、犯罪行為の影響度によって、多国間条約等を通して、拡大してきており、薬物犯罪、人身売買 (human trafficking) などもこうした犯罪類型である。

覚せい剤は、我が国が加盟した国際条約である、麻薬新条約[32]において規制物質として掲げられているが、我が国の覚せい剤取締法においては、覚せい剤に関する犯罪は、公衆衛生を害する罪として位置づけられている（覚せい剤取締法第1条）。制定当初はそのような性格のものであったにせよ、現在では、覚せい剤は組織犯罪集団が経済的収益を得るための資金源となっており、この犯罪が金銭的利益を生むために、縄張り争いが生じ、抗争による治安の悪化はもちろんのこと、この犯罪により得た収益を用いた企業の支配や株式の売買などが通常の経済に及ぼす悪影響や政治を腐敗させる悪影響が懸念されるところとなり、麻薬新条約が多国間条約として締結され、それを受けて国内法においても、「麻薬新法（国際的な協力の下に規制薬物に係る不正行為を助長する行為等の防止を図るための麻薬及び向精神薬取締法等の特例等に関する法律）」が制定され、覚せい剤に関係する犯罪の性質は大きく変化している。覚せい剤を含む、麻薬等の

　　　　う関係法律の整備に関する法律（爆発物取締罰則の一部改正）の制定、人質行為防止条約の締結に伴う、人質による強要行為等の処罰に関する法律の制定、モントリオール条約、ハーグ条約等の締結に伴う、航空機の強取等の処罰に関する法律の制定など。

31)　執行上も、古くから認められてきた普遍主義・世界主義による公海上での権限の行使が認められる場合 (universal jurisdiction) の一つである。C. Bassiouni ed., International Criminal Law II, at 31p (1986) ; Geneva Convention on the High Seas, April 28, 1958, Article 19.

　　　　近時はアデン湾等における、タンカーを初めとする船舶に対するソマリア人海賊が大きな問題となっている。

32)　麻薬及び向精神薬の不正取引の防止に関する国際連合条約 (United Nations Convention against Illicit Traffic in Narcotic Drugs and Psychotropic Substance, 1988.)。麻薬新条約又はウィーン条約ともいわれる。覚せい剤もこの中の規制薬物に入る。

薬物の、製造・栽培、密輸出、密輸入、頒布・販売からなる取引（trafficking）は、国際的に非難度の高い犯罪として位置づけられてきている。この点で、瀬取りの事例で覚せい剤の既遂時期について、陸揚説による最高裁判例[33]が示されているが、覚せい剤の密輸入は、我が国が加盟した国際条約及びそれを国内法化した麻薬新法において、国際的非難度の高い犯罪として定められていることに照らせば、世界主義（universal jurisdiction）の考え方による対処が必要とされ、既遂の時期・犯罪の成立時期をより早く設定できる性質のものであろう[34]。犯罪の性質に応じた jurisdiction が考えられるべきであろう。

人身売買に関しても、我が国は関係各国と連携しつつ、総合的にその対策を強化してきているところである[35]。

2．執行上及び裁判上の jurisdiction（管轄）──捜査共助及び司法共助

立法上の jurisdiction とは異なり、捜査に関して他国に協力・共助を求め又は他国からの捜査に関する協力・共助の要請に応ずるには、執行上の jurisdiction（管轄）が関係する。他国での捜査が必要とされる場合には、他国がその主権に基づいて統治する領域での法の執行に関する活動が関係するため、他国への

---

33) 最三小決平成 13 年 11 月 14 日刑集 55 巻 6 号 763 頁、東京高判平成 12 年 12 月 20 日高刑集 53 巻 2 号 109 頁、東京地判平成 12 年 2 月 19 日刑集 55 巻 6 号 799 頁。
34) 中野目善則「覚せい剤密輸入罪の処罰と同罪の性質の関係──覚せい剤犯罪の害悪と universal principle を基礎とする jurisdiction による対処の必要」法学新報 112 巻 1・2 号 521-540 頁（2005 年）。前註で示した最高裁判例と高裁判例は、検察官が予備的に訴因を変更していないことを理由に予備も成立しないとした。
35) この犯罪類型も universal jurisdiction によって考察されるべきものである。「国際的な組織犯罪の防止に関する国連条約を補足する人（特に女性及び児童）の取引を防止し、抑止し及び処罰するための議定書（略称─国際組織犯罪防止条約人身取引議定書）及びそれを受けた、刑法 226 条の 2 の規定の新設（平成 17 年）。人身取引について、渥美東洋「人身取引に対する日本の総合戦略」警察学論集 63 巻 2 号 108-119 頁（2010 年）。

謙譲[36]、相互性の確保など、異なる考慮が関係し、充足されなければならない原理・原則がある。とりわけ逮捕、捜索・押収などの強制力を行使する場合には、自国の主権の維持・主張とともに、他国の主権に対する尊重が必要とされ、基本権を尊重することが必要とされる[37]。

裁判を行う際に、証人尋問を嘱託したりするなどの、司法共助においても、同様に、他国における強制権限の行使が必要とされる場合があり、ここでも同様の他国の主権に対する尊重が必要とされる。

犯罪人引渡しは、自国の領域外にいる犯罪人の引渡しを受け又は引渡し請求国に犯罪人を引渡して、自国又は請求国が裁判権を行使できるようにするための手続であり、裁判上及び執行上の jurisdiction が関係する（身柄を拘束して引渡すことを求めることになるので、捜査上の共助の要請も関係する）。引渡しには、相互の他国の主権の尊重、相互主義、基本権の保障等に関わる諸要件の充足が必要とされる（詳細は後述）。

刑事裁判権及び捜査に関する権限の行使は、実体法上の犯罪が成立していることを前提とするので、立法上の jurisdiction（管轄）があることが前提となる

---

36) 米国合衆国最高裁判所はパナマのノリエガ将軍を軍が実力で米国に連行して薬物取引、ラケッティアリン、マネー・ローンダリングなどの訴因で米国の裁判を受けさせた事件（United States v. Nriega, 746 F. Supp. 1506, S. D. Fla., 1990；合衆国の麻薬捜査官等を誘拐、拷問、殺害した者を、強制的に米国に連行して米国での裁判を受けさせた事件（United States v. Alvarez-Machain, 504 U. S. 655 (1992)）で、米国の刑事裁判権を認めた。だが、このような法の執行のあり方は、他国の主権への尊重を基礎に主権間の調整を図る通常の刑事法執行の通常のあり方ではない。他方、パキスタンでのオサマ・ビン・ラディンの急襲作戦にみられるような対処の仕方は、刑事法の執行というよりも、戦争を遂行する軍事作戦の一環という見方に拠っているのであろう。

37) 強制力を行使しない、任意に相手方に捜査上の協力を求める場合、相手国の承諾を得なくともよいとする米国の場合と異なり、我が国は、この場合でも相手国の承諾による捜査共助を必要とすると解しているようであり、サイバー犯罪の捜査で他国のサーバーが関係する場合に、国内の、その他国企業の日本支社への「依頼」を通して、必要とする情報の取得などがなされる場合もあるようである。

が、他国の主権との抵触が関係するため、異なる考慮が必要とされる。

　立法上は、領土外で行われる行為であっても、その行為を日本国の主権により犯罪として定めることができるが[38]、捜査共助、裁判上の共助を必要とする場合には、双罰性の要件を充足しなければならない。双罰性の要件は国により犯罪構成要件の定め方が異なるため、完全な一致を求めれば捜査共助などが不可能となるので、それを避けるには双罰性の要件は柔軟に解されなければならないであろう。他方で、双罰性の要件を不要とすると、力の強い国が弱い国を自国の領土のように扱う場合も起きかねないので、双罰性の要件が充足されて初めて他国に対する捜査共助、司法共助を請求し又は他国からのかかる請求を受け入れることができるとの、従来とられてきた原則を堅持すべきであろう。ヨーロッパのような一体性の強いところでは、かかる双罰性を要件としない傾向もあるが、それほど一体性が強くなく、統治の体制や、国益、法制を異にする国家間では、双罰性の要件は、その要件が緩和されることは必要だが、特殊な例外は別として[39]、基本的には堅持されるべきであろう。

　なお、組織犯罪などに関して、より早期の段階からの捜査共助を可能とするには、「共謀罪」のような犯罪類型を定めることが必要であり、結果的に実行されるなどの段階に至らなければ（少なくとも、予備とか未遂などの段階にいたらなければ犯罪が成立しないとして）、捜査共助ができないとする立場は、組織犯罪への予防を遅らせてしまう。その点でも、双罰性の要件の充足を前提とする、

---

38) この点で「双罰性（double criminality）」が要件となると説明される場合もあるが、各国の刑罰法規の定め方は様々である。関係国で協力を得やすくするには、双方の国で犯罪を、おおよそのところで共通に定めることが得策であるとはいえるが、自国の必要に基づいて国外犯の処罰規定を定める意味はあろう。ただ、それを実際に執行するとなると、捜査・司法共助の被請求国の協力を得るためには「双罰性」の要件を充足しなければならないので、処罰の点でも他国による理解を得られやすい犯罪行為について国外犯処罰規定を定めるのが得策であるとはいえるであろう。これは執行上の jurisdiction（管轄）の観点からの議論である。

39) 朴検事の講演では、海に関する漁業法違反などの行為をしたものが、海に隣接する地域を持たない国に逃亡したような場合を例としてあげている。

より早期の相互の捜査共助を可能とするには、共謀罪の制定の必要性が高い[40]。

　他国からの刑事司法に関する協力要請があった場合それに応ずるにはさらに、その共助要請の根拠たる犯罪について、「相当理由」が必要である[41]。欧州の場合、その一体性を背景に、共助に相当理由を必要としない立場がとられ、現在では、ヨーロッパ逮捕令状が発付されそれを EU 域内の他国で執行できる体制となっているが[42]、我が国は、相当理由を要するとの立場に立つ。UK も伝統的にはこの様な立場を採ってきているが、EU の条約上の義務との関係での調整がされてきているようである（本書 3 章 5 Helen Garlick「UK における国際協力」Ⅳ（犯罪人引渡し）の項目参照）。

　我が国の逃亡犯罪人引渡法において、犯罪人引渡に関して、経済犯罪の例外は定められていないが、政治犯罪の例外が定められている。我が国は、日本国憲法において、思想・信条の自由を保障し、表現の自由を保障し、国際的にも人権条約に加盟して人権を保障すべしとの立場に立つことからすれば、他国における弾圧などを逃れて逃亡した者をそのような弾圧や圧政が行われている国に返還するのは、認められないこととなる。この点に関して、張振海事件での逃亡犯罪人引渡し要求が興味ある事例を提供している[43]。

---

40) 共謀罪について、中野目善則「組織犯罪対策と共謀罪（コンスピラシー）―国際組織犯罪防止条約と共謀罪を契機に―」前掲（但し、国際組織犯罪予防条約は未批准。誤記を訂正）。

41) 逃亡犯罪人引渡法は、引渡請求にかかる犯罪について相当理由があることを明示的な要件とする（同法第 2 条第 6 号）。国際捜査共助等に関する法律（昭和五十五年五月二十九日法律第六十九号）は、他国からの共助の要請があったときに関する法律である。この法律では、犯罪を行ったと疑うに足りる相当な理由が要件となるのか否かが文面上は明らかではない。

42) 本書のワグスタッフ（Wagstaff）先生の第 3 講演の他、シルヴィ・シマモンティ（小木曽綾要約）「フランスの司法共助―ヨーロッパ逮捕状を中心として」中央ロー・ジャーナル 9 巻 3 号（通巻 33 号）95 頁（2012 年）を参照。

43) 引渡し要求の対象となった張振海は、中国民航機を乗取りいうことを聞かなければ中国の民間人多数が搭乗している飛行中の航空機を爆破すると脅して韓国行

さらに、我が国の場合に特徴があるのは、自国民不引渡の原則が逃亡犯罪人引渡法により定められている点である。だが、個々の条約や協定により、自国民であっても他国に引き渡す場合はあり、絶対的禁止の立場が採用されているのではない点に注意を要する[44]。

きを命じたが、韓国の軍用機に着陸を拒否され、燃料切れ寸前になって博多空港に着陸し、そこで逮捕された。天安門事件による迫害を逃れるためにハイジャックしたというのが犯人の主張した理由だが、中国当局の引渡し要求は横領罪を理由としており、結局、我が国は、法務大臣の許可と東京高裁の審査を経て、中国側に引渡した。裁判所の判断は、東京高決平成2年4月20日判タ726号77頁、判時1345号（1990年）27-33頁に示されている。同事件の評釈として、渥美東洋「中国民航機ハイジャック犯人の中国側への引渡しが認められた事例（平成2.4.20東京高特決）〈判例評釈〉」判タ726号70-76頁（1990年）；中野目善則「張振海引渡事件（中国民航機ハイジャック事件）上告審判決——逃亡犯罪人引渡法10条1項3号の決定に対しては、不服申立は許されないとされた事例（平成2.4.24最高一小決）〈刑事判例研究2〉」法学新報98巻3.4号329-342頁（1991年）等を参照。ハイジャックの場合には目的が政治的なものだが、手段が非難度の高いハイジャック犯罪であるので、政治犯の「例外の例外」に当たり、引渡が可能な原則に戻るとの議論もなされた。だが、返還すれば天安門事件にみられるような、人権抑圧の対象となる虞があるのにそのまま返すことが義務づけられるのかという問いが残る。ハイジャック犯はその処罰は刑法第2条の例によるとされており（航空機の強取等の処罰に関する法律第5条）、ハーグ条約等を受けて制定された本法は、国際的に非難度の高い犯罪として世界主義（universal jurisdiction）を基礎とする処罰を定めており、外国人が外国人に対し外国で行った（航空機は外国の領土である）犯罪について、我が国の裁判権を行使することができると定めており、この方法に拠る方が、処罰の要求と基本権保護の要求をともに充足することができた場合であろう。結局、死刑にはしないとの条件を付して引き渡された（特定性（speciality）の要件）。

44）　ワグスタッフ先生やヘレン先生の講義に示されているように、UKでは自国民であっても他国に引き渡すとの立場がとられている。もちろんこの場合でも、相互性が確保され、他国での公正な取り扱いがなされることが重視されるであろう。英語圏の方で、逃亡犯罪人引渡法のみをみられて、日本では自国民不引渡の原則が採用されているとコメントされることがあるが、裁量的に引渡しの処理がされる場合があり（「日本国とアメリカ合衆国との間の犯罪人引渡しに関する条約」第5条及び「逃亡犯罪人引渡に関する日本国と大韓民国との間の条約」第6条）、

他国への引渡により邦人が公正な取り扱いを受けるとの保障があるのかどうかが不安視される状況でこのような自国民不引渡の立場が採用されているのであるとすると、そのような懸念の根拠がなく、相互性が確保される国との関係でどのように対処すべきかは、今後の検討課題であろう。

　他国に捜査共助の依頼をし又は犯罪人の引渡要求をする場合、時間もかかり、また、相手国の法制によっては障害が生ずる場合もある（自国民不引渡を憲法で定めている場合など）。

　捜査共助に関して、我が国との間で協定や条約がない場合には、現場の警察・検察から、渉外担当の連絡担当部署を通して、法務大臣に要請がなされ、さらに要請を受けた外務大臣から、他国の外務大臣へ要請がなされ、その要請を受けた他国の外務大臣は、自国の法務大臣にその要請を伝え、法務大臣は要件を審査して、さらに、裁判所又は執行を担当する検察・警察へとその要請を伝え、実際に捜査共助の要請が執行され、捜査共助の結果が逆のルートを辿って引き渡される。犯罪人の引渡の場合も同様である。このようなルートを辿る、捜査共助、犯罪人引渡等は、半年以上も要する手続である。したがって、迅速な対処を必要とする捜査共助などには不適切である。

　そこで、近時は、二国間の協定又は条約などにより、リエゾン（Liaison、連絡・交渉官）同士での連絡で捜査共助をすることができる体制を整えて迅速な共助を可能にする枠組みが用意されてきている。日本・韓国、日本・米国、日本・ロシア、日本・香港、日本・中国[45]などとの間でリエゾンによる連絡で捜査共助を可能とする枠組みが可能となってきている[46]。迅速な対処が必要とさ

　　　この条約により実際に引き渡している例もある。
45）　日中間では尖閣列島の問題をはじめ、様々な摩擦があるが、毒餃子事件や福岡一家殺害事件などにみられるように、日本での凶悪な事件の後に逃げ帰ってしまう場合など、相互に協力すべき必要は高い。
46）　サイバー犯罪に関して、外国捜査機関との24時間体制の連絡体制が設けられており、これには、①ICPOのサイバー犯罪のコンタクトポイント、②G8関連のサイバー犯罪捜査コンタクトポイント、③サイバー犯罪条約締結国のコンタクトポイントの3種類がある。いずれも数十カ国以上の規模の連絡網であり、現在

れる事例も多くなって来ており、担当者間での迅速な共助が行えるように、協定や条約による対処を増やしていくことも重要な方策の一つであろう。他方、条約のない国からの捜査共助などがあるときにその共助に応ずるか否かを決める協定又は条約がない場合でもより迅速な処理を可能とするべく、日頃から、他国のカレントな状況を調査し、信頼できる国であるかどうかを判定して、捜査共助に役立てる手法をとるイギリスやオーストラリアのような国もある。協定や条約は、あればより迅速且つ安定的な[47]対処が可能となるが、条約がなければ共助ができないということではなく、内容的には双罰性の要件を充たし、基本権侵害の場合には当たらず、相当理由の要件を充足し、「相互性 (reciprocity)」[48]が確保されれば、共助に応ずることはできるであろう。「相互

　実務上よく使われているのは、前2者であるとのことである。担当者間の連絡網なので、本格捜査の準備や任意捜査の範囲内でしか使えず、令状を必要とするような捜査は、外交ルートないし司法共助条約ルートでの協力が必要となるとのことである。

　外交ルートを通じての協力は、国交がある以上は協力を得ているとのことであり、司法共助条約の締結国は、外務省を通さずに、司法省又は内務省が直接に証拠のやり取りをすることができる。サイバー犯罪条約（―我が国はこの条約を批准している―）は、サイバー犯罪の捜査については、司法共助条約の機能を果たすようになっているので（27条）、サイバー犯罪捜査に関する限り個別の司法共助条約は不要である。

　一国の捜査に他国が協力する捜査共助の方法では大変時間がかかるので、西側先進国では、関係国が協力しつつそれぞれの捜査権によって捜査を行う「共同捜査」の推進を目指しており、我が国では、本年（2012年）に初めて、①京都府警とタイ警察によるわいせつ図画頒布事件、②FBI主導によるクレジットカード番号不正取引事犯の世界12カ国同時検挙事件（日本では警視庁が協力）の2つの事件で国際共同捜査が行われた（以上、四方光氏のご教示による）。

47) 条約があることによって、政権の交代などによる共助への影響を避けることができるというメリットがあることをヘレン先生は指摘された。
48) 相互性は国際的な関係を考える際に、考慮されなければならない重要な原理である。人間の永続的な交渉・連帯・協力を可能とするには、相互性が不可欠であり、法それ自体が相互性の原理を深く内在させている。条約による場合でも、相互性を欠いてはならない。また、相互性を欠く関係は是正されなければならない。

性」を欠き、一方的に義務を負うという関係にはならないように注意が必要であろう[49]。

　我が国が捜査共助を要請したり、犯罪人引渡しを求めた場合に、他国の制度が障害となって逃亡犯罪人引渡しが実現しない場合もある。例えば、日本国内においてひき逃げによる過失致死の罪を犯し母国であるブラジルに加害者が帰ってしまった事例で、ブラジルには自国民を不引渡しとする憲法があり、日本への引渡しが成立しなかった。かかる場合「代理処罰」[50]がブラジルによりなされたと新聞等により報じられたが、ブラジルは自国の主権に基づいて処罰しているのであり、自国民の国外犯を処罰したということであろう。日本国を代理して処罰しているというよりも、日本側の用意した犯罪に関する資料が十分に整っている状況下で、ブラジルが自国民の国外犯を自国の主権に基づいて処罰したということであろう。もちろん、相互の国家間のこれまでの関係もこの主権の発動には影響するであろう。法制の違う国もあるので、自国民の保護に欠けることがないように、調整・交渉・対処することが求められる。

　インターポール[51]の活用も重要であるが、インターポールは、その性格は、

　　　相互性を欠く条約は、他国に対する尊重を欠き、安定的なものとはなり得ないであろう。
49)　渥美東洋「麻薬新条約との関係での外国判決の承認と執行（一）（二）」比較法雑誌25巻3号35頁（1991年）、4号25頁（1992年）
50)　「代理処罰」に関して、Hugo Grotius の唱えた"aut dedere aut punire"（引渡すかさもなくば処罰すべし）が論拠に引かれる。有罪と認定されることが前提となるので、近時は"aut dedere aut judicare"（引渡すかさもなくば訴追・裁判すべし）、と表現されることが多い。Grotius は他国の主権を尊重すべき相互の義務があるとの観点から議論しており、相互性が前提となろう。国内法上の犯罪について、引渡さない場合に常に他国が代理して処罰すべき義務が生ずると一般化できるのかには疑問が残る。近時は、国際社会で共通に保護すべき利益を前提とする universal jurisdiction の観点から、この義務が論じられてきている。Bassiouni, Introduction to International Criminal Law : Second Revised Edition, Nijhoff, 487-496pp, 2013.
51)　国際刑事警察機構（ICPO）

情報の提供機関であり、逮捕や引渡しなどの執行機関ではなく、限界がある。インターポールはヨーロッパに本拠を置く情報提供機関であったが、近時は、シンガポールにもその支所を設ける動きがあるようである。

　国境を越える犯罪の捜査には、関係各国の協力が不可欠であるが、相互の共助条約や協定がある場合でも、国益の対立などから必ずしも正常な連携関係を構築しにくい場合もあり、今後に残された課題は多い。

3．受刑者移送

　近時はさらに刑の執行と受刑者たる証人の移送に関しても、受刑者移送条約の締結・批准がなされ、受刑者移送に関する法律が制定された。これにより、外国人受刑者を、その外国人の受刑に適した本国に送致したり、証人として移送する場合についての規定が置かれ、行刑の分野でも国際的連携が進展してきている[52]。

　だが、各国の法制度は一様ではなく、刑法第5条は、外国判決の効力に関して、「外国において確定裁判を受けた者であっても、同一の行為について更に処罰することを妨げない。ただし、犯人が既に外国において言い渡された刑の全部又は一部の執行を受けたときは、刑の執行を減軽し、又は免除する。」と定め、日本国での処罰が一事不再理又は二重危険禁止に違反するとの考え方は採用されていない。外国で犯罪を犯し処罰される場合でも、その処罰が本当に処罰することを狙いとするのではなく、国外退去処分のために軽い犯罪で処罰して済ませる場合があり、外国での処罰を一様に実質的な処罰と解すると、実態に合わない処理となる場合がある。また、我が国は、処罰権限を一度も行使していないのであり、二重危険の観点からは我が国による処罰は再度の処罰とはいえない。EUなどの一体性の強いところでは、一事不再理により別の国による同一犯行の処罰が禁止されるとの考え方がとられる傾向が強いが、法制度

---

[52] 刑を言い渡された者の移送に関する条約（受刑者移送条約）、国際受刑者移送法（平成14年6月12日法律第66号）

も考え方も相当に異なる国の間で、EU と同様の処理が適切か否かは、慎重に検討されるべきであろう。EU に属する UK では EU での処罰があれば再度処罰をしない立場をとるが、これは、二重危険禁止の原理によるのではなく、条約上の義務によるとのことである。

受刑者移送については、より適切な受刑地での刑の執行をする立場から受刑者の移送が行われることになり、共助刑が定められ、外国で言い渡された刑の執行をするとの立場が導入された。これは条約上の義務と理解すべきなのであろう。

以上、本書で後に示される各国の対応との関係で、日本の状況を不十分ながら考察して、比較考察の素材とした[53]。

(2012 年 11 月)

---

[53] なお、本論文は、中央大学特定課題研究費 (2002 年) による補助に関連するものである。

第 2 章

韓国における国境を越える犯罪への対処

1　韓国における国境を越える犯罪への対処

朴　榮　珀

As long as there are nationalities, sovereign governments controlled by the army and the politicians, with their idiotic ideologies, their separateness, there must be war.

− Krishna Murti −

　韓国では、中国で食品加工業を同業しようと人々を誘って多くの投資者等から巨額の金を集めた者が中国へ逃げ出して行方不明になった事件がありました。
　その被害者の中一人が中国まで行って、辛うじて詐欺犯の所在を捜し出しました。彼は、中国で新たに付き合った女性とともに贅沢な生活をしていました。被害者は詐欺犯を発見したにも拘らずどうしようもなかったのです。
　韓国では、指名手配中の被害者を発見したら112番の電話申告と同時に警察が出動して検挙するはずです。
　しかし、中国では、被害者が急いで韓国の領事館に電話しましたが、領事は「司法権がないので困ります。逃亡犯罪人引渡しを要請しなければなりませんが、かなり時間がかります。」そういう返事でした。
　更に中国公安に申告しましたが、「彼が不法滞留者ではない限り、彼を逮捕する根拠はない」として、助ける気はありませんでした。
　その間、詐欺犯は、また、どこかに逃げてしまいました。当時、中国では「犯人を捕まえて金を返してあげるから、その代わりに報酬を渡してくれ」と

言う者達がいました。彼らは債権取り立て、いわゆる民事暴力を専門とする犯罪組織の者にちがいありません。

韓国では、これらの民事暴力を職業とする者達を解決士と呼びますが、実際、解決士を使って密かに債権取り立てをしてから、助かるどころか逆にそれが弱みになって被害を受けたり、苦しんでいる人もいます。

日本では、「法はさておいてまず拳だ」という俚言がありますが、韓国でも「法は遠くて、拳は近い」という俚言があります。これを信じている人もいるようですが、拳を振り回して、かえって損をする人が少なくないことも事実です。

最近、国際交流の増加にともなって、犯罪人などが海外に逃避する事例が増えています。国外に逃避した犯罪人を国内に送還するためには、複雑でややこしい手続を踏まなければなりません。

犯罪捜査とは関係のない外交ルートを経なければならないし、各国の司法制度の違いもあって、それぞれの手続を経るためにはかなり時間がかかるし、費用もかけて苦労しなければなりません。

2000年8月頃、韓国検察は、国外へ逃避した巨額詐欺犯の捜査に着手したことがありました。当時、外国に逃避したと推定される犯罪人は660人くらいでした。そのうち40%くらいが米国に逃避したことがわかりました。次は日本、中国、香港、カナダ、フィリピン、オーストラリア等の順でした。犯罪内容は詐欺、横領、背任、小切手の不渡り等財産犯罪が90%くらいを占めました。

韓国検察では、ソウル地方検察庁に外事部を設置して、検事5人が外国人犯罪と国外での犯罪を担当する体制をとっています。

検察はそれぞれの国へ刑事司法共助要請をして、所在捜査を依頼しました。そして所在がわかった人に対しては犯罪人引渡し要請をしました。その結果、何人かを検挙しましたが、全体的には満足するほどの結果は出ませんでした。

犯人が外国へ逃避した場合、公訴時効は停止されるので今でも捜査は進行中です。

国際交流の増大に従って、国際捜査共助、及び犯罪人引渡しの必要性を切に感じた韓国政府は、各国との刑事司法共助条約と犯罪人引渡し条約の締結努力を続けて来ました。

現在韓国は 15 ヶ国と刑事司法共助条約を締結して、22 ヶ国と逃亡犯罪人引渡し条約を締結しました。日本とも犯罪人引渡し条約が締結され、2002 年 6 月 21 日に発効しました。

今度の講義では、国際刑事司法に関連する韓国の法制を説明して、具体的な事例を検討した後、国際刑事司法の場において問題は何か、改善する方法はあるのか、そしてこの場において正義の実現のためにどんな努力を尽すべきか等について話したいと思います。

I　域外犯罪に関する韓国の法制

1．域外適用の一般原則

(1)　属 地 主 義

ここでは、国際条約と国際慣習法を法源とする国際刑法上の国際犯罪 (international crime) とは区別して、国内刑法等がどのように国際犯罪に対して適用されるのかの観点から話を始めます。これは域外犯罪として (transnational crime) の問題として、先の国際犯罪とは区別されます。

まず刑法の規定は次の通りです。

刑法第 2 条は、「本法は大韓民国領域内で罪を犯した内国民と外国民に対して適用する」として、刑法の場所的適用範囲に関して属地主義の原則を採用しています。

したがって韓国内である以上、国籍の如何を問わず、外国人に対しても韓国の刑法を適用して処罰することができます。

日本では、姦通罪がなくなりましたが、もし日本人が韓国内で配偶者のある人と交際をしたら姦通罪で処罰されるおそれがあります。実際、私も外国人の姦通罪を捜査した経験があります。

反対に結婚した韓国人が日本に来て、配偶者のいる日本人と交際したら、日本国内では何の罪にもならないのですが、韓国国内では姦通罪によって処罰されます。姦通罪は親告罪なので配偶者の告訴がある場合に限ります。相対の日本人は「外国人の国外犯」として処罰される場合に当たらないので、韓国国内でも公訴権がありません。

　犯罪地に関しては、共謀共同正犯の場合、共謀地も犯罪地と見る大法院の判例があります。

　この判決によって、韓国内で犯罪を謀議して、外国で犯罪を犯した場合、韓国人はもちろん、外国人に対しても、処罰できました。

　このケースは韓国人と米国人が、韓国ソウルのあるホテルで覚せい剤密売共謀して、後に香港のあるホテルで米国人が覚せい剤3キロを密売したことで、米国人に対しても韓国法を適用して処罰した事例です。これは外国人の国外犯ではないという意味です。

　日本では、「組織的な犯罪の共謀犯罪」を新設し、団体の活動として特定の犯罪の実行修行を共謀した者を処罰しようとしています。こうしたら共謀自体が処罰の対象になりますので、犯罪地の問題は（域外適用の問題）一応楽に解決できると思います。

　外交官につき、私も一時（1992年から1994年まで）東京の韓国大使館で、法務協力官として勤めたので、外交特権を享有して幸福な時間を過しましたが、外交官も、その身分を失った後は訴追が可能となるのは同然であり、また外交特権を剥奪すれば、訴追が可能となります。

　しかし、実際は、外交官の犯罪に対しては、駐在国の国内法による処罰より、「persona nongrata（好ましからざる人物）」として駐在国からの追放を要求する形態で処理するケースが多いと思います。

　また韓国刑法第4条は、「本法は大韓民国領域外にある韓国の船舶又は航空機内において罪を犯した外国人に適用する」と明記しています。この規定によって、公海上の韓国船舶内で外国人船員同士が犯罪を犯したり、外国船舶から韓国船舶内にいる者を射殺したり、韓国船舶と衝突して沈没させたりする場合

処罰することができます。

(2) 属人主義

　刑法第3条は「本法は大韓民国領域外で罪を犯した内国人に対して適用する」と規定しています。韓国の国民であれば国外で刑法上の罪を犯せば、行為地法で処罰されない行為であっても、韓国刑法によって処罰されることになります。これは、いわゆる積極的属人主義に基づく規定であります。

　したがって、米国のラスベガスとかフィリピン等のカジノで、韓国人が賭博をした場合、現地では合法的であっても、韓国の刑法によって賭博罪で処罰されることになります。

　20年ほど前、韓国人の反米運動家が韓国内にある米国文化院に侵入して、放火したり、職員達を攻撃した事件がありました。米国文化院は外交施設として、治外法権地域でありますが、韓国刑法は属人主義を採択しているので、犯人等は韓国の裁判所に起訴されて処罰されることになりました。

　（当時米国政府は自国の裁判権を主張しないで、犯人等に対しても処罰を望まないという意見を明らかにしました。）

　前述のように私は東京の韓国大使館に派遣され法務協力官として勤めましたが、当時、韓国人（在日韓国人ではありません）「すり」犯達が、偽造旅券を使用して韓国と日本両国を往来、窃盗等犯行を反復して、それがマスコミに報道されて、社会問題になったことがありました。

　この事件は、両国国民の友好増進に深刻な傷をつけるおそれがあると判断して、その対策を立てることになりました。

　これは韓国領域外において行われた韓国人の犯罪です。ですから、まず属人主義によって処罰できます。そして、韓国の刑法は、「犯罪によって、外国において刑の全部又は一部の執行を受けた者に対しては、刑を減軽又は免除することができる」としています（第7条）。

　日本の刑法は外国判決の効力について「外国において確定裁判を受けた者であっても同一行為についてさらに処罰することを妨げない。但し、犯人が既に

外国において言い渡された刑の全部又は一部の執行を受けた時は、刑の執行を減軽又は免除す（第5条））として、日本では刑の執行の減軽又は免除は必要的でありますが、韓国の場合、「減軽又は免除することができる」として、裁量に任せています。

（日本も1947年刑法改定以前には裁量に任せていたと承知しています。）

これは、外国判決の一事不再理の効力を認めないこととする一方、同一行為につき二回処罰されることが、適当ではないことに鑑み、外国で刑の執行を受けた事実を参考するように定めたものであります。

この二つの規定によって韓国政府は日本政府に対して国際刑事司法共助要請をしながら、その必要性について、

1) 本件犯罪は、韓国人の国外犯として処罰する必要がある。
2) 犯行を立証できるすべての証拠が、日本司法当局の管轄下にある。
3) 犯罪に対しての厳正な刑罰権を実現するためには、日本国が提供する関連証拠が必要である

等三つの点を上げました。

要請した証拠資料は

1) 実況見分調査謄本
2) 被害者、目撃者等の供述調書等謄本
3) 被害者の供述調書謄本

そして、起訴又は判決まで至った事件については

1) 起訴状謄本
2) 公判記録の中、被告人の供述調書謄本
3) 判決書謄本

まで要請しました。

日本国政府は捜査共助に応じ、1991年から1993年の間、東京、神奈川県、千葉県、大阪等で捕まった「すり」等犯罪人111人に関する捜査記録又は刑事確定訴訟記録謄本を提供しました。

韓国の大検察庁は、その資料を犯罪人の居住地を管轄するそれぞれの検察庁

に分配して、捜査を進めました。

当時、韓国と日本の間に犯罪人引渡し条約はまだ締結されていなかったので、相互協議を経て、「日本側が被疑者（不起訴処分された場合）又は刑の執行猶予を受けた者、刑の執行を受けた者達を強制出国させて、韓国の空港で韓国の検察、警察職員が身柄を引き受ける方式」で処理しました。

来日遠征「すり」犯罪人達の処理結果をまとめ上げる統計は今持っていませんが、その事件をきっかけに、日本で「すり」をしたら韓国でまた処罰されるという噂が広まって、両国での犯罪防止に大いに効果を上げたのを記憶しています。

参考としては、1990年代、韓国では、「犯罪との戦争」というスローガンを基にして、常習犯に対して厳しい処罰をしました。刑の宣告以外に保護監護を付け加えて長期間社会から隔離するようにしたので、常習のすり犯達が追い出された形で日本まで遠征して犯罪を犯したわけです。大変すみませんでした。

(3) 保護主義

刑法第5条は、外国人の国外犯を規定して、「本法は大韓民国領域外において次に記載した罪を犯した外国人に適用する。」と定めています。

1) 内乱の罪
2) 外患の罪
3) 国旗（nation flag）に関する罪
4) 通貨に関する罪
5) 有価証券、郵便切手と印紙に関する罪
6) 公文書偽造等に関する罪
7) 公認等偽造に関する罪

これは保護主義に基づく規定であります。これらの罪は、重要な国家的利益、社会的利益を害するものであるので、何人がどの場所で犯しても韓国の法律で処罰するためのものです。特別法の中、本条の例に従うこととされている罪が少なくないです。

そして刑法第 6 条は、「本法は大韓民国領域外において大韓民国又は大韓民国国民に対して前条に記載した以外の罪を犯した外国人に適用する。但し、行為地の法律によって犯罪にならない場合、もしくは訴追又は刑の執行を免除しうる場合には例外とする。」と規定しています。

日本では 2003 年 7 月 18 日公布された刑法の一部改定によって、「日本国外において日本国民に対して生命・身体及びそれに準ずる身体活動の自由を保護法益とする一定の犯罪（強制わいせつ及び強姦、殺人、傷害、逮捕、監禁、略取、誘拐、強盗の罪、それらの未遂犯）を犯した日本国民以外の者に対して日本刑法を適用する旨」を規定しました（刑法 3 条の 2）。

これは**国民保護主義**、あるいは**消極的属人主義**ともいう原則を日本刑法が採ったものであります。この規定によって、外国で日本国民に対して上記の罪を犯した外国人に対しても日本刑法が適用されることになり、日本国の裁判権が及ぶことになります。

したがって、中国人が中国で韓国の旅券を偽造したら韓国の法律によって処罰されますが、韓国会社の印章を偽造した場合は処罰できないわけです。（2002 年 11 月 26 日大法院判例）

第 6 条但書きの適用について、行為地の法律によって犯罪になるかならないか又は訴追、刑の執行を免除しているかいないのかについては、いわゆる厳格な証明が要求されます。

米国に行って米国の市民権を取得してから韓国の国籍を失った人達と韓国人達の間にしばしば事件が起こりますが、このような Korean-American の韓国人の犯罪を処罰するためには米国各州の刑法をよく調査しなければなりません。

中国人が中国内で旅行業（韓国の法律による登録なしに）をしながら韓国観光業務を取り扱ったケースに対して、これを韓国の観光振興法等で起訴しましたが、これは、（外国人の犯罪を処罰する規定がなく、韓国人ではないため）、韓国あるいは韓国国民に対しての犯罪ではないとして、公訴棄却された判例があります（2003 年 6 月 11 日ソウル地方裁判所判決）

2004年イラクで武装団体が韓国人の会社員を拉致、殺害した事件がありました。これは、韓国国民に対しての殺人罪になります。

(4) 世界主義

世界主義は、特定の犯罪が行われた場合、犯罪人が内国人か外国人か、犯罪発生の場所が国内か国外かを問わず、その犯罪が世界共同の利益に反すると判断を基にして自国の刑法を適用する原則です。

日本の刑法第4条の2は「条約による国外犯」を規定していますが、これは特定の犯罪行為（刑法が定めた構成要件に該当する行為でなければなりません）が日本国外で行われた場合であっても、条約により負う義務の範囲で外国人を含んですべての者に日本の刑法を適用し、条約による国外犯処罰義務に対応しようとするもので、これは世界主義を背景にした規定として理解されています。

最近、日本の刑法改定案を見ると、

「条約による国外犯」の対象になる罪に、

・組織的な犯罪の処罰及び犯罪収益の規定等に関する法律
・爆発物取締罰則
・暴力行為処罰に関する法律
・児童福祉法
・細菌兵器（生物兵器）及び毒素兵器の開発、生産及び貯蓄の禁止並び廃棄に関する条約等の実施に関する法律
・サリン等による人身被害の防止に関する法律及び
・不正アクセス行為の禁止等に関する法律に規定された罪の一部

を加えて世界主義的な思考方式を強化していると承知しています。

このような条約に対応するための一般的な国外犯処罰に関する刑法規定を持っている国はドイツ、オーストリア、デンマーク等で、その犯罪内容は主に航空機の拉致、国際テロ、麻薬犯罪、通貨偽造、人身売買等です。

韓国は、刑法上、世界主義に関する規定はありません。世界主義の理念を反映するためには条約に定めた内容に相応する範囲で個別特別刑法を設けて加重

処罰する方法をとっています。

今から、いくつかの立法例を紹介します。

以上、属地主義、属人主義、保護主義に関する刑法規定は他の法律に定められた罪にも適用されます。刑法第8条はこれを明示しています。但し、他の法律に特別な規定が設けられている場合には例外とします。

2．特別法上の域外適用

(1) 麻薬類不法取引防止に関する特別法（1995年12月6日）

この法律は1988年「麻薬類不法取引に関するUN協約（United Nations Convention Against Illicit Traffic in Narcotic Drugs and Psychotropic Substances-Vienna 協約）」に相応して1995年に制定した法律で、麻薬類事犯における域外適用を明示した代表的な法律であります。主な内容は次のようです。

この法律で規制する麻薬類とは罌粟（ケシ）、阿片、コカイン、向精神性医薬品、大麻等を言う。（第2条）

麻薬事犯の中、業として麻薬類を輸入、輸出、製造、売買、その目的で所持、所有する場合、死刑又は無期を上限とする刑に処する。（第6条）

麻薬犯罪によって得た財産、その不法財産に由来する財産等不法収益はこれを没収する。（第13条）

没収が不可能である場合はその価額を追徴する。（第16条）

犯人が犯行期間内に取得した財産は、相当な蓋然性がある場合、これを犯罪との関係のある不法収益と推定する。（第17条）

銀行等金融機関の職員等が犯罪との関係がある不法収益の存在を知った時は、検察総長に申告しなければならない。（第5条）

不法収益等の隠匿、仮装、授受行為もこれを処罰する。（第7条、8条）

これらの麻薬犯罪は、外国人が外国で犯した場合でも処罰する。（外国人の国外犯）（第12条）

外国から、条約により、没収又は追徴に関する裁判の執行若しくは追徴のための財産保全の共助要請がある場合、共助をすることができる。（第64条以下）

これは麻薬犯罪によって得た不法収益の剝奪のための国際共助原則とその手続に関する規定であります。

麻薬犯罪に関する捜査、国際共助は後で別の主題として説明します。

(2) 国際商業取引における外国公務員に対する賄賂防止法 (1998年12月28日)

この法律は同じ年1998年の「国際商業取引において外国公務員に対する賄賂提供行為を防止するための協約 (Convention on Combating Bribery of Foreign Public Officials in International Business Transactions)」に基づいて制定されました。主な内容は次のようです。

賄賂提供の相対になる外国公務員の範囲は
1) 任命され又は選挙によって外国政府(地方政府も含む)の立法、行政又は司法業務を担当する者
2) 外国政府から公的業務を委任されてその業務を遂行する者
3) 法令によって設立された公共団体、公共機関の業務に携わる者
4) 外国政府が出資した公企業の任職員
5) 国際機構の業務に携わる者等であり、

刑法上の公務員の範囲とほぼ同じです。

行為としては、国際商業取引に関して、不定な収益を得る目的で、外国公務員等に、その業務に関して、賄賂を約束、供与又は供与の意見表示したことで五年以下の懲役又は二百万圓(ウォン)以下の罰金に処する。(第3条)

刑法上の贈賄罪は目的犯ではありませんが、この法律では「不正な利益を得る目的」を構成要件として明示しています。

法人(会社)の代表者、代理人、使用人その他従業人がその法人の業務に関して罪を犯した場合、法人に対しても1億圓以下の罰金に処する。(第4条)

犯罪行為に提供された賄賂として、犯人が所有しているもの又は犯人以外の者がその情を知ってから取得したものは没収する。(第5条)

この協約と法律は、ますます増加している国際貿易の場において公正な取引を確保するためのもので、重要な意味をもっています。

日本では、最近刑法の一部を改定する法律案が出ましたが、その中日本国民の国外犯、すなわち、日本国民が外国で犯したら処罰する犯罪に「贈賄の罪」を加えることにしています。

日本刑法第3条に規定した国外犯の対象になる犯罪に刑法第198条贈賄の罪を追加する立法提案がなされましたが、この提案が採用されれば、これで、1998年の「国際商業取引において外国公務員に対する賄賂提供行為を防止するための協約」の趣旨を反映することができると思いますが、場合によっては商業取引に関する贈賄に限らず、幅広い範囲の贈賄行為まで処罰できるようになろうと思います[1]。

しかし、賄賂事件があったとしても、実際これを捜査するためにはいろいろ

---

1) 外国公務員への賄賂の提供については、多国間条約である「国際商取引における外国公務員に対する贈賄の防止に関する条約」（OECD外国公務員贈賄防止条約）があり、我が国はこの条約を批准している。1998年（平成10年）5月22日に国会の承認を得、同年9月に本条約の担保法である不正競争防止法の一部を改正する法律が成立した後、日本は同年10月13日に本条約を2番目に締結し、同条約は1999年2月15日に我が国に関して発効した。不正競争防止法において、国際商取引における外国公務員への不正な利益供与が、国際商取引の競争条件を歪めているという認識に立って、これを防止することを目的に、不正競争防止法に外国公務員贈賄罪が規定されている（同法第18条、21条）。

同法18条1項は、「外国公務員に対し、国際的な商取引に関して営業上の不正の利益を得るために、その外国公務員等に、その職務に関する行為をさせ若しくはさせないこと、又はその地位を利用して他の外国公務員等にその職務に関する行為をさせ若しくはさせないようにあっせんをさせることを目的として、金銭、その他の利益を供与し、又はその申込若しくは約束をしてはならない。」と定めて、外国公務員への贈賄を禁止している。同法の罰則規定は、同法21条2項は5年以下の懲役若しくは500万円以下の罰金又はその併科を刑罰として定め、同条6項は、刑法3条の例に従う、と定めて、国民の国外犯を処罰する。また同法22条1項は行為者処罰の他、法人処罰を定め、法人には3億円以下の罰金刑を定める。

刑法の改正による対処が検討されたことはあるが、刑法の国民の国外犯の処罰規定には、贈賄に関する刑法198条は、現時点（2013年1月）でも含まれておらず、現在、外国公務員への贈賄行為は、不正競争防止法により処罰されている。

なむずかしい問題が発生すると予測されます。

まず、賄賂を受け取ったとされる外国の公務員を調査しなければならないのですが、その手続は複雑で時間もかかるし、その上に、相対の公務員が収賄事実を否認したら、こちらの国の提供者の贈賄事実を立証することも難しいでしょう。

結局、賄賂罪において、贈賄側だけを処罰しようとするこの法律には限界があると思います。

実際、1998年にこの法律ができてから韓国においてはこの法律を適用した事例は私の知る限りありません。

数年前、韓国のある企業の会長が、中央アジアのある国の政治家に巨額の賄賂を提供したという会社内部からの告発がありました。その告発の内容がマスコミに報道されてから、外国の政治家は収賄事実を否認する一方、延いては外交ルーツを通じて韓国政府に抗議したので、遂に外交問題になってしまいました。

韓国の検察が捜査を進めた結果、企業の会長が巨額の会社公金を不法的に引き出して、その金をこっそり引き抜いて外国のどこかに隠匿したことがわかりました。金の使い先はわかりませんでした。それが外国の政治家に提供されたかどうかについては捜査の手が届かなかった訳です。結局、その人は刑法上の横領罪で起訴され処罰されましたが、外国公務員への賄賂提供の罪までは至らなかったのです。

(3) 特定金融取引情報の報告及び利用等に関する法律

1989年7月フランスのパリで開催されたG7頂上会談での合意によって1990年FATF（Financial Action Task Force on Money laundering）が創設されました。FATFはマネーローンダリング防止のための国際協力機構で、会員国（29ヶ国）と非会員国に対して共同協力を要求しています。

FATFは1990年マネーローンダリング防止のため40の勧告（アドバイス）を発表して、韓国政府はこの勧告に従って2001年9月27日二つの法律、特定金

融取引情報の勧告及び利用等に関する法律と、犯罪収益隠匿の規制及び処罰に関する法律を制定しました[2]。

金融情報に関する法律の主な内容は次のようです。
1) 金融情報を集めて整理、分析するために財政経済部（日本の財務省（大蔵省（当時））に当たる）の長官の下に金融情報分析院を置く。（第三条）

これは FIU（Financial Intelligence Unit）と言って、現在世界 69 ヶ国が同じ機構を設けて相互協力しています。

日本も 2000 年 2 月 JAFIO（Japan Financial Intelligence Office）を発足させていますが[3]、世界中 69 ヶ国の FIU は、いわゆる EGMONG グループを創設して、機関相互間情報を交換しています。
2) それぞれの金融機関（銀行、協同組合、保険会社、証券会社、投資・信託会社、郵便局、信用組合等）は、金融取引に関して、不法財産とされる相当な根拠がある場合又は取引の相対がマネーローンダリングをしていると疑われる相当な根拠がある場合において、その事実を金融情報分析院長に報告しなければならない。基準金額は韓国圜貨で 5,000 万圜（日本円貨で 500 万位、米国ドルで 10,000 ドル以上）です。
3) 金融機関から情報を受け取った FIU は、その情報が犯罪の捜査等に必要

---

2) 日本国においても同様の動きがあり、麻薬特例法（国際的な協力の下に規制薬物に係る不正行為を助長する行為等の防止を図るための麻薬及び向精神薬取締法等の特例等に関する法律（平成 3 年））及び組織犯罪処罰法（組織的な犯罪の処罰及び収益等の規制に関する法律（平成 11 年））等において、マネー・ローンダリング罪が犯罪収益隠匿の罪（麻薬特例法 6 条、組織犯罪処罰法 10 条等）が定められているが、犯罪収益移転防止法（犯罪による収益の移転防止に関する法律（平成 19 年））により、本人確認、本人確認記録の作成・保存、疑わしい取引についての届け出義務を負う範囲が特定事業者に関して拡大され、犯罪収益移転防止管理官の制度が設けられた。マネー・ローンダリングについては、犯罪収益移転防止管理官による年次報告が毎年発行されている（http://www.npa.go.jp/sosikihanzai/jafic/nenzihokoku/nenzihokoku.htm）。

3) 現在の正式名称は、JAFIC（Japan Finanial Intelligence Center（警察庁刑事局組織犯罪対策部「犯罪収益移転防止管理官」）である。

であると認定した場合、検察総長、警察庁長、国税庁長、関税庁長（大蔵省の国税局と関税局に当ります）等にその情報を提供する。（第7条）

　もし、不法政治資金を受け取ったと疑われる場合には、その情報を中央選挙管理委員会にだけ提供する。（第7条3項）

　　この規定は、政治資金に関する情報を捜査機関に知らせることを好まない国会議員等が、特別に設けたものであります。

4）　FIUは必要であれば外国とFIUとの間で特定の金融情報を提供し、又は受け取ることができる。（第8条）

　この規定によってFIUは国際刑事司法共助の複雑な手続を一部省略して、外国のFIUと直接マネー・ローンダリング情報を交換するようになりました。

　情報交換についてはいくつかの要件を満たさなければなりません。

　・情報は提供された目的以外に使ってはならない。

　・秘密を守らなければいけない。

　・事前同意なしに外国の捜査又は裁判に用いてはならない

等の要件です。

　実務上、普通FIU相互間にMOU（Memorandum of Understanding、諒解覚書）を締結して相互保証をする方法を取っています。

　この外国との情報交換については、発足以来今までベルギー（Belgium）等の要請によって40件くらい情報を提供したことがあって、米国、香港に対して10件くらいの情報を要請しました。

　MOUの締結状況を見ますと、日本、英国、ポーランド、ブラジル、オーストラリア、ルーマニア、インドネシア、ボリビア、ベネズエラ、コロンビア、フィンランド、フィリピン、タイ、アイスランド、カナダ、ベルギー等16ヶ国とはすでにMOUが締結されまして、米国、メキシコ、ポルトガル、フランス等とは協議が進んでいます。

5）　金融情報は、個人の財産権と密接な関連性があるので、慎重に取り扱わなければなりません。情報は、犯罪捜査の手掛かりにはなりますが、それを裁判での証拠としては使えません。（第9条2項）

もし提供された情報内容を証拠に使うためには、別の押収、捜索手続を取って、令状によって確保しなければなりません。

6)　この法律での「不法財産」とは特定の犯罪から得る収益等をいたします。

　犯罪の種類は法第三条に規定されていますが、刑法上の犯罪団体組織罪、賄賂罪、通貨に関する罪、有価証券に関する罪、文書に関する罪、賭博、殺人、窃盗、強盗、詐欺、恐喝、横領、背任、暴力、贓物罪等、特別刑法上では、組織犯罪との関連性があると思われる麻薬類に関する罪、競輪・競馬に関する罪、関税法上の密輸罪、児童売買、売春、政治資金に関する罪、音盤・ビデオ・ゲームに関する罪等、幅広い犯罪をその対象にしています。

　参考までに、韓国FIUの組織と業務内容を見ますと、全体人員は58人で、検事2人を含め法務部職員7人、警察官6人、国税庁の人6人、関税庁の人6人等が含まれています。

　2002年に設立以来、2004年8月まで4,661件の金融情報を受けて、分析しまして、その中959件をそれぞれの捜査機関に情報を提供しました。検察はその中、半分位の546件を接受して捜査を進行させていますが、すでに45人を拘束、起訴、155人を不拘束起訴しました。

　金融情報提供は毎年急速に増えて、最初の2002年に275件でしたが、2003年には1,744件、2004年には8月までに2,642件に上りました。FIUと協力して金融情報を受け取って、捜査等を担当する国内機関には

　大検察庁の中央捜査部特別捜査支援課
　警察庁の捜査局知能捜査課
　国税庁の国際租税管理官室国際調査課
　関税庁の調査監視局外換調査課
　金融監督委員会の監督政策二局調査企画課
　選挙管理委員会の政党局政治資金課
があります。

(4) **犯罪収益隠匿の規制及び処罰に関する法律**

この法律も FATF の勧告に従って制定されたものです。この法律によって特定犯罪から得られた収益を隠匿する行為は犯罪とされるし、その収益は没収あるいは追徴の対象になります。

1) まず「特定犯罪」は、先に、「特定金融取引情報の報告及び利用等関する法律」で説明した特定犯罪と同一です。

   そして犯罪から得られた財産ではないが、組織犯罪に納めるために設けられた罪、すなわち、暴力犯罪等を目的とする団体又は集団を作ったり、その団体を維持するために金を提供する行為は犯罪として規定されていますが（暴力行為等処罰に関する法律第五条第二項）、そのように提供された金もこの法律の適用対象になります。

   売春の場所を提供した場合、資金、土地、建物、売春行為を斡旋する業者に提供された金も同じです。

   外国公務員に提供された金、海外に財産を逃避した場合その逃避財産も含まれます。（以上第2条）

2) これらの犯罪によって得られた収益又は組織犯罪、売春に関する金等、外国公務員への賄賂、海外逃避財産等を隠匿、仮装した者は三年以下の懲役又は 3,000 万圜以下の罰金に処する。未遂犯、そして予備、陰謀した者も処罰する。（第3条）

3) 犯罪収益である情を知ってからこれを収受する者も、三年以下の懲役又は 2,000 万圜以下の罰金に処する。（第4条）

4) 銀行等金融機関の職員らが業務処理中受け取った財産が犯罪収益であることを知った時、又は金融取引の相手方が犯罪収益などの隠匿・仮装等の行為をしていることを知った時には、直ちにこれを捜査機関に申告しなければならないし、もしこれを申告しない場合、又は申告した事実を相手方及び関係なる人に漏らした場合は二年以下の懲役又は 1,000 万圜以下の罰金に処する。（第5条）

他の法律、例えば「金融実名取引及び秘密保障に関する法律」には金融機関職員等の秘密保障義務を規定していますが、この申告義務は秘密保障義務に優先します。したがって、銀行等の職員は犯罪収益に関することは、直ちに管轄捜査機関に申告しなければならないのです。
5) 犯罪収益等は没収することができる。(第8条)

　　刑法上の没収対象は物に限られています。しかし、この法律においては、物に限らず、銀行の預金、債権、知的財産権、会員権等の経済的価値があるものが含まれています。没収が不可能な時はその価値を追徴することができます。

　　この法律による没収と追徴は任意的なものですが、これは、この法律の適用対象である「特定犯罪」が数多くて、いろいろな犯罪であるので、各事件によって (case by case) 没収するかどうかを決定する方がよいと考えた結果です。

　　これに比べて、麻薬類取引防止に関する特別法上の没収と外国公務員に対する賄賂防止法上の没収は必要的没収になっています。
6) 外国から没収又は追徴の確定裁判の執行のための共助、没収又は追徴のために財産保全の共助要請がある場合、共助することができる。(第11条)

　今までの法律を適用した一例を上げます。
　AはBに頼まれて、中国からヘロインと拳銃を韓国国内に密輸しました。Bは銀行にあるAの口座にヘロイン密輸の報酬として3,000万圓、拳銃の報酬として2,000万圓、合わせて5,000万圓を送金したことがわかりました。ヘロイン密輸は麻薬類犯罪であり、拳銃密輸は鉄砲・刀剣・火薬類取締法違反であるのでヘロインと拳銃は没収の対象になります。その上、ヘロイン密輸の報酬3,000万圓は麻薬類特別法によって必要的没収、拳銃密輸の報酬2,000万圓は犯罪隠匿の規制及び処罰に関する法律によって任意的没収の対象になります。

Ⅱ　犯罪人引渡し制度

　今まで、国内、国外を拘わらず、罪を犯した者を処罰するために用意されたいろいろな法律、条約を説明しました。
　今からは、その犯人を捕まえて自国の刑法等によって処罰するためにはどのような工夫をしているかについて話します。
　これが国際刑事共助と逃亡犯罪人引渡し問題です。
　国と国の間に行われた刑事司法共助は犯罪人引渡し問題から始まりました。犯罪人引渡し制度に関して認められた理念及び原則は国際刑事司法共助制度上の基本原則として発展しました。
　国際刑事司法共助は犯罪の捜査、裁判、刑の執行において国と国に行われる協力行為と言われます。
　ある意味では逃亡犯罪人引渡し制度は国際司法共助制度の花であると言ってもいいでしょう。ここでは永い歴史を持っている犯罪人引渡し制度に関してその意味、実態、問題点、改善方法等を韓国の制度を中心として説明します。
　犯罪引渡し（extradition）は、3000 年以上の前から古代国家で行われたといわれます。最初の引渡しは政治家について行われまして、主に政治家に関して論議が続いてきましたが、1789 年のフランス大革命を契機として、政治犯不引渡し原則が生まれました。
　それとともに伝統的犯罪人引渡し法の諸原則と呼ばれるいくつかの原則が 19 世紀にほぼ確立されました。
　この伝統的な原則は、政治犯不引渡し原則を始め、相互主義、自国民不引渡しの原則、双方可罰主義等で、今でもその基本的な旨は国際刑事共助及び犯罪人引渡し制度の柱として残っています。
　このような伝統的な原則等は、国家主権の理念を基に確立されました。国家主権のイデオロギーは、「国が強大国であれ、弱小国であれ、先進国であれ、後進国であれ、国際社会で平等な主権を持って、権利・義務の主体になり、自

国の利益を保護する権利がある」として、国際社会の平和と秩序を維持するために一定の役割をしてきました。

しかし、国家主権のイデオロギーが却って壁になって、国家と国家の間がコミュニケート出来ないし、人々の交流を防ぐ場合もあって、これが国際紛争の火種になって、戦争まで至ってしまう歴史的な経験が多く存在しているのも事実であります。

私は、世界各地で絶えずに起こっている紛争、一般市民、甚だしくは、子供までを対象にする無惨なテロ犯罪、民族、宗教のための戦争という名で行われる大量殺戮等を見るたびに次の Krishna Murti の言葉を思い起こします。

As long as there are nationalities、sovereign governments controlled by the army and the politicians, with their idiotic ideologies, their separateness, there must be war.（愚かな理念、分離主義に溺れた軍隊、政治家等が支配する主権国家、そのような国家などが有る限り、戦争は必ず起きる。）

こう述べたからといって、私は無政府主義者ではありません。私はちゃんとした国の検事、法律家です。

さて、時代が変りもして、国際交流が盛んになるにつれて国内、国外との間を出入する犯罪も増えました。それで国境を越えて市民の生命、財産、権利を保護しようとする声が高くなりました。「犯罪からの国民の保護」というスローガンと「国際的な犯罪から人間同志の保護」というスローガンは、ともに刑事司法の目標になりました。

地球はますます狭くなります。インターネット時代に入って、情報の流れは自由になり、サイバー世界ではもう国境はなくなりました。狭くなる世界では国境の壁が低くなり、世界市民意識も現れて国家主権の理念も弱められるに至ったといっても良いでしょう。

こうした国際環境の中、犯罪人引渡しに関する伝統的原則等も変化を避けられないでしょう。

1. 韓国の犯罪人引渡し制度

(1) 相互主義

韓国は、現在日本、米国、中国、オーストラリア等 22 ヶ国と犯罪人引渡し条約を締結しました。引渡し条約が締結されていない場合でも、引渡し請求をする国が同種の引渡し犯罪につき韓国からの引渡しに応諾するであろうことが保証されているときは、犯罪人引渡し法が適用されて協力できます（第 4 条）。これが相互主義の原則であります。

韓国と日本は 2002 年 4 月 8 日、犯罪人引渡し条約を締結しましたが（同年 6 月 21 日発効）、その前には相互主義によって刑事司法共助及び犯罪人引渡しが行われました。

第二次世界大戦後、「相互主義の緩和」が主張されるようになりまして、相互主義を原則としながらその例外を認める立法例が、オーストリア、スイスの国際刑事司法共助法に現れました。

今後、国家主権の理念が緩和されるにつれて「刑罰権は主権国家に帰属する」という原則から「刑罰権は世界正義に帰属する」という原則が確立されるように、「相互性」の意義を緩やかに解することにより、国際協力も強化するべきであろうと思います。相互主義による保証を実際の外交文書では次のように表現します。

以下は韓国政府が日本国に、いわゆる"日本遠征すり犯罪人"に関する捜査共助を要請した（犯罪人引渡し要請ではありません）口上書（Note Verbal）です。

"The embassy of the Republic of Korea presents its compliments to the Ministry of Foreign Affairs of Japan, and has the honour to request the Ministry to convey the attached request for judicial cooperation to the Ministry of Justice of Japan concerning the criminal case of theft and robbery occurred in Japan by Koreans.

The Embassy has further the honour to inform the Ministry that the Korean

Government will provide the same kind of cooperation to the Japanese Government on the basis of reciprocity, should it be requested, and will use the provided materials as an evidence to these cases only.

The embassy of the Republic of Korea avails itself of this opportunity to renew to the Ministry of Foreign Affairs of Japan the assurances of its highest consideration"

「韓国大使館は、日本国の外務省に敬意を表し、韓国人が日本で行なった窃盗及び強盗の刑事事件に関して、日本国の外務省に、添付の書類に示された司法共助の要請を伝達する栄誉に浴するものである。

韓国大使館は、さらに、日本国の外務省に、韓国政府は、相互主義に基づいて、日本国の政府からの要請があれば、日本国の政府に同様の協力を提供し、(共助の要請に従って日本国から提供された) 資料を当該事件に関してのみ利用することを知らせる栄誉に浴するものである。

韓国大使館は、この機会に、日本の外務省に、最大限の考慮を保証することを改めて表明するものである。」

この口上書には、もし日本国から同種の要請があるときは相互主義を基にして同じ共助をすることを保証し、提供された資料はすり犯等の窃盗、強盗事件に限ってその証拠として使用することが現れています。

これに応じた日本国の口上書は次のようです。

"The Ministry of Foreign Affairs presents its compliments to the embassy of the Republic of Korea, and has the honour to send herewith the related documents in response to the request for judicial assistance in the Embassy's Note Verbal No. KJP-380 of May 12, 1994 by separate mail."

「外務省は、在本邦大韓民国大使館に敬意を表すとともに、1994 年 5 月 12 日付け同大使館口上書 No. KJP-380 をもって要請のあった捜査共助に応じ、右共助に係る関連書類を別便にて送付する光栄を有する。」

(2) 政治犯不引渡しの原則と例外

すでに説明した通り、古代の犯罪人引渡しは、政治犯の引渡しから始まりました。古代国家共同体及び社会共同体においては、むしろ「共同体からの追放」というものが最大の刑罰でした。好ましくない犯罪人をわざわざ国内に受け取る必要はなかったのでしょう。

しかし、政権を脅かす敵に対しては、それらを除去しなければ安心できなかったので、国内でも国外でも政治家の引渡しは関心の的だったわけです。

しかし、19世紀にフランス大革命をきっかけに政治思想の自由を求めて外国に亡命した者を守るべきだという声が登場して、亡命政治家保護の立場から政治犯不引渡しの原則が発達してきました。

政治犯不引渡しの原則は、専制的政治、独裁的政治がはびこった時代、特にナチス政権、スターリン政権時代には自由民主主義思想の保護のための主要な原則の一つとして役割を果たしました。

しかし、第二次世界大戦が終わってから独裁的政治体制が次第に姿を消して、現代においては、「政治犯罪」概念は縮小される傾向にあります。その背景には、政治的目的を達成するため、拉致、殺人をほしいままにするテロ犯罪が増えて、市民の安全、恐怖からの自由（航空機に乗るたびに、テロによる拉致、爆発のおそれで不安、恐怖におののく一般市民のことを想起したら、テロ犯罪は世界市民に対しての精神的な犯罪とも言えましょう。）のためには政治的目的のテロ等を国際社会が協力して犯罪として処罰しなければならないという認識があります。

韓国の犯罪人引渡し法は、政治犯不引渡しの原則を規定して「引渡し犯罪が政治的性格を持つ犯罪又はそれに関連する犯罪である時には犯罪人を引渡すことはできない」として、「政治的性格を有する他の犯罪を裁くこと又はそのような犯罪に対する確定した裁判を執行することを目的として、（政治犯罪ではない犯罪を理由にして）引渡し請求がなされたと認められるときは、やはり引渡すことができない」、としていますが（第8条）、

その例外として

・国家元首、政府首班又はその家族の生命又は身体に対して害を加え、又は脅威を与える犯罪
・多数国家間条約に基づき大韓民国がその犯罪人につき裁判権を有し、又はその犯罪人を引渡す義務を負う犯罪
・多数人の生命権は身体に害を加え、脅威を与え、又は危険を生ずる犯罪等をあげています。

多数国間の条約は、集団殺害（genocide）、テロ（terrorism）、拉致（kidnapping）等の犯罪に関して締結されたもので、これらの犯罪人に対しては韓国政府は政治的配慮なしに処罰又は引渡す義務を負うものとされています。

韓国政府が犯罪人の引渡し義務を負う条約は後で説明します。

(3) **自国民不引渡し原則の緩和**

自国民不引渡し原則もその起源は古い時代まで遡るといわれます。自国民に対しては、自国の刑罰権を発動するということから出発したかも知れませんが、この原則には合理的な根拠はありません。

この原則は大陸法系（Civil Law）の国で採用されています。

Common Law系（英米法）の国においては、刑法の適用について厳格な属地主義原則を採用しているので、外国で罪を犯した自国民を処罰するためには、その人を犯罪地国に引渡さなければならない事情があります。そして一般的に英米法系の国では自国民でも外国に引渡すという原則を採っています。

韓国は、大陸法系国として出発したので、自国民不引渡し原則を規定していますが、それを裁量的規定としまして、裁量により自国民を引渡すことができるようにしています。

韓国の犯罪人引渡し法の第九条は、任意的引渡し拒絶事由として

「犯罪人が大韓民国の国民であるとき犯罪人を引き渡さないことができる」

と規定しています。

(4) 双方可罰性原則の緩和

双方可罰の原則（Principle of Double Criminality）は、犯罪人引渡しの基礎になる犯罪事実が請求国と被請求国双方の法律によって処罰可能な犯罪にならない場合は、引渡しは認められないという原則であります。

この原則は近代刑法の大原則である罪刑法定主義から由来したもので「相互性の中の相互性」と言われるほど重要な意味を持つものとされてきました。しかし最近では、この原則も次第に緩和されるかなくなる傾向にあります。

実際、多くの条約及び法律において、この原則はなくなりました。なぜなら、世界には、多様な国が存在して、それぞれ自分なりの法制度を持っているので、ある2ヶ国の刑事法上の犯罪構成要件、訴追要件がぴったり一致する場合はめったにないからです。

そして、抽象的双方可罰主義という概念が登場しましたが、これは、「同一の犯罪行為」が両国の刑罰法規によって罪名または罪質が一致又は類似する必要はなく、両国の犯罪構成要件の一部において抽象的に共通しておればよいとされる原則であります。

例えば、この国で横領罪に当る行為が、あの国では窃盗罪を構成する場合、抽象的双方可罰性の要件は具備されていることになります。

これに対して、抽象的双方可罰性さえ要求されない例外が認められる場合があります。例えば、海に面した国には漁業に関する取締罰則が存在するが、山の多い国には林業とか畜産業に関する罪が設けられていることがあります。このような場合には「双罰性の本来的例外」が認められることになって、スイス犯罪人引渡し法（1892年）に立法例があります。

この本来的例外が認められると、もし韓国で不法漁業をしてからスイスに逃亡した場合、スイス刑法上不法漁業に関する規定がない場合でも、韓国の要請によって引渡しが認められることになるでしょう。

一方、被請求国において同じ処罰法規があったとしても、もし違法性阻却事由（正当防衛、緊急避難、自救行為、正当行為等）、責任阻却事由（刑事未成年、心身喪失等）等がある場合、及び親告罪における告訴、公訴時効、恩赦等の条件

等を備えていない場合はどうなるか、これらの条件等を具体的双方可罰性として引渡しの拒絶事由にしている場合があります。

韓国の犯罪人引渡し法は、絶対的引渡し拒絶事由として、韓国あるいは請求国の法律により、引渡し犯罪につき公訴の時効又は刑の時効が完成した時を規定しています。(第7条1号)

Common Law 系(英米法系)の国々は、刑事の時効を認めないが、Civil Law 系(大陸法系)の国では時効制度を持っています。

時効制度は、ある意味では法的安定性を維持するためのもので、現状をそのまま認定して混乱を避けるために設けられたものであります。元々合理的な背景を持たないのです。

それで現代には、時効の完成をもって引渡し拒絶の事由とは見ない方向に動いて行くものと思われます。

韓国には時効制度があります。しかし、犯罪人が処罰を免れる目的で外国に逃避した場合は、公訴時効は、外国にいる間、停止されるようになっています。(刑訴第253条3項)

この時効停止規定と犯罪人引渡し法上の「時効完成を理由にする絶対的引渡し拒絶規定」の間に微妙な不調和があります。

例えば、犯罪を起こした日本人が韓国へ逃避したとしましょう。

日本国刑事訴訟法第255条によると、犯人が外国にいる場合はその事実だけで公訴時効はその外国にいる期間中進行を停止します。

しかし韓国の法律によれば韓国国内にいる日本人に対して時効が停止される根拠はありません。

そして、時効が完成したとされたら、犯罪人引渡しは絶対的引渡し拒絶事由に該当されて引渡しは不可能になる結果になります。

日本人が日本国内において韓国人を殺害して、韓国国内のどこかに逃げてそのまま15年が経てしまったケースを想定しましょう。この場合、日本国は属人主義によって自国民である犯人に対して処罰権を持っていますが、国外に逃避したので公訴時効は停止します。

一方、韓国は韓国国民が殺害されたので、保護主義によって日本人犯人に対して殺人罪として処罰できますが、すでに公訴時効が完成したので公訴権がなくなり、その後に日本から犯罪人引渡し請求がある場合、結局、絶対的引渡し事由に該当されて引渡しは不可能になります。

こういう問題は、2002年締結された韓国と日本国間の犯罪人引渡し条約でも、時効完成が絶対的引渡し拒絶事由として規定されているので同じ結果になります。(同条約第3条e項参照)

犯罪防止のための国際的協力が強調される見地から、時効制度等、手続法的な双方訴追可能性を維持すべき根拠が弱められたと判断して、先の刑事訴訟法と犯罪人引渡し法の間の不調和は整理されなければならないと思います。

(5) 特定性の原則

特定性の原則(principle of speciality)は、引渡しの請求に係る特定の犯罪についてのみ訴追又は処罰されるという原則であります。

この原則は、伝統的な犯罪人引渡し法の重要な基本原則で、請求国家の刑罰権の濫用を防止し、引渡される犯罪人の人権を保護する目的を持っていますが、元々は政治犯罪人を一般刑事犯のように見せ掛けて引き受けた後、政治犯罪によって処罰することを防止するため設けられたと言われます。

韓国犯罪人引渡し法第10条は、引渡し犯罪以外の犯罪を理由とする処罰禁止の保証を規定して、「犯罪人が引渡しを許諾された犯罪以外の犯罪を理由として処罰されず、かつ、犯罪人が第三国に引渡されないことにつき請求国の保証がないときは、犯罪人を引渡してはならない」としています。

そして、その例外として

- 引渡しの請求に係る犯罪事実の範囲内で有罪と思料される犯罪又は犯罪人が引渡された後に犯した犯罪を理由として処罰されるとき
- 犯罪人が引渡しの後に請求国の領域を離れ、任意で請求国に再入国したとき
- 犯罪人が自由に請求国を離れることができるにもかかわらず45日以内に

請求国の領域から離れないとき
・大韓民国が同意するとき
等が規定されています。

実際の犯罪人引渡しでは、特定性の原則を充足させるために引渡し要請書にできるだけ処罰可能なすべての犯罪事実を記載しています。記載されていない犯罪事実に対しては相対国（被請求国）の同意を受けなければなりません。

２．韓日犯罪人引渡し条約

以上、犯罪人引渡しに関するいくつかの伝統的な基本原則とその意味の修正に対して検討しました。

これらの説明を整理する意味で、2002年6月21日発効された「韓国と日本国、日本国と韓国との犯罪人引渡し条約」の重要な部分を見ることにします。

この条約は国際刑事分野において最近の発展的傾向を相当な範囲で反映していると思います。

1)　前　　文

韓国及び日本国は、犯罪人引渡しに関する条約を締結することにより、犯罪の抑圧のための両国の協力を一層実効あるものとすることを希望して、次のとおり協定した。

2)　引渡しの対象

対象になる犯罪は両国の法令における犯罪であって、死刑又は無期懲役若しくは長期一年以上の拘禁刑に処することとされているものを引渡し犯罪とする。

引渡しを求められている者が引渡し犯罪についてすでに請求国の裁判所により刑の言渡しを受けている場合には、その者が死刑の言渡しを受けているとき又は服すべき残りの刑が少なくとも4ヶ月あるときに限り引渡しを行う。（以上第2条1、2項）

3) 双方可罰性の原則の緩和

　当該いずれかの犯罪を構成する行為が、両締約国の法令において同一の区分の犯罪とされていること又は同一の罪名を付けられていることを要しない。引渡しを求められている者が犯人だとされる行為の全体を考慮するものとし、両締約国の法令上同一の構成要件により犯罪とされることを要しない。（第2条3、4項）

4) 財政犯罪（fiscal offences）の引渡し

　20世紀初までは、財政犯罪につき、引渡し犯罪とされていませんでした。その理由は、各国の経済孤立主義と他国の財政を保護することは自国の義務ではないと考えられたからであります。

　しかし、国家間の経済交流が盛んになって、多国間企業が登場して、脱税等違法な活動が現れるにつれて、財政犯罪に関する考え方が大きく変化しました。

　韓日両国も財政犯罪人の引渡しを認めることとしました。

　条約の規定は次のとおりです。

　「租税、関税その他の歳入事項又は外国為替に係る規制に関する法令上の犯罪について引渡しの請求が行われる場合にあっては、同一の種類の租税、関税その他の歳入事項又は外国為替に係る規制について当該犯罪に相当する犯罪が被請求国の法令において規定されている場合に限り、両締約国の法令における犯罪とされる。（第2条4項）」

　韓国と米国、韓国とカナダとの間の引渡し条約においては財政犯罪に関する双方可罰性の原則が緩和されるまでに至りました。

〈韓米犯罪人引渡し条約第2条6項〉

　When extradition of a person is sought for an offense against a law relating to taxation, customs duties, foreign exchange control, or other revenue matter, extradition may not be refused on the ground that the law of the Requested State does not contain a tax, duty, customs or exchange regulation of the same kind as the law of the Requesting State.

（租税、関税、外国為替その他の歳入事項に係る規制に関する法令上の犯罪について引渡しの請求が行われる場合、被請求国の法令が請求国の法令と同じ種類の租税、関税、外国為替に係る規制を含んでいないことを理由として引渡しを拒むことはできない。）

5) 絶対的引渡し拒絶事由（引渡しを当然に拒むべき事由）

条約第3条は次のとおりです。

・引渡しを求められている者が、請求国において引渡しの請求に係る犯罪について有罪の判決を受けていない場合にあっては（大概は、捜査が進められている途中に引渡し請求が行われた場合）、被請求国の法令上当該犯罪をその者が犯したと疑うに足りる相当な理由がない場合

・引渡しを求められている者に裁判が行われることが十分に通知されておらず、又は法廷における防御の機会を与えられることのない場合において、その者が請求国において引渡しの請求に係る犯罪について欠席裁判により有罪の判決を受けているとき（刑事訴訟上被疑者、被告人の人権保護を保障するために設けられた規定だと思います）

・引渡しを求められている者が被請求国において引渡しの請求に係る犯罪について訴追されている場合又は確定判決を受けた場合

　　これは一事不再理の原則（ne bis in idem）の表現ですが、このような規定に対しては批判論難があります。元々は二重訴追及び二重処罰を禁止することによって人権侵害を防止するために設けられたものですが、国々の刑事手続及び刑罰制度に相当な開きがある場合、正当な刑罰権の行使が拒否されるおそれがあります。

　　特に、韓国と日本は刑法上、犯罪によって、外国において刑の全部又は一部の執行を受けた者に対しても国内法によって処罰できるようにしています（韓国刑法第七条、日本国刑法第五条参照）。　ここで、刑法と犯罪人引渡

し法との間に不調和が見えます。

　現代多くの刑事司法共助条約等は、一事不再理の原則を裁量的拒絶事由とし、case by case で判断して刑事正義の実現と犯罪人の人権保護との間のバランスを保っています。
・引渡しの請求に係る犯罪について、被請求国の法令によるならば、時効の完成その他の事由によって引渡しを求められている者に対し刑罰を科し又はこれを執行することができないと認められる場合（当該犯罪についての管轄権を有しないことが理由である場合を除く）

　これは具体的双方可罰性の原則の表現でありますが、時効等訴追可能性を要求するという原則を、双方訴追可能性主義とも呼んでいます。時効の問題はすでに説明しましたが、時効制度自体が合理的根拠がないところから、韓国と日本国のように、外国に逃避した者に対しては時効が停止する規定を持っている国としては困難な問題が生ずる可能性のあるので、立法論としては、これを絶対的引渡し拒否事由ではなく裁量の事由とするとか削除する方がよいと思います。

6)　政治犯不引渡しの原則と例外
　引渡しの請求に係る犯罪が政治犯罪であると被請求国が認める場合又は引渡しの請求が引渡しを求められている者を政治犯罪について訴追し、審判し、若しくはその者に対し刑罰を科する目的で行われたものと被請求国が認める場合、引渡しは当然拒むべきである。（第3条C）
　しかし次の犯罪は、それ自体を政治犯罪と解してはならない。
・いずれかの締約国の元首若しくは政府の長若しくはそれらの家族に対し、そのような者であることを知りながら行った殺人その他故意に行う暴力的犯罪又はそれらの犯罪の未遂（当該未遂が犯罪とされる場合に限る）
・両締約国が当事国である多数国間の条約により、引渡し犯罪に含めることを両締約国が義務つけられている犯罪（以上第3条Cのⅰ、ⅱ）

　これらの多数国間の条約は集団殺害（genocide）、テロ（terrorism）、拉致

（kidnapping）、拷問等に関するものであります。

7) 差別的引渡しの禁止

引渡しを求められている者を人種、宗教、国籍、民族的出身、政治的意見もしくは性別を理由に訴追もしくは刑罰を科する目的で引渡しの請求がなされている、又はその者の地位がそれらの理由により害されるおそれがあると被請求国が認めるに足りる十分な理由がある場合には、引渡しは行われない。(第3条)

　　これは世界人権宣言2条（差別の禁止）一項の趣旨を受けたもので、この新しい差別的引渡し禁止の原則は、絶対的引渡し事由として規定されているものが増えています。これは人権条項ともいわれます。

8) 非人道的引渡しの禁止

引渡しを求められている者の年齢、健康その他個人的な事情に鑑み、引渡しを行うことが人道的考慮に反すると被請求国が認める場合、引渡しを拒むことができる。(第4条C)

　　これは裁量的引渡し拒絶事由で、被請求国は引渡しを裁量により拒むことができます。

9) 自国民引渡し禁止

被請求国は、この条約に基づいて自国民を引渡す義務を負うものではない。もっとも、被請求国は、その裁量により自国民を引渡すことができる（第6条第1項）。

被請求国は、引渡しを求められている者が自国民であることのみを理由として引渡しを拒んだ場合であって、請求国の求めがあるときは、被請求国の法令の範囲内において、訴追のためその当局に事件を付託する（第6条第2項）。

　　このように自国民引渡し禁止の原則を絶対的引渡し拒絶事由にしないで裁量によって引渡しができるものとしました。

もし、自国民であることのみを理由として引渡しを拒むときは訴追義務を課しているのですが、この訴追義務は「訴追の目的のために権限のある当局に事件を付託する義務（duty to submit to its competent authorities for the purpose of prosecution）」であります。

10）　領域外の犯罪

　引渡しの請求に係る犯罪が請求国の領域外において行われたものであって請求国の船舶又は航空機の中において行われたものでない場合には、被請求国は、自国の法令が自国の領域の外において行われたそのような犯罪を罰することとしているとき、又は当該犯罪が請求国の国民によって行われたものであるときに限り、引渡しを行う。

　もっとも、被請求国の法令がそのように規定しておらず、かつ、当該犯罪が請求国の国民でない者によって行われたものである場合であっても、被請求国はその裁量により、この条約の規定に従って引渡しを行うことができるものとする。（第7条）

　　　領域外の犯罪に対しては、韓国と日本国が共に刑事法上、国民の国外犯、外国人の国外犯（国民以外の者の国外犯）、条約による国外犯を処罰する規定を設けているので、両国の間には、領域外の犯罪に対しての引渡しを妨げるものは別にありえないと思います。

11）　特定性の原則の緩和

　請求国は、引渡しの理由となった犯罪以外の犯罪であって引渡しの前に行われたものについて、この条約の規定に従って引渡された者を拘禁し、訴追し、もしくは審判し、又はその者に対し刑罰を執行してはならず、また、その者を第三国に引渡してはならない。（第8条12項）

　　　これは特定性の原則を規定したものです。

　　　しかし条約は第八条でその例外として次の三つを規定しています。

　　　a)　引渡された者が、引渡しの後に請求国の領域から離れて、当該領域

に自発的に戻ってきた場合
- b) 引渡された者が、請求国の領域から自由に離れることができるようになった後、45日以内に当該領域から離れなかった場合
- c) 被請求国が、引渡された者をその引渡しの理由となった犯罪以外の犯罪について拘禁し、訴追し、審判し、もしくはその者に対し刑罰を執行すること又はその者を第三国に引渡すことに同意した場合。

そして、特定性の緩和に関する規定が用意されています。

請求国は、引渡しの理由となった犯罪を構成する基本的事実に基づいて行われる限り、いかなる引渡し犯罪についても、この条約の規定に従って引渡された者を拘禁し、訴追し、審判し、又はその者に対し刑罰を執行することができる。（第8条2項）

12) 緊急引渡し拘束（仮拘禁）

緊急の場合において、締約国は、外交上の経路により、引渡しを求められることとなる者につき、引渡しの請求に係る犯罪について逮捕すべき旨の令状が発されて、又は刑の言渡しがされていることの通知を行い、かつ、引渡しの請求を行う旨を保証して、仮拘禁の請求を行うことができる。

仮拘禁が行われた日から45日以内に請求国が引渡しの請求を行わない場合には、仮に拘禁された者は、釈放されるものとする。但し、この規定は、被請求国がその後において引渡しの請求を受けた場合に、引渡しを求められている者を引渡すための手続を開始することを妨げるものではない。（第10条）

13) 引渡し請求の競合

同一の又は異なる犯罪に関し、同一の者について他方の締約国及び第三国から引渡しの請求を受けた場合において、いずれの請求国にその者を引渡すかについては、被請求国がこれを決定する。（第11条）

韓国では2国以上の国から請求が競合する場合、裁判所が引渡すべき国を決定するようにしていますが（韓国の犯罪人引渡法第16条）、今度、2004年12月

24日つき立法予告された犯罪人引渡法中改定法律案では、決定権者を法務部長官とし、必要であるときは外交通商部長官と協議するようにしています。

14) 物 の 提 供

　引渡しが行われる場合において、犯罪行為の結果得られた又は証拠として必要とされるすべての物は、請求国の求めのあるときは、被請求国の法令の範囲内において、かつ、第三者の権利を十分に尊重し、その権利を害しないことを条件にして、これを提供するものとする。引渡しを求められている者の逃走によりその者の引渡しを行うことができない場合にあっても、同様とする。

　この規定により提供された物は、被請求国の求めのある場合は、関係手続の終了後に請求国による経費の負担において被請求国に返還されるものとする（第13条）

15) 経　　費

　引渡しに掛る費用の負担問題は厄介なものですので、条約の中で、請求国と被請求国との負担内容をはっきりさせました。

　被請求国は、引渡しの請求に起因する国内手続について必要なすべての措置をとるものとし、そのためのすべての経費を負担する。

　被請求国は特に、引渡しを求められている者を拘禁し、その者を請求国の指名する者に引渡すときまで抑留するために被請求国の領域において生ずる経費を負担する。

　請求国は、引渡された者を被請求国の領域から移送するための経費を負担する。（第14条）

16) 外交と刑事業務との調和

　引渡しの請求は、外交上の経路により書面で行う。（第9条1項）
・被請求国は、外交上の経路により、引渡しの請求についての決定を請求国に対し速やかに通知する。引渡しの請求の全部又は一部を拒む場合には、この

条約中の関係規定を特定して、理由を示すものとする。(第12条12項)

　逃亡犯罪人の引渡し問題は、国家と国家の間に係る問題であるので、国家と国家との交渉において窓口になる外交部署（韓国の外交通商部、日本国の外務省）が介入するのは避けられないものです。

　しかし、外交上の経路というものは非常に丁寧で、悠長なコースを踏まなければならないので、時間がかかるし、かなりの費用も負担しなければなりません。

　捜査の現場から見ると、場合によっては、外国の捜査機関と急いで直接連絡を取ったり、協議したりする必要性が少なくないのです。

　そこで、韓日犯罪人引渡し条約では、法執行の担当部署である機関同士との間に協議ができるように規定しました。

・大韓民国法務部及び日本国の権限のある当局は、個別の事案の処罰に関連して、並びにこの条約を実施するための手続の維持及び改善を促進するため、直接相互間の協議を行うことができる（第16条）。

3．最近の韓国犯罪人引渡法の改定動向

　1988年法制定以来、犯罪人引渡し手続上いくつかの改善の必要があって、法務部は、今まで備えが不十分である点についてそれを補完するとともに、その間の国際経験を反映するために2004年12月24日つき、犯罪人引渡法の改定案を立法予告しました。

　その主な内容は次のようです。

1)　条約による引渡し

　犯罪人引渡し条約おいて、犯罪人引渡し法規定と異なる規定がある場合、条約の規定に従うようにすることを明示しました。（第3条の2）

2)　略式の犯罪人引渡し手続導入

　略式の犯罪人引渡しとは、逃亡犯罪人が請求国への引渡しを同意する場合、

正式の犯罪人引渡し手続を省略して、迅速に引渡しが行われるようにする制度であります。この制度によれば、被請求国は面倒な引渡し審査手続を省略することができるし、ともに、逃亡犯罪人も不必要かつ長期の拘禁を強制されることもないので、両者の利益になります。それゆえこの制度を導入する立法例が増えています。韓国でも手続を簡素化する方法として、この制度を導入しょうとしています。

・犯罪人が請求国への引渡しに同意する場合、裁判所は速やかに引渡し決定をしなければならない。この場合、任意的引渡し拒絶事由（自国民であるとき、非人道的と見えるとき等）に該当するという理由を以って引渡しを拒絶する決定をすることはできない。（第15条の2）

3) 特定性の原則に関する外国に対しての同意及び同意要請手続規定

原則的に引渡しが認められた犯罪に限り処罰ができるそういう特定性の原則に関して、追加訴追が必要である場合、引渡しをした国（被請求国）の同意を受けることにしましたが、その同意及び相対国への同意要請権者を法務部長官にしました。

引渡された犯罪人を第三国にまた引渡す場合でも同じです。（第10条の2、第42条の4）

4) 引渡し請求が競合する場合、決定権を法務部長官とする。

同一の者について、二国以上の国から引渡しの要請が競合する場合、現在犯罪人引渡法では裁判所がどの国へ引渡すかを決定するようになっていますが、改定案では、手続を簡素化するために法務部長官が決定するようにしました。但し、場合によっては外交問題になる可能性のあるので、必要であるときは外交通商部長官と協議するようにしています。（案第16条）

今まで、刑法の域外適用、国際犯罪人引渡し制度、韓日の犯罪人引渡し条約を中心として、国際刑事司法の主要部分を説明しました。これからいくつかの

実例をあげて説明します。

4．犯罪人引渡しの実例

〈実例1〉
- 1996年10月、オーストラリアのNew South Wales地域で男が妻と子供二人を殺害した後、韓国に逃げてきたことが分かりました。
- 1998年1月、オーストラリア政府から緊急引渡し拘束請求。
- 1998年3月、ソウルで犯人の男を検挙。
- 1998年4月、オーストラリア政府による正式の犯罪人引渡し請求。
- 1998年5月、ソウルの金浦空港で男をオーストラリアの捜査官に引渡し。

この事件では、要請から五ヶ月かかりました。

〈実例2〉
- 1998年1月、ドイツのベルリンで、ヨルダン人の男がドイツ人の男から25,000マルクを強取してから韓国ソウルに逃避。
- 2000年2月、ドイツ政府から緊急引渡し拘束請求。
- 2000年3月、犯人を検挙。
- 2000年4月、ドイツ政府からの正式の犯罪人引渡し請求。
- 2000年6月、ソウルの金浦空港でドイツ捜査官に引渡し。

この事件でも五ヶ月位かかりました。

〈実例3〉
- 韓国人が国際貿易のように見せ掛けておよそ3億ドルに上る外貨を不法に搬出。
- 2000年4月、韓国税関がICPOへ指名手配要請。
- 2000年6月、南米ペルーで犯罪人検挙。
- 2000年6月、韓国政府からペルー政府へ犯罪人引渡し要請。
- 2000年7月、ペルー最高裁判所で引渡し決定。

・2000 年 8 月、韓国法務部による米国法務省へ通過護送許可要請。米国法務省、LA 空港通過護送を許可。
・2000 年 8 月 23 日、韓国捜査官がペルーで犯罪人の引渡しを受けました。

〈実例 4 〉
・1997 年、韓国大統領選挙のとき、国税庁の幹部公務員がある大統領候補のために多くの企業から巨額の資金を集めました。
　その後、公務員の職権濫用、賄賂罪などで捜査が進む途中に米国へ逃走した事件がありました。
・2001 年、米国で犯罪人検挙。彼は政治犯罪と主張して米裁判所において引渡し拒否の決定を求める。その後、複雑な引渡し審査が続く。
・2003 年、犯罪人が自ら引渡しに同意、米国で司法審査手続終了。
・2003 年 2 月、米国政府による犯罪人の韓国へ引渡し命令が発せられ、韓国検察捜査官が米国で引渡しを受けました。

この事件は、企業から資金を集める行為が政治犯罪かないかの論議がありましたが、別の賄賂罪といっしょに引渡し請求が行われたケースです。犯罪人は米国で一年半くらい拘禁されていました。

III　韓国の国際受刑者移送制度

　韓国では、2003 年 12 月 31 日、国際受刑者移送法を公布しました。
　2005 年 1 月 22 日は欧州評議会（COE）から「欧州受刑者移送協約」加盟の招待状を受けまして、国会の同意を待っています。国会の同意を経れば、韓国内で協約が発効することになります。
　欧州受刑者移送協約には、欧州緒国を中心に日本、米国、オーストラリア、カナダ等 57 ヶ国が加盟している現在世界最大規模の協約として、この協約に加盟したら、当該国家等と個別的に条約を締結することなしに、相互間に、協

約が発効されるになります。

2004年7月現在、海外に服役中の韓国人は米国35人、日本333人、中国100人等です。

韓国の国際受刑者移送法の主な内容は次のようです。

(1) 条約前置主義の採用
　　国際受刑者の移送は、韓国と外国との間に条約が締結されている限りこの法律とその条約の定めに従って実施する。条約に、この法律と異なる規定がある場合にはその条約によるものとする。(同法第3条)

(2) 国際受刑者移送審査委員会の設置
　　法務部長官の下に国際受刑者移送審査委員会を設置する。委員長は法務次官である。(第5条)

(3) 国内移送の要件
　1) 外国において自由刑（懲役又は禁固等）が言渡し確定された犯罪事実が大韓民国の法律によって犯罪を構成すること、この場合、数個の犯罪事実の中一つの犯罪事実が、大韓民国の法律によって犯罪を構成する場合を含む。
　2) 外国で言渡された自由刑の判決が確定されること
　3) 国内移送対象受刑者が国内移送に同意すること（第11条）

第23条では国外移送の要件を規定しました。
　1) 大韓民国において自由刑が言渡し確定された犯罪事実が外国の法律によって犯罪を構成すること。この場合、数個の犯罪事実の中一つの犯罪事実が外国の法律によって犯罪を構成する場合を含む。
　2) 大韓民国で言渡された自由刑の判決が確定されること
　3) 国外移送対象受刑者が国外移送に同意すること

以上の要件を充たすことが必要です。

国内移送、国外移送を問わず、移送に関する受刑者の同意に対してはその撤回は認められないとしています（第11条3項、第23条3項）。

(4) 外国裁判所判決の効力

国内移送によって移送対象受刑者に言渡された自由刑を国内で執行することに関して、その外国裁判所の判決は大韓民国の法律による大韓民国裁判所の判決と同じ効力を有するものとする。(第15条)

元々韓国の刑法第七条は「犯罪によって、外国において刑の全部又は一部の執行を受けた者に対しては刑を減軽又は免除することができる。」と規定しています。

この刑法の規定によれば、外国裁判所の確定判決は国内の裁判権に影響を及ばないということですが、新しくできたこの国際受刑者移送法を適用して、国内に移送されて刑の執行を受ける者に対しては、刑法の規定が適用されないことになりました。

国際受刑者移送法第18条は

「国内移送受刑者に関して、外国において言渡された自由刑の執行中であるか、その刑の執行が終了したか又は執行しないことが確定したときは、同一の犯罪事実に関して訴追することはできない」と規定して、刑法第7条との関係を整理しました。

Ⅳ 麻薬類犯罪捜査と国際共助

韓国において麻薬類犯罪に対する取締は今まではある程度成功したと評価されます。韓国において麻薬類犯罪は、1980年代代表的な麻薬類であるヒロポン（methamphetamine）が広がって社会問題になったときから関心の的になりました。

検察は、麻薬犯罪の捜査に積極的に出て、体系的な捜査を進めました。1989

年には保健福祉部（日本の厚生省に相当）所属の麻薬捜査員等を検察の組織として受け取って、大検察庁を始め、全国の地方検察庁などに麻薬部及び麻薬捜査担当検事を配置しました。

韓国の麻薬類取締機関としては、検察を始め、警察、税関及び保健福祉部がありまして、検察は、すべての麻薬類犯罪に対する直接捜査又は各捜査機関の捜査に対する指揮を、税関は、国際空港、国際港、保税区域内において密輸入犯罪の捜査を、警察は、税関が担当する区域以外の一般地域においての捜査を、保健福祉部は、法律によって管理する適法麻薬類に対する監視、監督の執務（主に病院、医師、薬剤師等が対象になる）をそれぞれ専担しています。

さて、その間、ヒロポン製造者、販売組織員等が次々検挙されて、韓国国内で覚せい剤を製造する犯罪はほぼなくなりました。

このような国内の麻薬類の製造に関する空白（Drug Vacuum）を埋めるために、最近は、中国、台湾、東南アジアの国々から安い麻薬類が密輸されるケースが摘発されています。

そして、南米等からのヘロイン、コカイン等の密輸事件も増えています。特に、北朝鮮からのものと推定される麻薬類が摘発されるケースもあって、空港と港湾等での麻薬密輸監視体制を強化しているところです。

全体的には、体系的で厳しい取締とともに、韓国において麻薬類事件は1999年以来年間10,000人くらいで収めることができました。検挙人数は次のとおりです。

＊1999年　10,589人
　2000年　10,304人
　2001年　10,102人
　2002年　10,673人
　＊韓国の人口は2004年現在約4,700万人てす。

韓国の麻薬に関する法律は、麻薬法、向精神性医薬品管理法及び大麻管理法がありましたが、2004年1月それぞれの法律をまとめて一つの法律にして「麻薬類管理に関する法律」を制定しました。

この法律では、麻薬類の定義、禁止行為、罰則等を始め、麻薬類中毒者に対する治療保護、麻薬類の管理に関する規定が集まっています。

そして、麻薬類犯罪に対しての特別法として「麻薬類不法取引防止に関する特別法」が用意されて、加重処罰、外国人の国外犯の処罰、不法収益の没収・追徴、国際捜査共助等を規定しています。この特別法の主な内容についてはすでに説明しました。

これらの法制度を念頭に置いて麻薬類の種類、世界的な麻薬犯罪動向、韓国の対処、国際捜査共助等に関して以下で説明します。

1．麻薬類の定義、分類

世界保健機構（WHO）の定義によれば、「麻薬は身体的、精神的依存性を引き起こすのみならず、個人に限らず社会にも害毒になる薬物」となっています。

法律でいう麻薬類は次のように分類されます。

まず麻薬類には麻葉（Narcotics）、大麻（Cannabis）、向精神性医薬品（Psychotropic substances）の3つの種類がありまして、これらには、また次のものが含まれています。

(1) 麻葉（Narcotics）
 1) 天然麻葉
  ①罌粟（opium poppy）
  ②阿片（opium）
  ③阿片アルカロイド（alkaloid）：モルヒネ（Morphine）、ヘロイン（Heroin）、コデイン（Codeine）等でヘロイン（Heroin）が有名である
  ④コカ（Coca）葉
  ⑤コカ・アルカロイド（Coca alkaloid）：世界的に問題になっているものはコケイン（Cocaine）である
 2) 合成麻薬

モルヒネ（Morphine）のように強力な鎮痛効果があるもので五つの種類に分類される。①ペチジン（Pethidine）系　②メタドン（Methadone）系　③モルヒネ（Morphine）系　④アミノブタン（Aminobuten）系　⑤ベンソモルファン（Benzomorphan）系

(2) 大麻（Cannabis）
1) 大麻草：乾燥した大麻の葉と花軸、マリワナ（Marijuana）ともいう。
2) 大麻樹脂：大麻草の樹脂を集めて乾燥又は濃縮したものでハッシシ（Hashish）ともいう。大麻草より八及び十倍くらい強力な効果がある。
3) 大麻種子の皮：大麻草より薬理作用が強い

(3) 向精神性医薬品（Psycholotropic substances）
1) 幻覚剤：LSD、MPA、PHP、PCE等。代表的なものはLSD（Lysergic acid diethy-lamide）である。
2) 覚せい剤：アンフェタミン（Amphetamine）、メタンフェタミン（Methamphetamine）等。メタンフェタミン（Methamphetamine）はいわゆるヒロポン（Philopon）である。
3) 中枢神経安静剤

２．世界における麻薬類犯罪の動向

　伝統的な麻薬類はヘロイン、コケイン及びマリワナでありました。しかし、1990年代東南アジア地域の主な麻薬類であるATS（Amphetamine type stimulants（アンフェタミンタイプの覚せい刺激剤））が世界的に広がりました。

　南米の一部の国で見るように、犯罪組織が麻薬カルテル（Kartell）を形成、国家の公権力に挑戦する事態まで起こりました。

　ある意味では、その地域でのすべての犯罪の元には麻薬があると言ってもよいでしょう。

(1) ヘロインと黄金の三角地帯（Golden Triangle）

Golden Triangle はタイ、ラオス、ミヤンマーの三国の国境地帯をいいまして、いわゆる麻薬王「クンサ」が支配した地域です。クンサがミヤンマー政府に投降してから東南アジアのヘロイン価額が暴騰したと言われます。

Golden Triangle からの阿片（ヘロインの原料）はヘロインになって、タイを経て米国、欧州、カナダへ、中国南部から香港、マカオを経て米国、欧州へ密搬出されることが知られています。

(2) ヘロインと黄金の新月地域（Golden Crescent）

アフガニスタン、パキスタン、イランの国境地帯は Golden Crescent と言われます。この地域からのヘロインは、欧州で押収されたヘロインの70％まで至っています。

(3) 南米のコケイン

世界コカ葉の50％はペルーで生産されます。南米において生産されたコカは、コロンビアで最終的にコケインになって米国、欧州等へ密輸出されます。

コロンビアの両大麻薬カルテルであるメテインーカルテルとカルリーカルテルとの間の麻薬戦争は有名ですが、最近はカルリーカルテルの勢力が強いと知られています。

(4) 覚せい剤の拡散

覚せい剤の流通構造については、1989年以来、韓国の厳しい取締がきっかけになって、国際的に大きな変化が起こりました。

1970年代には、主に韓国国内で製造したヒロポンが日本に密輸出されましたが、韓国検察の強力な取締が続きまして、当時国内の密造、密売犯罪人のほとんどが逮捕され、麻薬犯罪組織は瓦解させられたと認められました。

1990年代になってから、刑期が終わって出獄したいわゆるヒロポン技術者等が中国の大連、瀋陽、東南アジアに逃避して、そこで大量のヒロポンを製造

して、これを韓国、日本等に密輸出する新しいルートが形成されました。昔は、原料は台湾、製造は韓国、消費は日本という、いわゆる White triangle 構図でしたが、今は原料は中国、消費は日本と韓国という新しい White triangle が形成されたとも言われます。

フィリピンでは methamphetamine（メタンフェタミン・覚せい剤）をシャブ (shabu) と呼びます。シャブ (shabu) は今フィリピン最大の麻薬として拡散されています。

タイ等では methamphetamine（メタンフェタミン）にカフェインを加えた Yahmah（ヤーマー）というものが使用されると知られています。

取締の強度に比例して、麻薬類の密売価額は上がります。そして麻薬は、お金がある所に入ります。貧しい国で生産されて、米国、欧州、日本のように購買力ある国に向けて移動します。

韓国国内において、ヒロポンの卸値段は一時1グラム当り200万圜（およそ20万円位）まで上がったときもありましたが、現在は1グラム当り10万から20万圜までの価額まで下落しました。主な理由は国内密輸入量が増加したからだと思いますが、一方では、麻薬販売組織が購買者を増やすために薄利多売戦略を使用していたからだと分析されています。現在ヒロポンの一回分 (0.03g) の闇取り引き値段は3万から4万圜くらいです。

3．麻薬類犯罪捜査のための国際協力

1984年、韓国と日本との間に麻薬類犯罪に対処するために定期的な「両国麻薬会議」が始まりました。この会議には法務省、外務省、警察庁、税関、厚生省からの実務レベルの人達が参席して、両国の間の麻薬問題に関する情報を交換したり、対策を論議したりして来ました。

韓国政府はすでに麻薬類に関する三つの UN 協約（これを three major UN conventions といいます）に加入して、国際的捜査共助に積極的な立場を取っています。

1961年の Single Conventions on Narcotic Drugs

1971 年の Convention on Psychotropic Substances

1988 年の Convention against Drug Abuse and Illicit Traffic in Narcotic Drugs and Psychotropic Substances

がそれであります。

2001 年 3 月 5 日韓国、日本、中国の三国に渡って覚せい剤製造、販売組織のボスとして悪名高かった韓国人が中国で中国の警察（公安）によって逮捕されました。

当時、韓国検察は、麻薬王と呼ばれるその人の写真、五つの電話番号、その他の捜査資料等を中国側に提供して捜査共助を要請しました。およそ二ヶ月くらい捜査を進めて、その大物と組織員等を逮捕するに至りました。

2001 年 7 月中国政府は相互主義によって犯罪人を韓国の検察に引渡しました。（韓国と中国の間には 2000 年 10 月 18 日犯罪人引渡し条約を締結しましたが、条約の発効は 2002 年 4 月 12 日で、当時は条約発効以前でした）これは、中国との最初の犯罪人引渡し事例で、それ以来、両国は麻薬類犯罪捜査において緊密な共助をしています。

Ⅴ　韓国における組織犯罪の実情と対処方案

１．暴力と恐怖による支配

　暴力と恐怖による支配、これは人類歴史上最も古く、根強い伝統の一つであります。人間は、力による支配から歴史を始まりました。力の支配を可能にする二つの原泉は暴力と恐怖であります。理性の時代が到来したのは、人類の永い歴史上ごく最近の事件であり、今でも世界至る所で暴力と恐怖を利用した力の支配の跡形が如実に残っています。

　暴力と恐怖が内在されている権力は、今日はあらゆる形態で、力を合理化して文明を仮装したりしてします。

　公権力は合法化された力です。警察と軍隊は合法化された力を現す象徴です。

理性の時代を経験した我々は、力の支配を規律するためにあらゆる制度的装置を考案しました。いわゆる check and balance のための工夫をこらした結果です。

　力の支配の代わりに法の支配は、適法な手続（due process）の要求、不当な公権力の行使に対する裁制等、緻密で複雑な司法手続を通じて実現されます。

　今こそ、我々は法の支配の下に生きていると言ってもよいでしょう。

　しかし、最も文明化されたと言われる先進社会においても、原初的な暴力と恐怖を利用して生きている集団が残っています。

　彼らの生命力は粘り強くて、社会に対する影響力は少なくないです。我々は米国と欧州のマフィア、日本の暴力団、香港の三合会（Triads）等を他人のことのように話しますが、我々の日常を支配する暴力と恐怖の亡霊は思い知らないままです。

　子供を訓戒するときに説得のかわりに暴力と脅迫を使用するし、討論場においても度々高声をあげ退場する等の力の行使を遠慮しないのです。

　司法制度は複雑で時間と費用がかるものと思っている人が少なくないです。法と正義を言うが、裁判は司法ゲームと見られるし、時々法は力をもっている側に立っているという批判を受けています。

　暴力と恐怖は昔の暗い時代からの遺物でありますが、今でも人々の心には暴力と恐怖を好む野蛮が潜んでいます。

　組織犯罪は、人間の本能的な野蛮性を利用して、彼らの事業を営んでいるといってもよいでしょう。

２．韓国における組織犯罪の歴史と特徴

　組織犯罪に関しては、韓国は特異な伝統を持っています。

　韓国の近代化が進む中で人口は増加し、都市化が進みました。若者達は「都市へ都市へ」と言って大都市に集まりましたが、仕事は充分ではありませんでした。働くための力は持っていましたが仕事を得るのができなかった若者達は群れを成して、主に風俗営業場、賭博場、工事場等で生活するようになって、

一部はそれらの所で金を稼げる場合もありました。

　人々は、彼らをコンダルと呼びました。コンダルは日本語ではやくざ者、遊び人、ごろつきです。英語では Scamp、Libertine に似ています。

　コンダルは悪い意味だけを持っている呼称ではありませんでした。彼らは、最初から犯罪人、あるいは犯罪組織として知られたものではなかったし、犯罪人でもありませんでした。コンダル同士との間に利権又は縄張りをめぐって争いはありましたが、よそ者と一般市民に対しては、そんなに大きい被害を与えることはなかったし、義理と義侠心を重んじて弱者を助ける精神も少しながらもあったからです。今日でも、コンダルの話は映画と小説の主題になって美化される場合がありまして、満足するほどの仕事を持っていない若者たちは彼らの生活に憧れる傾向も見えます。

　最近、ある青少年向けのアンケート調査で、将来何になりたいかについてコンダルが一位をマークした事件（これは事件です）がありまして話題になりました。この点、昔日本でのやくざ者が一部で、義理のある者として美化されたことによく似ています。

　韓国のコンダルは、争いの時にも武器を取って戦うことはめったにありませんでした。彼らは手と足、頭等を使って戦ったので、したがって、殺人又は重傷に至る場合は少なかったのです。

　これは、民間人が武装することを厳しく禁止した歴史的伝統の影響だと思います。

　今日でも、韓国では、銃、刃物等武器に対する規制は厳しく、許可なしに銃と一定の大きさを越える刃物等を所持すること自体が犯罪になって処罰の対象になります。日本の「銃砲刀剣類所持等取締法」による規律とほぼ同じです。

　しかし、都市化、産業化が進む中、韓国のコンダル社会も変り始まりました。産業化が進む1960年代に組織的な暴力団体が現れて、都市の遊興街中心に大きな力を行使するようになりました。

　遂には政治勢力と結託して政治集会に参席して政治家を警護したり、相対方の政治集会を暴力によって妨害する、いわゆる政治コンダル（政治ごろ）まで

登場しました。

　1960年代の軍事政府は、社会混乱の主犯としてこれらの暴力組織を指目して一斉取り締まりをした結果、主な組織の親分等13,000人余りを検挙しました。当時政治ごろとして有名だった人は死刑に処されました。その後しばらくは、韓国での暴力組織はほぼなくなりましたが、1970年代に入って刃物と鉄棒、野球バット等で武装した暴力組織が現れて、韓国ソウルの代表的な繁華街である明洞を掌握してから事情は変りました。

　昔のロマンチックなイメージさえ持っていたコンダル時代は去って、暴力と恐怖を手段として金儲けをする武装集団時代が到来しました。この時からいわゆるファミリー（Family）が組織されて、ファミリーとの間に殺人を伴う残酷な戦争が始まるとともに、犯罪組織は大規模の集団化、企業化の道に入りました。

　1980年代に経済成長とともに国際化、開放化が進む中、犯罪組織も全国的な組織を作りまして、一部は日本、米国の組織（主に韓人社会で活動する集団）と連繋して海外まで進出しました。

　韓国政府は1990年10月13日、「犯罪との戦争」を宣言しました。組織犯罪を始め、すべての犯罪に対して強力な取締を進みました。検挙された犯罪組織の組織員等には「犯罪団体組織罪（これに関しては後述）」を適用する一方、保護監護制度を新設して、常習犯、職業的犯罪者に対しては、刑の終了後でも長期間（7年及び10年）保護監護所において収容しました。

　その結果、主なファミリーの親分等がほとんど拘束されましたが、一部は外国へ逃避しました。当時、韓国で常習「すり」犯に対して厳しい取締をして処罰とともに保護監護までに処したので、常習すり犯が日本に逃避して問題になったことはすでに説明しました。

3．最近の組織犯罪の動向

　韓国の治安は安定していて、都市の夜は安全であります。日本の治安当局は、日本国を「安全大国」と表現して、世界的にもそのように言われています

が、韓国も日本に劣らないほどに安全な国です。世界中に日本の東京と韓国のソウルのような大都市で、夜の町を安心して歩き回ることができる所はめったにないと思います。

　勿論、韓国でも犯罪は起こりますが、犯罪人同士が銃を乱射したり、犯罪組織が警察と戦争を起こしたりすることはありません。

　1990年代の後半になって、「犯罪との戦争」の時、拘束された組織員等が刑期が終了してからまた町に現れました。これにつれて最近、昔のファミリーが再建されたり、新しい犯罪組織が生まれたりしました。新しくできた新生ファミリーの行動隊員は十代の青少年たちが主役を占めています。

　韓国捜査機関が把握している犯罪組織は400くらいで、組織員は11,000人から12,000人くらいです。これらの組織員として犯罪を起こして逮捕される者は年間平均2,000人から3,000人くらいです。

　検察の強力部（これは組織犯罪と殺人、強盗等強力犯罪を専担するために設置したもので、昨年末から麻薬部と統合されて麻薬・組織犯罪捜査部になりました）が、特別に監視する対象は、117のファミリーの主要構成員650人余りです。これらの組織の平均組織員は30人及び35人位です（参考までに付言すると、米国の「Organised Crime Control Act of 1990」で規定する犯罪組織の最小限の人数は5人です）。

　犯罪組織は必ず犯罪だけを通じて金儲けをするものではありません。

　伝統的な組織犯罪、遊興業所対象の恐喝、商店街・露店商相手の恐喝、書画等の強制売買、賭博開場（いわゆるハウス運営）麻薬密売、売春等でありましたが、今日の犯罪組織は金儲けのためには合法、不法を問わず介入しています。

　犯罪組織が介入する新しい分野は次のようなものです。

　高利貸業（いわゆる地下金融）、建設業、不動産業、廃棄物処理業、密輸業、保険詐欺、中古自動車輸出、カード偽造、酒類卸売り、人力送出業、高級レストラン、ギャラリー運営、広告業、ベンチャー企業、ショッピング・モール事業、テレビ競馬、ホテル業等です。

　このような事業を直接又は間接的に運営して資金を集めて、次々に合法的な事業に投資して、結局、犯罪組織のビジネスは、普通のビジネスと外見上、何

の違いもなくなりました。実際、組織の者が外見上美男で、事業上有能なビジネスマンのように活動することも珍しいものではありません。

4．犯罪組織の予備軍としての少年犯

　韓国の少年犯（12歳から14歳未満の触法少年と14歳以上20歳未満の少年犯を含む）は年間10万人以上に上ります。

　刑法犯と交通犯罪等特別法違反犯を含めて
　　1998年　148,558人
　　1999年　143,155人
　　2000年　143,637人
　　2001年　130,983人
　　2002年　115,423人
であり、
　このうち、刑法犯（暴力行為等処罰に関する法律違反事犯を含む）は
　　1998年　99,552人
　　1999年　93,261人
　　2000年　94,465人
　　2001年　82,746人
　　2002年　75,982人
であり、毎年少しずつ減少する傾向を見せます。

　刑法犯の中50％以上が暴力犯であり、中には殺人、強盗、強姦、放火犯等も含まれています。残りは財産犯で、窃盗、詐欺（ほとんどはインターネット上のゲーム詐欺）、横領、背任、損壊、贓物等です。

　犯罪組織は、この少年犯軍団から組織員を充員しています。

　同じ地方、同じ学校出身等の地縁、学縁を通じて新しい組織員を受け入れます。同じ学校出身といいましたが、中、高等学校校内に存在する不良クラブが、犯罪組織とつながりを持っているケースが度々摘発されます。不良クラブ

が犯罪組織の温床だといってもよいでしょう。

犯罪組織の90％以上は、自発的に、又は組織員から勧めを受けて加入したというアンケート調査結果がありもして、強要によって加入したケースは2％以下でした。これらの10代の犯罪者たちは、昔の組織犯罪人よりもっと危険で残酷です。少年犯等は、17歳から19歳の間に犯罪組織に加入していると分析されましたが、高等学校を中退したり、卒業してからすぐに犯罪組織の一員になることが分かりました。

5．犯罪組織に対する対策

韓国刑法第114条は、「犯罪団体組織罪」を規定しています。

その内容は「犯罪を目的とする団体を組織し、もしくはその団体に加入した者は、その目的とする犯罪において定めた刑に従って処罰する」というものです。すなわち、犯罪を目的とする団体を作る行為、又はその団体に加入する行為だけで、目的とした犯罪の実行可否を問わず、処罰されることになります。例えば、すりを目的として団体を組織したら窃盗罪によって、売春を目的としたら売春に関する罪で処罰されます。

特別法である「暴力行為等の処罰に関する法律」では、加重処罰規定を設けています。その内容は次のようです。

一．暴行、傷害、逮捕、監禁、脅迫、住居侵入、暴力による権利行使妨害、恐喝、損壊の罪等を目的とする団体又は集団を組織又はその団体若しくは集団に加入した者は、次の区別によって処罰する。

　首魁は死刑、無期又は10年以上の懲役に処する

　幹部は無期又は7年以上の懲役に処する

　その他の者は2年以上の有期懲役に処する

一．上記の団体又は集団を組織し、又は加入した者が、団体又は集団の威力を誇示したり、団体又は集団の存続・維持のために次の罪を犯す者は、その罪に対しての刑の長期及び短期の半分まで加重する。

　公務執行妨害、殺人、業務妨害、競売、入札の妨害、強盗、強姦、海上強

盗、そして暴行、傷害、逮捕、監禁、脅迫、恐喝、損壊等
一．他人に対して犯罪団体又は集団に加入しようと強要し又は勧誘した者は2年以上の有期懲役に処する。
一．犯罪団体又は集団を組織するために、又はその団体または集団の存続・維持のために金品を募金した者は3年以上の有期懲役に処する。(以上同法第四条)
一．団体又は集団員ではない者が、団体または集団を利用して、この法律(暴力行為等の処罰に関する法律)又はその他の刑罰法規に規定された罪を犯す者は、その罪に対しての刑の中最も重い刑によって処罰する。

これは、いわゆる請負暴力等を処罰するために設けられた規定です。
一．団体又は集団に加入しない者が、ある団体又は集団の組織又は維持のために資金を提供した場合には3年以上の有期懲役に処する。(以上第5条)
犯罪組織が犯罪等によって集めた資金を次第に外見上合法的な事業に投資して、そのビジネスによって得る資金が、結局、犯罪組織を維持するための資金になる悪循環を遮断するために設けられた規定です。

　韓国では、「犯罪との戦争」のとき逮捕されて刑期が終わって出所した組織の幹部たちが、表面的には犯罪組織と縁を切って、事業家のように変身して活動しながら、組織の後輩たちに小遣銭として金を提供する事例が多く摘発されました。
　これらの犯罪組織の先輩たちは、現役の組織員等が犯す犯罪とは直接関係はありませんが、実際は犯罪組織の資金源として知られているにもかかわらず、処罰する当てもありませんでした。
　このような事情があって、上記の規定が設けられましたが、「団体又は集団の組織、維持のために資金を提供」したことを立証することが難しくて、実際この規定を適用して処罰したケースはめったにありません。
　韓国で2004年9月から施行された「性売買斡旋等の行為の処罰に関する法律」(一般的に「性売買特別法」と呼びます)にも組織犯罪を処罰する規定が設け

られています。

　この法律は、売春の強要、斡旋、広告、売春目的の人身売買等の行為を処罰するようにしていますが、犯罪組織の組織員がその罪を犯す場合には加重処罰すること、そして、売春等の犯罪を目的とする団体又は集団を組織し、又は加入した者は処罰することを規定しています。(同法第18条、第19条、第22条)

　この「性売買特別法」には、性売買を目的とする人身売買の防止のための国際協力と刑事司法共助を規定しているし(同法第3条第2項)、売春犯罪によって得た金品その他財産は没収又は追徴することを規定しています。(同法第25条)

　以上、犯罪組織又は集団を直接規定する法律を適用する事例は年間700人位です。年間犯罪組織員として犯罪を起こして逮捕される者は平均2,000人から3,000人位ですが、その中「犯罪団体組織罪」を適用するケースはおよそ700人位です。残りは、暴力、麻薬、売春等個別的な犯罪によって処罰されます。

　大法院(最高裁判所)判例によると、「犯罪団体組織罪」の構成要件としては
　一．特定の多数人が組織を作ること
　一．一定の犯罪を遂行しようとする目的があること
　一．継続的な結合状態を維持すること
　一．指揮・統率体制を備えること
等を上げています。

　そして、犯罪団体組織罪は、犯罪を目的とする団体を組織すれば成立するもので、その後、目的にした犯罪の実行の如何は犯罪成立には影響を及ぼさないと判断しました。(1975年9月23日大判)

　具体的事例としては、

　　「被告人たちが首魁、幹部を区分するほどの指揮・統率体系を備える団体を構成して、被告人たちのうち一人から団体生活に必要な資金を提供されて、他の組織との争いに備えて日常団体訓練又は個人訓練をする一方、団体が出来てから1年10ヶ月の間、16件の強盗傷害、傷害、脅迫行為を

ほしいままにして来たとしたら、この場合は暴力行為等を目的とする犯罪団体組織又は加入の罪に該当する。

組織員たちが他の組織員と争いをしている途中、組織の首魁の地位にある者が争いの現場に現れて「みんな殺せ！」と叫んだ行為は、部下たちの行為に大きな影響を及ぼすものとして、被告人は争いに加勢したと見られるし、部下たちが刃物、野球バット等で被害者等を乱刺、乱打して死亡させたとしたら、被告人は殺人罪の共同正犯といての罪責を免れない。」

と判示したことがあります。(1987年10月13日大判)

一方、被告人たちが「すり」犯行を目的として、それぞれ実行行為を分担することを事前に約束して犯罪を犯したケースについて、

「犯罪を目的とする団体というものは、特定多数人が一定の犯罪を遂行しようとする共同目的の下に作った継続的な結合体で、最小限の統率体制を備えることを要件とする」

として、単に「すり」犯罪を共同にするために集めたことだけでは、犯罪団体組織又は加入の罪は成立しないとしました。(1981年11月24日大判)

6．少年犯に対する対策

韓国では、青少年犯罪に対して三段階の対策が実施されます。

1) 犯罪予防活動
2) 犯罪に対する取締り
3) 少年犯に対する教育

がそれです。

1) 犯罪予防活動としては、1991年から検察が主導して、「犯罪から自由で、安全な学校運動 (The campaign of crime free and safe school)」が始まりました。今は、運動を民間団体が引き受けて検察の支援の基に活動を続けています。

2）　全国それぞれの検察庁には少年犯専担の部と検事が配置されて、少年犯事件を処理します。少年犯専担部では家庭暴力、女性犯罪、青少年に対する有害な環境事犯、教育と文化に関する罪等を一緒に処理する体制を取って、総合的な検討を可能にするようにしています。

　少年犯処理において韓国では、善導条件付き起訴猶予制度があります。これは、少年犯に対して、6ヶ月及び1年間善導委員（民間のボランティアで、全国それぞれの検察庁には、その地域の有志、企業人、宗教人、医者、薬剤師、篤志家、市民団体からの人等から選ばれた善導委員が数百人ずついます）の指導を受けることを条件にして起訴猶予処分をする制度でありまして、少年犯が別の問題なしに猶予期間を過したら事件は起訴猶予として終結されます。

　20年以上の歴史を持つこの制度は、少年犯の再犯防止、学校と社会への復帰のために非常に有効な制度として評価されています。

　善導委員たちは、勿論、地域の犯罪予防活動も並行しています。

3）　少年犯に対する教育は、少年院と少年矯導所（刑務所）で行われます。少年院は、裁判所少年部から送致された少年（保護少年と呼びます）を収容して矯正教育をするところであり、少年矯導所は、有罪判決を受けた少年犯を収用する刑務所です。

　韓国では、少年院の場合、その名称を中学校、高等学校として（例えば情報通信高等学校又は芸術高等学校等）一定の過程を修了すれば、普通の中学校又は高等学校と同じ卒業資格を与えるようにしています。

　そして、少年院と少年刑務所での教育内容を改善して、コンピューター教育、日本語、英語等外国語教育等の科目を設けて、場合によっては普通の学校より優れた環境で勉強することができるようにしています。米国 Microsoft 社の Bill Gates 会長が数年前韓国の少年院を訪問して大量のコンピューター機器を寄付したこともあります。

　最近、ある少年院に収容されて、収容期間が終わった60人の少年たちが「帰りたくない、引き続いてコンピューター、外国語等の勉強をするようにし

てください」と願って、相当な期間勉強ができるように特別な配慮をしたケースもありました。

　以上のような色々な活動は犯罪組織の予備軍である少年犯の発生及び再犯を防止して、組織犯罪を除去するために工夫の果てにできたものであります。

７．国境を越える組織犯罪

　いくつかの事例を上げて、国境を越える組織犯罪の実状とそれに対処するための国際捜査共助等に関して説明します。

　１）　2000年7月、韓国警察は韓国国内で、高級乗用車とダンプカーを盗んでその車等を中国、ロシア、東南アジア等に輸出した犯罪組織を摘発しました。この犯罪は、まず韓国国内の窃盗組織が高価車両を盗みます。それから車両改造組織が車両の車台番号を変造して、別の車のように改造します。後で、文書偽造組織員が輸出書類等を偽造します。

　これらの車は、中国、ロシア、東南アジアの犯罪組織に渡されて、外国で新車又は中古車として売られました。

　国内で、車両窃盗事件が引き続いて発生していますが、盗まれた車の多くがこのような方法で国外の犯罪組織に渡されて販売されると疑われます。

　２）　韓国において登録外国人は2002年12月現在271,666人であり、不法滞留者は289,239人で合わせておよそ56万人の外国人がいると把握されています。

　不法滞留者の中、一番多いのは中国人で、およそ15万人くらいであり、次はタイ（19,934人）、フィリピン（18,128人）、バングラデシュ（16,170人）、パキスタン（6,369人）、ロシア（4,626人）、スリランカ（2,560人）等の順です。

　この中、中国とロシアの犯罪組織が密入国に関与していることが数件摘発されました。1999年12月、ロシアのサハリン（Sakhalin）マフィアが60人のロシア女性を韓国の売春組織に引渡した事件がありました。中国の密入国犯罪組

織は、ほとんど中国の朝鮮族が中心になって作ったものと思われます。

3) 1988年11月、韓国の釜山の犯罪組織である「七星派」と日本の暴力団である「金山組」との間に縁結びの儀式が行われたことが、現場を録画したビデオテープが発見されて摘発されました。

当時、七星派の頭目が日本まで来て、やくざの伝統儀式である「さかずき（盃）」儀式をしたことが分かりました。

この人は逮捕されて懲役10年の刑を言渡されましたが、この事件で、韓国の犯罪組織と日本の暴力団とのつながりがはっきり確認されました。

最近は、日本暴力団の資金が韓国に流れ込んで、高利貸し業、高級クラブ（韓国ではルームサロンという）、レストラン等に投資されたという情報がありますが、確認されたことはまだありません。

4) 韓国では、銃器犯罪はめったにありませんが（これは民間の武装を厳格に禁止してきた昔からの伝統に由来すると既に説明しました）、1996年以来ロシアの船員等が銃器を密輸入する事件が何件か摘発されました。韓国では、ロシア製の拳銃等が大量流れ込む事態を防止して銃器から自由な国を守るために、ロシアの船舶が頻繁に往来する釜山港等において監視体制を強化しています。

Ⅵ　国際的な犯罪と捜査の実際

捜査は、本来、事後対応的なもので、犯罪が発生した後、捜査機関が動いて犯罪の証拠を探し、犯人を検挙し、証拠と証人が確保されれば犯人を起訴することによって終わります。

しかし、最近の犯罪情勢、特に国境を越える組織犯罪がますます盛んになることとともに、今までの古典的な捜査方法によっては対処できないケースもだんだん増えています。

組織的に行われる犯罪として、被害者がなかったり、いわゆる合意的犯罪

（Victimless or consensual crime）の場合は特にそうであり、賄賂、麻薬類犯罪、売春、賭博、脱税等が代表的なものであります。

犯罪組織は、犯罪において隠密で速いです。捜査機関は、仕事において公開されてのろいです。犯罪人は、法律を越えて走りますが、捜査は、法律に定められた厳格な手続き、場合によっては「不必要な要式行為」（unnecessary formality）を経らなければならないのです。

国際犯罪においては、国境という壁を越えてもまた主権という障害に隔てられる場合が多いです。利口な犯罪組織は、金と暴力、恐怖を武器にして飛んでいますが、捜査機関は、頑固に土を踏んで苦労しています。

さて、米国では被害者なき犯罪、合意的犯罪等に対しての捜査方法としていわゆる秘密捜査方法（under-cover operation or undercover investigation, sting operation ともいう）を使用しています。

日本と韓国は、大陸法系制度を基にして、被疑者訊問を中心にして捜査を進めますので、刑事手続において訊問調書が重要な意味を持っています。

しかし、米国では、調書というのは特別の意味を持っているものではありませんし、裁判においても、証人の証言、犯行の現場を撮影した写真又は影像、録音テープ等が決定的な役割を果す場合が多いのです。したがって、犯罪の途中に入り込んで犯行の証拠を得る捜査の技術が発達しています。

秘密捜査の核心技法は潜入と欺瞞（infiltration and deception）です。

Abscamという暗号名の有名な事件がありました。

1983年米連邦捜査局（FBI）の秘密捜査官等がアラブの富豪のように仮装して、永住権取得に関する書類等を偽造する犯罪に公務員を加担させました。その代りとして公務員等に巨額の賄賂を提供し、今度は、買収された公務員を通じて政治家等にも接近してから賄賂を提供しました。賄賂が提供される場面は秘密カメラによって撮影されました。

この秘密捜査によって上院議員1人、下院議員6人、市長1人等多数の公務員が収賄罪で有罪の判決を受けました。この秘密捜査に対しては、個人の私生活又は社会的な信頼関係を侵害するという批判もありましたが、秘密捜査の代

表的な成功事例としてよく知られています。

　Abscam は FBI が設立した偽装企業である Abdul Enterprise. LTD の"Ab"と詐欺（swindle 又は confidence game）の俗語である"scam"の合成語です。

　1980 年代の始め頃には、米国の五大ファミリーの中の一つであるマフィア組織員 200 人余りが逮捕されました。FBI の秘密捜査要員が組織の中に潜入して五年間活動しながら組織の全貌を明らかにした結果でした。

　FBI は、秘密捜査に関する正式のガイドラインを持っています。

　法務長官（検事総長を兼ねる）の FBI 秘密捜査に対するガイドライン（Attorney General's Guidelines on FBI undercover operations）の主な内容は次のようです。

　このガイドラインは、1976 年当時の法務長官であった Levi によって制定されて、FBI 及び各連邦捜査機関の秘密捜査の準則として適用されています。このガイドラインは次のように規定しています。

1) 捜査機関によるすべての秘密捜査において、その目標の設定、捜査機関、期間の延長等は、連邦検察庁の特別捜査担当官（Special Agent in Charge）の書面による承認の下に行われなければならない。
2) 秘密捜査は、適切な時期に適正な方法によって遂行し、関係する人に対しての権利侵害は、最小限に止めなければならない。
3) 情報員の活用に関する承認は、法務長官のガイドラインに従う。
4) 秘密捜査官が参与することが予想される不法行為は、このガイドラインに従う限り正当化される。
5) 秘密捜査は、6 ヶ月以内に終了する。但し、一回に限りその期間を 6 ヶ月延長することができる。しかし原則的に一年を越えることはできない。
6) 秘密捜査の費用は 4 万ドル（麻薬捜査の場合は 10 万ドル）以内とする。

⑴　目標の設定

　米国において秘密捜査は、一般刑事事件（street crime、一般に White Collar

Crime と対比する概念として使う）又は麻薬、賭博等の組織犯罪に対する捜査のために始まりました。しかし最近になって、その目標（target）は、いわゆるホワイト・カラー犯罪（White collar crime）である政治人、公務員の犯罪まで拡大されました。

目標の移動に連れて、それに対する反発、批判の声も高くなりました。魔女狩り（witch-hunts）、政治報復（political vendettas）、つり探検（漁り目的の捜査活動）（fishing expeditions）等の罵倒がそれであります。

このような批判等を考慮して、米法務部では秘密捜査監督委員会（Criminal Undercover Operations Review Committee）を設置して、秘密捜査承認要請を検討するようにしています。

普通の事件に対しては、連邦検察庁の特別捜査担当官が承認すれば直ちに秘密捜査が可能になります。しかし財政的に政府に負担を与える事案、政治家、公務員、外国公務員、宗教団体、政治団体、言論機関等が対象になるいわゆる「敏感な環境（sensitive circumstances）」が含まれている事案に対しては、FBI本部の秘密捜査監督委員会の承認を受けなければならないようになっています。

(2) 情報員の活用

捜査協力者である情報員（informant）は、一種の必要悪でもあります。情報員はいわゆる許可を受けた犯罪人（licensed criminal）とも言われます。情報員は、犯罪組織の内部からの自発的な密告者（snitch）、二重間諜（double agent）、最初から潜入と欺瞞によって活動するもの（wholly false self）等の種類があります。米国の連邦最高裁判所は捜査機関による情報員の活用を一貫して認めています。

韓国でも、麻薬犯罪、組織犯罪の捜査において情報員を活用するケースが多いのですが、場合によっては、その副作用も見られます。情報員が復讐、競争組織の除去等、個人的動機から犯罪情報を利用する場合、捜査の公正さが疑われるおそれがあるからです。

(3) 秘密捜査官の不法行為の承認

秘密捜査の目的を達成するために一定の条件の下に不法行為も許容されます。
一．まず正当防衛、緊急状況において不当な暴力に対抗して、自己又は他人の生命を保護するための場合に限り、合理的な正当防衛は許容されるが、それ以外の暴力の使用は禁止される。
一．不法通信傍受、郵便物不法開封、損壊、住居侵入、不法押収、捜索等は禁止される。
一．犯意を誘発して犯罪を犯すように刺激する行為は禁止される（いわゆる陥穽捜査又は罠捜査が許容される場合は例外とする）。

ガイドラインによって、承認の下に許容される不法行為は次のようです。
一．連邦又は州法による軽犯罪
一．一方の同意を得た監視又は監聴
一．贓物の運搬及び販売
一．麻薬類の制限的運搬
一．賄賂の供与（但しいわゆる敏感な環境の場合は例外とする）
一．秘密捜査官の身分又は秘密企業の偽造のための虚偽表現

(4) 陥穽捜査（罠利用捜査、囮捜査）

米国では、囮捜査（entrapment）は、「犯罪を犯す意思がない者に犯意を誘発して犯行を犯させる行為」として原則的に禁止されるものとし、違反する場合は「陥穽の抗弁」が成立して、収集された証拠は排斥しなければならないものとします。

但し、相対が既に犯行意思をもっている場合、外見上罠のように見えても秘密捜査は許容されます。すなわち本来的意味の陥穽捜査ではない場合には、秘密捜査方法として認められることになっています。

FBIガイドラインが規定するおとり（囮）・罠捜査の承認要件の中に一番主要なものは、「対象者が、捜査対象になっている犯罪行為又は類似犯罪行為に

参与している場合、参与してきた場合、参与する可能性が高いと見られるほど合理的な根拠がある場合又は犯罪行為の機会を提供される者が事前に緻密な犯行計画をたてて犯罪を犯す性向を持っていると信じられるほど相当な事由がある場合に限り承認される」ことです。

この承認要件は、米国連邦最高裁判所が提示した秘密捜査の主観的要件を念頭に置いたものと思われます。連邦最高裁判所は、「被告人が過去において同種類又は類似する犯罪を犯した経歴がある場合又はその犯罪を犯す意思又は性向（predisposition）があると判断される場合は、陥穽の抗弁は排斥される」として、このような性向が認められる場合、外から見ておとり・罠のように見える方法を利用しても許容されるという基本的な立場を維持してきました。

米国判例等による"陥穽の抗弁"が認められるためには、

① 対象者（被告人）に犯罪を犯そうとする事前意思がないこと
② 捜査機関による犯行提案等、欺瞞手段が度を外れた極端的なものであって、誰でも犯行を避けられないほどであること

この二段階の要件が備われなければなりません。

韓国において陥穽捜査に対しての論議は、日本とほぼ同じ結論を取っています。罠又は囮捜査を犯罪誘発型と犯行機会提供型に区分して、「犯罪の意思を持っていないのに、捜査機関が邪術又は計略等によって犯罪を誘発して、犯罪人を検挙した場合は無罪であるが、最初から犯意を持っている者に対して犯行の機会を提供したり、犯行を容易にしたことに過ぎない場合には陥穽捜査とは言えない」という判例があります。（1983年4月12日、1987年6月9日大判等）

日本では犯罪誘発型について、捜査方法が汚いとして免訴判決をしたと知っていますが、処罰できないという結論には差異はありません。捜査の現場から見ると、捜査において犯罪情報というものは、欠かすことができない捜査の端緒になっています。

実務では、捜査が始まる手掛りは二つありまして、捜査機関自らの「認知」そして外部からの「告発、告訴」に区分しています。

被害者がある犯罪では、犯罪被害者の被害申告、告発、告訴によって捜査が始まるので結構ですが、被害者なき犯罪又は合意的犯罪（consensual crime）の場合、捜査機関が犯罪の端緒を捕まえるのに苦労しなければなりません。

現代のように都市化、巨大化、匿名化された社会では、捜査機関が自ら犯罪と犯人を「発見」して認知する場合はほとんどありえないと言っても過言ではありません。警察が犯罪現場又は犯人を「発見」するものはまさしく偶然であると言ってもよいでしょう。

結局、捜査機関の「認知」といっても、それは外部からの情報がなければ不可能になるという結論になります。外部からの情報は言論報道、風説、投書、陳情、内部告発（正式な告発ではなく匿名の告発）、密告等、様々なものから得られます。このように捜査現場においては、情報員の活用、内部協力者の確保、秘密捜査方法の活用等、ある意味では芳しくない人を使って、芳しくない捜査活動をすることも避けられない時代になりました。

Ⅶ　組織犯罪と裁判における証人保護

韓国ソウルで、裁判所での証言が終わってから法廷を出る証人が犯罪組織員に刺し殺された事件がありました。組織犯罪だけではなく、一般刑事事件の場合でも被害者又は目撃者等証人が脅迫、買収等によって裁判に協助できない状態になるケースがしばしばあります。

韓国では、先の証人殺害事件がきっかけになって1999年8月31日「特定犯罪申告者等保護法」を制定しました。この法律は、刑事手続において、犯罪被害者及び証人等を保護するために設けられたものであります。

この法律でいう特定犯罪は次のようです。
1）　殺人、略取、誘因、誘拐、人身売買、強姦、強盗等
2）　麻薬類犯罪
3）　犯罪団体組織又は団体の構成員による犯罪等（第2条第1号）

保護の対象としては、犯罪の申告、陳情、告訴、告発等捜査の端緒を提供し

た者、参考人として陳述又は証言をした者、資料を提出した者、犯人検挙のために協助したもの等とその親族をいいます。(第2条3号)

主な内容は次のようです。

一．検事又は司法警察は、陳述調書等書類を作成するにおいて犯罪申告者等とその親族等に対して報復のおそれがある場合には、姓名、年齢、住所、職業等身元に関連する事項を全部又は一部を記載しないことができる。(第7条)

一．上記の犯罪申告者の身元に関する事項は公開されてはならない。(第8条)

一．裁判においては、証人訊問のとき、報復のおそれがあると認められる場合、判事は、被告人又は傍聴客を退廷させ、又は非公開の場所で証人訊問を行うことができる。(第11条)

一．検事又は警察署長は、犯罪申告者等が報復に当るおそれがある場合においては、一定期間の間、身辺安全のために必要な措置を取ることができる。(第13条)

一．犯罪申告者等が報復のおそれを避けるためい引越し、転職をするなど経済的、精神的な被害を受けた場合、国家は、救助金を支給することができる。(第14条)

一．犯罪に関わる者が犯罪申告等をする場合においては、申告者等に対して刑を減軽又は免除することができる。(第16条)

これは刑法上の自首規定(自首したら刑を減軽又は免除することができる)と同じ形式ですが、この規定の場合、犯罪組織内部からの告発を誘導しようとする趣旨がより強いです。

Ⅷ　国際刑事警察機構 (Interpol)

ICPO (International Criminal Police Organization) は、各国の警察との間の相互協力機構として1956年ウィーン (Viena) でICPO憲章を採択してから創設さ

れた政府間国際機構であります。会員国は178ヶ国として、韓国は、1964年加入しました。フランスのリヨンに本部があって、各国の警察当局は、ICPOとの連絡又は協力業務を担当する国家中央事務所（NCB）を設けています。韓国のNCBは警察庁であります。

ICPO活動の基本原則として、

一．加入国は、自国の国内法が許容する範囲内において協力すること。
一．一般刑事事件に限って協力すること、即ち、軍事、政治、宗教、人種問題が係っている事件に関与しないことがICPO憲章に規定されています。

韓国の国際刑事司法共助法第三十八条には、ICPOとの協力内容として、

一．国際犯罪の情報及び資料交換
一．国際犯罪人の同一証明及び前科照会
一．国際犯罪に関する事実確認及びその調査

等が規定されています。

以上三つの場合には、警察が外交ルーツあるいは法務当局を経ないで直接相対国の警察と協力することができるようにしています。

情報の交換はICPO協力の中心であり、犯罪人又は犯罪組織の動き、犯罪人の指紋、写真、犯罪経歴に関する資料提供等が含まれます。逃亡犯罪人に対しては、国際指名手配を取っていますが、手配内容には七つがあり、

① 国際逮捕手配書（red notice）
② 国際情報照会手配書（blue notice）
③ 国際行方不明手配書（yellow notice）
④ 国際防犯手配書（green notice）
⑤ 国際身元不明死体手配書（black notice）
⑥ 国際贓物手配書（white notice）
⑦ 国際特殊手法手配書（purple notice）

がそれであります。

この手配書は、右上端についている色によって区別されます。

このうち、よく使っているものは、赤色手配書（逮捕手配書）と青色手配書（情報手配書）であります。

赤色手配書は、犯罪人の身元を特定して、犯罪人引渡しをするために身柄の確保を要請する場合に使われるもので、実務上、請求国においてすでに逮捕令状又は拘束令状が発付されている旨を明示して要請します。赤色手配書によって身柄が確保された犯罪人に対して犯罪人引渡しを要請するためには、犯罪人引渡し条約又は国際犯罪人引渡し法において定められた正式の手続を踏まなければなりません。

ここで、赤色手配書による身柄確保と、正式手続上の緊急引渡し拘束（請求国の外務長官を経て被請求国の外務長官に、又要請を受けた外務長官が法務長官に送付して、それぞれの司法手続を経て緊急拘束令状を発付して拘束する）との間の曖昧な境界が問題になります。実務的には、ICPOの赤色手配書による身柄確保を仮逮捕とも言いますが、仮逮捕をした後、直ちに緊急引渡し拘束又は引渡し拘束の手続を踏まなければ法的問題が起こる余地があります。

各国警察との間に、この場合によく使われている方法が強制出国又は強制追放です。出入国管理法上の違反事項を見つけて、それを理由に強制出国措置を取ったら、相対国の警察は自国の空港で待ち受けてから逮捕すれば、面倒な外交手続を経ないで迅速に引渡しの目的を達成する結果になります。

しかし、ICPOによる協力には、まず、正式の令状による押収、捜索等強制処分ができないこと、検事又は判事に対しての要請が困難であること、正式の国際刑事司法共助手続によらないでただのICPOの協力によって交換された資料には証拠能力がないこと、犯罪が、国家的に重大な利益と連関している場合、又は裁判権の競合、管轄権の争いがある場合等には、ICPOによる協力は適切ではないこと等の限界が見られます。

韓国において、ICPOによる国際共助は最近、年間平均2,000件を上回り、要請する件数より要請を受ける件数が多いです。日本との間には毎年160件を上回る共助が行われています。

Ⅸ　国際犯罪の準拠法としての条約

　韓国憲法第六条第一項は、「憲法によって締結、公布された条約又は一般的に承認された国際法規は、国内法と同じ効力を持つ」として、条約と国際法規に対する尊重を明確に規定しています。

　条約又は国際法規を含む国際法と国内法との関係に対して国々によって立場が違います。韓国では、国際法と国内法は同じ効力を持っているので、条約と国内法律が相互抵触する場合においては、新法優先の原則又は特別法優先の原則が適用されるものとされます（多数説）。有力な学説としては、「国際化時代において、国際社会の一員として、国際法規が国内法より優先するべき」と主張する見解もあります。

　憲法と条約の間には、憲法優先説が通説であり、韓国の憲法裁判所は、「条約は、国内法的効力を持っているので、その内容は、違憲法律審判の対象になる」として、憲法に違反する条約は、違憲決定によって国内的効力を喪失すると判断しました。（2001年4月26日、2001年9月27日憲法裁判所決定等）

　韓国の憲法裁判所は、1988年憲法の規定によって創設された違憲法律審判機関で、
　①　裁判所の提出による法律の違憲可否を審判
　②　弾劾の審判
　③　政党の解散審判
　④　国家機関相互の間、国家機関と地方自治団体との間又は地方自治団体相互の間の権限争議に関する審判
　⑤　憲法訴願に関する審判
等の権限を持っています。

　さて、伝統的な国際刑事法は、個人の国際犯罪について、その犯罪の成立、可罰性、量刑、管轄権等は、すべて各国の国内刑事法が決定するものであって、国際刑事法というものは、犯罪人引渡し、国際司法共助等の手続面での相

互協力を定めるだけというふうに理解してきました。

しかし、最近は、個人の国際犯罪について、国際社会が国際犯罪を定義して、各国がその犯罪を処罰するように義務つけ、外国人の国外犯に対する裁判管轄権を設定する等、実質的に国内法の領域に関与する傾向が強まっています。

各国は、条約又は国際法規が課している義務の国内的履行を確保するためには、条約の要求を反映する新しい特別刑法を制定するか又は国内刑法上の規定を利用して条約による国外犯を処罰する方法で対応するかについて、裁量を与えられたのであります。

韓国は、いくつかの条約に関しては、条約によって義務づけられたことについて、国内立法により特別刑法を設けて処罰及び特別措置を取るようにしました。

既に説明した

　麻薬類不法取引防止に関する特別法（1995 年）

　国際商業取引において外国公務員に対する賄賂防止法（1998 年）

　犯罪収益隠匿等の規制及び処罰に関する法律（2001 年）

　特定金融取引情報の報告及び利用等に関する法律（2001 年）

　国際受刑者移送法（2003 年）

　犯罪人引渡し法（1988 年）

　国際刑事司法共助法（1991 年）

等がそれであります。

日本の刑法第 4 条の 2 には、条約による国外犯について、「この法律は、日本国外において、第二編の罪であって条約により日本国外において犯した時であっても罰すべきものとされているものを犯したすべての者に適用する」と規定して、刑法の規定によって条約上の義務を遂行するようにしています。

この規定によって、条約に定める犯罪行為が、日本刑法上の罪に該当するものである限り、国外犯処罰関する特段の立法がなくとも、条約上の義務に基づ

いてその国外犯を処罰することができるものと解されます。

　このような包括的な国外犯処罰規定を設ける方法は簡単で便利でありますが、刑法の規定だけでは新しい犯罪を処罰できない場合もあって、こういう刑法上の空白を埋める特別刑法の立法も必要であると思います。

　これから、韓国政府が締結して、韓国国内で発効された条約の中、重要な国際犯罪が定められているもので、国際犯罪の準拠法としての条約をいくつか紹介します。

　国際犯罪を規定する主な条約は次のとおりです。

① 　第二次大戦後にできたもので集団殺害罪の防止と処罰に関する協約（Convention on the prevention and punishment of the crime of genocide, 1948, Paris）があります。

　　　この条約は、平和時、戦時を問わず、集団殺害が犯罪であることを確認し、行為者が国の統治者であるか個人であるかを問わず処罰するように規定しました。

　　1988年7月、ローマで国際刑事裁判所（International Criminal Court；ICC）を設立するローマ規定が締結され、2002年7月1日発効しました。韓国は2002年11月、この規定を批准して、その当事国になりましたが、ICC規定は、大量虐殺罪（Genocide）を直接管轄することを明示しました。ICCが管轄する国際犯罪は、Genocideの他、人道に反する罪（Crime against humanity）、戦争犯罪（War Crimes）、侵略犯罪（The crime of aggression）が含まれています。（同規定第五条）

② 　ハイジャック犯罪に関する条約等

　空の海賊、ハイジャック（hijacking）犯罪は、国際化社会において、人と物の移動の自由を侵害するいわゆる「人類の共通利益を害する犯罪」として、最初に国際条約によって規定されました。

　1963年の「航空機内で行われた犯罪その他ある種の行為に関する条約（Convention on Offenses and Certain Other Acts Committed on Board Aircraft, 1963, 東

京)」、1970 年の「航空機不法奪取防止条約 (Convention for the Suppression of Unlawful Seizure of Aircraft, 1970, ヘーグ)」、1971 年の「民間航空の安全に対する不法な行為の防止に関する条約 (Convention for the Suppression of Unlawful Acts against the Safety of Civil Aviation, 1971, モントリオール)」等がそれです。

韓国は、これらの条約に全部加入して、当事国になりました。当事国は、条約によって、航空犯罪に対して、厳重に処罰する義務を負い、世界主義(普通主義)の理念の基に、犯人が自国民であるか外国人であるか、犯行地が国内であるか国外であるかを問わず処罰するようにしています。

したがって、当事国は、条約に基づく裁判権を行使するか、あるいは管轄権を持っている国に犯罪人の身柄を引渡すか、引渡してもその国で処罰の実効性が期待できない場合には、必ず自国で訴追のための手続に付する義務を負うのであります。

このような義務規定は、その後、いわゆる「人類共通の敵 (hostis humani generis)」を規定するあらゆる条約に同じ形式で引き続いて含まれています。

③ 外交官等国際的保護人物に対する犯罪の予防及び処罰に関する協約 (Convention on the Prevention and Punishment of Crimes against Internationally Protected Persons、including Diplomatic Agents, 1973, New York)

この条約でいう国際的保護人物は、国家元首、政府首班、外務長官、同行するその家族、その他外交官等で、保護人物に対する殺害、拉致、その他の加害行為等を処罰するように規定しました。

④ 人質抑留防止に関する国際協約 (International Convention against the Taking of Hostages, 1979, New York)

人質を抑留又は監禁してから殺害、傷害等の脅迫をして、国家、国際機構、自然人、法人又は集団に対して何かの要求をする行為を処罰するために設けられました。

⑤　拷問及びその他残酷で非人道的又は屈辱的な待遇及び処罰の防止に関する協約（Convention against Torture and other Cruel, Inhuman or Degrading Treatment or Punishment, 1984, New York）

　この条約が適用される犯罪の主体は、公務員、その他公務を遂行する人であります。外国の公務員が拷問等の行為をした場合、韓国は、この条約によって処罰するか（拷問行為が韓国領域内で行われた場合、又は被害者が韓国国民である場合）、管轄国に引き渡すかを選択する義務を負います。

⑥　海の安全に対する不法行為抑制のための協約（Convention for the Suppression of Unlawful Acts against the safety of maritime Navigation, 1988, Rome）

　この条約において規制の対象になる不法行為は、船舶に対する抑留、破壊、貨物の毀損、船員等に対する暴力行為等であります。

⑦　爆弾テロ抑制のための国際協力（International Convention for the Suppression of Terrorist Bombings, 1997, New York）

　この条約では、爆弾テロ犯罪に対しては、犯罪人引渡し又は司法共助において、政治的犯罪、政治的犯罪と関連する犯罪又は政治的動機による犯罪であるという理由を以って、これを拒否することはできないと明示的に規定しました。（同条約第11条）

　そして、爆弾テロ犯罪の捜査、起訴のために条約当事国において拘禁又は服役中の者に対して、証人として、他の当事国へ移送することも規定しています。（同条約第13条）

⑧　テロ資金抑制のための国際協約（International Convention for the Suppression of the Financing of Terrorism, 1999, New York）

　韓国は、この条約と、爆弾テロ抑制のための国際協約を2004年2月17日同時に批准して、国内で発効しました。

　テロ行為を支援するために行われたすべての資金提供行為を処罰の対象に規

定しました。テロ行為は、国際条約上定められた国際犯罪を網羅して、航空機拉致等の罪、外国官等に対するテロ、人質犯罪、核物質に関する罪、船舶に対する破壊等の罪、爆弾テロ、大陸棚上に固定されたプラットホーム破壊等の罪等が支援禁止の対象になります。

この犯罪も政治的な犯罪と認められないこと、そして政治犯不引渡しの原則は適用されないことを明示し（同条約第14条）、その上、テロ資金に関する犯罪は、いわゆる財政的犯罪と見ないこと、したがって財政的犯罪人不引渡し原則も適用されない旨を規定しました。（条約第13条）

特にこの条約では、当事国は、国際刑事警察機構（ICPO）による情報交換を規定して、各国警察との間に犯罪に関する金融情報の交換が強化されるようにしました。（条約第18条4項）

⑨ 児童の売買、性売買及び児童猥褻物に関する児童権利協約選択プロトコル（Optional Protocol to the Convention on the Right of the Child on the Sale of Children, Child Prostitution and Child Pornography, 2000, New York）

犯罪として定められている行為は、児童に対する性搾取、児童臓器の取引、児童に対する強制労役、不法養子縁組、児童猥褻物の生産、販売及び所持等であり、この犯罪によって得られた利益等は没収することを規定しました。

⑩ 薬類不法取引防止に関するUN協約（United Nations Convention Against Illicit Traffic in Narcotic Drugs and Psychotropic Substances, 1988, Viena）

この条約に従って、韓国が特例法を設けたことは既に説明しました。この条約では、海上麻薬物質不法取引に対する取締りのために特別な規定を設けています。

各国の領海の範囲は国連海洋法条約によって12海里まで、接続水域は24海里以内で国内法令によって定められるようにしていますが、韓国は、「領海及び接続水域法」によって、領海は12海里、接続水域は24海里としています。

領海内においては、沿岸国は、領土主権に基づき、外国船舶に対して停船、

検索、拿捕、逮捕等の措置を取ることができるし、接続水域においては、関税、財政、出入国管理、保健・衛生に関する国内法違反に対して必要な強制措置を行うことができます。

他方、公海においては、公海自由の原則によって、すべての国は、国際法の定める条件に従う限り、その目的・態様の如何を問わず利用の自由を享有します。そして、国際慣習法上、公海上にある船舶はその旗国の管轄権にのみ服することを原則とします。

しかし、公海において、秩序を確保するため、旗国主義の原則の例外が認められて、その代表的な例外は、海賊行為に対しての刑事裁判権であります。すべての国は、海賊行為について、拿捕、逮捕、押収等の公海警察権の行使を認められる他、自国の司法機関で起訴、処罰を行う権能を持っています。

この場合、海賊行為を犯した者の国籍如何を問わず、当然に刑事裁判権を持つのであり、旗国主義の重要な例外になりなす。

さて、この麻薬類条約において、当事国は、自国国旗を掲揚した船舶又は国旗を掲揚しなかったり船舶登録標識を付着しない船舶が、麻薬類の不法取引に関与していると疑われるほど合理的な根拠がある場合、不法取引防止のために、他の当事国に共助を要請することができるとし、公海自由の原則に従って自由通航権を行使して、他の国の国旗を掲揚したり他の国の登録標識を付着した船舶が不法取引に関与していると疑われるほど合理的な根拠がある場合、その旗国に対して登録確認を要請することができるとし、それが確認された場合旗国に対して、適切な措置を取るために許可を要請することができるようにしました。

旗国は、許可の要請に対して、船舶への乗船．捜索及び不法取引の証拠が発見される場合、船舶、乗船者及び貨物に対する適切な措置等を許可することができるように規定しました。（同条約第十七条）

一方、沿岸国は、その国内法に違反したと信ずるに足りる十分な理由のある外国船舶を公海上まで継続して追跡する権能を認められます。外国船舶は、公海自由と旗国主義を援用して、この追跡と取締りを免れることができないので

す。沿岸国は、この追跡権と条約上の不法取引に対する取締り権によって、国内法令の実効性を確保することができます。

X 結 び

　国境を越える犯罪が増えて、国際司法共助と逃亡犯罪人引渡しのための協力の必要性を切に感ずる時代になりました。人類共通の利益を害する犯罪も増えています。民族、宗教という名で無差別な殺戮が行われます。民間人、子供までテロ犯罪に巻き込まれて命を失っています。

　我々は、暴力と恐怖が支配する野蛮な市場を自由と正義が支配する社会に変化させるために努力しています。政治的偏見の壁を越え、民族又は宗教という壁を越え、主権という壁を越え、自由と正義のために果てしない戦いを続かなければなりません。

　私も、一人の法律家として、自由と正義の支配を実現するために最善を尽くしています。

(2005 年 3 月 14 日、15 日)

2 朴榮珆検事の報告に関する質疑

1．麻薬不法取引防止に関する特別法等についての質疑

司会（中野目）　朴先生どうもありがとうございました。日本の刑法規定の場合と比較しながら、韓国の刑法規定における属地主義、属人主義、保護主義に関するご説明と、特別法の中で外国人が外国で犯した場合でも処罰をするという、ユニバーサル・プリンシプルに従ったjurisdiction（立法権上・裁判権上・執行権上の管轄権）が行使される場合があるというご説明をいただきました。

　それでは、質疑に移らせていただきたいと思います。

《麻薬類不法取引防止に関する特別法と覚せい剤の関係に関する質疑》
質問者　先ほどの麻薬類不法取引防止に関する特別法の中に、覚せい剤というのが言及されておらなかったのですが、これは、韓国の法制の場合には覚せい剤は対象になっていないということでしょうか。

朴　含まれています。いわゆるヒロポンですね。麻薬類はおおむね、分かれてアヘン類、そしてカンナビス、大麻、そして、覚せい剤、三種類に分かれています。

《没収の性質、推定規定、relation back 等に関する質疑》
渥美　この法律で、これはちょっとjurisdiction（ジュリスディクション・管轄権）の話とは少し離れるかと思うのですけれども、没収が規定されているのですが、この没収というのは、その性格はどのようなものなのですか。例えば権利剥奪として考えられているのか、それとも、日本の刑法におけるような、没

収・追徴のような性格を持つのか、有罪判決を言い渡して、それに基づいて、その後の没収対象となっているものを没収するということでしょうか。というのは、日本の五菱会事件という事件がありまして、これでは、どちらかというと、そのような権利剥奪という考え方で没収が考えられていなかったということに、法律自体がそのような考え方に立っていなかったことによるものだと思いますけれども、マネー・ローンダリングを通した90数億円の金を没収できないという判断が既に2月9日の、東京地裁の判断によって下されているのです。韓国の場合には、薬物取引等の違法な行為が行われたときに既にその財産は不法な財産だという立場に立って没収対象になるという、そのような立場なのでしょうか。

朴 没収の対象はもちろん犯罪によって得た直接の収益をまず想定します。しかし、その利益がだんだん増えて、それが建物になったり、建物を売ってまた別の財産になったり、というように、最初に犯罪によって得た収益がだんだん増えて別の財産になった場合に、それを没収とか追徴ができるようにしています。そして、それを裁判で証明する場合にはいろいろな難しい場合もあるのです。それで、これを推定する規定を設けました。これは犯罪からの収益に由来する収益、犯罪によって得られた利益と推定する、そのように。

渥美 日本の場合には、麻薬に関しては、不法収益であるとの推定規定が置かれていますが、他方で、組織犯罪処罰法では、不法収益に関する推定規定が置かれていません。その点で、麻薬に関しては、朴先生が説明されたところと同じですが、組織犯罪処罰法では、日本では、推定規定がないので、韓国と異なるということになります。個別具体的に、違法行為と収益との繋がりが証明されれば、没収できることになります。

　ところが、組織犯罪の場合も、没収・追徴に関しては、違法行為が行われた段階から不法収益になる。

　日本の場合と韓国の場合とで相違が生ずる場合があり得ます。朴先生がおっ

しゃられたような、具体的犯罪行為との結びつきが証明されれば同じです。だが、推定規定が欠けているので、具体的証明がないものについての没収は日本では非常に難しい問題になります。

ところが、組織犯罪の場合も、没収・追徴に関しては、行われた段階から不法収益になる。それはアメリカでは relation back といいますが、日本ではその考え方を取り入れていない。そこで、推定が働かない部分の不正取得財産の処分等を有罪判決宣告前に行った場合等、外国人が外国で行った場合は没収の対象となりますが、日本人が日本で行った場合はどうなるのか。そのような厄介な問題が日本の場合には残されている。韓国と日本との間には違いがあるのです。

《麻薬不正取引防止に関する特例法による没収の実績》
司会 韓国の麻薬類不正取引防止に関する特例法においては没収が定められ、その第17条に、推定規定が置かれていますが、推定規定はこれに限定されるのでしょうか。日本においては、麻薬特例法では不正収益の推定規定が置かれていますが、他方、組織犯罪処罰法では推定規定が明文で置かれていません。また、麻薬不正取引防止に関する特例法による没収・追徴の実績はどのくらいなのでしょうか。

朴 資料では麻薬違反に由来する収益に関する推定についてのみ触れていますが、この他にも、具体的な条文としては、賄賂の賃金に関して没収・追徴の特別法律がありまして、資料の中にはありませんが、その中に犯罪からの収益と推定する規定が入り込んでいます。特別法律の中にこれが規定されるケースがあります。

次に、韓国の麻薬不正取引防止に関する特例法による実際の実績なのですけれども、実際は実績は少ないです。まず、これを没収、そして追徴するためには別の法律上の手続を踏まなければならないのですが、その手続が非常に複雑です。複雑であり、第三者の権利を侵害してはいけない、そのようなことが

ありまして、いわゆる任意手続のような形式が含まれているのです。それで、検察庁としては、それは面倒くさくて、大体この法律を適用して没収するよりも、一般の刑法を適用して簡単に、隠匿したものだけを没収・追徴するにとどまる。今までは、実際はそのようなのです。

司会 それですと、この麻薬関係の法律を使って巨額の没収に至ったという事例はまだないのでしょうか。

朴 いや、もちろんありますよ。でも、少ないのです。特に麻薬類に関する罪に関しては没収とか追徴の金額も巨額です。巨額ですので、没収又は追徴のためにいろいろな工夫があります、検察庁では。そして、それぞれの検察庁のいわゆる没収・追徴の執行の成績を評価するのです。それで一番悩んでいるのがこの麻薬類に関する追徴とか没収です。金額は巨額なのですけれども、実際にそれを執行するためにはいろいろな難しいことがあって、実績は少ない。そして悩んでいるところです。

(2005年3月14日午前の部・質疑終了)

2．没収、犯罪人引渡、捜査共助、国際受刑者移送等に関する質疑

《没収に関する質疑》

司会 どうもありがとうございました。韓国の犯罪人引渡法、それから、日本との間の犯罪人引渡条約、具体的事例ということで朴検事にご説明をいただきました。犯罪人引渡法の要件につきましては、日本で定められております犯罪人引渡の要件とほぼ同じものが設けられておりますので、理解しやすかったのではないかと思います。具体的事件としても、日本では、中国で中国の航空機をハイジャックして燃料切れ寸前になって福岡空港に着陸したという振張海事件がありますけれども、そのようなものが関係しております。今までご説明いただきましたので、会場のほうから自由にご質問、あるいは議論がありましたら、いただきたいと思います。

渥美 資料の 27 ページの物の提供の問題が出てきます。犯罪行為の結果、得られたもの、または証拠の場合です。このときに第三者の権利を十分に尊重して、その権利を害さないことを条件にする、ということになりますと、犯罪収益（profits from crime）について、元の国に戻すことができない。ここでマネー・ローンダリングの抜け道ができ上がる、どこかへ行ってしまうという問題が起こります。日本の場合、第三者の権利を十分に尊重し、その権利を害さないことが条件とされています。日本で第三者没収に関する事例がありました。――外国ではこのようなことは起こりません。――日本の場合には第三者没収に関して、没収したものが完全に国の財産になってしまうのです。その財産について、一定の者が権利を持っている場合には、国庫に対して返還請求をするとか、自分のものだから返してくれというような手続を、日本では定めていないのです。つまり、刑法上の没収・追徴に関しては、没収・追徴すると全部、国の財産になってしまうのです。そこで、国の財産になってしまった後には、個人がその財産を取り戻すことができないと考えられてきているのです。そのために、その権利を保障するのに、第三者がその犯罪に関係していない場合に

は、第三者が自分の財産を犯罪に使われたり、犯罪の結果についてそのものが犯罪に関する損害賠償請求ができる場合、その場合を非常に重く考えて、日本では組織犯罪対策法の場合でも、混合財産といいまして、第三者に権利が残る場合には国庫に没収はできないという考え方を入れたのです。

　これには、いろいろな道が本当はあるはずなのです。日本は混合財産の場合は没収できないことにしたので、それにこだわっているため、結局は、犯罪者の利益になるような結果を生むことになった。それがやはり日韓の条約の中にも入っている。これが国際的に了承されるものかどうかというのはかなり問題があるように思います。特に英米の場合は、犯罪収益を没収した場合、それは国庫には入りません。没収基金というものがつくられて、その没収基金から、それが被害者のものである場合には被害者に返しますし、被害者のものと具体的に特定されない場合でも被害者援助のために返します。つまり、それは普通に一般の国庫に入るのではなくて、被害者の保護や、同種犯罪を予防するための基金として利用します。基金の利用の仕方をかなり細かく定めています。優先順位も定めています。一番重要なのは被害者の保護です。日本はそのような規定がなくて、基金もなければ、しかも国庫に全部入ってしまうという定め方をしていますから、権利保障のために、第三者の権利を侵害してはならないという規定を置かざるを得なくなっている。この点について、日本の考え方をそのまま韓国が受け入れてしまっていいのかどうかは、米国などとの間でも条約締結されているわけですから、これから、お考えになったらいいと思います。米国との場合、犯罪の行為の結果得られたものについて第三者の権利を侵害しないことを条件に云々という規定はおそらくないと思うのです。それはどうであるか、現在ご存じだったら教えていただきたいし、後になってお調べになって、どのようになっているかということがおわかりになったら、ぜひ教えていただきたいと思います。

朴　先生のおっしゃったとおりなのです。日本の制度がまず先行して、そして大体韓国もその制度を導入する、そのようなパターンなのですけれども、手続

もそうなのです。第三者の権利を尊重する、そのようなことを考えて法律規定も非常に複雑な手続を規定しているのです。ですから、検察庁としても本当にいろいろ全部、法律に従って没収とか追徴することは、それはもう厄介ですので、それを適用しない、そのような現状で、そして、韓国も日本と全く同じですが、罰金とか、没収した金額、追徴した金額は全部、国庫に入ってしまって、一時は韓国ではこれを司法の予算として原資的に使った時期がありました。今はもう終わりましたが。司法の予算としてそれを利用して、裁判所と検察庁と警察の施設を建てるためにその予算として使いました。そして、ある意味では韓国の立派な建物とか、その犯罪収益として没収したお金でつくったものです。この原資的な法律はもう効力を失ったのですけれども。そのような条件は全く同じなのです。後で英米の細かなことはよく勉強します。

渥美 その点について、大陸法と英米法の間に違いがあるのです。英米法といいますか、米国の場合が特にそうなのかもしれませんけれども、米国法によりましては、犯罪によって得られた収益は犯罪者側から完全に取り上げる。それは犯罪の予防や、犯罪の捜査や、被害者の保護のために使う。このような考え方が米国の基本的な考え方です。もう一つ、米国では、普通の民事訴訟にあっても、１人の人が自分の損害を回復するのに費用がかかって大変なときは、国の一番、法運用の長にある人、これは州も含みますけれども、その者が被害者にかわって損害の回復の裁判手続をするとか、いろいろな工夫を、それ以外にもあり、しているのです。ところが、大陸法にはそのような制度がないのです。その点は、本当に第三者の権利を尊重して第三者の権利を守ろうと考えるのであったら、犯罪者から取り上げてしまった後で何かを考えたほうがいいはずなのです。ここの点などは、先ほど来、申しておりますように、大陸法国との協議が余り多くないようですから、それをされる場合と、日本との条約を締結される場合に大いに注意しておくべき点だと思います。それは日本でも困っているのです。結局は犯罪者の利益になるか外国の利益になって、日本の被害者の利益にはならないというような制度をどうして設けたのかというのが大

変な問題になっております。ぜひ、お帰りになって検討なされて、英米の処理の仕方がいいのか、それとも大陸法的な対処の仕方のほうがいいのか、よくよくお考えになって道を開いていただければありがたいと思います。

《犯罪人引渡に関する質疑》

質問者 レジュメの4ページの(2)番「韓日犯罪人引渡条約」のところで「2002年6月21日つき発効された両国の間の条約は、国際刑事司法分野における最近の発展的理論を相当な範囲で反映していると思う」ということで、これはそのとおりだと思うのですが、最近の発展的議論とあり、このような議論がこれまで発展してこなかったのはどのような理由があるとお考えですか？

朴 例えば発展した例として、政治犯不引渡の原則の由来とそれの緩和、自国民不引渡の原則とそれの緩和、そして特定性の原則、双方可罰性の原則の緩和などの例を挙げましたが、このような原則は、理論的にこれは公理的だとして発展したよりも、歴史的な流れを反映したのではないかと思うのです。この前、話しましたが、例えば元々は本来の引渡条約というものは政治犯の引渡から始まりました。それが、フランス革命がきっかけになって、今度は逆に政治犯に対しては引渡は認められないとすべきだと、そのようなことになりました。ですから、これは理論的な問題ではなくて、やはり歴史上の事件と、その事件に対しての反省からできたものではないかと思います。オセアニアなどとはいち早く韓国との犯罪人引渡条約とか刑事司法、共助の条約を締結しましたが、日本とは比較的遅かったのです。というのは、韓国と日本はやはり同じ大陸系の法律を有し、そして韓国の法律は大体日本にならって導入されたものであるため、いろいろな制度が非常に似ており、特別な条約なしでも、いわゆる相互主義によって共助の問題を解決することができたのです。そして、正式な両国との条約は比較的最近できましたが、この内容は相互主義によってケース・バイ・ケースで解決できた。そのように理解したらいいでしょう。

司会 私から質問なのですが、日韓間の犯罪人引渡しに関する条約の中で、「引渡を求められている者が被請求国において引渡しの請求に係る犯罪について訴追されている場合又は確定判決を受けた場合」には、一事不再理の原則によるということで、絶対的引渡し拒否の場合として、定められていますね。他方、韓国刑法7条の場合の場合だと、裁量的拒否事由としており、ここでは外国判決を、一事不再理に当たる場合として扱っていないようです。一事不再理ということを考えた場合には、普通その主権を持っている国家が再度処罰をするという場合だと一事不再理に当たる。二重危険（処罰）の場合だとまさに二回目の危険（処罰）というのは、その主権国家が同じ被告人を再度処罰するということが二重処罰だというようにとらえられているわけですけれども、この場合だと、説明の違いということだけなのかもしれませんが、一事不再理というよりは、何かむしろ相互の間の信頼を基礎にして、相手の国で訴追され実際に各裁判所により処罰されたときには、その結果を尊重するということにとどまる、ということなのかなというように思うのですけれども、この点はいかがですか。

朴 おっしゃったとおりなのです。でも、現実的にはこのような場合もあるのです。いわゆる量刑ですね。量刑を見たら、日本の場合は韓国より重いですね。例えば例を挙げますと、交通事故で死亡事件、人が死亡した事件に対しては、日本は大体どれくらいでしょうか、量刑は。交通事故の、それから、酒を飲んで事故を起こして、人を殺したとしたら……。

司会 危険運転罪になりますと相当重たいです。

朴 大体実刑ではないでしょうか、日本の場合は。統計などを見ると、日本の場合は、交通事故で人が結局死んでしまった、そのような事件に対しては大体実刑だとしていますが、韓国の場合は、交通事故で人が死んだときでも、ほぼ100％ぐらい、例外はあるのですけれども、執行猶予なのですね。しかし、最近の場合は拘束令状、逮捕状も、日本で言えば逮捕状も出ない。交通事故の場

合には。そして、窃盗などの行動に関しても、量刑を比較したら、日本もアメリカに比べたら刑が軽いといいますが、韓国と日本を比べたら、韓国はもっと軽い。そのような状況もありまして、相手国の裁判を尊重するべきだ、そのようなことも考慮されている、そのように考えます。

渥美 今おっしゃられた一事不再理の原理または二重危険の原理というのは歴史的に見ても全く違ったところから生まれているので、二重刑の禁止の原理というのは同じ主権の中における処理原理なのです。ローマ法が入ってきて、ローマ法で特に私法上の問題を処理するとき、そのときにまず入ってきたのは一事不再理なのです。それはヨーロッパ共通法で処理しようというところから生まれてきた原則で、主権の対立を考えてはいないのです。米国の場合はDouble Jeopardy（ダブル・ジェパディ）という原理があり、この場合だと二つの国が関係しているわけですから、ある国でどのような処理をしたかというのは、他の国でどのようにするか、尊重するか尊重しないかはそれぞれの国の裁量によるという考え方に、米国だとなるのです。大陸法だと、このときに原則として持ち込むのはみんなの間の共通の、一事不再理だと、このように言うのです。いずれによるのかは、これからの時代にうまく適合するかを考えていかなければならない問題として残っているのだろうと思います。

　多くの場合に、今まで作り上げられてきた国際法上の慣習に基づく原則や原理が今の時代になって変わってくるというのは、法律学上は何もおかしくないのです。法律とは大体、条件によって決まるのです。絶対的な原理を定めたものは法律ではないというようにわれわれは考えていますから、そうすると、それを英語ではcontingentの性格を持っている、法は。宗教上の原理と違うのだというように中世の時代からわれわれは考えている。われわれといいますか、法律家は考えてきました。したがって、条件が変わってきて、社会の状況が変われば、いつでもそれに合わせて変容するというのが法律の、宗教的原理などというものと違ったものを持っている特性であるというように理解をしたらいいと思うのです。日本では、どちらかというと法律というのは絶対で自己

完結的で正しいというようなとらえ方が非常に強いのですが、実は法とは、13世紀以降、そのようなものではないから生きてきているのだ。そのように考えれば、いろいろな分野で周りの状況が変わってきたから、変わってくるのは何も一貫性を欠くものとは言えないので、変えることを合理的に説明できるものがあれば、十分にみんなの間で納得できる。国際間の問題の解決に当たって、どの考え方が一番、相互の国々において納得できるかということが問題なのであって、かつての考え方をそのまま維持して、そこで対立し合うことは法の運用や解釈にとってプラスにはならない。このような観点が特に国際法関係においては重要な視点のようにわたしは思います。その点について、韓国での議論の状況というのはどのようなものなのでしょうか？

朴　歴史的な立場、幅広い勉強をしてから、この質問に対してはお答えしなければならないと思います。

司会　韓国でも、今わたしが申し上げたような、どちらかというと英米的な発想というのは最近弱くはないのでしょう？

朴　だんだん強くなってきています。元々は大陸法系の国として出発しましたが、やはり日本と同じように、第二次世界大戦の後で英米の法律制度が入り込んで、どちらかよくわからない状態にまで入り込んでいますが、最近は、まず法律制度だけではなくて教育制度まで、ロースクールとか、陪審制度とか、そしていろいろな刑罰制度に多いと思うのですけれども、英米的な考え方が今入り込んで、これを体系的に説明することは本当に難しくなりした。特に最近は、テロ犯罪とか、いろいろな凶悪な犯罪への対処に関して、英米の意識の影響が大変強い、そのように考えております。

《捜査共助に関する質疑》

司会 質問が変わります。資料28ページで「外交と刑事業務との調和」のところの最後の部分で「韓日犯罪人引渡条約では、法執行の担当部署である機関同士との間に協議ができるように規定しました」、とおっしゃっておられます。非常にいいことだと思うのですが、例えば入国管理に関しまして、入国管理当局同士がそれぞれ日本から韓国に出国する場合に、出国者の情報を韓国に提供するとか、あるいは韓国から日本に入ってくる場合に韓国側から先に通知して下さるとか、外交機関として大使館や領事館の間で一定の情報を共有するとか、財務官や、あるいは法執行に当たる人々の間で、法務協力官の間で協力体制をつくるとか、最近、テロに関して、明日、明後日に、金検事がご説明下さるので、そのときに譲ってもよろしいですけれども、外国に存在する自国の航空会社が得た情報を前もって自国に通報しておくとか、通関手続を非常に大量の人間が行う場合に、外国の許可を得て外国に検査拠点を設けて、不正な物質が導入されたり、危険なものが入らないようにするとか、そのような点について、ここに書いてある、法執行官同士の間で協議ができるようになったと同じようにしようというような考え方は韓国の中にもあるのでしょうか。

朴 ここで、法執行担当部署との間の協議と言いましたが、実はこの主な意味は、正式な刑事業務上の手続はまずこのような形をとるということなのです。

　日本の警察で何々事件を捜査するたびに、それをまず通常の国際共助の方法によれば、法務省を通じて、外務省、外務大臣に行って、外務大臣の方が韓国の外務部の長官に連絡して、外務部長官もまた韓国の方の法務部長官に連絡して、法務部長官は管轄の検察庁に連絡して、そして検察庁は警察にして、というように、ずっとぐるぐる回ってそのような外交ルートを経なければならない、そのような形になっていますが、ここで言う法執行の担当部署の意味は、先生のおっしゃったとおり、現場の担当部署ではなくて、そこまではまだまだなのです。大体法務部同士との間、それを意味するのです。ですから、外交ルートを通れば、本当にこれは複雑で時間がかかりますので、直接法務部同士で

話し合う、それぐらいまでの位置でして、最近は、ICPOによる情報の交換というものが非常に速やかになりました。そしてこれは実効性を持っているのです。ICPO憲章もそのようになっているのですが、国際捜査共助に関する法律というのがICPO等の協力に関係します。それは速やかに警察庁と警察庁の間に情報交換とか協力ができるようになっていますので、日本との中心になっているのはやはりICPOとの協力です。

そして、日本と韓国の間には相当何年も前から、麻薬に関して何か協力会議、実務レベルの会議があります。そして、それに参加している部署は、韓国の場合は検察と、外務省の課長クラスと、そして保健福祉部——韓国ではこのように言うのですが、日本の厚生労働省に相当するものです——と、労働省の麻薬担当部署と、警察と、税関とが参加するのですが、韓国の場合は、麻薬捜査を主に担当しているのは検察です。そして、日本の場合はそれを警察がやりますので、少し話し合いにはやはりすれ違いがあるのです。そして、いろいろの担当は外務省の課長クラスであり、韓国でも外交部の課長クラスが担当ですので、麻薬犯罪の取締に関する協力交渉が何かうまくできないのです。捜査の部署ではなくて、外交の部署が担当になっており、その会議が本当に役に立つものかは、ちょっと疑問です。各国のいろいろな制度の違いもあり、やはりここでの法務執行の担当部署は、大きい範囲で、韓国の法務省と日本の法務省と、そして場合によってはICPO同士との対応となるのです。そのように理解したらよろしいと思います。

《国際受刑者移送制度に関する質疑》
司会　引き続いて受刑者移送についてご説明いただきます。

朴　韓国の国際受刑者移送制度は、約1年前、2003年12月に、国際受刑者移送法ができました。そして、昨年1月にヨーロッパの欧州評議会といいますか、COEから欧州受刑者移送協約加盟の招待状を受けまして、国会の同意を今待っています。もし国会の同意を経れば、韓国内で協約が発効することにな

りますが、これに従って、まず欧州受刑者移送協約には日本をはじめアメリカ、オーストラリア、カナダなど、57カ国が加盟していますので、それぞれの国との個別の条約がなくとも、韓国はその協約の加盟国になって、当該国家などと個別的に条約を締結することなしに相互の間に協約が発効することになります。昨年の7月まで、現在海外に服役中の韓国人は、日本が一番多く、333人です。そして、アメリカは35人、中国100人です。特に問題になるのは中国なのですが、中国は本当に刑罰が厳しい。そして、麻薬とかポルノに関する罪であっても、死刑の言い渡しを受け、何人か死刑になった人もいます。その人たちの一番切なる希望は、韓国に帰りたいということです。韓国に帰れたら、何年かの懲役と罰金ぐらいの刑罰なのに、中国で死刑の言い渡しを受けた人もいますからね。そのような問題があります。

そして、この受刑者移送法の主な内容は、まず条約前置主義を採択して、国際受刑者の移送は、韓国と外国との間に条約が締結されている限り、この法律とその条約の定めに従って実施する。条約にこの法律と異なる規定がある場合にはその条約によるものとするとして、条約前置主義を採用しています。そして、法務部長官のもとに国際受刑者移送審議委員会を設置して審議するのですが、委員長は法務次官になります。そして、移送の要件なのですが、韓国人の場合、海外にある韓国人の受刑者の場合、外国において自由刑——懲役又は禁錮刑ですね——が言い渡され確定した犯罪事実が、大韓民国の法律によって犯罪を構成することが必要です。これは双方可罰性の原則の適用です。この場合、数個の犯罪事実のうち、一つの犯罪事実が大韓民国の法律によって犯罪を構成する場合を含む。外国で言い渡された自由刑の判決が確定したこと、裁判が確定したこと、国外移送対象受刑者が国外移送に同意すること、そして、韓国で服役する外国人の場合は、反対に解釈するのです。そして、国内移送と国外移送を問わず、移送に関する受刑者の同意に対しては、その撤回は認められないとしています。一度同意したら、それで終わり。そのような意味なのです。

そして、外国裁判所判決の効力なのですけれども、それはさっきの中野目先

生のご質問の中にも入っている内容ですが、国内移送によって移送対象受刑者に言い渡された自由刑を国内で執行することにおいて、その外国裁判所の判決は大韓民国の法律により大韓民国裁判所の判決と同じ効力を持っていることにする。この法律によって、受刑者移送法律によってこの要件を適用されるケースでは、さっきの刑法上の外国判決の効力に関する規定が適用されないことになります。韓国の刑法第7条は、犯罪によって、外国において、刑の全部又は一部の執行を受けた者に対しては、刑を減軽又は免除することができるというように規定しています。この規定によれば、外国裁判所の確定判決は国内の裁判権に影響を及ばないということですが、この新しくできた国際受刑者移送法を適応したら、外国裁判所の確定した裁判を引き受ける。それで、刑法の規定がこの場合は適用されない結果になりました。そして、これを確認する形で、国際受刑者移送法第18条では、国内移送受刑者に対して、外国において言い渡された自由刑の執行、又はその刑の執行終了又は執行しないというように確定したときは、同一の犯罪事実に対して訴追することはできないと規定して、刑法との関係を整理しました。整理と言いましたが、これは一貫性がない、そのような批判を受けてもしょうがないのですが、刑法は刑法、この法律はこの法律で、法律が外国裁判の効力を認める。何かすれ違いがあるのではないでしょうか。以上です。

司会 どうもありがとうございました。今、韓国の国際受刑者移送制度についてのご説明をいただきました。ご質問がありましたら、あるいは議論がありましたら、どうぞご自由にご発言いただきたいと思います。

質問者・服部 警察庁の服部といいます。国際受刑者移送法ではなくて、もう一回戻って引渡し条約の方に入るのですけれども、非常に現場でやっている人間として気になるところが一つありまして、仮拘禁と、それから引渡し請求まで45日間という話なのですけれども、仮拘禁が行われた日から45日以内に請求国が引渡しの請求を行わない場合には、仮拘禁されて釈放されるという話だ

ったのですけれども、韓国側としてどの時点をもって日本から引渡し要請がされたと判断されるのでしょうか。どの時点をもって45日以内であれば、例えば、我々警察庁から引渡し請求をするのに外務省を通じて請求の手続をさせてもらいますけれども、そのもとのところで請求手続が終わればいいのか、それが例えば韓国の外交通商部へ届いたときなのか、それが法務部へ届いたときなのか、高検から裁判所のほうへ審査請求がされた時点なのか、そのあたりで非常にタイムラグがあって、われわれやる方とすれば、どのようなスケジュールで請求していけばいいのかというところがあります。そのところをお伺いしたいと思います。

朴 一応、それは国と国との関係ですので、外務担当のもとに、それが到着した時点ではないかと思いますが、実際この45日の適用したケースは経験したことがありませんので、どうでしょうか。やはり外交機関に到着した時点から始まるのではないでしょうか。

　標準的には韓国の外務部署に到着してから大抵1週間ぐらいかかります。本部に来るまでには。本部に到着したらすぐ検察庁にその旨は伝えられるのですけれども、外交ルートは大体早くても1週間ぐらいかかるのです。後で確認します、正確なことは。

司会 受刑者移送条約に関して他国の処罰を前提に執行するということでしたが、それとの関連での質問です。以前に、国連に出向されている方から伺った話では、例えば自分の国で犯罪者を置いておくのは、非常に費用もかかるし、厄介だと言うので、それで、重い刑罰を科すのではなくて、軽い刑罰を科して国外退去処分にしてしまうというようなこともあるのだと。要するに、国内の人がその犯罪を行ったとしたら科されるべきであろう刑罰よりももっと軽い刑罰を科して処理してしまうというような場合が出てくる。大分前の話ですけれども、それがあったというように、伺いました。そのような事例があると障害になるというようなことも考慮には入れられたのでしょうか。別にそのような

ものは全く関係なしに、外国でこの条約にこれから加盟しようという場合にはその条約加盟国の間では一応正当な処罰が行われるという前提で考えられたのでしょうか。

朴 韓国だけではなくて、今、国際犯罪の人たちは国々の刑罰制度をよく研究して、「隙間」というのですか、それを利用する人がもう出た、そのように言われますが、そのような場合はしょうがないと言えばしょうがない。

質問者 意図的に利用する場合が……。

朴 意図的に利用するケースもあろうと思います。

渥美 それから、解釈の余地があるのではないかと思われる点、資料32ページの「外国裁判所判決の効力」の問題ですが、元々Council of Europeで受刑者移送協約を結びましたが、これは受刑効果の点を考えているだけでなく、それから、刑の執行に関する費用の分担の問題を中心に考えたと承知しておりますが、受刑効果を考えると、受刑者の生まれ育った親しい環境のもとで刑を受けることが、より受刑効果があり、社会復帰の可能性も高いだけでなく、いろいろな国々で、費用も節約できるし、さらに受刑効果を高めることになるので、Council of Europeが考え出した協定に諸国が加わってきているのだと思います。そうしますと、今度、外国判決の効力について、ヨーロッパで書かれているものは、この協定によりますと、韓国を受け入れた上で、大韓民国の法律による大韓民国裁判所の判決と同じ効力を持つと書いてありますが、その判決は有効で、それについて、確定しているから、争うことはできないという前提で取り扱って、あと仮釈放をどうするかとか、刑期をどうするかとかという問題については、韓国の刑法の第7条があるので、第7条を加味して、全体として刑を軽減または免除することを加味できる。全体を統一させるというような処理は不可能ではないと思うのです。

朴　一応そのような面もあります。これ、韓国の受刑者を受け取ってから、後で韓国国内で、恩赦とか、そして仮釈放とか、そのようないわゆる強制的な制度に関しては全然構わない、自分の国でやろう、そのようなことです。

司会　どうもありがとうございました。大体予定の時刻になりました。長時間にわたって、ありがとうございました。また明日も 10 時から、昼 1 時間挟んで 3 時までということで、長時間おつき合いいただきますようよろしくお願い申し上げます。どうもありがとうございました。

（2005 年 3 月 14 日午後の部・質疑終了）

3．組織犯罪の実態・対策、犯罪団体組織罪、おとり捜査、証人保護、捜査共助、少年非行、覚せい剤密輸入罪の成立時期等

司会 今までのところで、組織犯罪の経緯、それから実態、それと組織犯罪の予備軍としての少年犯、それに関係して学校での暴力行為に対する予防、それから対策に関する法律が新たにできたというご説明を伺ったわけですけれども、今までのところでご質問はございますでしょうか。

《組織犯罪の実態に関する質疑》

質問者・甲斐 警察庁でインターポール、ICPO の担当しております甲斐と申します。今説明をいただきました韓国における組織犯罪の関係で一つ質問がございます。日本国内にいろいろな国の国際犯罪組織なるものがあらわれて問題になっているのは、今に始まったことではありませんけれども、例えば日本のやくざが台湾の暴力団組織、あるいは先ほど紹介にありました香港の三合会、トライアード（Triads）、また中国の福建マフィアだとか上海マフィアなどと結託をして犯罪をするというパターンは非常に目立っておりますし、大きな問題になっております。韓国の組織犯罪というものの代表的なものは昨日ご説明いただきました、いわゆる武装すり集団というものが非常に数はいまだにあるのですけれども、ただ、彼らの犯行形態というものは、いわゆるヒット・アンド・アウェイと言われているパターンがほとんどでありまして、日本で犯行を犯したらすぐに帰ってしまうというような実態なのですが、日本の暴力団と結託をして犯罪をするというパターンはほとんど見ておりません。全くないわけではないのですけれども、その辺には多分日本のやくざ組織の中にいわゆる在日の韓国人の構成員がたくさんいるということもあるのかもしれませんけれども、いかがでしょうか、韓国の犯罪組織と日本のやくざ組織との連携状況、あるいは韓国内における日本のやくざ構成員の犯罪状況等について何か新たなお話がいただければと思います。お願いします。

朴 後でお話しますが、国境を越える犯罪に関するケースがあります。1988年のことなのですけれども、韓国の釜山の犯罪組織である「チンスークヮ」──「チンスークヮ」というのは七つの星の派です──の親分のような人がわざわざ日本まで来て、日本のカネヤマ組ですか、カナヤマ組ですか、やくざのカネヤマ（金山）組との間に血縁結び儀式をしたことをちゃんとビデオ・カメラで撮ったものが韓国で発覚しました。それを見たら、やくざの伝統儀式である「さかずき」儀式ですか、それをしたことがわかりまして、その人を逮捕して、その者は結局裁判で懲役10年の刑を受けましたが、その事件が韓国の暴力団と日本の暴力団との直接のつながりが確認された最初のケースです。そして、韓国警察は日本の暴力団に対して詳しい情報をある程度持っています。そして、やくざの者が韓国に来るという情報があったら、空港から密着監視するのです。ですから、韓国のどこに行ってもぐるぐる一緒に回る形で監視しているのですが、基本的にはやくざの犯罪というものが韓国で事件になったことはありません。ただし、ソウルの繁華街でかなり日本のやくざのお金は入っている。そして、先ほど説明しましたが、高級レストランとかクラブ、──日本のクラブを韓国ではルームサロンというのですが、高級クラブです。──そして、ある程度レベルのあるホテル経営までやくざのお金が入っているのではないかと推定されているのですが、それが摘発されて事件になったケースはまだありません。

　そして地下金融、高利貸業ですか、高利貸業の場合は在日韓国人の事業家のお金がある程度入っている。それは証拠を調べていますが、そのお金の中には場合によっては暴力団の資金も含まれていると思われます。

《覚せい剤の国内製造の有無に関する質疑》
司会　次の質問に移ります。

質問者・広瀬　警察庁薬物銃器対策課の国際捜査を担当しております広瀬と申します。本日は貴重な報告をいただきまして、ありがとうございます。少し戻

りますけれども、薬物関係で二、三質問させていただきたいと思います。1点目は、韓国国内で覚せい剤を製造する犯罪はほぼなくなったという点についての質問です。日本も覚せい剤に関しましてはほぼ100％輸入、密輸ということなのですが、韓国では製造犯の摘発というものはほとんどなくなりましたという書き方ですが、昨年、一昨年等々で製造に関する密造所の摘発という事例はございましたのでしょうか、少し教えていただきたいと思います。

朴 製造犯が摘発されたケースは韓国国内ではなく、もちろん韓国人の技術者ですが、中国でこれを製造したと推定されるケースやフィリピンでそれを製造したというケースがありました。国内では、ほぼでき上がった原料を大量に押収したケースはありましたが、韓国国内で最初から製造したケースは最近はありません。

質問者・広瀬 それでは、引き続きまして2点目なのですが、北朝鮮からのものと推定される麻薬類が摘発されるケースがあると書かれていましたけれども、日本では2002年の1月に玄海灘で151キロ押収して以降、北朝鮮ルートによる薬物の摘発がはっきりとない状況なのですけれども、韓国ではいまだに北朝鮮製と思われる薬物の摘発が続いているというように理解してよろしいのでしょうか。また、この場合、北朝鮮製だと断定されているような何か証拠というのはあるのでしょうか。

朴 韓国でも、これが北朝鮮製だと確定して発表したケースはありません。ただ、北朝鮮からのものが直接に入ったケースはありませんが、中国を経由して韓国に入ったと推定されるものが発覚したケースはあります。ただ、北朝鮮の当局者がこれを強く否認しているので、表は、これは北朝鮮からのものもだと発表することはまだありません。でも、確かにそこから来たのではないかと思います。大体中国を経由して入ります。

質問者・広瀬 それと、先日、アメリカの国務省が発表した戦略レポートの中に、北朝鮮は製造をしていると思われるが、確たる証拠はないというような、公文書としてもわかったようなわからないようなレポートになっていますが、韓国の捜査担当官として、北朝鮮で覚せい剤の製造はいまだに行われているというように考えておられるのでしょうか。というのは、日本では、先ほど申しましたように、2002年の事件以降、大きな事件もございませんし、状況的には入ってきていない状況なのですけれども、韓国としてはどのように北朝鮮の製造を考えておられるのか教えていただきたいと思います。

朴 情報としては、覚せい剤だけではなくて、外貨管理権を持っている人がヘロインを取り扱ったケースで摘発された事件がありました。そして、情報としては覚せい剤、ヘロイン、そしてアメリカのドル偽造まで組織的にやっているということなのですけれども、これを直接事件として韓国国内で摘発した事件はありませんので、思ったように「こういうことをやっている」と断定することはまだ少し早いです。

質問者・広瀬 韓国国内で摘発事例がないので、北朝鮮が本当につくっているのかどうかという断定はできないということでよろしいのでしょうか。

朴 でも、個人的な意見としては、やっているのではないかと思います。

質問者・広瀬 ありがとうございます。最後にもう一つだけよろしいでしょうか。少ししつこいようで申しわけございませんけれども、日本も昨年、一昨年と覚せい剤の検挙事例が非常に減ってきているのですけれども、その分、去年はコカインが数十キロ押収、一昨年は2キロぐらいだったのが昨年は80キロほどあったり、また、MDMAとの混合錠剤が50万錠とか、非常に覚せい剤以外の、大麻も含めてですが、いろいろな薬物の押収がふえてきて、多様化が見られると言われているのですが、韓国の場合はいかがなのでしょうか。ヒロ

ポンがメインであるというお話でしたけれども、その他の種別、若者などに特に薬物の広がり、濫用というものはどのようになっているのか教えていただけますか。よろしくお願いします。

朴　ほぼ同じ状態です。コカインとヘロインもだんだんふえて、昔は覚せい剤一本でしたが、最近このような強力なものがだんだんふえて摘発件数も増加しています。そして、一部、カンナビス（Cannabis）、大麻の問題なのですけれども、韓国で一部の人たちが、大麻は麻薬ではない、と主張し、これを合法化して下さい、そのような研究が始まりました。そして、司法当局としてはそうではない、それはおかしいという反論をしているのですが、一部の芸能人を中心にして大麻自由化の動きもあります。そして、全体的には麻薬事件は毎年減る傾向にありまして、検察の中でも麻薬事件を専担する麻薬部の規模は少し縮小されました。そして、昔の強力部と麻薬部を統合する結果になりました。麻薬犯罪は減少する傾向にある、そのように言われています。

《犯罪団体組織罪に関する質疑》
渥美　犯罪団体組織罪というものを定めておられますが、それは組織犯罪を規律する国連条約に従って定められたものと思われます、この法律は元々は恐らくドイツにある犯罪団体結社罪を模範とするものではないかと思います。他方、大法院の判断ですと、そこで非常に問題なのは、指揮・統制体制を整えるということが組織犯罪の要件になるのです。国連条約では、指揮命令系統があることを要件としてはいない。（同条約によれば、３人以上の者が一定期間存続する犯罪集団を形成し、金銭的利益を得る為に一個以上の重大犯罪又は条約に定められた犯罪を行うことも目的として一体として行動する場合を組織犯罪と言うとされ、組織された犯罪集団とは、犯罪の即時の実行のために偶然に形成されたものではない集団をいい、その構成員について正式に定められた役割、その構成員の継続性又は発達した構造を有しなくてもよい、とされている。）。韓国では、資料44ページに掲げてあります最小限度の統率体制を整えることが必要であるという意味は、共犯体制を置いて

いればそれでいいということなのか、それともある程度の指揮命令系統が定まっていなければならないという、日本の組織犯罪対策法に近いものとして大法院が考えておられるのか、いずれのように韓国で評価されているのかをまず最初にお教えいただきたい。

朴 今、刑法上の犯罪団体組織罪は、最近の国際協約によってできたものではなくて、恐らくそれ以前に規定されたものであり、構成要件としては、裁判所は非常に厳格な証明を要求するのです。ですから、先ほど説明したような構成要件が定められましたが、実際に犯罪団体組織の罪を適用するケースが少ない。もっと楽に、他の罪、すなわち、暴力とか傷害罪を適用して処罰する傾向にあります。そして、もう一つの問題は、組織員が一応犯罪団体組織の罪で処罰を受けて、刑期が終わって出た途端、また組織の活動をするとき、これはどうするか。一応の基準は、組織の活動を再び続ける場合は、また新しい組織団体に加入する罪になるというように解釈していますが、それも何か少しおかしいですね。それで、2,000か3,000人ぐらいの組織員が逮捕されても、その中でこの次の団体組織とか加入の罪を適用するケースは700件ぐらいでとどまるということになります。

渥美 日本ではその他に、いわゆる暴力団対策法というなものがあるのはご存じだと思いますが、これはドイツではなくてイタリーに端を発した法律ですが、それがご説明のあったような、刑務所から出てきても、またやるという案件で、その前科のある者がある一定の組織の中の割合を占めれば暴力団と指定して、その者について、直接犯罪行為に出る者だけではなくて、犯罪に近い行為を行った場合にそれに対する警告をして、再度その行為を行うとそれを犯罪として対処するというような対策をとっているのですが、日本のそのような暴力団対策法のようなものは韓国では意味のあるものとして検討されたり導入されたりすることはあるのでしょうか。

朴　先ほどおっしゃったような犯罪経歴のある人が何十パーセントぐらい以上だったら、これは犯罪というものは韓国ではありませんし、そして、日本の暴力団対策法はあくまでも間接的な規制でしょうね。まず監視の対象にして。ですが、韓国の場合は直接、刑法の中で犯罪構成要件として定めているので、それを直接適用して処罰ができるようになっています。それで少し違いがあるのではないかと思いますが。

渥美　心配なのは、韓国の方法で対処していきますと、国連条約との関係です。諸犯罪に関する、国内だけでは対応できない、国際的な組織犯罪の場合の例としては、米国の場合と違って、3人以上が継続的・反覆的に、一定期間内に、韓国では特定犯罪と言われ、日本では前提犯罪と訳しますが、それを一定期間内に複数行った場合を国際的な組織犯罪として処罰するという条約が締結されました。日本では国内に関するものに限定してですけれども、韓国と同じように指揮・命令のような強制管理がなければならないというように定められているために（例えば、組織的な犯罪の処罰及び犯罪収益の規制等に関する法律では、「組織」を、指揮命令に基づき、あらかじめ定められた任務の分担に従って構成員が一体として行動する人の結合体をいう、と定義している。同法第1条。）、ほとんど適用ができないのです。韓国の場合、特に伺いたいのは、すりの暴力処理について統率体制が整えられていないから単なるすりの共犯であるというように言われたことはわかりましたが、実際もう一度教えていただきたいのは、最小限度の統率体制というのは、具体的にどのようなことを大法院は示していると理解していらっしゃるのか。

朴　まず、検察とか警察で組織犯罪として起訴するのに、一応の基準としてはこのようなものがあります。ある団体でその団体規則というものがあります。親分に対してはこのような言動をするとか、管轄区域はどこにするとかです。一応それはちゃんと書かれたものもあるし、言葉で定められたものを確認してから、これがあるからこれは犯罪組織として起訴するのです。そのぐらいもな

しに、ただの遊びで行ったり来たりしたとか、不良のサークルを創ったものを、団体組織の罪を適用してまで対処する必要はない、そのように処理しているのです。それは、あくまでも裁判所の立場は厳格であるためです。そして、先生のおっしゃるとおり、国際的な基準に従って、少し犯罪対策としては、裁判も変わるべきではないかと思います、その面では。

《少年非行に関する質疑》

渥美　ありがとうございました。もう一つ、少年の問題について、日本の先生にかなり参考になる善導条件つき起訴猶予、起訴猶予にした後、放置しないという、そのような体制が整えられていることを教えていただきましたし、幾つかの少年の犯罪で生活をする生活領域、そのようなものを全部まとめて処理をする検察庁の中での少年犯専担部あるいは少年犯罪専担検事というものが置かれていることを教えていただきましたが、今度新しくできました学校暴力予防および対策に関する法律についても言及されましたが、これも少年犯罪専担部、専担検事の管轄の中に入ってくるのでしょうか。

朴　先ほどの法律、新しくできた法律は、犯罪に関しての法律というよりも、韓国内で行政的なものを規制したものです。刑罰としては、申告しなかった場合は罰金に処する、それ一つだけです。ですから、検察とは直接は関係はありません。

渥美　連携の動きはないですか。

朴　はい、まだありません[1]。最近できたばかりなので、いろいろ検討してい

---

1)　その後の、この分野での韓国における発展については、盧明善「韓国の青少年犯罪予防センターの運営現状とその発展の方向」警察政策14巻239頁、国際犯罪学会第16会世界大会フォーラム・パネルディスカッション「多機関連携による少年非行防止と日本の秩序」所収（2012年）参照。

ますが、今までは特別刑法ではありませんので。

渥美　それと、この新しい法律の学校暴力予防および対策に関する法律の中で厳しく対処するためには出席停止や退学が含まれているかもしれませんが、米国でもこのような動きがあって調査したところ、出席停止やあるいは退学は、犯罪を、再犯を高めるという調査結果が出ていまして、そのために、それ以外の援助をしていく、別のクラスに移すとか、あるいは補充学校に入れて、あるいはグループワークに入れてまた元に戻すというような方策にアメリカは移っていますが、そのような補充学校に移すとか、里親に出すとか、少年の自立支援施設を運用するとか、そのようなものとの結びつきというものもあるのでしょうか。

朴　退学処分はあくまで最終的な段階の処分です。その法律を見れば、この退学の前に、やはりおっしゃったように別のクラスを作って分離するのです。そのような措置もとる。そして、加害者と被害者学生を分離する。そして、それもできなかった場合は出席停止。それでもできない場合はやはり退校です。そして、今、公的にこのような学生たちを教育する別の学校というものとか、収容施設とかはありません。ただ、民間レベルで代替学校というものがありまして、そこで学生たちを集めてそれなりの教育をしたりして戻るケースもあるし、それを卒業して高度な学歴を認定して大学に進学したり、そのようなケースはあります。

渥美　それは韓国で、日本で言うNPOなどというものがあるのですが、そのようなものを育てる民法や法の改正がなされて、NPOの法人化がある程度認められているという状況はありますか。

朴　それはまだです。まだ法律は出ていません。

渥美 もう一つは少年院について、多くの少年院の対応が書かれていましたが、各部を回ってみると、韓国の少年院はほとんど塀がないといいますか、外へ自由に出ていけるような環境の中にありますね。そのような環境は、かつて日本がつくった少年院にはなかったのです。そこでは、塀があったのですが、今は少年院はほとんど全部、塀はなくなっているのですか。

朴 いや、市によって違いますが、大体刑務所のようなものではありません。外から見れば、一般の学校か区別できません。

渥美 ありがとうございました。

司会 どうもありがとうございました。国際的な犯罪と捜査の実際、おとり捜査、秘密捜査官の利用、それから組織犯罪における裁判における証人保護、インターポール、条約まで含めて説明をしていただきましたので、今までのところについてご質問があれば、どうぞご自由にしていただきたいと思います。

《おとり捜査に関する質疑》
質問者・柳川 中央大学の柳川です。おとり捜査について教えていただきたいのですが、資料51ページの韓国の判例で、犯誘発型のおとり捜査について無罪という処理を韓国ではされたということなのですが、そのとき、どのような理論構成をとったのか。

朴 責任はないとして。責任阻却です。

柳川 責任阻却。なるほど、わかりました。

朴 そして最近では、先ほど説明しましたけれども、一審では、これは公訴権の乱用だとして、公訴棄却した判決例が出ました。どちらが正しいかはよくわ

かりませんが。

柳川　わかりました。それと、日本の事情なのですが、古い判例ではおとり捜査について、読み方によっては一切規律を変えないような判断が昭和20年代に出ているのですが、一般的にはおとり捜査は大変汚い方法なので、利用すべきではないというような傾向といいますか、雰囲気といいますか、そのようなものが強くて、日本の捜査機関によるおとり捜査の利用は麻薬捜査での利用が中心であり、昨年、最高裁でおとり捜査について一定の場合は適法な任意捜査であるという判断がようやく出ました。それ以外の領域では、判例をみる限りでは、ほとんど使われていない状況です。韓国ではおとり捜査の活用の状況といいますか、運用の実態はどのような状況にあるのでしょうか。

朴　一番これをよく利用しているのはやはり麻薬捜査です。そして、麻薬専担の捜査では他の捜査部よりも十分な予算を確保して、そしていわゆる情報員も使っているのです。予算というものは情報員を使って、麻薬の買収を仮装して接近し、そこから捜査が始まる。一般の他の事件に対しては別におとり捜査というものは関係ありませんが、麻薬捜査では情報員を使って、そしてお金まで用意して直接麻薬取引に加入する形で対象者を捕まえる。そのように活用しています。

柳川　ありがとうございました。

質問者　今のお話に関連してですが、おとり捜査を利用するというときには、検察庁の内部での例えば最高検察庁とか、そのようなところでの承認が必要だというシステムになっているのですか。それとも、現場限りの判断でよろしいということなのでしょうか。

朴　大体部長の承認によってです。ですから、ソウル地検の場合は麻薬組織犯

罪部長がいまして、たいてい部長クラスでそれを承認するのです。場合によっては巨額の金額を失うこともありますので。

《証人の保護に関する質疑》
渥美 証人保護に関しまして特定犯罪申告者保護法がありますが、裁判所に被害者とか申告者が来たら入り口を別々にするというような、両方が絶対に会わないというような、そのような施設を作っているところはありますか。

朴 法律の中に規定されているし、そのような施設も用意されています。ですから、非公開に証人を尋問する、そのようなことも設けられています。

渥美 日本でも、被害者保護法により、被害者が証人となった場合に証人を保護する規定はあるのですが、物理的に被害者と加害者を区分する、入り口を区別するという方法はないのです。ほかの国はほとんど全部やっていますけれども。

朴 一番最初に考えているのは、傍聴客とか関係する人を退去させる方法、そして場合によっては裁判官の部屋でそれをやること、そうしているのです。

渥美 米国などは急遽、建物の入り口をつけかえて、今米国ではほとんど全部、一緒に顔を合わせなくできている。日本はそのような法律を定めても犯罪被告人と被害者が、一緒に会うのです。随分早くから韓国では、犯罪に関する限り、いわゆる内部告発者保護法ができましたね。日本ではまだ今それについて依然として議論がありまして、犯罪が行われている場合でも、その犯罪告発が公共目的に出たものであるとか、専ら公共の安全を図ることを目的とし、私情を挟んでいないとか、そのような条件を設けるというような議論が非常に強く働いているのですけれども、韓国の場合には秘密保護との関係で、日本で行われているような議論はかなり強くあるのでしょうか、ないのでしょうか。

朴 やはり東洋人の感情といいますか、考えから、内部からの密告というものに対しては余り、何というのでしょうか、それをよく評価することはめったにありませんね。そして、余り好意的ではない、内部からの告発に対しては。法律によっては、内部告発を理由にして不利益処分をしないこと、禁止することも規定するのです。それは、法律は法律ですが、実際には最近ニュースにも出ましたが、政府の機関の公務員の何人かが内部告発して、後で不利益を受けて結局は退職してしまったということもありますし、状況は法律的には保障されているのですけれども、実際はいろいろな障害があると思います。そして、それをめぐっての議論とかがされたという覚えがありません。

司会 今の証人保護に関連してなのですけれども、アメリカ合衆国の場合ですと、国土が非常に広いというので、ある場所から別の場所に移して身元をわからなくするということが比較的やりやすいと思うのですが、韓国とか日本の場合には国土が狭いということがあるので、すぐに発見されてしまうおそれがあるというのがあると思うのですが、そのような場合にどのような工夫をしておられるのか、あるいは、場合によっては海外に移住させるというようなことも考えておられるのでしょうか。

朴 今までは、参考人とか目撃者、被害者の調書をとるために、証拠として、必ず身元に関する調書を全部書いたのです。住所、名前、生年月日とか。ですから、証人が誰か、すぐ判るようになっています。弁護士さんがその記録を全部隠しているのです。そして、まず最初の段階で、検事の責任で、住所とか名前、いわゆる人的な事項に関しての記録はしない、それは秘密にすること。そして、裁判においてもその旨を裁判官に言って、裁判記録の中にも身元に関する事項は全く出ないこと、そのように規定されているのです。でも、法律的には引っ越しとか何かのために国家が救助金を払うようにしていますが、実際身元、身分を変えたり、家族を他所に移したり、まだそのような覚えはありません。

司会 それと今、裁判の中で身元がわからないようにするということに言及されましたけれども、実際に裁判の場で証言をしなければならないということになると、面が割れてしまうといいますか……。

朴 非公開。非公開でやる。

渥美 今、身元を隠すことは難しいだろうとおっしゃっていましたが、われわれの知っている非常に有名な事件では、キム・ヒョンヒさん、蜂谷真由美さんは今どこにいるかわかりません。日本のマスコミが行ってもなかなか見つからないようですけれど、彼女はちゃんと生活してらっしゃるようで、だから、韓国はあれだけ狭い場所ですが、どのような工夫をなさっているのかは知りませんけれども、工夫のしようによっては、なかなか見つからないようにできるということですね。

朴 キムさんの場合は、裁判の証人とかそのような立場よりも、やはり国家情報院の管理下にある人物なので、国家情報院の保護の下にいます。そしてその夫、ご主人も国家情報院出身です。ですから、いろいろな内と外の協力ができるのではないでしょうか。

渥美 なるほど。身元を隠すのも先ほど中野目教授が指摘されましたが、米国の場合も特別の保護体制を敷くのです。特別の保護体制をしかなければ見つかってしまうのは当たり前です。そこで、民間の協力を得ると同時に、それらの人々をわからないように隠す方法を考えないといけないし、情報員の保護ができるのだとすれば、できないことはないのだと思うのです。お金はかかるでしょうね。

《赤手配書に関する質疑》

質問者 恐れ入ります。資料53ページの下に赤色手配書のことが書いてござ

いますけれども、日本の刑事訴訟法自体が逮捕の種別というのが通常逮捕と現行犯逮捕と緊急逮捕しかございませんので、日本の国内では赤色手配に基づく逮捕というものは法的な根拠がございません。したがって、このインターポールの手配書に対応する国内法整備ができていないという理由で、例えば外国から赤色手配が発出されている人間が見つかったところで、それに基づく逮捕というものはできません。したがって、日本からもその相互保証が図れないということで、赤色手配を発出していないのが実状なのですが、青色手配でもって発出をして、その発見されたという連絡を受けて、引渡しの要請をしております。韓国の場合はこの赤色手配書を発出されている人間を発見されたときに、その手配書に基づいて身柄を拘束するということが可能なのでしょうか。

朴 このようなケースがありました。韓国人が外国に逃げて、外国でその人に対して赤色手配書を発行しました。そして、相手国が、この人に対して国内で適法な令状が発行されているか、それを確認してくださいと、韓国政府に要請したのです。そして、すぐに韓国の警察が検察庁に行って、令状とか逮捕令状を確保しました。そこで仮逮捕を維持するようにしたケースがあります。

ですから、赤色手配書の場合は、韓国の場合は必ず韓国と相手国の正式な令状が国内で発行されたことを条件として、逮捕したり要請したりするのです。国内での令状発付されていることを条件として。だから、手配書だけで逮捕することは難しいです。

質問者 わかりました。

《覚せい剤密輸入罪の成立時期に関する質疑》

朴 昨日、司会の中野目先生から質問がありました点について[2]説明いたしたいと思います。覚せい剤を船で、公海上を運搬したり海中に投棄したりした行

---

2) 翌日のセッション部分だが、編集の便宜上、ここに纏めて、掲載する。

為に対して、日本の覚せい剤取締法は、保健衛生の危害の防止を狙った法律であるので、それが陸揚げの場合でなければ既遂として処罰できないが、韓国ではどのような理解になっているのか、そのようなことでしたね、昨日の質問は。

司会 そうです。既遂に達するためには陸揚げが必要であると。領海内に入って海上に投棄した場合には、予備が成立するにとどまる、このような理解が一般的かと。

朴 それでしたら、韓国は麻薬犯罪に対しての特別法律がありまして、覚せい剤自体が麻薬類が含まれる別表に規定しています。そして、それを運搬、所持、販売目的の所有、それだけで処罰できるし、それが外国人の国外犯でも処罰の対象となります。ですから、住所と国籍を問わず処罰できるようにしているので、それで一応解決しております。

司会 そうすると公海上でもできるのですね。

朴 そうですね。公海か領海内かを構わず処罰できるように。それが条約の趣旨にもございます。

質問者 条約はそうなのですか。

朴 はい。

司会 だから、日本の場合もあれは覚せい剤取締法でやったのですけれども、麻薬特例法でやれば結果は違っただろうということに加え覚せい剤取締法自体が麻薬特例法（国際的な協力の下に規制薬物に係る不正行為を助長する行為等の防止を図るための麻薬及び向精神薬取締法等の特例等に関する法律）の中の対処すべき犯

罪として「規制犯罪」の中に入れられているということによって、単なる保健衛生上の犯罪として依然として考え続けていいのかという根本的な問題があろうかと思います。どうもありがとうございました。

(2005 年 3 月 15 日午前および午後の部・質疑終了)

3 組織犯罪のマネー・ローンダリング

金　學　根

I　はじめに

　マネー・ロンダリングは、資金洗濯あるいは資金洗浄と言われるが、その概念の定義に対してはさまざまな見解がある。一般的には犯罪者が犯罪行為から取得した財産を金融取引や経済取引等を利用して違法な出処を隠して適法した収益として装う一連の過程だと言える。

　組織的犯罪は国境を往来しながら麻薬密売、不法武器取引、人身売買等の犯罪を通じて莫大な収益をあげており、その犯罪収益は資金洗浄過程を経て将来犯罪に再投資されるだけでなく、合法的な事業活動にまで投資されて、国民生活と健全な社会経済の維持、発展に深刻な悪影響を及ぼしている。したがって組織的犯罪を含んだ、経済的利益を目的にする重大犯罪の効率的予防のためには、犯罪者の検挙、処罰以外に、その犯罪を助長する動機になっている犯罪収益を追跡してこれを剥奪することが必須不可欠である。

　既に朴検事が詳しく申し上げたが、韓国での組織犯罪は主に暴力団が組職を結成して遊興街を掌握し、収益をあげる形態で始まり、今は企業等にまで進出するようになり、このような過程で必ず経由するようになるのが資金洗浄過程だと言える。

　資金洗浄を通じて犯罪行為を明らかにする場合はあっても、資金洗浄自体は犯罪にならなかったが、韓国は2000年12月13日「国際組職犯罪に対するUN条約」に署名し、上記の条約は締約国に犯罪を通じて得た収益の隠匿及び

合法的な財産としての偽装等を効果的に統制するために、各締約国は疑わしい取引に関する金融機関等の申告及び取引記録の提出を義務化して、金融情報を収集、分析して法執行機関に提供する中央システムを制度化する一方、この分野での国際的共助を構築することを規定しており、それによって2001年9月27日犯罪収益隠匿の規制及び処罰等に関する法律（法律第6517号）と特定金融取引情報の報告及び利用等に関する法律（第6516号）を制定して、2001年11月金融情報分析院を設置して、金融取引等における資金洗浄の疑いがある事項に対しては、これを分析して捜査機関等に情報提供をするようにしている。

II　資金洗浄規制の意義

　資金洗浄は、国際的に議論されている組織犯罪の典型的な類型の一つであり、組織犯罪の特徴を備えた犯罪団体又は犯罪組織の追求目的が、窮極的には、経済的利益又はその他の物質的利益の獲得にあることと関連する。犯罪組織はまた、犯罪や不法的な営業を通じて得た利益、すなわち不法的な収益の隠匿及び偽装、又は継続的な営利追求のための再投資等を通じて正常な経済の流通経路で流入させて、これを通じて捜査機関から資金源の追跡を回避する。資金洗浄は組織犯罪の多様な犯罪行為のすべての場合において、その窮極的な目的達成のための媒介体であり、資金洗浄行為の犯罪化は、組織犯罪に対処するためのほぼ唯一の手段であると議論されている。上記のような観点から、組織犯罪に対する効果的な規制のため、さらには不法な収益の剥奪のための法制度の強化のために、資金洗浄行為に対する処罰法規の制定が重視され、強調されている。

　1988年に採択され、1990年11月11日に発効した「麻薬類不法取引防止のためのUN協約」は、麻薬取引と係わる資金洗浄行為を犯罪であると規定し、締約国に資金洗浄の犯罪化を要求しており、2000年11月15日採択された「国際組織犯罪に対するUN条約」は、犯罪行為の結果として取得したものである

と知りながら、その不法な由来を隠匿又は装うとか、訴追を回避しようとする者を援助する目的で取引又は財産の移転をする場合、犯罪収益の本質、出処、所在、処分、移動、関連権利及び所有関係を操作する場合、その不法な財産を取得、所持又は使う場合、そして助言、幇助及び教唆等の方法で以上のような行為に加担ないし関与する場合を犯罪化することを規定し、各締約国が、上記の規定をできる限り多様な犯罪の類型に適用することを求めると同時に、条約第2条で規定する重犯罪をはじめとして、犯罪団体組職、公職者に対する不正な利益の提供等の、不正腐敗、司法妨害等の犯罪行為を、資金洗浄行為の前提犯罪に含ませることを規定している。

　米国、英国、フランス、イタリア等の国家では、資金洗浄こそ組織犯罪の生命線だと結論を出し、資金洗浄を犯罪として規定し始め、上記の国々の主導により資金洗浄規制のための国際協力が成立してきた。

　韓国も上記のように、犯罪収益隠匿の規制及び処罰等に関する法律を制定して、特定犯罪の資金洗浄行為を犯罪として規定している。それ以外にも、それ以前の1995年12月6日に、麻薬類不法取引防止に関する特例法を制定して、不法収益の隠匿仮装、不法収益の授受等を犯罪として規定した。

　一方、韓国での資金洗浄に対する規制問題は、組織犯罪の現象と関係する問題であるとの社会的認識が持たれなかった。資金洗浄は主に各種の不正事件と係わって行われた資金追跡調査を通じて明かされた場合が多く、組織犯罪の類型として議論される多様な行為等を通じた不法資金の獲得・取得と、このような資金の洗浄及び再投資に対する事例が明かされた場合は、あまり多くなかった。信用社会が定着した西欧の多くの国では、麻薬、武器等の密売資金等が資金洗浄の対象になり捜査機関の追跡を受ける場合が多かったが、韓国では公職者の収賄事件や大型経済事件、又は金融事故等に関係して授受された資金若しくは獲得・取得された資金が、いかなる過程を経て洗浄されたのかを明らかにするのが大部分の場合だった。しかし、近時は組職暴力団体による非合法的な資金蓄積と資金洗浄の関連性が認識されており、麻薬密売のような組織犯罪が国際的な規模で成り立ち、金融取引の開放化により外国で獲得・取得された不

法資金や犯罪収益も流入してきていると見られており、組織犯罪の資金洗浄問題若しくは資金洗浄に関する国際的な協力問題の重要性が増しつつある。

Ⅲ　資金洗浄の段階及び主要資金洗浄手法

1．資金洗浄の段階

　資金洗浄の段階を説明するためにアメリカ関税庁が開発した配置(placement)、反復（layering）、統合（integration）の３段階モデルが一般的に利用されている。

　配置段階は、犯罪行為から取得した財産を扱い易い又は十分に疑われない形態に転換して、犯罪収益を秘密の場所に隠匿し、国外に搬出し、合法的事業体の所得と混和させる手法等が利用される。最も一般的な方法が、金融機関に流入させる方法であり、金融機関は現金取引量が多く資金を速かに移転させることができる長所があり、選り好みされているが、金融機関や法執行機関の集中監視対象になるので、少額分割入金、第三者を利用した入金、現金取引が多い事業体を通じて振り込む方法が利用される。

　反復段階は、犯罪資金の出処又は持ち主を隠すために、いろいろ複雑な金融取引等を経て正常な資金と類似させる段階であり、主に口座間入出金の反復、電子資金振込、第三者名義による借名取引等の手法が利用される。電子資金振込を利用した資金洗浄は、通常、資金を多数の国を経由して移転させ、その過程で域外金融センター（offshore financial center）[1]がよく利用される。

　統合段階は、反復段階を経て、これ以上真正な出処や所有者の確認が不可能になった資金を合法財産として装い、正常な金融取引や経済活動に編入させて、他の合法財産と統合させる段階であり、輸出入価格操作行為、合法的事業体の収益金で返還を受ける行為、名目会社を通じて購入された不動産の売却代金で支払う行為等がある。

---

1)　域外金融センター（offshore financial center）は、国内金融市場と断絶されている状態にあり、非居住者間の金融取引のみを仲介してくれる金融センターである。最初、スイスで始まったが、現在は全世界の色々の地域で運営されている。

普通、資金洗浄防止制度を構築に際しては、３段階モデル理論により分けられている段階の中、最も摘発が容易であるとして知られている、配置段階に焦点を置いて立法しており、実務においても各段階別の特性に相応する脆弱点と摘発技法の開発が進行している。

２．主要資金洗浄手法

　資金洗浄手法は非常に複雑で多様だが、一般的に財産の真正な所有と源泉の隠匿、資金洗浄進行途中や資金洗浄後の犯罪収益に対する統制の維持、資金洗浄による犯罪収益形態の変更等をその属性とする。

　まず第三者名義を利用する手法がある。関連口座の預金者や自動車、建物等財産の所有者を、第三者の名義に登録する手法で、この第三者は、実存人物として大部分犯罪者が信頼することができる家族、友人又は犯罪行為の共犯や犯罪者と緊密の繋がりがある場合が多く、自分が資金洗浄に利用されていることを認識している場合が多い。この方法は、資金洗浄者の立場で容易に利用することができるが、財産の実際利用関係の側面から調査すると、手軽く発覚する場合が多い。

　次に偽装企業を利用する手法がある。偽装企業は、名目会社、住所地会社、ダミー会社とも呼ばれて、登録された住所地でいかなる製造活動や営業活動もしない企業、財団、信託等であり、資金洗浄者たちは偽装企業名義の預金口座を利用して犯罪収益を受領するか、受領された犯罪収益を他の所に移転することができ、多くの域外国家に設立された数個の偽装企業を通じて資金を移動させる場合には、その追跡が難しい場合が多い。

　また前衛事業体（front business）を利用する場合がある。これは、資金洗浄者が実在する事業体を利用して犯罪収益をあたかもその事業体が合法的に稼いだ所得であることのように装う手法であり、特別な疑いを受けずに、犯罪収益を事業体の収益として仮装し、銀行に入金し、一人株主又は支配株主の形態の前衛事業体を通じて、直接資金を管理するものである。

　次に、分割取引（structuring）を利用する手法で、巨額の現金を多数の人に

分散させ、彼ら名義の、数個の金融機関又は支店の預金口座に振り込むとか、他の支給手段で交換する方法を通じて資金洗浄をする手法で、一定金額「以下で」取引することによって報告を回避するとか、摘発を回避するために利用される。

　国際取引を利用する手法がある。商品と用役に対する国際取引は、取引当事者が決済価格を操作することができるため、脱税や財産海外逃避、資金洗浄等の犯罪行為によく利用される。国際取引を用いた資金洗浄を可能とするには、両取引当事者間の信頼関係が前提になり、資金洗浄を行う犯罪人が、輸出商と輸入商を全て支配する場合に、非常に容易に合法を装って、犯罪収益を国家間で移転させることができるようになる。

　代替送金システム（alternative remittance systems）を利用した手法がある。これは、金融機関を利用するのを躊躇する人々を対象として、金融制度圏外で外国へ送金してくれる営業活動であり、貨幣の物理的移転なしにその価値を国家間で移転させることで、財産海外逃避、テロ資金調達及び資金洗浄等の不法的目的に手広く利用される。この方法が使われるのは、匿名性が保障されているため、以後の捜査機関の追跡が難しいからである。

　その外にも、最近では情報技術の発展で、インターネット賭博やサイバー・カジノが、高い秘密保障と匿名性があるため、資金洗浄手法に利用されている。

Ⅳ　韓国の資金洗浄に対応するための法制

1．麻薬類不法取引防止に関する特例法の主要内容

　麻薬類不法取引防止に関する特例法（法律第5011号）は、1988年に採択された「麻薬類不法取引防止のためのUN協約」との関係で、1995年12月6日に制定された。

　まず、資金洗浄行為に関する規制条項で第7条と第8条を置いている。

　第7条は第1項で「麻薬類犯罪の発見又は不法収益等の出処に関する捜査を

妨害するか、不法収益等の没収を回避する目的のために、不法収益等の性質、所在、出処又は帰属関係を隠匿するか、装った者は、7年以下の懲役又は3千万ウォン以下の罰金に処するか、これを併科することができる。」と規定して、第2項、第3項で未遂犯と予備又は陰謀の処罰に対して規定している。

第8条は「情を知りながら、不法収益等を授受した者は3年以下の懲役又は1千万ウォン以下の罰金に処するか、これを併科することができる。ただし、法令上の義務の履行として提供されたものを授受した者又は契約（債権者に相当な財産上の利益を提供することに限る）時に、その契約に係わる債務の履行が、不法収益等によって行われるという情を知らずに、その契約に係わる債務の履行として提供されたものを授受した者の場合にはこの限りではない。」と規定している。

さらに第5条は第1項で金融機関の申告義務と、第2項で、この申告した場合の秘密遵守義務を規定し、これに違反した場合には、2年以下の懲役又は1千万ウォン以下の罰金に処すると定めている。

また、第12条は、第7条と第8条について、刑法第5条の例によると定めて、外国人の国外犯を処罰している。

その外に、第3条と第4条で、統制配達技法（controlled delivery）を導入して、入国及び上陸手続の特例、税関手続の特例を規定しており、第13条～第15条で、不法収益の没収を、第16条で、追徴規定を、第17条で、不法収益の推定規定を置いており、没収手続及び第3者参加申請、保全申込手続の特例を規定している。

2．犯罪収益隠匿の規制及び処罰等に関する法律の主要内容

犯罪収益隠匿の規制及び処罰等に関する法律（法律第6517号）は、「国際組織犯罪に対するUN条約」の内容に従って、2001年9月27日制定された。

この法は第1条で「特定犯罪と係わる犯罪収益の取得等に関する事実を装うか、特定犯罪を助長する目的又は適法に取得した財産であると装う目的で、犯罪収益を隠匿する行為を規制し、特定犯罪に係わる犯罪収益の没収及び追徴に

関する特例を規定して、それによって、特定犯罪を助長する経済的要因を根源的に除去し、健全な社会秩序の維持に貢献することを目的とする。」と定めており、特定犯罪に関しては、一括選定方式（法定刑等の一定基準に属する犯罪を一括して選定）を採る代わりに、重大な犯罪を個別的に選定する個別選定方式を採択して、24個の法律で36種の犯罪を特定犯罪として選定している。

　資金洗浄行為に関する規制条項では、第3条と第4条を置いている。第3条は第1項で「犯罪収益[2]等の取得又は処分に関する事実を装った者、犯罪収益の発生原因に関する事実を装った者、又は特定犯罪を助長するか若しくは適法に取得した財産であると装う目的で、犯罪収益等を隠匿した者は、5年以下の懲役又は3千万ウォン以下の罰金に処する。」と規定し、第4条は「情を知りながら、犯罪収益等を受け渡した者は、3年以下の懲役又は2千万ウォン以下の罰金に処する。」と規定している。（麻薬類不法取引防止に関する特例法のような但書き規定を置いている。）第5条で、金融機関の申告義務を規定しており、第8条、第9条で、犯罪収益等の没収を、第10条で、追徴を規定しており、没収及び追徴の手続と国際共助に関しては麻薬類不法取引防止に関する特例法の規定を準用している。

3．特定金融取引情報の報告及び利用等に関する法律の主要内容

　特定金融取引情報の報告及び利用等に関する法律（法律第6516号）は「国際組織犯罪に対するUN条約」の内容に従って、金融取引を利用した資金洗浄行為を規制するために、犯罪収益隠匿の規制及び処罰等に関する法律と同様、2001年9月27日に制定された。

　第3条で金融情報分析院の設置に関して規定し、第4条で金融機関は「金融取引と係わって授受した財産が、不法財産だと疑う適当な根拠があるか、又は

---

[2] 「犯罪収益」とは、犯罪収益、犯罪収益から由来した財産、及びこれらとこれらの財産以外の財産が混和された財産を言い、犯罪収益に由来する財産とは、犯罪収益の果実として得た財産、犯罪収益の代価で得た財産及びこれら財産の代価として得た財産、その他、犯罪収益の保有又は処分によって得た財産を言う。

金融取引の相手が資金洗浄行為をしていると疑う適当な根拠がある場合」、及び「金融取引金額が大統領令が定める金額以上の場合で、金融取引の相手が上記の規定を回避する目的で金額を分割して金融取引をしていると疑う適当な根拠がある場合」で「分割して取引した金額の合計が上記の規定によって大統領令で定める金額以上の場合」には、金融情報分析院長への報告を求め、犯罪収益隠匿の規制及び処罰等に関する法律第5条第1項により、「管轄捜査機関への申告」があった場合には、「直ちにその事実を金融情報分析院長に報告すること」を義務づけている。

第6条では、韓国銀行総裁、税関長等の金融情報分析院長に対する外国為替取引資料の通報に関して、第7条では、金融情報分析院長の検察等捜査機関等に対する情報提供に関して、第9条では、金融取引情報の秘密保障等に関して、第10条では、特定金融取引情報の分析のために必要な場合の行政機関長に行う行政資料の要請に関して規定している。

Ⅴ　韓国金融情報分析院の活動

1．設立の目的と経過

資金洗浄関連犯罪行為の効率的規制及び透明で健全な経済及び金融取引秩序の確立と外国為替取引の自由化による不法資金の国内外流出入に効果的に対処するために、2001年11月に、財政経済部の所属機関として、金融情報分析院（KoFIU）が発足した。

2．組職と構成

院長は財政経済部の1級公務員が任命され、企画行政室と審査分析室等の2室と制度運営課、租税情報課、審査分析1課、審査分析2課等、合計4課58人が勤めている。その内訳としては、財政経済部職員は、30人が、法務省、金融監督委員会、警察庁、国税庁、及び関税庁等で28人の職員が派遣されて勤務している。

3．情報の受理、分析及び提供

　金融機関等から嫌疑取引の報告を受け、外国の FIU からも情報の提供を受ける。情報提供は審査分析室で受理し、審査分析室と審査分析1、2課が分析を担当し、必要な時には行政機関に国税、出入国、不動産、所得資料等の行政資料の提出を要請し、提供された資料を元に一緒に分析をするか、インターネットでの検索及び自身の保有する情報を活用して分析を行い、審査分析室で、情報の提供可否及び提供を受ける機関を決定する。2002年には「FIU 情報システム」を構築して、金融機関の嫌疑取引報告がないとしても、自ら外国為替取引及び信用情報等を活用して資金洗浄行為者を抽出し、分析することができる「戦略的審査分析」の基盤を創った。

4．嫌疑取引報告の受理及び嫌疑取引情報の提供に関する統計

　金融機関からの嫌疑取引報告の受理件数は、2002年275件、2003年1,744件、2004年（1月〜8月）2,642件と、毎年急増しており、情報分析後の法執行機関へのその分析情報の提供は、上記の期間中で1,174件であり、検察は最終処理されたもののうち、56件を起訴（45人拘束起訴（身柄拘束をしたままでの起訴）、155人不拘束起訴（在宅起訴））した。

5．外国 FIU との情報交換

　金融情報分析院は、外国の金融情報分析機構と相互主義原則によって、公式的な外交手続を経ずに、特定金融取引情報を提供するか、これと係わる情報の提供を受けることができる。金融情報分析院長は、外国から要請がある場合、法務部長官の同意を得て、外国の金融情報分析機構に提供した特定金融取引情報を、その要請と係わる刑事事件の捜査や裁判に使うことに同意することができる。捜査機関は、金融情報分析院を通じて、組織犯罪の国際的資金取引情報を要請することができる。

　金融情報分析院で2004年8月まで、外国の金融情報分析機構から情報提供

要請のあった40件に対して返信し、アメリカ、香港等の情報分析機構に、10件の情報提供要請を行った。

　韓国金融情報分析院が外国の政府分析機構と情報交換了解覚え書き（MOU）を締結した相手国は、日本、イギリス、ベルギー等の16ヶ国で、アメリカ、メキシコ、フランス等8ヶ国と了解覚え書き締結のための実務協議が進行中である[3]。

6．金融情報分析院の情報提供による捜査事例

　金融情報分析院の情報提供による組織犯罪の資金洗浄捜査事例はまだないと言うことで、ここで紹介することができないので、その代わりに金融情報分析による一般的な犯罪摘発事例を一つ紹介する。

［金融機関の嫌疑取引報告内容］
　会社経理職員とに推定されるAは、2002年11月○○銀行のある支店に口座を設けて、B、C等からの口座振込や他行からの送金を受けて、当日又は翌日に、巨額の小切手で引き出すか、Dの口座に送金する等の取引を繰り返していた。

［金融情報分析院の審査分析内容］
　Aは石油類輸出入業に登録された△△会社の職員で、Dは上記の会社の監事に登録されており、B、Cは皆、油類販売業に携わっている。上記の関連者が理事又は監事に登録された会社は、役員又は所在地がよく変わる等、その特徴が非正常的なので、油類の不法流通又は関税法違反等に係わる金融取引をしていると推定されて、捜査機関に情報を提供することが決定された。

［捜査機関の捜査結果］
　海上免税油船舶給油業をする□□会社（代表取締役D）の実質的代表取締役Eと同会社の次長Fは、外国船の機関長と共謀して、免税油を一部給油しない

---

[3] 2012年12月現在、49ヶ国とMOUを締結して、ミャンマー等4ヶ国とMOU締結のための協議を進行している。韓国金融情報分析院は、MOUを締結していなくとも、Egmont Groupに加入した会員国とは情報と資料を交換している。

方法で免税油代金約27億ウォン相当を詐取し、その詐取した免税油をB、C等に販売して脱税もしたことが明らかとなり、特定犯罪加重処罰等に関する法律違反（租税）、詐欺、石油事業法違反、租税犯処罰法違反で、B、D、E、F等を起訴した。

Ⅵ 資金洗浄規制の国際的動向

1．資金洗浄防止のための金融政策機構（Financial Action Task Force on Money Laundering/FATF）

1989年パリで開かれたG7首脳会談以後、資金洗浄防止のための国際協力及び各国の関連制度の履行状況に対する評価等を目的に設立された。現在25個OECD会員国と非会員国を合わせて31ヶ国が加入しており、韓国は現在加入を推進している[4]。FATFは資金洗浄防止に必要な法的及び金融的措置に関する事項及び国際協力の方案を盛り込んだ40の勧告事項を制定してその履行を促している。同勧告事項の履行のために、各会員国の資金洗浄防止制度に対する会員国間の相互評価を実施している。

2．エグモングループ（Egmont Group of FIUs）

アメリカとベルギーの主導で全世界FIU間の協力増進を目的に発足した。エグモンの会員加入をするためには、嫌疑取引報告制度の導入、国内の法規による金融情報報告体系の確立及び資金洗浄関連金融情報処理機構の設立等の基準を充たさなければならない。韓国は2002年6月、会員国として加入した。

3．アジア太平洋地域資金洗浄防止機構（Asia-Pacific Group on Money Laundering/APG）

1997年2月タイのバンコクで開かれた第4次APGシンポジウムで資金洗浄

---

4) 韓国は、2009年に会員国として加入した。

防止のためにアジア太平洋地域国家間の公式的な国際機構として発足し、韓国は1998年に加入した。

Ⅶ　国外犯の処罰と他国との捜査共助

　上記のように、麻薬類不法取引防止に関する特例法第12条は、第6条（業として行った不法輸入等）、第7条（不法収益等の隠匿仮装）、8条（不法収益等の授受）、第10条（煽動等）の犯罪は、刑法第5条の例によるとし、外国人の国外犯も処罰するとしている。ただ、犯罪収益隠匿の規制及び処罰等に関する法律には、上記のような規定を置いていないため、外国人の国外犯に対しては韓国では処罰できない。しかし、同法に規定された犯罪の場合にも国際的な捜査共助と犯罪人引渡しは国際刑事司法共助法と犯罪人引渡法によって行うことができる。

　麻薬類不法取引防止に関する特例法と犯罪収益隠匿の規制及び処罰等に関する法律は、没収又は追徴の確定裁判の執行や没収、若しくは追徴のための財産保全の国際共助に関して規定している。

　また特定金融取引情報の報告及び利用等に関する法律は、第8条で金融情報分析院の外国金融情報分析院との情報交換等に関して規定している。

（2005年3月15日）

4 テロリズムに関する法制

金　學　根

I　はじめに

　2001年米国で発生した9.11テロ事件は新たな類型のテロでありながら、とほうもない結果をもたらした点で、全世界を驚かせた。韓国は事実上それまで、テロの対象とはならない安全地帯だと考えてきたが、オリンピック、サッカー・ワールドカップ、ASEM、APEC等の重要な国際行事や会議が開催される時、テロに備える警備を特別に強化した。それは、もはや国際社会の政治的利害関係によって、韓国もテロの対象とはならない安全地帯ではないとの考えを持つようになったからであり、以後テロに備えるため出入国管理を強化する等、政府全体に亙る政策を立てるに至った。また学術研究団体等で、テロに関連する学術会議を開催することも以前よりその回数が増え、テロ防止とテロに関する法的問題等に対する関心もかなり高まってきた。その間、国内ではたとえ国際テロリズムではないとしても、2003年2月慶尚北道大邱廣域市では地下鉄の放火事件で多くの人命が奪われる等、テロの恐怖を直接肌で感じる契機となる事件も生じた。
　今回日本中央大学で国際刑事法に関するセミナーが開催され、韓国のテロに関する法制を紹介する機会を持つことができ大変意義深いものと思う。
　テロ防止のため国家間の多国間条約として12個の条約が締結されたが、韓国は米国の9.11テロ発生以前にその内の7個の条約に加入しており、それ以後残り5つの条約にも加入し、国会でもすべて批准された。テロ防止対策に関

する立法も推進されて、政府の立案の法律案として国会に提出されたが、人権保障等に問題があるとして国会を通過しなかった。

しかし、国際テロの捜査や犯罪人の引渡と関連しては国際刑事司法共助法と犯罪人引渡法が制定されているので、国際テロの捜査と裁判のための国家間の共助には問題はないと思う。

II　テロリズムの定義

テロリズムは今日国際社会が当面した一番深刻な問題の中の一つであるにもかかわらず、今まで普遍的な定義は導き出されてない。テロリズムの動機、対象、範囲、主体、理念等を包含すべきか否かについて見解の対立があり、学者たちとテロリズムの専門家たちの見解においても、テロリズムの定義は様々である。今日米国を中心とする西洋国家と、ロシア及び第3世界の間でも、イデオロギーの差異、地域別国家間の利害関係の差異により、テロリズムの定義、とらえ方は異なっている。そして西洋世界でテロリズムとして定義される事項が、別の側では民族解放戦争として呼ばれることもあるのである。現在、国連国際テロリズム特別委員会で「国際テロリズムに関する包括協約案」に対する論議が進められているが、同委員会でもテロリズムに関する定義に関して一致した意見がみられない。

しかし、学者たちや各国家及び機関等の提示するテロの定義には、いくつか共通的要素がみられる。それは、第1に、テロリズムは政治的動機と目的をもつ暴力の行使であり、第2に、その暴力は無実の第三者または民間人をねらうことであり、第3に暴力の形態は、民間人の殺傷、民間人を人質に取る行為、民間人の拷問や民間航空機と船舶の拉致であり、第4に、国際テロリズムの場合には、テロ行為の原因と進行結果によって、1ヶ国以上の国際的要素が関係する点である。

韓国ではテロリズムに関する単一の法規はなく、法的な定義はない状態である。実務指針では国家対テロ活動指針（大統領訓令第47号）があり、その第2

号で国際テロ犯罪に対して「国家要人及びその家族の拉致、暗殺、航空機及び船舶の拉致、爆破、海外滞在外交官、留学生、商社員、就業勤労者及び海外旅行者等の抑留及び拉致、暗殺、国内駐在外国公館の占拠及び爆破、駐韓外交官及び滞韓外国の著名人士の拉致、暗殺、その他わが国と関連した国際犯法行為」として定義している。

一方、米国の 9.11 テロ以後、韓国の国家情報院で立法推進して、2001 年 1 月 28 日国会に提出したが、法律となるに至らなかったテロ防止法（案）第 2 条は「政治的・宗教的・理念的・民族的目的をもつ個人や集団がその目的を追求するか、主義又は主張を広く知らせる、計画的に行う不法行為として国家要人等の拉致、暗殺、国家重要施設等の爆破、航空機等の交通手段の拉致、爆破、爆発物、化学兵器、生物兵器、放射性物質を用いた兵器等（化生放物質等）の武器を利用した大規模な人命殺傷等の行為で国家安保又は外交関係に影響を及ぼすか、重大な社会的不安を惹起する行為」と規定している。

Ⅲ　韓国のテロに関連する法制

1．法規定の形式

韓国ではテロの対処のため制定された単一の法規はなく、具体的なテロ行為に対して刑法や特別法で個別的に規定している。

2．類型別規定

テロ団体組織、人質強要、航空機拉致及び海上拉致等、外交官等保護人物に対するテロ行為、爆発物・放射線を利用したテロ行為、環境テロ行為等に対して類型別にみると次のとおりである。

まずテロ団体組織罪については、刑法及び暴力行為等処罰に関する法律上の犯罪団体の組織罪（刑法第 114 条、暴力行為等処罰に関する法律第 4 条、第 5 条）及び国家保安法上の反国家団体構成・加入罪（第 3 条、第 4 条）で処罰している。

人質強要に対しては、刑法上の人質強要罪（第 324 条の 2）、人質傷害・致傷

罪（第324条の3）、人質殺害・致死罪（第324条の4）、逮捕・監禁罪（第267条）、特殊逮捕・特殊監禁罪（第278条）、逮捕・監禁致死傷罪（第281条）で処罰している。人質強要罪、人質傷害罪、人質殺害罪の未遂犯も処罰し、人質を釈放した場合には刑を減軽できるとしている。

航空機拉致及び海上拉致等に関しては、まず航空機拉致と関連して刑法上の航空機顚覆・埋没・墜落・破壊罪（第187条）及び同致死傷罪（第188条）、航空法上の航行中の航空機危険（墜落、顚覆、破壊）発生の罪（第157条）、及びそれに対する致死傷罪（第158条）及び未遂犯（第159条）、飛行場・空港施設・航行安全施設の損壊等を処罰する航空上の危険発生の罪（第156条）で処罰しており、航空機安全及び保安に関する法律上の航空機損壊罪（第39条）、航空機拉致罪及び同致死傷罪（第40条）、航空施設損壊罪（第41条）、航空機航路変更罪（第42条）、職務執行妨害罪（第43条）、航空機危険物件搭載罪（第44条）、空港運営妨害罪（第45条）、航空機安全運航阻害暴行罪等（第46条）、航空機占拠・籠城罪（第47条）、運航妨害情報提供罪（第48条）で処罰している。

航空機安全及び保安に関する法律は航空機テロに関する三つの国際協約に加入後、1974年航空機運航安全法が制定されており、同法が2002年航空機安全及び保安に関する法律に全面改正された。

次に、海上拉致と関連しては、刑法上の海上強盗罪（第340条）、船舶の転覆・埋没・墜落・破壊及び同致死傷罪（第187条、第188条）で処罰している。

外交官等の保護人物に対するテロ行為に関しては、刑法上の外国元首に対する暴行等の罪（第107条）、外国使節に対する暴行等の罪（第108条）で処罰している。

爆発物・放射線を利用したテロ行為に対しては刑法上の爆発物使用（第119条）、公用物の破壊（第141条）、公用建造物等への放火（第165条）、爆発物破裂罪（172条）と銃砲・刀剣・火薬類取締法上の不法製造、販売、所持等の処罰規定（第73条）で処罰しており、ガス、電気、蒸気又は放射線や放射性物質を放出、流出、撒布させる行為は刑法の第172条の2で規定して処罰している。

環境テロ行為に対しては直接的な処罰規定はなく、刑法上の飲用水使用妨害罪（第192条）、水道飲用水の使用妨害罪（第193条第1項）、飲用水混毒致死傷罪（第194条）で処罰しており、それ以外に大気環境保全法、水質環境保全法、海洋汚染防止法、環境犯罪の取締りに関する特別措置法等の規定がある。

3．捜査及び処罰手続

　捜査及び処罰の手続に関しては、テロ行為の予防のための特別規定はない。まず捜索及び検問についてみると、警察官職務執行法により、挙動が不審で、何らかの犯罪を犯すか、犯そうとしていると疑うに足るだけの相当な理由がある者、または既に行なわれた犯罪や行われようとする犯罪行為に関してその事実を知っていると認められる者を停止させて質問をすることができるし（第3条第1項）、第1項の質問をすることが当該人に不利であるとか、交通の妨害になると認められる時には質問のため最寄りの警察署、派出所等へ同行することを求めることができ（第2項）、質問をする時には凶器の所持有無を調査することができる（第3項）。同行をした場合には6時間を超過して警察署等に留めさせることはできない（第6項）。また警察官は犯人の逮捕、逃走の防止のために警察装備、警察装具、噴射機、武器等の使用が可能である（第10条〜第10条の4）。

　捜査上の特例としては、通信秘密保護法で、テロ犯罪を捜査するか、関連情報の収集のために検閲、通信傍受等の通信制限の措置をとることが許容されている。通信秘密保護法もテロ行為の予防のための特別規定ではなく、また濫用防止のために、通信及び対話の秘密保護の原則を明らかにし（第3条）、不法取得した通信内容の証拠使用の禁止を規定している（第4条）。

　その内容を詳しくみると、テロと関連づけることができる刑法第1章の内乱罪、第2章の外患罪、第4章の国交に関する罪、第5章の公安を害する罪、第6章の爆発物に関する罪、第16章の飲用水に関する罪等と国家保安法、軍事施設保護法、特定犯罪加重処罰等に関する法律等に関する犯罪も通信傍受ができるよう規定されている（通信秘密保護法第5条）。

検事又は司法警察官は、このような犯罪に該当するテロ犯罪を計画又は実行しているか、実行したと疑う充分な理由がある場合には、犯罪捜査や国家安保のために、裁判所の許可を得て、通信制限措置ができる。この場合、通信制限措置の許可請求書には、通信制限措置の種類、目的、対象、範囲、期間等を記載しなければならないし、請求理由に対する疎明資料を添附しなければならない（第6条）。通信制限措置の期間は2ヶ月を超過できず、許可要件が存続する場合には2ヶ月の範囲内で延長の請求ができる。それ以外には一般刑事訴訟手続によって捜査をすべきことになる。

Ⅳ　テロに対する対処

1．テロ防止業務担当機関

　韓国ではテロ防止のための特別な機構を置かず、政府の各部署で担当業務の範囲内で対テロ任務を遂行している。米国の大統領直属の対テロ局（Office for Countering Terrorism）や国土安保部（Department of Homeland Security）のような機関は設置されていない。

　韓国政府のテロ業務担当機関をみると、大検察庁（最高検察庁）の公安企画官が捜査を総括企画し、法務部の出入国管理局が、出入国関連の対テロ及び警護安全対策を支援し、警察庁の警察特攻隊が、テロ予防及び鎮圧対策の樹立・指導、要人警護及び安全活動の遂行、外国公館等の警備強化を担当し、国家情報院が、テロ組織に関する国内外の情報の収集、作成及び配布業務を担当する。

　建設交通部の航空局が、航空機の拉致防止の対策及び対テロ予防対策を樹立し、関税庁の調査局が、銃器類、爆発物等のテロ関連物品の搬入防止を担当し、海洋警察庁の警備救難局が、海上でのテロ予防等の業務を遂行する。財政経済部が、テロ組織支援のための資金を遮断するための監視活動を、外交通商部が、海外テロに対する総合的予防、備え及び対応対策の樹立を、国防部が、対テロ戦術の研究、開発、専門教育及び訓練を支援する。

２．出入国管理態勢

　テロ防止のための出入国管理の業務について詳しくみると次のとおりである。法務部に出入国管理局があり、その傘下に仁川空港、ソウル、釜山等、全国の14ヶ所の主要都市に出入国管理事務所を設置している。

　入国管理の態勢をみると出入国管理局は、国際テロ分子に関連するとして収集された情報を関係機関へ通報してテロ分子であるか否かを判断させ、これを電算入力して管理する。空港、港湾の入国審査場では、乗客の旅券上の人的事項を検索して国際テロ分子と同一人であるか否かを検索して、同一人の場合は入国を不可とする。国際テロ分子が偽変造旅券を利用して潜入するのを封鎖しようと、出入国審査官に偽変造旅券識別の教育を強化し、随時、最近の偽変造の事例を伝播する措置をとっている。

　国外退去処分と関連する措置としては、入国後、テロ分子として確認されると、身柄を確保して出国の措置がとられたり、今後の入国が規制される。

　外国人犯罪が関係する場合の国外退去処分と関連しては、外国人が国内で刑事処罰を受けた場合は、出入国管理法第84条～第86条の規定によって、捜査機関や矯正施設等から出入国管理事務所に身柄が引継がれることとなっている。出入国管理事務所では刑事処罰の軽重によって該当外国人を強制退去の措置をとり、入国を規制している。このような措置の法的根拠は出入国管理法第46条第2号によるもので、大韓民国の安全のための入国禁止条項である第11条の事由が入国以後に発生したと解されており、外国人犯罪は全てここに包含されると解されている。法務部の入国規制指針には次のように基準が定められている。

・禁錮以上の刑の宣告を受け、執行が終了した者：5年以上の入国禁止
・禁錮以上の刑の執行猶予の宣告を受けた者：3年間査証発給の規制
・200万ウォン以上の罰金刑の宣告を受けた者：1年間査証発給の規制

3．テロ防止法（案）の内容

　次は法律にはまだなっていないが、立法化が推進されたテロ防止法についてその内容を簡単にみよう。その主要内容は、上でみたように、テロの定義（第2条）について規定しており、テロ対策の機構としては国務総理を議長とするテロ対策会議を大統領の直属の下で設置し、その下に常任委員会をおいて対策会議の委任事項を審議、議決することとした（第5条）。国家情報院で関係機関の公務員で構成される対テロセンターを設置して国家の対テロ活動を企画、調整し、市、道と空港、港湾等に対テロ対策協議会を構成するものとした（第6条～第8条）。関連機関の長は国家重要施設及び多衆利用施設に対してテロの予防対策と安全管理対策を樹立し、施行するようにし（第9条）、警察のみでテロからの保護が困難な場合は軍を動員できるようにし、その場合には国会に事前に通報しなければならず、国会の撤収要請があるとそれに従うようにする（第15条）。

　テロ防止法に規定された罪に対しては関係法律に規定された刑の2分の1まで加重して処罰するようにし（第17条）、病原体を利用したテロとテロ団体の構成等については特別規定を置いた（第18条、第19条）。テロ資金であることを知りながら、資金を調達、周旋、保管又は使用するか、その取得、処分及び発生原因に関する事実を装う場合（第20条）、テロの計画又は実行に関する事実を知り、これを関係機関に申告することでテロを防止ができるにもかかわらずこれを申告しない場合（第21条）、テロと関連して虚偽事実を申告または流布した場合（第22条）に処罰する規定を置いており、テロの予備又は陰謀をした者が捜査機関に申告してテロの発生を予め防止させた場合（第24条）には刑を免除する。

　外国からテロ犯罪として身柄の引渡を要求された者に対しては、内外国人を問わず捜査機関へ引継ぐとか、身柄要求国へ引渡すようにして犯罪人引渡し及び国際的な共助捜査ができるようにしている（第25条）。

　金融情報分析院長にテロ資金に対する情報を対テロセンターの長へ提供させ

るようにし、テロ資金は「犯罪収益隠匿の規制及び処罰等に関する法律」によって没収、追徴するようにし、「通信秘密保護法」の緊急通信傍受期間の36時間を、外国人テロ嫌疑者に対しては7日まで延長している（附則第2条）。

　韓国のテロ防止法を米国のPATRIOT ACTと比較してみると、韓国のテロ防止法は緊急通信傍受の時間を外国テロ嫌疑者に対して7日間まで延長した以外には捜査権の強化のための規定がなく、出入国の管理に関する特別な規定も置いていない。テロ防止法の第17条に規定された罪は一律的に2分の1まで刑を加重するようにし、公訴時効に対して別途の規定を置かないことによって刑事訴訟法の規定がそのまま適用される。テロに対する予防及び対策のための機構をおくことは類似していると言える。

4．その他のテロ抑制のための法案

　効率的なテロ防止のために犯罪収益隠匿の規制及び処罰等に関する法律ではテロ行為と関連する犯罪による収益の隠匿、仮装、授受等を摘発、処罰ができるようにしており、特定金融取引情報の報告及び利用等に関する法律は、やはりテロ行為と関連する金融取引情報を追跡して処罰ができるように、金融情報分析院を設置する等、テロ行為者や団体の資金の遮断のための措置をとっている。

V　国際協力

1．テロ関連条約加入

　韓国はテロ防止のための12個の国際条約に全部加入しており、その全てについて批准した。その内容を簡単にみると次のとおりである。

　航空機テロと関連して航空機の内で犯した犯罪及びその他の行為に対する協約（1963年東京協約、韓国は1971年2月19日加入）は、飛行中であるか、公海水面上であるとか、又はある国家の領土にも属さない地域の表面にいる時、民間航空機に搭乗した者が犯した犯罪、又は機内人命及び財産の安全を危うくさせ

る行為に適用される。このような行為については原則的に航空機登録国が裁判管轄権を行使する権限をもち、締約国として登録国でない国家は自国の領域に影響を及ぼす場合、自国民又は永住民により、若しくは彼らに対して犯罪が犯された場合、自国の安全に反する等の場合には裁判管轄権を行使でき、それ以外の場合には機内での犯罪に関する刑事裁判管轄権行使のために飛行中の航空機に干渉してはならないとしている。

航空機の不法拉致抑制のための協約（1970年ハーグ協約、韓国は1973年1月18日加入）は、飛行中の民間航空機の搭乗者が暴力またはその脅威により、若しくはその他いかなる形態の脅迫であれ不法に航空機を拉致、占拠するか、このような行為を企図（試図）する行為を犯罪として規定し、このような犯罪を厳しい刑罰で処罰すべき義務を当事国に課し、各締約国はその管轄権を確立するために必要な措置を取らなければならないが、管轄権をもつ他の締約国に引渡さない場合には起訴すべき義務を課している。

民間航空機の安全に対する不法的行為の抑制のための協約（1971年モントリオール協約（韓国は1973年8月2日加入）は、不法にそして故意的に飛行中の民間航空機に搭乗者に暴力行為を行い、かつその行為がその航空機の安全に危害を加える可能性がある場合、航空機に爆発物を設置する場合、このような行為を犯罪として規定し、厳しい刑罰で罰する義務を締約国に課する。この協約もやはり裁判管轄権に関しては犯人を締約国へ引渡さない場合には起訴義務を課している。

国際民間航空に使用される空港での不法な暴力行為の抑制のための議定書（1989年、韓国は1990年6月27日加入）は、1971年モントリオール協約の内容を補完するものとして、国際民間航空に利用される空港でのテロ行為を規制するために、装置、物質若しくは武器を使用した空港内の暴力行為、又は空港内未就航の航空機破壊等を犯罪として規定する。

次に、海上テロに関して航海の安全に対する不法な行為の抑制のための協約（1988年、韓国は2003年5月13日加入）は、暴力又は脅威を使用して船舶の支配権を行使し、船舶上の人員に暴力を加えて船舶の安全航海に危険をもたらし、

又は船舶に破壊装置や破壊物質を船積する等、船舶の安全に反する行為を犯罪として規定し、当事国は犯罪が自国登録船舶で行われるか、自国領土及び領海内で行われるか、自国民によって行われる場合にその管轄権を行使するように規定し、他の当事国が管轄権を行使できる場合には、この者を引き渡すか、自国内で起訴するように規定する。

大陸棚上に固定されたプラットホームの安全に対する不法的な行為の抑制のための議定書（1988年、韓国は2003年5月13日加入）は、暴力または脅威を使用して固定プラットホームの支配権を行使する行為、固定プラットホームの人員に暴力を加えてその固定プラットホームの安全に危険をもたらす行為、又はこれを破壊するか若しくはその安全に威脅をもたらす装置若しくは物質を設置する行為を犯罪と規定し、当事国は自国の大陸棚に設置された固定プラットホームに対する上記の犯罪行為、自国民によるそのような行為に対して管轄権をもち、このような場合でないときにはその被疑者を管轄権をもつ他の当事国に引渡すか、自国の刑事手続に付するようにしている。

外交官等の国際的な保護人物に対する犯罪の防止及び処罰に関する協約（1973年、韓国は1983年5月25日加入）は国家元首、政府首班、外務長官及びその家族構成員、国家の代表、国際機構職員等に対する殺害、拉致及びその他の加害行為を犯罪として規定し、当事国は自国領土（自国登録船舶や航空機内包含）でこれらの犯罪が行われるか、自国民により行われる場合、裁判管轄権を行使するようにし、当事国は被疑者が自国領土内にあり、他の当事国が管轄権を行使することができる場合に同人を管轄権がある他の国家へ引き渡さない場合には、起訴するように規定する。

人質抑留の防止に関する国際協約（1979年、韓国は1983年5月25日加入）は国家、政府間国際機構、自然人、法人又は集団に対して人質釈放のための明示的、若しくは黙示的条件として、いかなる作為又は不作為であれ、それを強要する目的で、人質を抑留若しくは監禁して殺害、傷害又は継続監禁しようとして脅迫する行為を、人質抑留犯罪として規定し、このような犯罪の重大性を考慮して適切な刑罰に処することができるように規定している。このような犯罪

の管轄権確立のために、協約は、自国領土内でこのような犯罪が行われるか、自国民が行う犯罪、自国に一定の作為、不作為を求める犯罪、又は自国民に対して行われる上記の犯罪に対して管轄権を確立するように規定する。なお、このような人質抑留犯罪が自国領土内で行われなくても自国の領土内でこのような人質抑留犯罪嫌疑者を摘発する当事国は、この者を引き渡すか、さもなければ起訴するように規定している。

テロ手段及び資金に対する規制として、核物質の防護に関する協約（1980年、1982年4月7日加入）は、国際核運送中の、平和的目的に使用される核物質、国内使用、貯蔵及び運送中の、平和的目的に使用される核物質に対し、この不法的所有、使用、移転及び窃盗、核物質を利用して死亡、傷害又は財産上重大な損害を惹起する行為を犯罪として規定する。このような犯罪の管轄権確立のために当事国は自国領土（自国登録航空機、船舶包含）で発生した上記の犯罪、被疑者が自国民の場合、この者を処罰するようにし、このような場合でない時には自国内で発見される犯罪被疑者を引き渡すか、さもなければこの者を起訴するように規定している。

可塑性爆薬の探知識別措置に関する協約（1991年、韓国は2002年1月2日加入）は、プラスチック爆発物の使用を規制するための協約である。当事国は、製造国・製造者が表示されないプラスチック爆発物の製造禁止、領土内搬入禁止及び領土外搬出禁止の統制権樹立、軍及び警察が保有しない、表示されない爆発物の破壊、消盡等について規定する。

爆弾テロ抑制のための国際協約（1997年、韓国は2004年2月17日加入）は殺害または重傷を負わせる目的で、又は公共場所の破壊を目的で、不法にそして意図的に公共場所へ爆発装置、その他致命的装置を搬入するか、これを爆発させる行為を犯罪として規定し、当事国は、自国領域内（自国登録航空機及び船舶包含）で発生したこのような犯罪、自国民が行う犯罪に対して必要な管轄権を行使し、自国民を相手として行われた犯行等に対しても必要な管轄権を確保するようにし、自国内で発見された上記の被疑者を、管轄権をもつべき国家に引き渡さない場合にはその管轄権確立に必要な措置をとるように規定してい

る。

　テロ資金調達の抑制のための国際協約（1999年、韓国は2004年2月17日加入）は、各種テロ関連協約上、犯罪行為に使用されるのを知りながら、又はそのような意図をもち、直接又は間接的に、不法に、また故意的に、資金を提供するか、募集する行為を、犯罪として規定し、このような犯罪が自国領土（自国登録船舶又は航空機包含）内で発生するか、被疑者が自国民の場合、当事国はその管轄権を確立する措置をとらなければならないとし、このような場合でないときには上記犯行の被疑者が自国領土内で発見されるときには管轄権を有する国家に引き渡すか、被疑者を起訴するように規定する。またテロ関連活動のための資金及びテロ犯罪で発生した利得金等と関連して当事国は没収のためにその資金の確認、探知、凍結又は押収のための必要な措置をとることを求めている。

　上記の各条約の加入に従った国内法上の立法措置も必要である。爆弾テロの抑制のための国際協約とテロ資金調達の抑制のための国際協約は、協約上の犯罪を政治犯として見ないと規定している。したがって、政治犯という理由で犯罪人引渡し拒絶や司法共助の拒絶ができない。これは政治犯不引渡の原則と、政治犯に対する捜査共助や政治犯引渡しの拒絶を規定した犯罪人引渡法や国際刑事司法共助法とが衝突するので、この法にこのような規定をおく必要がある。爆弾テロの抑制のための国際協約と関連して、病原体、生物学的毒素等の運搬行為、施設破壊の未遂、テロ集団の支援行為等に対する処罰規定が不備であり、テロ資金調達の抑制のための国際協約と関連しては、同協約第2条のテロ行為に使用される資金の提供又は募金行為、上記犯罪行為の未遂及び共犯、上記犯罪行為を遂行するテロ集団の支援等を犯罪構成要件としているが、犯罪収益隠匿の規制及び処罰等に関する法律は、資金の事後的洗浄防止に目的があり、テロ資金の事前遮断等に対応するには不備な点がある。なおかつ同協約第8条はテロ資金調達犯罪と関連して、資金の確認、発見、凍結、押収又は没収とそのような犯罪による収益の没収に関して、国内法によって適切な措置を採るように規定し、第18条は、当事国は国内立法措置に協力するように規定し

ているが、「金融実名取引及び秘密保障に関する法律」によると、法院の令状発付等 6 つの場合以外には、金融取引名義人の同意のない、取引情報の提供を、原則として禁止しており、テロに連繋すると推定される金融取引の確認や追跡が難しくなっている。

2．テロ犯罪に対処するための外国との協力

　テロ犯罪に対処するための外国との協力は、主に外交通商部と国家情報院により行われるが、外交通商部では、テロに関連した海外情報の収集活動を行い、海外テロ発生の時に、各国の政府及び駐韓外国公館と協助体系を構築し、わが国民及び在外国民の安全対策を推進しており、国家情報院では、国際的な対テロ情報協力体制を維持しながら、テロ関連情報の収集、分析、流通任務を担当している。

3．UN のテロに対する対応

　UN では、1972 年ミュンヘンオリンピックでのテロ事件を契機に、1972 年第 27 次 UN 総会において決議第 3034 号を採択し、「国際テロリズム特別委員会」を設置したが、国家テロリズムの認定可否等の問題では特別な成果をあげなかった。1994 年 12 月第 49 次 UN 総会は「国際テロリズム根絶措置に関する宣言」を採択し、この宣言の後続措置として 1996 年 12 月 51 次 UN 総会において、「国際テロリズム特別委員会」（Ad Hoc Committee）を再設置したが、同特別委員会で爆弾テロの抑制のための国際協約とテロ資金調達の抑制のための国際協約を成立させ、「核テロ行為抑制協約案」と「国際テロリズムに関する包括的協約案」を審議中である。包括的協約案に対しては西欧国家と第 3 世界国家の間で、テロの定義、協約の適用範囲、国家テロリズム、民族解放闘争、政治犯不引渡原則、政治的亡命権、軍隊の行為等に対して対立している。一方米国での 9.11 テロ事件以後、2001 年 9 月 28 日 UN 安全保障理事会の安保理決議第 1373 号は、テロ犯処罰、テロ資産凍結、テロ集団に対する隠身処提供等の支援行為禁止、関連法の制定及び捜査等を、義務的に遂行し、結果報告

書を90日以内に、UN対テロ委員会に提出するように規定している。

VI 刑事裁判管轄権と司法共助

1．韓国刑法の管轄権と条約上の管轄権

(1) 刑法の管轄権条項

韓国の刑法は属地主義を原則としながら（第2条、第4条）、大韓民国の領域の外で罪を犯した内国人に適用されるとし（第3条）、属人主義によって属地主義を補充している。

韓国の刑法は大韓民国の領域外で内乱の罪、外患の罪、国旗に関する罪、通貨に関する罪、有価証券、切手及び印紙に関する罪、文書に関する罪（一部）、印章に関する罪（一部）を犯した外国人に適用される（第5条、保護主義）。なお、大韓民国の領域外で大韓民国又は大韓民国の国民に対して第5条で記載した以外の罪を犯した外国人にも適用される（第6条、保護主義）。一方、犯罪により外国で刑の全部又は一部の執行を受けた者に対しては刑を減軽又は免除できるようにしている（第7条）。刑法総則は他の法令に特別な規定がない場合には、その法令に定めた罪に対しても適用する（第8条）。

(2) 条約上の管轄権

条約の内容が義務的な管轄の場合は、主に該当犯罪が当事国の領域（当事国に登録した船舶又は航空機包含）で発生するか、当事国の国民によって発生するとき（テロ資金調達抑制のための国際協約第7条第1項、爆弾テロ抑制のための国際協約第6条第1項、大陸棚上に固定されたプラットホームの安全に対する不法的な行為の抑制のための議定書第3条第1項、航海の安全に対する不法的な行為の抑制のための協約第6条第1項）であるが、このような場合には韓国の刑法第2条、第3条、第4条によって管轄権の確保が可能である。

韓国の国外で行う外国国籍のテロ犯に対しては、その犯行が任意的な管轄の場合には韓国の刑事管轄権が及ばない場合があるとして、このような場合に備

えて裁判管轄権の確立が必要である。

　当事国で発見された犯人に対してその管轄権をもつ他の当事国に引き渡さない場合には、当事国が裁判管轄権を行使するように規定している（補充的管轄、テロ資金調達抑制のための国際協約第7条第4項、爆弾テロの抑制のための国際協約第6条第4項、大陸棚上に固定されたプラットホームの安全に対する不法的な行為の抑制のための議定書第3条第4項、航海の安全に対する不法的な行為の抑制のための協約第6条第4項)。

2．司法共助と犯罪人引渡し

　国際刑事司法共助法と犯罪人引渡し法を制定して、外国の要請による、また外国に対する刑事司法共助の範囲と手続を規定し、国際的な協力を増進する。

　国際刑事司法共助法と犯罪人引渡し法は、相互主義を採択して、条約を締結しない場合にも大韓民国の共助要請に応ずるとの要請国の保証がある場合と、大韓民国の犯罪人引渡し請求に応ずる保証がある場合には、上記の法を適用して応ずるようにしている。

（2005 年 3 月 16 日）

5 サイバー犯罪

金　學　根

I　はじめに

　コンピューターの普及が一般化し、インターネット使用人口の爆発的増加に伴い、全世界的にサイバー空間内で行われる各種の犯罪行為が大きな社会問題として台頭している。
　サイバー犯罪とは、サイバー空間で発生する犯罪として、無数に存在する多くのインターネットサイトとそれらをお互いに連携させるコンピューター連結網を、犯行の手段、標的あるいは舞台にする犯罪を総称する概念だと言える。ただ、サイバー犯罪の概念や用語に関しては統一されておらず、コンピューター犯罪、情報犯罪、インターネット犯罪、ネットワーク犯罪、ハイテク犯罪等の用語で使われたりする。
　また、サイバー犯罪は基本的に国際犯罪の性格を持っている。サイバー世界では国境がなく、不法情報の流通や犯罪が国家間で自由に行えるので、サイバー犯罪の規制においても国家間の共助が必要である。しかし各国の法で規定している不法な行為（犯罪行為）の内容とその処罰内容が相異なっているので、法解釈及び法執行上において多くの問題を引き起こすことになる。
　サイバー犯罪の類型に関して簡単に説明した後、韓国でのサイバー犯罪に対応するための法制、コンピューターを利用したネットワークのインフラ保護、韓国のサイバー犯罪捜査体制及び捜査事例、プロヴァイダーの責任と押収・捜索の問題、サイバー犯罪に対応する国際協約と捜査共助問題等に関して、これ

から一つ一つ見てみようと思う。

Ⅱ　サイバー犯罪の類型

　韓国では刑法の一部改訂によって、コンピューター等の使用詐欺等コンピューター関連犯罪を規定しているが、ここではまず新しく規定された刑法上の犯罪の外に、国境を越えるサイバー犯罪と係わる内容について見ることにする。

　まずインターネットでのハッキングは通信網の発達を利用して他人のコンピューターに近づき、そのシステムに入っているプログラムや情報を盗むことを言うが、今日単純なハッキングよりは、他人の通信網に侵入してウィルス流布、インターネットワーム、論理爆弾、電子銃等を利用してハードウェアやシステムを破壊するサイバー・テロがもっと問題になっている。最近ではインターネットを通じて、ハッキング技法やハッキング道具を簡単に手に入れることができ、模倣犯罪を煽っており、ハッキングが重い刑事処罰を受けるようになると、外国のサーバーを経由してハッキングを試み、追跡を難しくさせている。

　韓国は淫乱物の流通等に対して比較的厳しい立場を取っている方だが、インターネットを通じて流通するサイバー淫乱物に対しても、情報通信網利用促進及び情報保護等に関する法律に、サイバー淫乱物に関する罪を規定して処罰している。

　ところで国内で配布され、流通するサイバー淫乱物については、摘発と刑事処罰が可能であるが、外国のサーバーを利用したホームページや掲示板に含まれている淫乱物等に対しては国内刑法を適用することができず、淫乱物を配布しようとする者もこのような外国のサーバーやホームページを利用する場合が多い。淫乱物の犯罪的性格は国家によって差があるが、青少年が淫乱物に登場する児童ポルノの場合はすべての国家で禁止している。

　サイバー空間での賭博行為についても、国内法を適用して賭博罪及び賭博開場罪で処罰している。ところで淫乱サイトの場合と同じく外国のサーバーを利

用して賭博サイトを開場する場合には、その取締りと規制が簡単ではない。賭博サイトを開場した者が国内人の場合には属人主義によって処罰が可能だが、外国人で、さらにはその国で賭博が合法である場合には、処罰が難しい。

インターネット詐欺は、最近電子商取引の飛躍的な発展と共に増加し、コンピューター犯罪による詐欺が詐欺罪全体に占める比重は日ごとに増える趨勢にある。インターネット詐欺の類型は、競売、一般商品の販売、事業機会提供、在宅勤務、信用カード発給、信用回復、ピラミッド及びマルチ商法、景品提供等多様である。韓国で、現在、一番多く起きるインターネット詐欺は、青少年たちの間で発生するアイテムやサイバーマネー販売詐欺事件である。またインターネット貿易が急増する趨勢を見せている中で、国際詐欺も増加している。貿易詐欺の手法は主に海外企業体が国内貿易業者からサンプル費及び代金前納を要求するか、サンプル発送を要求し、これを受領した後、連絡を断つ方法等であり、主に取引初期に集中している。

デジタル技術の発展によって、複製は非常に手軽になり、超高速通信網を通して無制限で伝播されるようになり、摘発自体もむずかしくなるので、デジタル時代の著作権侵害は過去の知的財産権制度だけでは対処することが難しくなった。なおかつ侵害の類型も、複製だけではない。デジタル送信、画面顕示等の方法による侵害も発生する。韓国ではデジタル複製の場合、既存の複製の概念に包含させており、著作財産権のひとつの複製権の侵害が成立し、デジタル送信の場合2000年1月著作財産権の内容として伝送権を新設して伝送権侵害が成立するようにした。画面顕示に関しては特別な規定がなく、展示権や公演権等に該当することとして論議されている。

Ⅲ　サイバー犯罪に対する韓国の対応

1．法　　　制

情報通信網の利用を促進し情報通信サービスを利用する者の個人情報を保護すると共に、情報通信網を健全で安全に利用することができる環境を創り出す

ために「情報通信網利用促進及び情報保護等に関する法律」（法律第6360号）が制定されている。上記の法はハッキングやサイバー攻撃行為に対応するために第48条第1項で「誰でも正当な接近権限なしに又は許容された接近権限を超過して情報通信網に侵入してはならない。」と規定し、これに違反した場合には3年以下の懲役又は3千万ウォン以下の罰金に処するものとしている。第2項では「誰でも正当な事由なしに情報通信システム、データ又はプログラム等を毀損・抹殺・変更・偽造又はその運用を妨害することができるプログラム（以下「悪性プログラム」という）を伝達又は流布してはならない。」と規定し、第3項では「誰でも情報通信網の安定的運営を妨害する目的で大量の信号又はデータを送るか、不正な命令を処理するようにする等の方法で情報通信網に障害を発生させてはならない。」と規定して、これに違反して悪性プログラムを伝達又は流布するか、情報通信網に障害を発生させた者は5年以下の懲役又は5千万ウォン以下の罰金に処するものとしている。その外にも情報通信網を利用した名誉毀損行為（第61条）、個人情報の不当利用及び提供行為（第62条第1号～第3号）、他人の情報を毀損するとか、他人の秘密を侵害した行為（第62条第6号）、青少年有害媒体物を表示せず営利を目的とし提供するとか、青少年に青少年有害媒体物を宣伝する内容の情報を青少年に伝送する行為等（第64条）、情報通信網を通じて淫乱な符号等を配布するとか、恐怖心や不安感を誘発する文章等を相手に到着するようにする行為（サイバーストーキング）（第65条）、電子メールアドレスを収集販売する行為等（第65条の2）を処罰している。

　主要情報通信基盤施設を電子的侵害行為から保護するために、「情報通信基盤保護法」（法律第6383号）が制定されている。第12条で「1.接近権限を持たない者が主要情報通信基盤施設に近づくか、接近権限を持った者がその権限を超過して保存されたデータを操作・破壊・隠匿又は流出する行為、2.主要情報通信基盤施設に対してデータを破壊し、又は主要情報通信基盤施設の運営を妨害する目的でコンピューターウィルス・論理爆弾等のプログラムを投入する行為、3.主要情報通信基盤施設の運営を妨害する目的で一度に大量の信号

を送り、又は不正な命令を処理するようにする等の方法で、情報処理に間違いが発生するようにする行為」を禁止し、これに違反して主要の情報通信基盤施設を撹乱・麻痺又は破壊した者は10年以下の懲役又は1億ウォン以下の罰金に処し（第28条）、未遂犯の処罰規定を置いている。

刑法上のコンピューター関連犯罪としては私電子記録偽作変作（第232条の2）、公電子記録偽作変作（第227条の2）、偽作変作電子記録の行使（第234条、第229条）、公定証書原本不実記載（第228条第1項）、コンピューター関連業務妨害（第314条の2）、秘密侵害（第316条第2項）、コンピューター等の使用詐欺（第347条の2）、公電子記録等無効（第141条第1項）、電子記録等損壊（第366条）等の規定があり、性風俗関連では淫画頒布等（第243条）、淫画製造等（第244条）の規定がある。また性暴行犯罪の処罰及び被害者保護等に関する法律第14条は自分又は人の性的欲望を誘発するとか満足させる目的で電話、郵便、コンピューターその他通信媒体を通じて性的羞恥心や嫌悪感を起こす言葉や音響、文章や図画、映像又は品物を相手に到着するようにする者は1年以下の懲役又は300万ウォン以下の罰金に処するようにしている。青少年保護法は第17条で青少年有害媒体物の販売、貸与、配布等の行為を禁止しており、第23条の2では、営利を目的に、外国で製作・発行された青少年有害媒体物に該当する媒体物を青少年に流通させる行為等を禁止し、これに違反する行為を処罰している。

それ以外の法律としてコンピューター・プログラム保護法はプログラム著作権の侵害行為等（第29条）、技術的保護措置の侵害行為（第30条）等に対して処罰規定を置いている。

2．ネットワークのインフラ保護及び民間との協力問題

「情報通信網利用促進及び情報保護等に関する法律」と「情報通信基盤保護法」で、ハッキング、ウィルス流布等の行為に対して規定しており、民間情報通信網の保護は情報通信部傘下の韓国情報保護振興院（KISA）で担当し、国家機関は国家情報院（NIS）の国家サイバー安全センターで担当している。サイ

バーテロに対しては検察、警察でそれぞれ予防及び捜査のために努力している。

　コンピューター利用犯罪に有効に対処するための民間の協力、必要な場合のその協力の義務賦課が要求されるところ、韓国では現在ログの保存義務、保存期間、捜査への協力義務等に対する規定を置いていない。情報通信部では、ISP業者の費用負担の理由で、ログ記録保存を義務化しておらず、事実上業体の自律的な保存に委ねている[1]。一部ISP業体ではログ記録を2週間～1ヶ月間保管する場合もあるが、これを全く保存しない企業等もある。情報通信網利用促進及び情報保護等に関する法律は第3条で、情報通信サービス提供者と利用者の責務に対して「情報通信サービス提供者は利用者の個人情報を保護し、健全で安全な情報通信サービスを提供することで利用者の権益保護と情報利用能力の向上に貢献しなければならない。利用者は健全な情報社会が定着するように努力しなければならない。」と宣言的に規定し、施行令で情報通信サービス提供者団体と利用者団体は倫理綱領を制定して試行できるようにしている。

Ⅳ　サイバー犯罪に対処するための捜査体制

1. 捜査体制

(1) 検　　察

　1990年代に入り、パソコンの普及とインターネット使用の増加に伴い、ハッキング等コンピューター犯罪が増加すると、これに対応するために1995年4月ソウル地方検察庁に、情報犯罪捜査センターを設置し、2000年2月21日には最高検察庁にコンピューター捜査科を設置し、ソウル地方検察庁（2004年

---

1) その後、2005年5月26日改正された通信秘密保護法は、第15条の2で、電気通信事業者の協力義務を規定し、2008年2月29日改正された通信秘密保護法施行令第41条第2項において、電気通信事業者に対して、コンピューター通信又はインターネットのログ（log）記録資料を、3ヶ月以上保存するように規定している。

2月からソウル中央地方検察庁と名称変更）にコンピューター捜査部を、2001年2月15日には大検察庁（最高検察庁）とソウル地方検察庁にインターネット犯罪捜査センターを設置し、2005年2月1日コンピューター捜査課とコンピューター捜査部の名称を先端犯罪捜査課と先端犯罪捜査部に変えた。その外に全国各地方検察庁と規模が大きい5ヶ所の支庁（支部）にコンピューター捜査班を置いている。2004年末基準で勤務人員は検事22人を含んで総110人が勤めている。

インターネット犯罪捜査センターは、インターネット上で成り立つ各種犯罪行為を総合的に収集・分析してコンピューター捜査活動を組織的に遂行し、コンピューター・データの復旧、ハッキング被害システムログ分析、データベース及び電算会計資料分析等、専門技術を要するコンピューター・フォレンジック分野に対する研究開発等を担当している。

先端犯罪捜査の教育として法務研修院に6つのコンピューター犯罪捜査関連教育課程が開設されており、情報通信教育院で毎年約150～200名が専門教育を受けている。検察のコンピューター捜査予算は年間約25億ウォンである。

(2) 警　　察

警察のコンピューター捜査は、1995年10月に、警察庁外事管理官室にハッカー捜査隊を設置したところから始まり、1997年8月には上記のハッカー捜査隊を吸収統合して、刑事局傘下にコンピューター犯罪捜査隊を発足させ、同年12月サイバー犯罪捜査隊と改編したが、2000年7月にはこれを再び捜査局傘下のサイバーテロ対応センターとして改編した。サイバーテロ対応センターは協力運営係、捜査1係、捜査2係、技法開発室等を置き、サイバーテロ対策樹立、対外協力、申告受付及び相談、サイバーテロ事件捜査、サイバーテロ予防捜査技法開発等の業務を担当している。ソウル等14ヶ所地方警察庁に「サイバー犯罪捜査隊」を設置し、各一線警察署には捜査2係に「サイバー犯罪捜査班」を設置運営している。勤務人員（2003年基準）はサイバーテロ対応センターに69名、14ヶ所地方警察庁に89名、231ヶ所警察署に493名が勤めてい

る。警察はコンピューター専門家 77 名を特別採用して地方警察庁別に配置することで、捜査及び技術開発に投入する等優秀な捜査支援体制を整えている。教育は警察大学及び専門学校等を通し、毎年約 400 〜 600 余名を教育させており、予算は年間約 40 億ウォンである。

2．捜査事例 (海外サーバーを利用した賭博及び淫乱サイト運営事件)

［事案内容］

　国内有名ベンチャー企業が、収益モデルが不透明になると、淫乱放送とリアルマネー賭博サイトを開設して運営することを決議して、国内捜査機関の取締りを避けて、アメリカのラスベガスに会社登録をした後、同会社名義でサイトを開設して、アメリカ所在サーバーとスタジオを利用して、アメリカ現地で淫乱放送を製作送信し、賭博資金の入出金、成人放送の会費徴収も外国のビリング (billing) サイトを利用し、全世界の人々を対象にすることで装ったが、サイト文案がハングルになっていたため、会員は皆韓国人であった。

［捜査方法］

　大邱地方検察庁コンピューター捜査班で開設した電子メール住所で、リアルマネー賭博を標榜する広告メールが受理され、捜査班員が実際会員で加入し賭博ゲームをした結果、賭博で得たお金をカード決済取消し等の方式で払い戻しを受けることができることを確認した上で捜査に取り掛かり、サイト・ウェブマスターにゲームに対するお問い合わせメール、抗議メール等を発送しながら受信者確認サービスを利用して IP 追跡をし、返信メールの発信地を追跡した。その結果ソウルの江南区所在ビルの事務室が発信元であることを確認し、この事務室に対する押収・捜索の結果、上記のベンチャー企業がこのサイトを運営していることが明らかとなり、拘束するに至った。

V　デジタル証拠の押収及び捜索

　デジタル証拠は犯罪が行われたことを立証できるか、又は犯罪とその被害

者、犯罪と加害者間の連関性を立証できる全てのデジタル・データーを包含する概念だといえる。デジタル証拠は既存の多様な情報形態だけではなく、コンピューター上で固有な言語と数字の組合せで存在し、特殊な道具と専門的な技術を使用して収集・分析できる、磁場と電磁波で構成されており、無形的な証拠である。

デジタル証拠は多様な形態で存在するので、まずいくつかの方式で分類できるが、コンピューターにより生成された証拠とコンピューターの助力を得た証拠に区別でき、コンピューターの助力を得た証拠はコンピューターに貯蔵された証拠とコンピューター・シミュレイションと分れる。つぎに、デジタル証拠の存在様式によって磁気テープや磁気ディスク等に貯蔵された電子記録の存在自体が証拠になる場合と、電子記録が一定の電子情報処理装置により出力、作成され、その内容が証拠になる場合に分れていると見ることができる。なお貯蔵の形態によって、パソコンやネットワーク・サーバ等のメモリ空間に貯蔵されている場合と、情報通信網を通して伝送中の状態にある場合とに分かれる。

デジタル証拠の押収・捜索と関連してはまず刑事訴訟法の押収・捜索の規定のよる押収・捜索が可能なのかが論議されているが、韓国での多数説は押収・捜索が可能だと見ており、実際の実務においても押収・捜索をたくさん行っているだけでなく、これからのすべての証拠はデジタル証拠になると言っている。押収・捜索のためには専門家チームを構成し、正確な押収・捜索計画を作らなければならず、デジタル証拠の保存、収集及び分類等の手続を経て証拠として使用でき、削除されたり、損傷したファイル又は隠匿されたり暗号化したファイルを復旧しなければならない。このような全ての過程は、コンピューター専門家の助力を必要としており、韓国検察でのこのような過程を、大検察庁とソウル中央地方検察庁のインターネット犯罪捜査センターが支援しており、2003年8月には大検察庁でコンピューター関連証拠の効率的な収集と証拠能力確保のためコンピューター等の押収・捜索の場合においての事前準備事項、押収・捜索手続と注意事項等に関して規定した「コンピューター等押収・捜索基本指針」を備えた。

犯罪の捜査のためには不法的なデータやファイルが通信網を通して移動する経路を検索して証拠を確保するべき場合があり、このような場合には伝送データに対する継続的な検索が必要である。コンピューター通信網を通したデータの伝送は通信に該当し、これを検索することは個人のプライバシー侵害の問題となるので、法に定めた手続に従わなければならない。韓国では通信内容を検索したり取得することは監聴（傍受）だとして、これは通信秘密保護法上の通信制限措置に該当して法院（裁判所）の令状が必要になる。

　上記のように、これからの証拠収集においてはデジタル証拠が重要なのだが、デジタル証拠に関する分析と証拠能力の確保が重要になりつつあり、これを、コンピューター・フォレンジック若しくはサイバー・フォレンジック（Cyber Forensics）という。これはコンピューターを活用した犯罪が発生した時、ハードディスク上の情報の不正変更の有無を立証する等、デジタル証拠を確保、分析する技術及び過程を総称する。特に韓国内でここ数年間コンピューター犯罪が急増して、サイバー・フォレンジック又はデジタル証拠分析に対する関心が高くなるにつれ、検察、警察はもちろん民間を中心に専門機関設立及び技術開発が活発になった。またソウル中央地方検察庁先端犯罪捜査部は先端情報通信（IT）技術の海外流出を事前に遮断するために、デジタル証拠分析要員等を配置した「技術流出犯罪捜査センター」を設立した。警察庁サイバーテロ対応センターはデジタル証拠専門機構である「デジタル証拠分析センター」を今年年末まで設立し、無線インターネット等移動型犯罪環境に備え、現場である程度の水準の証拠分析が可能な車両型証拠分析装備を国内で最初に開発する予定であり、デジタル証拠分析を専門的に扱う機関が増える趨勢である。

Ⅵ　プロヴァイダの刑事責任

　プロヴァイダと関連して、韓国の法令ではいろいろな用語が使用されている。電気通信事業法では電気通信事業者としており、情報通信網利用促進及び情報保護等に関する法律では情報通信サービス提供者としており、著作権法で

はオンラインサービス提供者としている。ところで、情報通信網利用促進及び情報保護等に関する法律は、情報通信サービス提供者の概念を、「電気通信事業法の規定による電気通信事業者と、営利を目的として電気通信事業者の通信役務を利用して情報を提供するか情報の提供を媒介する者をいう」と規定して、これを上位概念とみている。その外にもコンテンツサービス提供者、インターネット・サービス事業者、インターネット・ネットワーク事業者等が混用されることもある。

　プロヴァイダの法的責任と関連しては、ここでは大規模のコンピューターとネットワークを設置し、イーメール、チャット、電子掲示板、ワールド・ワイド・ウェッブ（www）等のサービスを提供するインターネット・サービス提供者（Internet Service Provider）が主に問題になるのでこれに関して以下でみる。

　インターネット・サービス提供者の責任問題はインターネット・サービス提供者が自ら掲載する内容が問題になる場合や、ただ接続仲介だけをする場合には問題にならないので、自分のウェッブサイト等の情報通信網に掲載された内容が他人に対する名誉毀損になるか、淫乱物であるか、他人の著作権に対する侵害になる場合に、インターネット・サービス提供者が、サービス利用者が掲載した可罰的な内容を削除せず、放置した行為（不作為）に対して責任を認定できるかという問題と、責任を認定したら、正犯であるか共犯であるかが論議される。これに関して、電気通信事業法や情報通信網利用促進及び情報保護等に関する法律には、情報通信サービス提供者の責任に関する一般的規定はない。韓国の判例は、保証人的地位にある者が正犯の犯行を防止しない場合に、幇助犯と解しており、実務でインターネット・サービス提供者を起訴する場合にも幇助犯として起訴している。犯罪の成立に対しては、学説では、保証人的地位と作為の可能性、故意等において、厳格な解釈をしながら認定するべきだと解している。実際の事件においては有罪が宣告された事件と無罪が宣告された事件があり、大法院では詳細な理由は説示してない。無罪が宣告された事件では、検事の上告が棄却された原審判断の理由をみると、「情報提供者が被告人へ提供する情報の中で淫乱性をもつ部分全てを選り分けて、これらと情報利

用者の接触を遮断することまでは期待できないといえる。被告人に作為義務があるとしても、それを法的作為義務とするためには、被告人が法益侵害を惹起した事態を支配しているのを要するが、憲法上の表現の自由との関係、情報審査の事後性、情報の多様性と多数性、情報の掲載と削除が頻繁であること等に鑑みると、被告人が、情報提供者が提供する全ての情報を支配しているとみることができないために、被告人には、法的責任の根拠となる条理上の作為義務があるとみることができない。」と判示している。著作権違反として起訴されたソリバダ事件は、1審、2審で無罪が宣告され、現在大法院に係属中である[2]。

---

2) ソリバダ（SORIBADA（音海））社は、米国のレッターと方式は少し異なるがそれと類似したP2P方式によるファイル共有サービスを提供する会社である。このファイル共有サービスを用いて利用者がMP3ファイルを不法に共有したりダウンロードしたりしたのであるが、このファイル共有サービス・システムを提供しているソリバダ・システムが、著作隣接権を有するレコード制作者から告訴され、被告人らが起訴された事件であり、第一審及び第二審では無罪判決が言い渡された。

　第二審は、（ソリバダ社の）被告人らは、使用者同士がソリバダ・システムを通じて不法にMP3ファイルを共有しダウンロードしている点に関して、抽象的にはこれを認識していたが、そのような認識のみでは被告人らに複製権侵害行為を防止すべき作為義務が発生せず、被告人らが被害者から具体的に著作権侵害の通知を受けることができず、その侵害内容を具体的に知ることができなかった以上、被告人らには、被害者が著作隣接権を有する著作物に対する侵害行為を防止すべき法的な作為義務が発生せず、別にこれを認定する証拠もないので、被告人らに不作為による幇助犯が成立するとはいえない、として無罪を宣告した。他方、ソリバダ社に対しては民事上の損害賠償責任があると認定した。

　その後、ソリバダ事件は、大法院（2007年12月14日宣告）により破棄差戻された。大法院判決の趣旨は、「著作権法が保護する複製権の侵害を幇助する行為とは、正犯の複製権の侵害を容易ならしめる直接・間接の全ての行為を指し、正犯の複製権の侵害行為中にこれを幇助することのみならず、複製権侵害に着手する前に、将来の複製権侵害行為を予想してこれを容易ならしめることも包含され、正犯により複製権の侵害行為が実行される日時、場所、客体等を具体的に認識する必要はなく、正犯が誰なのかを確定的に認識する必要もない」、というもので

他方、著作権法は2003年5月27日第5章の2「オンラインサービス提供者の責任制限」を新設して、第77条で「オンラインサービス提供者は著作物等の複製・伝送と関連したサービスを提供することと関連して他人の著作物の複製・伝送による著作権の侵害が発生する場合、その事実を知って当該複製・伝送を防止するか、中断させた場合には、著作権侵害に関してオンラインサービス提供者の責任を減軽又は免除できるように規定し、複製・伝送の防止や中断が技術的で不可能な場合には、オンラインサービス提供者の責任は免除される。」と規定した。

Ⅶ　サイバー犯罪に対する国際協力

1．国際ハイテク犯罪24時間捜査協助体制加入

　サイバー犯罪の捜査においては実質的な国際的共同捜査協力体制の構築と活動が非常に重要なのだが、1997年12月、G8法務内務長官会議で合意された内容の実践的方案の一つで24時間常時連絡体制の構築が提示された。1998年2月アメリカ法務省コンピューター知的財産課（CCIPS）の主管で国際ハイテク犯罪24時間捜査協助体制（International High-tech Point-of-Contact (available 24 hours a day)）が構築され、韓国も2000年12月20日に16番目に加入した。

　加入国別で緊急な捜査協助の要請を受け付けて処理するContact Pointを指定し、これを加入国家間に共有することでコンピューター犯罪に対する緊急な捜査協助が成り立つようにしており、韓国は大検察庁のインターネット犯罪捜査センターがContact Pointに指定されている。上記の24時間捜査協助体制による捜査協助事例は2004年度10件、2005年度2件である。

2．INHOPE加入

　INHOPE（Association of Internet Hotline Providers in Europe）はヨーロッパ連合

　ある。

の支援を受ける機関で1999年11月結成され、ヨーロッパ連合内のホットライン（Hot-Line）を運営する事業者等が主軸となり作られた団体で、自国内のホットラインの効果的な運営、新しく開設されるホットラインサポート及び訓練、ヨーロッパ内インターネット安全意識の広報と教育活動展開、国家間の報告書交換及び国際問題を解決するための手続構築等の業務をしている。会員はEU会員とアメリカ、オーストラリア等における各種団体が加入しており、韓国では2003年5月情報通信倫理委員会が加入した。

3．APECサイバー犯罪関連専門家会議参加

アジア・太平洋地域国内のサイバー犯罪対応方案及び捜査における相互協力とサイバー犯罪に関連して立法体系での国家間の共助等を模索するためにサイバー犯罪関連専門家会議（Cybercrime Legislation and Enforcement Capacity Building Conference of Expert and Training Seminar）に参加しており、検察、警察、韓国情報保護振興院研究員等が一緒に参加している。

4．ヨーロッパのサイバー犯罪防止協約と韓国の対応

ヨーロッパのサイバー犯罪防止協約は2001年6月22日ヨーロッパ取締役会第50次刑事問題委員会で最終案を作成し、2001年11月8日ヨーロッパ取締役会閣僚委員会の承認を受けた後、2001年11月23日ブダペストで加入手続が開始され、2004年7月1日から発効し、2004年11月現在38ヶ国が加入した。ECの非会員国ではアメリカ、日本、カナダ、南アフリカ共和国等4ヶ国が加入した。この協約は全文と48ヶ条の条文で構成されており、サイバー犯罪の実体法上の類型として、第一に、コンピューター・データとシステムの機密性、無欠性及び有用性に対する犯罪（不法接続、不法監聴、データ損壊、システム損壊、装置の誤用）、第二に、コンピューター関連犯罪（コンピューター関連偽造とコンピューター関連詐欺）、第三に、コンテンツ関連犯罪（児童ポルノ犯罪）、第四に著作権及び著作隣接権侵害に関する犯罪を規定しており、同時にこの四種類の犯罪に加わった従犯の責任と処罰も規定している。手続的規定ではその

適用範囲、条件と保護、保存されたコンピューター・データの迅速な保存、伝送データのリアルタイム収集、コンテンツ・データの傍受、管轄権等を規定している。また国際共助と係わって犯罪人引渡し手続を規定し、同時にコンピューター・データ及び伝送データの迅速な保存と公開、コンピューター・データの接続についての共助、24時間ネットワーク共助等国際共助手続を規定している。

　韓国はヨーロッパのサイバー犯罪防止協約には加入していない。サイバー犯罪防止協約の国内的収容（その内容の国内法としての立法）に関しては、韓国の法制を見れば実体法的な面では上記の韓国の法制で見たように国内法が整っていると見ることができる。ただ、協約第3条～第5条の未遂犯の処罰に関しては、国内法上処罰の根拠を準備する必要がある。手続規定に関してみると、協約第2章第2節は適用範囲、条件と保護、保存されたコンピューター・データの迅速な保存、伝送データのリアルタイム収集、コンテンツ・データの傍受等に関して規定しているが、このような手続に関連した条項は国内法上立法措置が必要である。

Ⅷ　刑事裁判管轄権と刑事司法共助

　インターネットは、サイバー空間を誕生させた。これは国家主権の実現すなわち法執行や裁判管轄のあり方について変化を求めるものである。最近インターネットを利用した犯罪は自国の法網を避けるために、自国内のサーバーを利用せずに、外国のインターネットサーバーを利用する事例が増加するのに従い、多数国を経由する犯罪の形態も増加している。現在は国際刑事裁判権を決める基準が準備されていないため、各国は独自的各国内法によって特定事件の裁判管轄権を判断している。韓国は刑法で属地主義（第2条、第4条）を原則とし、属人主義（第3条）と保護主義（第5条、第6条）で補っているため、国内に居住する者は属地主義によって処理し、自国民の場合、属人主義で処理することができるし、また刑法第5条の保護主義によって処理することができる場

合には問題がない。外国に居住する者が外国のインターネット・サービスを利用して韓国や韓国民に対して侵害の結果を発生させる場合には問題が発生する。これに関して韓国の判例はないが、ドイツではこのような場合に犯罪地を犯罪行為の結果発生地として見てドイツで犯罪行為の結果が発生すればドイツが刑事裁判管轄権を持つと解しているという。しかし、外国に居住する者が外国のインターネット・サービスを利用して淫乱物を流布して、韓国人が韓国でこれに接続する場合には処罰が困難である。

韓国は国際刑事司法共助法と犯罪人引渡し法を制定しており、相互主義原則によって刑事事件の捜査と裁判において国際的な協力をしている。しかし法律による刑事司法共助は多くの時間を必要とするようになり、迅速で緊密な証拠の収集と犯人の追跡が要求されるサイバー空間で発生するハイテク犯罪ではこれを適用し難い。このような場合にはインターポールや前に言及した国際ハイテク犯罪24時間捜査協助体制による協助が更に迅速で実質的な協力として成立することが要請される。

(2005 年 3 月 16 日)

6　金學根検事の補足説明と報告に関する質疑

司会（中野目）　それでは、金學根検事からマネー・ローンダリングの問題について報告をしていただきます*。よろしくお願いいたします。

1．金學根検事によるマネー・ローンダリングに関する補足説明

金　金學根でございます。今、朴検事が7時間にわたって、国際刑事法に関して詳しく申し上げましたけれども、私はこれから3時間にわたり、資金洗浄とテロリズム、サイバー犯罪に関して、主に韓国の法制を中心として申し上げます。資金洗浄とテロリズム、サイバー犯罪は国がお互いに異なるため、検察での担当部署もそれぞれ異なっています。資金洗浄は主に麻薬組織犯罪捜査部と大検察庁の特別捜査支援課が担当しています。テロリズムは公安部、サイバー犯罪は先端犯罪捜査部が担当しています。

(1)　マネー・ローンダリングの捜査方法

　資金洗浄を摘発するためには資金追跡をしなければなりません。資金追跡は、不法的で非正常的な資金を正常的な資金のように装う資金洗浄過程を明らかにする一連の過程、すなわち資金の調整と使用に関する事実究明作業と言うことができます。調査対象は、個人や企業の金融機関、預金業者の入出金内訳を確かめる業務が中心になっているので、金融業者追跡とも言います。捜査の成敗は資金追跡にかかっていると言っても言い過ぎではないし、特に収賄事

＊　金學根検事のマネー・ローンダリングに関する報告の補足説明部分を以下に掲載する。

件、賄賂事件ですが、これの捜査においては絶対的だと言うことができます。さきに申し上げたように、韓国では組織犯罪の資金追跡より、公務員の収賄事件調査で資金追跡の技法が非常に発展しました。資金追跡の過程は複雑で、ここですべて申し上げることは難しいのです。大体、調査対象の関連、金融機関の特定、銀行の伝票確認、小切手追跡、第三者名義口座作出、非資金口座作出等をし、この過程で小切手使用を現金取引として偽装するか、裏書を偽装した場合なども明らかにしなければならないです。特に銀行の伝票確認や小切手追跡などは、数回に渡って資金洗浄がなされた場合には、その解明にとても時間がかかり、多くの資金追跡専門家の人力が必要になり、時々は不可能になる場合もあります。

最近は、米国で開発したITプログラムのソフトウエアがあります。韓国検察ではそれを利用しています。今はこのソフトプログラムは、今はタイ検察庁とソウル中央地検だけで利用しています。そのプログラムは調査対象者の銀行取引ファイルを押収して、そのプログラムに入力すると、資金取引のすべてが整理されるので、資金の流れがわかりやすくて資金追跡が非常に容易です。なおかつ、そのプログラムは電信取引内訳を上のような方法を用いて分析して、第三者名義口座を探すのにも有用です。銀行取引と関連部分は後でさらに申し上げるようにします。

(2) マネー・ローンダリングの捜査事例

ここでは捜査事例を一つ申し上げます。韓国ではまだその事例は多くないですが、ソウル中央地検で麻薬密輸密売組織の口座追跡で没収追徴と資金洗浄者処罰に成功した事例を紹介いたします。朴検事も申し上げましたけれども、その事例は多くありません。とても少ないです。この事例は少し大きい事件です。2001年10月当時、ソウル中央地検麻薬捜査部によってなされたものです。今は麻薬組織犯罪捜査部です。ヒロポン供給事犯を捜査する途中、密売に使用された預金口座14口座を発見して、これを土台として広範囲な資金追跡をし、2002年4月には麻薬捜査部のうちに口座追跡専担チームを新設し、継続追跡

して、結局、中国産ヒロポン密輸密売組織チュウコウハの224名を摘発して、そのうち162名を拘束し――拘束は日本の勾留です――その過程で販売元締7名が麻薬類販売から取得した資金で、約20億ウォン相当の不動産を所有した事実を明らかにし、その財産に対して麻薬類不法取引防止に関する特例法による法院の没収保全命令による没収保全措置をとりました。この過程で自分の名義で口座を開設して入出金を助けた3名を資金洗浄行為として処罰した事件です。この事件は大規模麻薬資金洗浄行為としては初めて摘発した事例として記録されています。韓国の資金洗浄犯罪現況については別に配布した表をご参考にしてください。

(3) マネー・ローンダリングに関する日韓の法制の違い

韓国と日本の違いを簡単に説明したいと思います。

まず、関連法律としては、韓国では麻薬類不法取引防止に関する特例法、犯罪収益隠匿の規制及び処罰に関する法律、特定金融取引情報の報告及び利用等に関する法律という法律があります。韓国の場合、後で申し上げた二つの法律の内容が日本では組織的な犯罪の処罰及び犯罪収益の規制に関する法律に同じく規定されております。詳しく内容を少し申し上げますと、きのうの発表の場で韓国の麻薬類不法取引防止に関する特例法の第17条の不法収益の推定規定というのが日本の組織犯罪処罰法では規定されていないというお話がありましたが、その他のところをこれから説明したいと思います。

まず、日本の法律ですけれども、略して組織犯罪処罰法というように称したいと思いますが、同法の第9条では事業経営支配罪について詳しく規定をしていますが、韓国の法律にはそのような規定はありません。この規定は、不法収益などを利用して行われる法人などの事業経営の支配を目的とする行為は、このような行為によって法人などの事業活動が犯罪その他の不正な行為に悪用される危険、当該事業活動に際して不法収益などを利用した不正な活動が行われる危険、法人制度に対する信頼を害する危険などがあるため、合法的な経済活動に悪影響を及ぼすおそれがあるということを考慮したものであるというよう

に説明されています。また、韓国の法律では犯罪収益隠匿という隠匿罪を目的犯として規定していますが、日本ではそのような形では規定しておりません。またもう一つ、資金洗浄犯罪の前提犯罪となる特定犯罪、韓国では特定犯罪となっているのですが、特定犯罪の規定が韓国の法律と比べてみて日本の方がその範囲がより広く定められております。

最後にもう一つ説明を加えますと、日本の法律では前提犯罪として組織犯罪処罰法第2条第2項第4号で、公衆などの脅迫目的の犯罪行為のための資金の提供などの処罰に関する法律第2条の資金提供に関する規定が定められていますが、明日、もっと詳しい内容はテロリズムに関しての説明のところで申し上げることになると思うのですけれども、韓国でも同じ内容が含まれているテロ防止法案というものが国会で提出されましたが、立法化までは至っておりません。

(4) 韓国金融情報分析院の活動

次は、韓国金融情報分析院の活動ですけれども、これも昨日、朴検事が既に申し上げましたので、わたしは3番目の情報の受付、分析及び提供だけを申し上げます。金融機関などから嫌疑取引の報告を受けて、外国のFIUからも情報の提供を受けます。情報提供は審査分析室で受け付け、審査分析室と審査分析1・2課に割り当てて分析を行い、必要なときには行政機関に、国税、出入国、不動産、所得資料など行政資料を要請し、提供された資料をもとに一緒に分析をするか、インターネットでの検索、自主保有情報を活用して分析をし、審査分析室で情報の提供可否及び提供を受ける機関を決定します。2002年には「FIU情報システム」を構築して、金融機関の嫌疑取引報告がないとしても、自主的に外国為替取引及び信用情報などを活用して、資金洗浄行為者を抽出して分析することができる戦略的審査分析の基盤を創りました。他のものは大体朴検事が申し上げました。

(5) 疑わしい取引

　そして、資金洗浄の中心になる金融取引に関連する資金洗浄に関して幾つか申し上げます。

　まず、銀行等機関には嫌疑取引――疑わしい取引です――に関して、金融情報分析院に報告しなければならないと申し上げましたが、銀行等金融機関の職員や金融情報分析院の職員たちが嫌疑取引を正常取引と疑わしい取引とに区別する基準に関して見ると、銀行は銀行連合会で基準指針をつくっており、金融情報分析院は指針を準備中であり、現在は銀行連合会の指針を使用しています。その内容は複雑です。受信取引に関する類型、債券取引に関する類型、予審取引に関する類型、外貨取引に関する類型など、4項区分と分かれており、例えば受信取引に関する類型を見ると、合理的な利用なしに巨額の現金による入出金取引が頻繁になされる取引、出処が不透明な巨額現金を小切手で交換するか、多種多様の小切手を巨額の現金で交換する行為等、疑わしい取引の内容を詳しく規定しています。海外送金に関する規制を見ると、外貨取引は韓国では現在自由化されていますが、海外送金の場合、米価1万ドル、海外からの国内送金の場合、米価2万ドルを超える場合には、毎月1回ずつ韓国銀行――中央銀行ですが――で金融情報分析院へ報告するようになっています。先に申し上げた、銀行連合会の指針では、合理的な理由なしに外国へ巨額を送金するか、送金を受ける場合、短期間に分割して数回、人々の名義で送金するか、受ける場合、租税指南書または資金洗浄防止対策に消極的な国家と関連する取引等に関して規定しています。また、偽装企業を利用する場合には、これを租税指南地域や資金洗浄防止に消極的な国家につくる場合が多いですが、このような場合、さきに申し上げたように金融情報分析院では戦略的分析をして摘発します。

(6) 銀行秘密法

　次は、銀行秘密法。国との間での情報交換に関しては、韓国も金融実名取引及び秘密保障に関する法律があります。各国の法律の内容はよくわかりません

が、その内容においては少しずつ差異はあると思いますが、まず、韓国の金融情報取引は、金融情報分析院同士の情報交換が可能です。金融情報分析院は金融取引に関する相当多くの資料を蓄積しているので、その情報を要求して入手でき、外国の要請を受けて提供することもできます。金融情報分析機構同士の資料だけでは不足する場合には、捜査機関で外交経路を通して、国際刑事司法共助をしなければなりません。さきに申し上げました、韓国の金融実名取引及び秘密保障に関する法律は、捜査機関の捜査のために法院の令状を必要とし、銀行秘密法を持つ国々の場合、大体、法院の令状が必要ではないかと思います。韓国の法院は裁判所の意味です。

(7) 地 下 銀 行

　次に、制度圏以外の金融業者といえば、地下銀行などだと思います。制度圏以外の金融業者を通じて資金の移動があった場合の資金追跡に関して申し上げますと、韓国ではこれを大体私済業者と言っており、事実上、私済業者が連携する場合、資金追跡が難しい。そのため、失敗する場合が多いのです。しかし、資金取引の規模が大きい場合には彼らが制度圏金融機関と関係を結ぶしかないし、このとき取り締まることができる場合があります。現在そのような代表的な場合としては、株券仮装納入のため私済業者からお金を借りる場合があり、建設会社で入札するとき、入札条件として、一定株以上の会社資産を要する場合、建設会社で私済業者からお金を借りる場合などがあります。そのような場合には制度圏金融機関と関係を結びます。普通の場合はあらわれない場合が多いのです。私済業者は貸付業の登録及び金融利用者保護に関する法律があって、無登録貸付業営為として処罰が可能です。

　資金洗浄に関連する国際機構などに関しては既に朴検事が申し上げましたし、国外犯の処罰と外国との連携問題も朴検事や私が先に申し上げた内容と重複するため、省略いたします。長時間ご清聴くださり、どうもありがとうございました。

２．マネー・ローンダリング、組織犯罪による事業支配に関する質疑

司会 どうもありがとうございました。今、金検事のほうから、韓国におけるマネー・ローンダリングの規制についてお話がございました。どうぞ皆様の方からご自由に質問されてください。

渥美 金融機関の申告に、多額の資金の流入等についての疑わしい取引に関する申告義務、申告義務違反の場合の処罰があることは伺いましたが、この行為を行った者に対する処罰規定というものもあるのですね。

金 はい。

渥美 それと、韓国の場合、日本の組織犯罪対策法と違って、いわゆるinfiltration（インフィルトレイション）という、正当な企業に不法に入手した高収益を持ち込んで入り込んで、その企業の事業の支配をする行為を日本の場合は処罰しているが、韓国の場合は処罰しないとおっしゃいましたが、これはそのような事例が実際にはそう多く起こらないという前提に基づいての立法でしょうか。実際米国ではinfiltrationの規定を最初は中心においたのですけれども、現実には合法な企業の中に入り込んで合法な企業を支配するというような事例はほとんど起こらないということがわかって、現在ではほとんどそれを使っていないという事実があります。そのような外国での実状や韓国での実状に照らして、事業支配罪を定めることをおやめになったということでしょうか。

金 今、先生の質問の中での該当する罪については、どのような経路で最初それを規定しないようになったのかということは、具体的な内容については、今はよくわからないのですが、例えば、海外から資金が入ってきて、正当な合法な企業が支配されるという状況については、例えば、今、韓国の場合、上場会社の場合だと証券取引法の中で申告するということになっておりまして、そこ

ら辺からの把握ということは可能であるというように考えています。例えば、今、先生の質問の中での事業の経営支配罪というところは、大体先ほど申し上げたように、上場する会社ではない小規模の会社というのでしょうか、そのような会社を対象とした場合に限っての話になるとは思うのですけれど、ご質問の点については今はよくわからないので、今、答弁できません。

渥美 先ほど話に出ました、日本のやくざなどが資金を持ち込んで、高級クラブであるとかレストランであるとか、そのようなものを運用して利益を得ているということになりますと、それが日本での不法な資金を韓国へ持ち込んで活用して事業支配をするというものに当てはまりませんか。

金 多分当てはまる事例もあると思います。しかし、今の段階では摘発されている事例というのはないという状況です。

渥美 それについて、日本との情報の共有が十分でないために事態の把握ができないというような事情はないのでしょうか。

金 そのとおりだと思います。

渥美 その点から考えて、日本に対して暴力団系の団体の不法収益のマネー・ローンダリングについて、韓国と十分な情報を交換しながら日本でもそれを摘発する有効な手段を講じてくれという要求は、メモランダム・アンダースタンディング（MOU）の中にありますので、それを使って日本に対する要請をなさって下さるのも一つの方法だと思います。
　明日、まとめのときにお話しようと思っていたのですが、まさに日本で十分なマネー・ローンダリング対策を行わないために、韓国やその他の東南アジアの国々に日本の暴力団組織が相当多く進出して活動しているという報道は、外国に行くと新聞等によく書かれていて、聞きます。そうすると、日本の制度が

十分でないために、日本の組織犯罪が外国の企業を支配することで外国に大きな害を及ぼすという結果になっている。韓国の場合にも同じような事態の懸念があるとおっしゃいますが、実際にそれがそうであるとわかった場合、韓国人の怒りは相当大きくなるでしょうね。

金　はいそうです。

渥美　それともう一つ、predicate offence、「特定犯罪」についてですが、日本もアメリカと比べると狭いのですが、どうして日本より特定犯罪を狭める選択をなさったのか、その立法府での経緯をご存じであれば教えてください。

金　「特定犯罪」について、その範囲が日本よりももっと狭くなっているという状況についてご質問がありましたが、最初の立法の過程で示された理由が今よくわからないのですけれども、それに対しての批判というものは確かに国内でもあります。

渥美　疑わしい金融取引の報告義務の前提となる「特定犯罪」の範囲が狭い理由はどこにあるのでしょうか。

金　金融取引秘密を保護する、そのような声が高いこと、そして、通信傍受に関しても通信秘密の保護は必ずするべきだと主張されたからです。そして今、韓国の場合は、金融取引に関する商法の法律と通信傍受に関する法律が対象犯罪として定めている対象犯罪は非常に限定されているのです。ですから、通信傍受の場合も大体犯罪の対象になるものは、詐欺の場合は５億円以上のものに限られているし、非常に範囲は狭くなりました。それは、結局、捜査機関としては非常に苦しんでいるのです、それに対して。科学技術、捜査技術なのに、通信傍受とかそのような金融情報に関しては非常に制限が多いということで、今悩んでいます。

渥美 銀行の秘密に関しては、IMFの基準の影響があるのでしょうか。とりわけタイあるいは韓国という、日本もそれに入りそうでしたけれども、IMFの基準によるコントロールを相当受けたところでは、一層、金融機関の活動が相当大きく縮減される結果になりましたね。そうすると、韓国経済を発展させていくためには、潤沢な資金を必要とするという面もあるから、韓国の経営者団体は韓国経済が強固な基盤を持つまでの間は、あまり前提犯罪を広めてしまわないように経済活動が制限されることのないようにというような配慮をなさったのでしょうか。

金 IMFの影響もあると思うのですけれども、韓国の場合は、特に最近になって市民団体のプライバシーに関する関心というものが非常に高くなりまして、個人の自由を制約するような法律の立法というものが非常に難しい状況です。それも一つの理由であるというように考えられると思います。

司会 本日は本当に長時間にわたってありがとうございました。朴検事、金検事、それから通訳を担当していただきました権南希さん、それから、渥美先生をはじめフロアからたくさんの質問をお寄せくださった皆様方に感謝申し上げます。明日も午前中2時間、テロリズムの問題と、それからサイバー犯罪の問題について報告をいただきます。午後から、今まで10回にわたって行いました報告について渥美東洋教授の方からコメントをいただき、フロアの皆様から朴検事、金検事に対していろいろご質問なり、あるいは議論なりをしていただくセッションにしたいと考えております。よろしくお願いいたします。本日はどうもありがとうございました。

（2005年3月15日午後の部・質疑終了）

3．金學根検事によるテロ法制に関する報告に関する質疑

《テロリズムの定義──拉致との関連──に関する質疑》

司会 どうもありがとうございました。以上、金先生から、韓国のテロに対する法制についての詳しい報告をいただきました。皆様の方から質問があれば、していただきたいと思います。最初にテロの定義ということでご報告をいただいたのですが、資料の2ページのところですけれども、その中に国家要人およびその家族の拉致等の定義が入っているのですが、これは一般の人に対する拉致ということが関係する場合には、このテロの定義の中には入らないのでしょうか。例えば日本ですと、北朝鮮によって普通の家庭の主婦であるとか、あるいは学生であるとか、そのような人たちが拉致されたのではないかということが問題になっているわけですけれども、これは韓国法制の場合にはテロリズムという定義の中には入らないということになるのでしょうか。

金 韓国でとりあえず立法はされなかったのですけれども、国会に提出されたテロ防止法の第2条の条文が2ページの第2段落のところに書かれておりますが、そこに先生が指摘してくださったように国家要人等の拉致というように書かれております。その前のところを見ると、政治的、宗教的、理念的、民族的目的を持つ個人や集団がその目的を追求するか、主義又は主張を広く知らせるために計画的に行う不法行為というようにはなっておりまして、そのような目的を持っている場合の国家要人などの拉致というようになっておりますので、そのような、例えば、政治的、宗教的目的を持って、それで不法的な行為をしている団体の行為である場合には、一般人に対する不法行為という、例えば、拉致とか暗殺とかというのも、テロの定義の中に入ることが正当であるというように考えています。

司会 今ご説明いただいたのは、まだ立法化されていないといいますか、立法化されなかったテロ防止法の第2条ということですけれども、現行の国家対テ

ロ活動指針、大統領訓令47号という中では、一般人に対する拉致等はまだカバーされていないという理解でよろしいのでしょうか。

金　その大統領令の第47号の第2項のところをここに書いておりましたが、国家要人だけではなくて、その後ろを見ると留学生および商社員というようになっているのですけれども、一般人に対する不法行為というのも、一応テロの定義の中に入っているというように理解しております。しかし、この指針というのは法的な定義ではないですので、そこら辺での理解というのは多分これが多々列挙されているということにすぎないというように考えています。

《テロ防止法の不成立の背景に関する質疑》

太田　警察政策研究センターの太田裕之です。今日は貴重なお話をありがとうございました。お話を伺っていて、日本の状況と大変よく似た部分が多いなと。包括的なテロ法制がいまだにないということだとか、組織がそれぞれの職務の中でテロ対策をとっておって、統合的な組織がなかなかできないという点において似たようなところがあるなと思って聞いておったのですが、まず、このテロ防止法が成立できなかったということのもうちょっと、人権上の問題ということがあったわけですけれども、もう少し具体的にどのような点が問題になってこの法律ができなかったのかということを教えていただきたいということと、これはややお答えにくい部分かもしれませんけれども、冒頭で、韓国はテロからの安全地帯だと9.11以前までは考えられていたという言及がありましたけれども、わたしどもの感覚では、特に日本の場合、北朝鮮の問題というのは非常に大きなテロ脅威として認識をしておりまして、そのような意味では最も韓国がその点に気を使ってきたのではないかというように認識しておったのですが、そこら辺はどうなのでしょうか。

金　まず、1番目の質問に対して答えたいと思います。この国家テロ法というのは、韓国の国家情報院というところから立法提案をした最初の事例であると

いうように言われておりますが、ご存じのとおり、国家情報院という機関自体が、韓国の国内ではそれほど評価がよくなかったことも事実です。特に韓国の国内事情としては、一般の国民の認識というのは余りよくないというところもありまして、ほかの政府省庁との連携にも余り状況的にはよくなかったというのがまず背景としてあるというように考えております。しかし、表面的には一番大きい理由としては、国家テロ法の中に書かれている申告義務についての議論がありまして、その条項が一番大きな問題というように理解しております。それは、申告をしない場合に処罰されるというように書かれておりますが、それは韓国で今まで結構問題になってきた国家保安法という法律の中でも同じ条項がありまして、申告をしない場合に処罰されるという条項が入っておりますが、それとの関係で、国家保安法の中での申告条項に対しても違憲であるという主張が国内でなされておりまして、それと全く同じ条項がテロ防止法の中にも入っているということで、立法過程の中で大変な議論となり、廃案になったというように考えております。もう一つ加えますと、国家情報院の中で参画機関としてテロ対策をとる中心的な機構を置くということに対しても、ほかのところからは反対する意見があります。

　次に、2番目の質問に対する答えですけれども、さっき申し上げた、韓国がテロに対しては安全な地域であるというように申し上げたのは、国際政治関係が主な原因として行われるテロという観点から申し上げたのですけれども、ご指摘のとおり、韓国は北朝鮮の存在というのは非常に脅威になる存在であったというのは今でも同じ状況ですが、実際に過去には北朝鮮によるテロ行為というのはありました。しかし、最近になっては北朝鮮との間で例えば危険な状況になるようなテロ行為というのは見られておりません（当時）。その間、国際政治関係によるテロ行為というのも韓国では行われていなかったので、そのような意味では安全な地帯というように考えております。それともう一つ、北朝鮮の存在というのは昔からあった存在なので、分断されている状況は前からあったわけです。韓国の立場からすると、それに備えるための体制というのは整っているというように考えておりまして、そのような意味では、今でも北朝鮮

によるテロというのはとりあえずそれほどの脅威にはなっていないというように考えています。

太田 北朝鮮と韓国との間には、国連軍と中国、北朝鮮との間で 1950 年からですか、戦争状態にあるでしょう。その戦争状態はまだ終了していないので、そこで北朝鮮が行う種々の活動は、戦時国際法や戦争の問題として扱われてきたのではないでしょうか。それとテロ行為に対する規制とはどのような関係にあるのか。というのは、また厄介な問題になりますけれども、法律の理屈としては戦争状態にまだある。したがって、戦時体制のもとでの戦闘行為として規制するという考え方は、法律上は残っているのではないかと思うのです。韓国で事実上、金大中さんが大統領になられて以降、何か戦争状態にないような前提で問題を解決しているところから、われわれ外国人から見ますと非常に不思議と思われる状況が出ているのではないかというように考えますが、いかがでしょうか。

金 まず、先生がおっしゃったとおり、今まだ戦争は終わっていない状況にはなっています。それで、例えばこれからもし北朝鮮がテロ行為で韓国の方に何らかの形で行為をする場合になると、それは戦地の行為になるというように考えております。しかし、もう一つ加えたいと考えていますのは、最近の金大中大統領以降の北朝鮮に対する韓国の対策といいますか、政策なのですけれども、今回の核保有宣言に対しても、アメリカや日本の立場から見た今回の宣言というのと韓国の国内の立場から見た状況というのは非常に違うところがあると考えております。例えばアメリカとか日本の立場からすると、北朝鮮との間で、韓国との間で戦争が起こるのではないのかという多分懸念もあるというように考えておりますが、韓国の国内の事情から申し上げますと、外国の力が入ってこない限り、例えばそのような介入が入ってこない限り戦争は起こらないだろうというように、結構楽観的に考えているところもあります。

４．サイバー犯罪に関する質疑

司会 午前中の金先生のご報告に引き続き、サイバー犯罪についての質疑に移りたいと思います。

《わいせつ物の「陳列」に関する議論》

司会 それでは、まず、私のほうからお伺いしてよろしいでしょうか。わいせつ物、淫乱物というように言われているようですけれども、それをコンピューターのディスプレー上で見ることができるというものを、淫乱物の陳列といいますか、閲覧可能にしたということそれ自体を処罰する法律を持っておられるというご紹介をしていただいたのですが、それについて詳しく述べていただけますでしょうか。というのは、日本の場合に「わいせつ『物』陳列罪」というと、「物」というように言われているので、コンピューターのディスプレー上に映されたものが人の目から見てわいせつというように認識されるものであっても、それ（表示された画像）自体が陳列であるとして処罰できないのではないかという、このような議論があるものですから、それとの関連でお伺いしたいと思います。

金 まず、刑法上の規定から説明をしたいというように考えています。韓国の刑法243条では、淫乱な文章、図画、フイルム、その他の物を頒布、販売又は賃貸したり、公然に展示又は上映した者は、１年以下の懲役又は500万ウォン以下の罰金に処するというように規定されております。この条項と関連して、最新ではないのですけれども、1999年度に一つの事件がありまして、その判例を少し紹介したいと思います。

その判例は1999年２月に下されたものでして、コンピューター・プログラムファイルは刑法第243条で規定している、図画、文章、フイルム、その他の物に該当するというようには言えない、というように判例は言っております。そのほかに、韓国では、実際この判例では刑法243条の規定は適用されないと

の結論が出されましたが、その他にこのような罪を処罰する法律としては、例えばパソコン上でそのようなデータを持っている者に対する処罰としては、情報通信網法という法律によって処罰をされることになります。もう一つの法律がありまして、性暴力犯罪及び被害者保護に関する法律という法律があります。さっき説明のところで少し申し上げましたが、性暴力犯罪の処罰および被害者保護などに関する法律の第14条で、自分又は人の性的欲望を誘発するとか満足させる目的で、電話、郵便、コンピューター、その他の通信媒体を通じて性的羞恥心や誘惑感を起こす言葉、音楽、文章、図画、映像、又は物を相手に到達されるようにする者には、1年以下の懲役又は300万ウォン以下の罰金に処するものとするというように規定されております。

日本の場合は、韓国と似たような事件として、アルファネット事件という事件（最3小決平成13年（2001年）7月16日）がありまして、その場合には日本の刑法上に規定されている物の中には、電子媒体といいますか、電子媒体によるデータというのは入っていないというようになっておりまして、実際の判例ではハードウエアであるハードディスクやパソコンそのものをわいせつ物とみるというようになっているというように聞いております。そのような面では韓国での刑法上の規定と日本での刑法上の規定、およびそれに対する解釈の面では少し違いはあるというように考えております。

《サイバー犯罪を廻る jurisdiction（管轄）に関する議論》

司会 言及されました判例の後に韓国の法律の改正があったようにも伺いましたけれども、その点はいかがでしょうか。

それともう一つ、海外のサーバーを利用したり衛星を利用したりするという場合に、これは瞬時に国内で映るわけですけれども、一旦はアメリカその他の海外のサーバーを経由するとか、宇宙空間に出たりして戻ってくるという関係にあるわけですが、そのようなものをこれは国内法として、国内犯罪として処罰できるというように考えていらっしゃるというように考えている、と見てよろしいですか。国外犯ではなくて国内犯だと。

金 さっき先生がおっしゃったとおりに、上記の判決後に法律の改正がありまして、情報通信網法というのはその改正法です。

その次の回答ですけれども、例えば外国のサーバーを利用したり衛星を利用してそのような淫乱な物を上映したりとかする場合においては、まず二つに分けて考えられると思いますが、外国人が外国のサーバーを利用してそのような犯罪をした場合に、もちろんそれは韓国で普通の韓国の人が見るわけなのですけれども、そのような場合には外国人の国外犯ということになります。外国人の国外犯に対しては刑法上に処罰できる罪というのは限られておりまして、それは朴検事が説明してくださいました。その中に淫乱物というのは入っておりませんので、そのような意味では処罰できないということになります。人が外国人ではなくて韓国人である場合には、韓国人である人が外国のサーバーを利用してその犯罪を犯した場合には、属人主義によって処罰できるというように考えています。

《有害図書への対処の関係の質疑》

司会 四方光先生（警察庁）、お願いいたします。

四方 先ほどご言及にあったことについてのご回答も含めて言及したいと思います[1]。

最初に質問の方でありますけれども、今のお話に関連いたしまして、日本では刑法上のわいせつ物の解釈が非常に狭いものですから、通常、青少年に有害な図書というのは余りわいせつ物にはならずに、都道府県の条例などで有害図書などになっており、従いまして、コンピューター上の有害図画については、実質上規制が余りかかっていないということなのでありますが、韓国において

---

1) 金學根検事より、韓国は欧州サイバー条約に加わっていないが、この条約に署名し批准を予定している日本は（当時は未批准）どのような立法措置をとっているのか教えてほしい、との言及が報告に付随してなされた。その回答は、後の四方氏のコメントでなされている。

は、今まで紹介していただいた性暴行犯罪の処罰および被害者保護に関する法律などで、コンピューター媒体などで相手に到達させると犯罪になるということであります。ということは、この法律でそもそもそのような青少年に対する有害図書などが実態に即して、他のところでリアルの世界といいますか、コンピューターではない実態の世界で売っていても、そもそも法律犯罪になっていて、このようなコンピューターを通じてやったりすると余計に加重になっているという構造になっておるのかどうかというのについて質問いたします。

金 まず、青少年に対する有害図書というのは情報通信網法上に、さっき申し上げたように第62条から第64条まで処罰の対象とされております。それと別に、青少年保護法という法律も韓国では制定されております。その青少年保護法の第17条では、青少年に有害な媒体物の販売をした場合に、実際のものなのですけれども、それを販売したり、貸し出ししたり、配布するなどの行為というのは禁止されております。実際の状況を説明しますと、まずインターネット上の淫乱物については、特に青少年を相手にしたものというようになっている場合には、例えば成人であることについての認証手続を経たり、そのような手続を経ない場合には実際にその画像にアクセスできないという手続をとる場合には話は別でありまして、実際にそのような認証手続をとらない場合と児童ポルノの場合には非常に厳重に処罰をするという態勢をとっておりますが、成人対象の認証手続がある場合には、実際の取締まりというのは非常に難しい状況でして、実際には取締まりはそれほどしていないというのも状況であります。また取締まりをした場合でも、それほど重い処罰というのは下されていません。

《サイバー犯罪条約との関連についてのコメント》
四方 どうもありがとうございます。後先になりましたが、ヨーロッパでのサイバー犯罪条約に対する日本での対応でありますが、以前にわたしも文献などを読んだことがあったのですが、今は完全には覚えていないのですけれども、

かいつまんで申し上げますと、まず、ご紹介のとおり、加入はしておる、手は挙げておるのですけれども、まだ批准ができておりません、条約について。批准のために必要な法案が、法案自体はもう大体できておる。国会に提出して審議を経るという手続がまだできていない[2]。それができましたら批准もするだろうというようなことになっております。論点が何点もあったので、すべて思い出せないのですけれども、重要なところといたしましては不正プログラムといいますか、コンピューター・ウィルスが悪質なプログラムの作成罪のようなものをつくるというのと、それから、プロバイダーに対するログの保存要請のような規定を、これは前者の方は刑法でありまして、後者の方は確か刑事訴訟法か何かだったと思うのですけれども、幾つかの法律の改正が内容とされるような法案はあるのですけれども、国会での制定作業はまだ進んでいない、そのような状況であります[3]。

---

2) この質疑の当時は、このような状況であったが、現時点（2012年11月段階）では、サイバー犯罪条約は批准され、平成24年11月1日に我が国に関して効力が発生している。

3) その後、サイバー犯罪条約の批准に必要な国内法が整備され、平成24年に批准がなされて、平成24年11月1日より我が国についてその効力が発生した。刑法168条の2（ウィルス作成罪）が新設され、また、犯罪の高度化に対応するべく、刑事訴訟法が改正され、ネットワークで接続されたコンピューターに蔵置されたデータ（電磁的記録）を含め、データを複写したコンピューター又は記録媒体の差押え、必要な関連データを記録させた記録媒体の差押えに関する規定及びログの保存要請に関する規定等が整備された。これらの諸規定が定められる以前から実務上は行われてきた措置であるが、規定が定められて権限とその範囲が明確化された。刑事訴訟法99条（電子計算機又は記録媒体の差押え）、99条の2（記録命令付差押え）、106条（記録命令付差押え令状）、107条（記録命令付差押え令状の記載事項）、108条、109条、110条、110条の2（電磁的記録の複写物の差押え）、111条、111条の2（電子計算機の操作その他の必要な協力の要請）、112条、114条、116条、117条、118上、120条、142条、197条（ログ保存要請）、218条（捜査段階における記録命令付差押え、電磁的記録の複写媒体の差押え等）、220条、222条、498条の2、等の諸規定が改正された（一部新設）。なお、これらの刑事訴訟法の改正規定は、無体物たるデータそのものの押収を定めた規定ではなく、「有体物」の押収という従来の考え方に立って、電子的データ

司会 それでは、ここで渥美教授から全体にわたるコメントをいただければと思います。

(2005年3月16日午後の部・質疑終了)

を蔵置した又は移転・複写等によりデータを記録したコンピューターやディスク等の有体物の差押え(押収)という観点から整備された規定である。

7 法執行の国際展開を効果的にする国際（刑事）法の変化

渥 美 東 洋

　朴榮珆検事と金學根検事による精緻で詳細なご議論がございました。わたしは若干長く生きていた者として、いわゆる国際刑法、各国の法律の域外適用が現在のような条約化の方向へ進んでくるまでの姿をもう一度振り返りながら、今後はどのように対処すれば良いかについての感想を申し上げるのと、日本で組織犯罪とテロ防止に関して、最近それに有効に対処する実行計画が立てられておりますから、その計画について若干紹介申し上げようと思います。

　従来から国際刑事法への関心は非常に高かったのですが、さらに、国際刑事法に関する関心が非常に高まってまいりましたのは、皆様もよくご存じのように、ヨーロッパ共同体の形成に由来するところが大きいのです。第二次世界大戦前にも属地主義から属人主義、消極的属人主義、積極的属人主義、いわば保護主義、さらには国益の保護主義、さらには世界主義というようなものが主張されてきました。これらに分類されてきたのは、そのような分類によって国際的な犯罪にいかに有効に対処するかという観点からでした。実務の分析を加えれば、恐らくそのような単なる管轄の問題を超えた国際刑事法の批准、展開も今後は不可能ではないと思われます。現在までは伝統的に大陸法の考え方に基づいて、そのように進められてまいりました。英米法は、ご存じのように、自国を中心に考えて、自国の利益を保護するためにどのように国際的な活動に対処するかという観点に立ってきています。それを大陸法的な見方からすると属地主義のように見えるかもしれません。だが、その場合は自国および自国民、

並びに自国民の活動に対して直接影響を及ぼす犯罪、あるいは間接的に影響を及ぼす犯罪に特に米国は全部自国の管轄権が及ぶという考え方をとってきています。

　この考え方は刑事の領域だけではなく民事の領域においても同じです。民事の領域では特に独占禁止に関し、米国が自国の主権に基づいて解決した解決策を長い腕（long arm）が及ぶ管轄の主張であるとしてヨーロッパの国々により批判されてきましたが、現在ではヨーロッパの国々が私的な民事の領域において同じような考え方をとるようになりました。したがって、これから後、管轄の問題、裁判権の問題を犯罪にコンバートするためにどのように構築するかということを考えるに当たっては、今までのものを経験材料にしつつ、新しい方向も探っていく必要があるでしょう。今までのような大陸法の分類だけに従って問題を考えるというのが理論的に正しいわけではない。これは、ただそれでやってきて何とか処理することができたから、現在までそれがとられているというように考えればいいと思います。その従来の考え方に従って朴榮珆検事が非常によく整理をなさって、どのような対応をなさるかというお話をしてくださったのであります。これは何も朴検事に特異な考え方ではありませんで、ヨーロッパの方々が一般的にとっている考え方であり、特に大陸法系に属するとする韓国、および国際法の世界では特に大陸法に帰属することが多い日本にあっても同じように考えてきたものであり、利点もあり、それからまたそれには当然ながら対応できない欠点も含んでいるというように見ることができると思います。

　第二次世界大戦後、とりわけ現在に至るようなものまで影響を及ぼしているものとして考えてみますと、その源は、一つはヨーロッパの統合です。もう一つがアメリカ合衆国の経済活動と、特にアメリカ合衆国軍隊の世界への駐留によるアメリカ法の運用の実務の展開の中から創り出されてきたいろいろな実務が、現在の共助等々に現実に影響を及ぼしてきたと申し上げることができると思います。

　第1の側面のヨーロッパ共同体の統一ですが、それまで、バラバラであった

国がなぜ一つになったかといいますと、アメリカによるマーシャルプランが一番大きなきっかけだったと思います。灰燼の荒土と化したヨーロッパの復興のためにアメリカは多額の経費と軍事力と、それから行政的な機構づくりに対して大きな貢献をしました。それなしには現在のヨーロッパの存在を語ることは恐らくできないだろうと思います。日本に対しても相当な援助をしてくれましたけれども、それをはるかにしのぐ援助をマーシャルプランによって行い、ヨーロッパの再生のためにアメリカは努力をしたのです。それに基づいてヨーロッパがもう一度再生するために、まずエネルギー計画から出発して、石炭共同体の形成からヨーロッパ共同体の形成が始まっていったのです。徐々にそれが発展して、ついに今度はヨーロッパ共同体、さらにヨーロッパ連合というところに進みますが、そのときの軸になった条約がローマ条約です。それと同時に軍事的にはいわゆるNATOの条約があり、その二つで世界を二分した体制に対抗するヨーロッパの経済的な基礎づくりと発展が意図されていったのです。

　そうこうするうちに、徐々に旧ソ連圏の崩壊現象が起こり、ソ連の人々をいかに西ヨーロッパが受け入れるか、それと隣接する諸国でどのような対処をするかという考え方が生まれ、そこに、ベルリンの壁が崩壊する前にシェンゲン協定ができ上がって、西ヨーロッパ全体では一つの経済体、それから文化体として行動できる基礎をつくったということになります。そうしているうちについに旧ソ連圏が崩壊し、ベルリンの壁が崩壊しました。その後、犯罪の世界化という現象に対応することになったのです。この犯罪の世界化をめぐって、ヨーロッパ共同体内部での協力関係のほかに、他国との関係をどう調整するかという関心がさらに強くなってきたというように言えると思います。

　さて、米国のもう一つの側面は、軍隊の世界的な展開です。それを通して米国の法の考え方や法執行の考え方というものが広く世界全体に、特に西側に及ぶようになります。各駐留国にあって独自の軍の捜査および裁判の機関ができ上がり、それに伴って米国人が被害者となり加害者となる犯罪全体について、それを把握するための活動が展開されるようになり、従来は考えられなかった体制ができ上がってまいります。通常は外交機関の中に種々のアタッシェがつ

いて外国との交渉をするという形態をとるのですが、米国の場合はそうではなかったのです。そのようなところに米国本国の諜報機関および米国本国の法執行機関が支部を設ける、あるいは出張所を設けるという形態で、彼らのアメリカ法を、米国に対して影響を及ぼしたもの、それから米国人の行った犯罪に関して管轄を持ち行動をするという事実ができ上がっていったわけです。その領域はまさにアメリカ法の領域です。したがって、現在の国際刑事法を見る場合には、アメリカ法執行機関の第二次世界大戦後の世界的展開の現象を全体としてながめるということをしないと、正確につかまえることは難しいだろうと思います。

そのほかにアメリカ合衆国との関係で余り良い状態ができ上がらなかった、ヨーロッパ共同体との関係では良い状態ができ上がらなかったところ、米軍が駐留しなかったところがあります。その関係で問題になったところにどのような対応でアメリカ合衆国が臨んできたかといいうと、外交的な交渉と条約の締結、経済制裁という方法です。主要な相手国としては、スイスとトルコを挙げることができます。スイスは最後まで、いわゆる銀行秘密法によって、銀行にある情報を外国に提供しないという立場を貫き通しましたが、米国はしつこいといわれるほど何回もの交渉を重ねて、ついにスイスとの間に条約を締結して、外国の犯罪に関係する資金がスイス国に存在する場合、その情報の全面開示を求めることに成功しました。これは犯罪に関するマネー・ローンダリング対策としてもかなり重要な道を前もって切り開いてくれたものになります。トルコに対する関係ではウォー・オン・ドラッグスという戦いをニクソン大統領のときから始めて、トルコでの芥子の栽培をなくさせるための交渉を米国は徹底的に繰り返し行いました。その結果、経済制裁をしたり経済援助をしたりするのと同時に、そこで相互に協定を結んで法執行を行っていくという体制をつくり上げたのです。非常に大ざっぱに足早に話を進めますと、第二次世界大戦後の法執行の国際的な展開はこのように進んできた。その一面にはアメリカ合衆国の独特の世界での法執行活動と、次に、米国の影響を受けながら独自の世界をつくってきたヨーロッパ共同体全体の域内統一の、ついには一つの連合国

家体系というものまで至ることになった協力関係があり、それとこの国際刑事法の展開とは無関係ではないということになります。

さて、そこで重要になったのが、特にトルコやスイスとの関係で重要視されてきたのが、MLAT（エム・ラート）です。経済的な活動を行えば当然その陰に犯罪があるので、経済的な活動をする場合にも、犯罪に対する有効な対処をする場合でも、二国間か多国間かは別にして、MLATというのが重要な手段として使われました（ミューチュアル・リーガル・アシスタンス・トゥリーティー（Mutual Legal Assistance Treaty）といって、それを彼らはエムラートというように呼びます。）。それと第2の面にはその条約が締結されない国々に対する関係では、従来からとられてきていた相互主義の原則、レシプロシティー（reciprocity）によって対応するという手段をとります。しかし、アメリカはこの方法よりもMLATを非常に重要視してきたのです。バイラテラル（bilateral・二国間）かマルティラテラル（multilateral・多国間）かは別として。これに基づいて共助了解書（レター・オブ・アンダースタンディング（Letter of Understanding））を大いに使いながら、条約を使いやすいようにしていったのです。普通の国際的な国連条約でいきますと、要するに共助了解書というのはプロトコル（protocol・実施要領）に相当するものです。つまり、条約と、実施計画書を用意して進めてくることになりました。

第2番目に、考えられる道具としては、情報の共有化を図るという考え方が手段として登場したことに注目すべきでしょう。インフォメーション・クレディティング・ハウス（information crediting house）というものを米国はあらゆるところにたくさん作ってきています。情報の交換所です。最後には情報のシェア（share・共有）をするためのシステムをきちんとつくり上げるという方向へ向かって進んでいったのであります。情報の交換をするとか情報を共有するといっても、情報は良質でなければならない。それぞれの関係によって情報は加工されなければならない。そのために情報分析が非常に重要になり、情報に基づいてどのような行動をどのようにとるときにどのような対処をすればいいかという観点から、米国では技法としてプロファイリング（profiling）の技法が

展開されてきました。

　このように、あらゆる問題に対応しようとしてきましたが、それがなかなかうまくはいかない。だが、なるべくその方向に向かって進もうとするのです。日本の場合には、米軍が駐留したということもあり、日本は米国との関係では条約も若干締結し、さらにはアメリカ法をアメリカ法としてそのまま地位協定上働くことにして、問題の解決を図ってきて、米国では米軍が独自にアメリカ法を適用して行動していたのです。日本が独立し、独立前には随分の苦労があったことは、米軍の法務部での仕事を学生のときにしたことがありますので、いろいろなことを知っています。そのため余り厄介な問題は起こらなかったのですが、米国が提案するような、MLATの体制に日本は入ったかというとそうではなかったのです。

　これは、日本は二つの面で特別な立場に置かされていたためかもしれません。第1に、アジアにあって日本と協力し、日本と共通の道を歩むことができる国が一つもなかったということ。探せば、今日来ていただいている韓国との若干の交流はありますが、他は全部全く体制の違う国です。日本は曲がりなりにもリベラル・デモクラシィー（liberal democracy）の国といえますが、ほかの国は全部トータリタリアン・ステイト（totalitarian state・全体主義国家）、あるいはブッシュ大統領の言葉をかりればレプレシィヴ・ステイト（repressive state・抑圧的国家）であって、その間で約束を結ぶことは非常に難しい。第2に、日本国内では、米国に呑み込まれてはならないという主張が野党を中心として大きく展開されてきたために、日本は自国の主権をこの分野でも非常に強く問うようになってきたようにわたしには見えます。そこで、自国法中心に事を進め、条約中心に事を進める方向に進みませんでした。条約中心に処理をしますと、外国の影響を直接受けてしまうから、それはしないというスタンスです。従来の、朴検事から丁寧にご説明いただきましたような、伝統的な国際法の手法に基づいて処理をするという考え方がとられてきました。ところが、時代はさらに変わって、とりわけ人権の意識が高くなってくると、人権に関して、人権侵害をするような国々が少なくなるように条約を締結する。それに違反する

ような行動をこの世の中から排除していくために協力しようという動きが出てきます。さらにそれを加速したのはソ連圏の崩壊です。それによって国連の地位というのが見かけ上非常に高くなったのです。実際には国連は何の実行力も持つ機関ではないとは思いますが、国連を相互の了解を得て媒体として利用することが非常に重要になりました。

　そこで、多くの問題について、経済が発展していくと同時に犯罪の発展、国際的な展開に対応するのに UN コンベンション（UN Convention・国際連合条約）が多く使われるようになってきました。朴榮琯検事も、さらには金學根検事も、お二方とも、国連のコンベンションについて多くお触れになりました。これが大きな国際的な共通の発展と、犯罪が国境を越えて行われる、もっと言ってしまえば、シェンゲン条約（協定）のような言い方をすれば、ボーダレスに行われるということになりますけれども、そのような事態になってきましたので、それに対応する、それこそインフラは国連のコンベンションを中心としてでき上がってきたというようになります。あとは各国の間で有効に情報を分析して、使いやすいものにしてお互いに共有するという時代に入ってきているのだと思います。とりわけ今度は2001年の9月11日の複数テロ事件というものに直面して、今まで本土攻撃を受けたことがないアメリカが大きな行動に出るということになってから、テロの問題が非常に大きな課題となってきました。これをめぐって的確に分析した情報を相互に共有しなければならないことが喫緊の課題になってきました。これを契機として恐らくその他のボーダレスな犯罪といいますか、トランスナショナルな（transnational・国境を越える）犯罪についても情報を十分に分析して、その情報をお互いの国で、相互主義に基づくか、あるいは相互条約を締結するか、相互法律共助条約を締結することによって、犯罪の脅威からそれぞれの国を守っていくという道が開けたことになります。

　さて、このテロの問題については既にヨーロッパもかなり大きな経験をしており、大きなものとしてはバーダーマインホフ（Baader-Meinhof-Gruppe）の赤軍の事件がドイツであり、西ドイツは非常に平和を愛好する孤立した国で、ほ

かの国とは一緒にいろいろなことをしない国で、しかも予防拘禁などということは絶対にやらない国であったのですが、このときに急遽、今までの態度を豹変させる対応、現実に対する対応をせざるを得なくなったわけです。それまでドイツの学者は日本のやっていることは非常にけしからんということを私達に対して言っていたのですが、急にそれで態度を変えることになります。実際にその問題に当たれば、そのような解決をしなければならないことは当然だということになります。だから、具体的な問題を基礎にして事態を考慮するということを考えていけば、抽象論を展開しなければ、まともな議論をしている国ならばまともな議論が相互にできるということになります。抽象的な議論を積み重ねていくと不和感、違和感というものを生じますが、具体的事例を通した議論をしていくと、違った結論にはなかなか到達しにくいということを、この赤軍事件の後のドイツの刑法と刑事訴訟法の改正をみればよくわかると思います。そのときには、皆さんご存知のように、身柄拘束期間の長期化、それから保釈制限、弁護人の接見禁止という対処で臨んだわけです。日本では、いくらあのようなことが起こっても、これだけ厳しいことはしません。日本のものを批判していたドイツ人が途端にそこまで行く。つまり、外国の問題等についてとやかく言うべきではなくて、自国が実際に置かれている状況ではどのような対応をしているかという前提で相手と話し合う、それから外国法の比較をするというのが重要であることを教えているのだと思います。

　さて、われわれはこのテロに入ります前にも、世界的に展開されました麻薬と向精神剤に関するウィーンの条約をはじめとして、いくつかの方法によってボーダレスな犯罪に対して対応してきました。現在、日本に、もうすぐ刑法を改正して入るものには、余り日本語としてはこなれない言葉で、普通に使われる言葉を法律の中に入れてしまいましたが、人身売買罪という犯罪をつくります[1]。ヒューマン・トラフィッキング（human trafficking）というのです。人間の誘拐、拉致、勧誘から輸出、利用にわたるような全課程をトラフィッキングと

1）　刑法226条の2として、人身売買罪が平成17年に新設された。

いうのです。最初のいろいろな手段による、その人をそのような道に引き込んでいく準備的な段階から最後まで、全部のことをトラフィッキングというのです。その中で人身売買と見られるものに中心を置いて対処することになりました[2]。これも国連条約の成果であります。それから組織犯罪対策法も同じものであります。ほとんど全部これは元々アメリカ合衆国発なのです。組織犯罪対策法もそうですし、それから麻薬犯罪対策法もそうですし、それらの場合にアメリカ合衆国の場合は刑法の改正と管轄の改正と、それから手続法の改正と証拠法の改正というもの全部をワンパックで行ってきました。そのワンパックで行われる、パッケージで行うような処理の仕方が国連条約の中に入ってきました。やはりここでも第二次世界大戦後の国際協力の中には、米国人が考えてくるような法制度といいますか、法のシステムの思考が影響を及ぼしてきているというように言えると思います。

　このときに米国人が考えるのは、あくまでも具体的に起こった事例を中心として、それから想定される事態にどのように有効に対応するかという発想であって、抽象的に主権と主権との間の問題をどう解決するとか、そのような議論ではないのです。実際にある問題を解決するのに、現在ある主権概念を尊重しながらも、それからプライバシー概念を尊重しながらも、しかも、それは現実の問題を解決するのにどのように対応していったらいいかという対応の仕方を考えるのです。抽象的に陪審制度を導入したらいいかとか、量刑手続と裁判手続を分けるにはどうするかとか、抽象的に捜索・押収の規定はどうだとかという言い方をせずに、ある具体的な問題を解決するにはその問題を解決する日程で、刑法と刑訴との例外を設けるなり、あるいは新たな原理をつくるなり、証拠法に新たな例外をつくるなり、新たな原理で証拠法の内容を変えるなり、それはあくまでも当面する具体的な問題をめぐって考えてくるというアプローチ

　2）　後に、こうした包括的対処を説明したものとして、渥美東洋「人身取引に対する日本の総合戦略」警察学論集63巻2号108頁（2010年）；Japan's Comprehensive Strategy Against Human Trafficking, 産大法学43巻2号161頁（2009年）を参照。

です。そのようなアプローチがいろいろな国連条約となって、国連のコンベンションとなって多く登場することになりました。

　今回は多く、組織犯罪とテロリズムについてお話がありました。ここまでは国際的な展開について述べましたが、日本自体の観点からながめますと、やはり日本でもこの事態に対応しなければならない実際問題を社会問題として抱えています。一つは、第二次世界大戦終了後放置していたことから拡大していった覚せい剤に対する対応であります。メタンフェタミンは通称ヒロポンと呼ばれますが、これは日本発のものです。シャブとフィリピン語で呼ばれていますが、この薬も日本発です。私たちが大学受験のころに使われていた言葉がシャブであり、その後、受験勉強のために使った覚せい剤がヒロポンです。これは日本の軍人が戦場へ出て行くときの不安感を取り除くといいますか、恐怖心を除去して行動できるようにするために軍隊が造り上げた薬で、それが戦後社会に広がっていったのです。何も日本だけを非難するつもりはない。米国の場合でもベトナム戦争で薬物が第一線に働く者に配布されたし、ソ連の軍人は満州に赤軍がきたときに、彼らはたくさんの薬物を持っていました。どこでも戦争に従事する人々の場合には、軍隊は気持ちを落ちつけて勇敢に働くようにするために薬を供与するというのは不思議なことではないので、日本だけが悪いわけではありませんが、日本はそのような影響を戦後にも受け、しかも、敗けたものですから、その薬物が全体に非常に広く普及することになりました。製造がそう難しいものではないものですから、製造拠点がたくさんでき上がりました。

　日本で賄うのだけでは十分ではないというので、当時韓国で在日韓国人が韓国へ帰ってヒロポンの製造をすることになりました。非常に賢明で、韓国では全く使わない。全部日本に輸出するという、そのようなことが行われました。そのうち韓国が非常な協力をして、日本の薬物対策が韓国との間の協力で、韓国でも製造されないようになりますと、場所は次には台湾へ移りました。それがずっと移っていった過程は、一番最初の時間に朴榮琯検事が説明してくださったとおりであります。これが組織暴力団の資金源になる。それから、ならず

者国家の資金源であるというようなことになっていくわけです。これとの関係で国際的な緊張が軍事力で高まっていくのを防ぐために、アメリカは特にトルコとの間の条約を締結するのに、執拗なまでの経済制裁と経済援助と、NATO軍による威嚇を行ったのです。ついに条約の締結にまで至ったのは先ほど申し上げたとおりであります。われわれはそのような薬物犯罪を抱えています。

　第2には、外国人犯罪が急増するという事態を迎えました。薬物犯罪との関係で暴力団が強くなってくるに従い、社会環境が破壊されることにより、少年犯罪の激増ともつながりました。外国人の犯罪や薬物犯罪は、ある犯罪に関して仕事が分担されて展開されるという話がありました。それを正確につかまえて分類しているわけではありませんが、日本の外国人犯罪にあって共犯率が非常に高いことが示されています。これは明白な組織犯罪です。薬物犯罪も組織犯罪の傾向を非常に強く持っているということになります。外国から評判の悪い日本への人身売買、それから日本人の売春旅行というようなものも、これは組織的に展開されている。合法・非合法の組織がそれにかかわっているということも明らかで、これをどのように対処するかは、現在の社会の非常に大きな関心事です。薬物犯罪に汚染され、少年が犯罪を行うようになり、外国人犯罪が急増して人々の不安が発生する。そして、外国人が人身売買されて日本における性風俗の環境が悪化すれば、日本の社会の悪化、劣化をもたらすものになりますので、日本もこの問題について真剣に対応しなければならなくなりました。

　このように振り返ってみると、人身売買の問題についても、外国人犯罪の問題についても、薬物犯罪の問題についても、常に域外犯適用の問題、それから両国間における捜査共助という問題が絡んでくる事態であることに、今でははっきりみんなが気がつくようになりました。さらにはまた、9月11日事件のテロ事件の結果、国際協力が重要であることがわかってきました。日本はかなり呑気に構えていたのですが、日本に滞在したことがあるフランス人についてアルカイダとの関係が現在、疑われる事例が発生し、近いうちにフランスの予審判事が来日し、彼が何を目的に行動していたのかという捜査を恐らく日本の

警察と協力しながら展開することになるのだと思います。この事例で、日本にアルカイダと関係のある人物が入り込んで活動していたことだけはわかったのです。何の活動をしていたかはよくわからないのですが、これから恐らく検討されていくのだと思います。フランスで失くしたパスポートを使って日本に入ってきたということがあり、今ではICPO手配にされ、偽造旅券のことで摘発され、その人が日本にいたことがわかって、日本もアルカイダに基づくテロ犯罪と無関係ではないということがはっきりしました。この一つだけではなく、多数の者が日本に入国しているのではないかという心配まで持つようになりました。われわれの内閣もこれにきちんと対応する対応を考えるようになったのです。

これに対応するのには、犯罪に強い社会をつくろうという昨年の12月の閣議決定があります。それに基づいて少年犯罪等、さまざまな問題について対応しているのです。このフランス人の問題もその中の一つとして挙げられているものです。実際、国内におけるどのようなコミュニティーがテロ活動に悪用されるかわかりませんが、何か大きなことがされるだろうという懸念が単なる懸念でないというところまできているのです。ドイツやフランスの調べによって、日本にいた人がアルカイダとの関係があることがはっきりしたのです。そうすると、日本もそれに対応しなければならなくなります。日本では、先ほど来出ているように、ICC（国際刑事裁判所）で取り上げようとすれば、当然ながらその条約の前提になる拉致と、それから失踪は完全なテロ行為であり、人権侵害活動と国連で認められており、日本人に対して行われた北朝鮮（朝鮮民主主義人民共和国）のテロ活動、拉致活動は、完全な国際人権侵害犯罪行為であり、人道に反する罪であり、テロ行為であることははっきりしているのです。このものについてどのように対応しなければならないかという問題が依然として進んでいないのです。どのような工作員が国内入ってくるかということに十分に対応しなければならない。これもアルカイダとは別のテロ活動防止に対する対応の一つであります。

日本でも国内テロがありました。いわゆる地下鉄サリン事件です。その後に

9月11日があったのです。それに加えて政権交代にスペインでのマドリードでの、これはやはりアルカイダと関係する者々によるものだとみられている大爆発事件がありました。どこがターゲットにされるかわからない。しかもオサマ・ビン・ラディンの、われわれの記憶に新しい、衛星放送を通しての、日本をターゲットにするという宣言です。日本にそのようなものが及ばないということはないので、日本でも現在、テロの脅威が相当に高まっているということになると思います。

　もう一つ、組織犯罪に関しさらに、薬物犯罪について、相当に警察が努力を払って、非常に使い勝手の悪い組織犯罪対策法を使いつつ、薬物犯罪の場合には組織犯罪性を立証できる情報分析が随分高まってきたこともあり、ある程度の成功をおさめています。しかし、他の分野ではまだまだ法律が非常に使いにくい。非常に限定された組織犯罪の定義のため、この法律は使い勝手がよくないのです。それを使いやすいようにするためにはこの法律を改正しなければ仕方がない。そこで、国際協力も含めた情報の分析が非常に重要な課題となってきました。情報の分析が十分になされ、しかも組織犯罪と薬物犯罪が密接につながっている自覚を警察庁はもち、警察の機構を改革をし、刑事局のもとに現在、組織薬物対策部ができ、そこで的確な情報収集と情報分析と、他の機関との情報の共有、交換、特にICPOとの情報の共有、交換を行う体制が樹立されるようになりました。情報を全体として収集・分析する機関は日本にはまだありません。

　さて、そのほかに実務上も組織犯罪としてまだ十分に位置づけられていないが、組織犯罪であることが明確なのが「オレオレ詐欺」、それから「振り込め詐欺」です。それに先立ち、いわゆる高利貸し活動が、五菱会によって展開された。五菱会による展開が完全な組織犯罪性を持っていたことは今ではわかっています。ところが、それが判明するまでの間、防止活動を展開することができなかった「はがゆさ」があり、現在「振り込め詐欺」の形態がこの高利貸し活動と非常によく似ていることがわかってきて、情報を十分に分析して対応すれば、薬物犯罪の場合と同じように、現行の組織犯罪対策法と傍受法に基づい

て傍受を有効に展開することが可能になるだろうという前提で現在、警察庁では情報の収集と分析を的確に行える専門官を用意して対応するということになってきています。

さて、そのためにどのような法改正をすればいいかというと、スキミングされ偽造されたカードの使用が分かったので、この分野の法改正が必要となった。ところが、省庁間の壁が厚くてなかなか改正ができないので、議員立法の形式で法改正が行われて、それに対しても有効な対応策をとることができるようになり、ついこの間、法務省からそれに対する法案というものが私のところにも送られてきました。偽造カードの所持を禁止することも含めたカードに対する対応策というものができました[3]。

さらに、つぎはテロ対策です。テロの未然防止については、日本はいわゆる水際作戦を展開すると同時に、テロの拠点をつくらせないための情報分析が展開されるようになりました。入国させないための水際作戦としましていろいろな方法があります。法律の改正を伴ったものに旅館業法の改正まで含めて周到な努力により、議員立法の形式で、今までは保健衛生の観点と宿泊客の安全を考えた旅館業法を、英米などと同じように、その者の所在を明らかにして対応するものにした。それにより犯罪解明にまで結びつけていく。テロ情報と結びつけ、犯罪情報とも結びつけるというもので、外国では常にわれわれは昔から経験していました身分証明書、パスポートの提示をしてそれを記入することが、改正されれば、日本でも今後は求められていくことになります。それから、入国時における外国人の指紋採取には法務・外務当局が中心になって対応し、テロリストの入国規制を、情報を十分収集して入管が対処することになりました。

それともう一つ。米国などがとる、域外に自国の機関を駐在させて外国の機関との連絡調整を行ったりする処理があります。日本は、そのような伝統も実

---

[3] 刑法163条の2（支払い用カード電磁的記録不正作出等の罪）、刑法163条の3（不正電磁的記録カード所持罪）、刑法163条の4（支払用カード電磁的記録不正作出準備罪）等の規定が平成13年に追加された。

績もないので、航空会社が、朴検事が言って下さったように、日本の航空機は日本の領土とみなされますから、航空機長のもとに届けられた旅客情報を早く日本に提供する。外国から提供された情報に基づき、長野にいた者をつかまえるという手法によっている例があり、より的確にそれを処理しようというので、航空機等の長による乗員乗客名簿の事前提出を義務づけるという対応をとるようになりました。

　さらに、法務省が中心になって、ICPOの紛失盗難データベースを活用しています。先ほど旅館主について、宿泊の確認を義務化すると同時に、航空会社でパスポートの的確な確認もする。その情報をいち早く、各国が共有できるもの、特に日本に事前に伝えられるように、水際作戦を強化するという方法がとられました。厚生労働省が管轄している旅館業者に関係する法は、議員立法の改正という形で行われました。やはり厚生労働省についてですが、生物テロ、爆弾テロに使用されるおそれのある病原性微生物から、爆発物の原料の管理を強化することが具体的な提案になっています。これによってテロ情報を収集・分析し、テロリストの発見がより的確に行われるようになります。さらに、FATFの勧告の日本での完全な実施というテーマもある。経済産業省と財務省等が、これを徹底させる方策を考えるということになりました。また、航空機の安全を保ち、テロリストの潜入防止目的で、アメリカに倣ってスカイマーシャルを導入し、現在若干の配備をしているようです。警察と国土交通省の双方が連携して処理をするのでしょうか。当然ながら、警察や、今日は海保の人も来ておられますが、海保が重要施設の警備を行う。空港および原子力関連施設の制限区域への立ち入りのチェックを徹底的に行うというような、テロの未然防止に関する行動計画が具体化されています[4]。

　現在われわれがやろうとするものでできないものというのはどのようなものがあるかといいますと、先ほど来、情報を得ようとしても個人情報をプライバ

---

4) その後、平成23年6月29日の内閣官房の「主なテロの未然防止対策の現状」と題する文書が公表されている。http://www.kantei.go.jp/jp/kakugikettei/2011/110629tero-mizenbousi.pdf

シーの保護という名目でなかなか入手できないという、韓国の事情が説明されました。恐らく盧武鉉さん御自身が一番敏感なのかもしれませんが、この分野に関しては、実は個人情報というか、パーソナル・データというか、あるいはプライバシー権というか、それに関する法の立場をもっと適切に分析すれば、今のような議論には至らないはずなのです。この点ではアメリカ合衆国の研究や裁判例は非常に参考になります。私も相当前、30年ぐらい前にこれを分類して論文を書いたことがありますが[5]、日本でもこれを参考にしてくれる向きもありますが、もちろんこれを全く無視して、韓国で展開されているような非常に乱暴な議論も日本でも見られないわけではありません。

つまり、プライバシーの基本は、ノン・トゥレスパス・ルール（non-trespass rule)、他人から入られない権利であり、自分が他人に情報を提供したものが他へ行くかもしれないとの懸念は、その間の信頼関係、内緒の信頼関係を前提にするのですから、人の侵入の阻止と、自分が出したものが他人からどう伝わるかというものとの間には、プライバシーが保護される期待の程度に違いがあります。その異なるものを同一に扱うのは非常に乱暴です。一方は固有のプライバシー権のテーマです。ここでは、財産権に相当するものとして考えられるプライバシー権が基本にあります。この考え方があったからこそ、有体物に対する干渉が無体物、情報採集の領域まで合衆国憲法第4修正によって規律されることになったのです。他方、他人に伝えた情報については、インフォーメーショナル・プライバシー（informational privacy）が問題になるのです。これはプロパティ・ライト（property right）としての性格を持っているプライバシー権とは違うのです。種々の段階で自分の情報が他人から見られることがあるかないかについての期待には相当な変化があります。相手の信頼が十分でない場合、犯罪者同士の会話などというのは他に伝わるのは当たり前ですから、それを個人情報で保護する必要はないのです。また、空を飛んでいる情報については保

---

[5] 渥美東洋「プライバシーと刑事訴訟」『比較法の諸問題』日本比較法研究所20周年記念論文集（1972年）。後に『捜査の原理』（有斐閣）（1979年）に収録。

護する必要はありません。

　これについてはアメリカ法について触れるのは避けようと思いますが、FISAという法律が米国にあります。フォーリン・インテリジェンス・サーベイランス・アクト（Foreign Intelligence Surveillance Act）です。この法律によれば、インテリジェンス（Intelligence）は、ナショナル・セキュリティーに直接・間接な影響を及ぼす情報のことをいうのですが、日本語で何と訳したらいいかわからないです。諜報情報とでもいうのか、普通の情報ではないですけれども、その情報の入手に当たっては、通常の空を飛んでいる情報とか、あるいはケーブルで通った情報とは違いまして、制限を設けることなくずっとこれからもプライバシーの保護は非常に低いものとして扱うという処理されています。その処理を全部撤廃したのがいわゆる愛国者法という法律です。愛国者法は適用期限が、これはサンセットの法律でして、2005年12月で終わりです。ところが、今言及した点はサンセットにはなりません。原理上当然に入手できるものだからです。先ほどログの問題も話されましたが、ログの中での情報内容でないもの、情報の外側に属する信号形態、これについてはプライバシーはないというのがアメリカ合衆国最高裁判所の判断です。多くの学者もそう考えています。プライバシーは憲法上は保障されないが、みんなの期待を守るためにある程度の方策を講じたほうがいいだろうというように考え方があります。わたしもその立場に立っています。しかし、重大な国民全体の脅威となる犯罪であるとか、あるいは重大な国際犯罪に関する秘密情報が問題になるとき、これに対する期待を守る必要はない。犯罪との関係で人々の自由は保護されないというのは憲法21条からいっても当然のことです。

　憲法13条にプライバシー権の保障の根拠を求めるとしても、公共の利益に公共の福祉の限度内で保護しているのですが、それを超えて保護する必要はないのです。プライバシーが保護される期待の内容と程度によって制限を設けるという、非常にきちんとした分析に耐える議論でありました。この分析をやめて、インフォメーショナル・プライバシー（informational privacy）は全て財産権としてのプライバシーと同じように扱うという考え方があります。現在総務省

がとっている個人情報保護法の考え方もそれに近いのです。これはおかしいか間違った分析による考え方です。日本にはそのようなプライバシー屋さんがいまして、学問的な検討を加えることなしに問題を決めてしまう。多数で決めてしまう。マジョリティーで決めるのです。このような考え方は分析はしない、つまり学問的検討は止めるということに近いのです。的確な分析を行えば、韓国の場合でも当然ながら個人情報を犯罪に関係する情報の場合やテロに関する場合には提供を求めることはできるはずです。米国ではこの分野についてはサピーナー（subpoena）が使われます。サピーナーは罰則つきの提出命令状ですが、提出命令の対象者は第三者ですから、したがって、自己負罪拒否特権は及びません。しかも、犯罪に関する重要な問題ですから、他人のプライバシーを守る必要はありません。そこで、サピーナーに基づいて情報を獲得することが広く行われてくる。それをもっと広く簡単に、普通の犯罪を収集するのとは違った諜報の構図で可能にしたのが、先ほど申し上げた FISA であります。フォーリン・インテリジェンス・セキリティー・アクトであります。これは時限法ではないですから、ずっと使われていくことになります。

　さて、われわれにできることは先ほど申し上げたようなことですが、われわれができないことがテロ防止目的の情報入手を広く行うことです。米国では愛国者法と FISA によってできますし、英国でもこれについては法律があります。ところが、日本や韓国ではテロ防止目的による通信の傍受ができないのです。それが犯罪と関係があるということがはっきりわかる場合しかできない。外国勢力又は外国勢力のエージェントがかかわるものについては、FISA の特別の審査機関を裁判官で構成して、そこで判断して令状を発布するという処理の仕方、いわゆる完全な意味での裁判官の事前ではない、審査構造の程度も低くしている処理手続があります。緊急の場合の緊急の例外とは当然普通の傍受の場合にも米国では認められています。問題がテロですから、得られた情報を入手相手に伝える必要はない、事後連絡の必要もないというような方法がアメリカにはある。それから、先ほど来出ておりました、テロリストの令状拘束も英米では認めていますが、日本ではこれを認める規定がない。現在、行動計画の中

でもこの二つは導入することは考えていません。現行法の枠の中で処理をするということになっております。

　組織犯罪の中の大きなものとしては「振り込め詐欺」、それから「オレオレ詐欺」、架空請求詐欺、融資保証金詐欺というものがあって、それが組織的に行われていたということは、「振り込め詐欺」の場合に電話をかけてお芝居をする役と、それから振り込まれた金銭を引き出す役と分かれて、みんなチームを作ってやっていた。これは組織犯罪、組織性を非常に高く持っているということがわかりますが、この「振り込め詐欺」の場合、口座つくり屋さん、口座売り屋さんというのがあって、また、犯行を指示する首謀者がいて、次に振り込め演劇を行うチームがあって、それから、さらに預金引きおろし命令があって、現金引きおろし部隊がいる。このような形態が使われた。しかも、それぞれ支店がずっとあって上に最高の司令部がいるというローン・シャーキングの場合と、五菱会と同じようなシステムがとられていたということがわかっております。

　そこで、その不正防止のために予防策として、預貯金口座の不正利用の防止をするために昨年12月3日に、「金融機関等による顧客等の本人確認の不正利用に関する法律の一部を改正する法律」名前が今度は「本人確認および不正利用等に関する法律」と変わったようですけれども、これも議員立法による改正です。財務省の賛成が得られなくて、議員の提案によって改正がされました。また、携帯電話しかもプリペイドのものが広く使われている実態がわかり、匿名性を売り物にしている活動があったことをきっかけに、携帯電話の不正利用等によって行われる、預貯金口座も利用している不正利用によって、どれだけの金額が一体消えているか、犯罪に遭っているかといいますと、かつては32億円以上だというように言われました。12月30日の議員立法の改正が行われてからは、本年（2004年）3月、この法律に効果があったのかは知りませんけれども、25億ぐらいに下がっているというような報告が警察庁から出ています。

　匿名性を除去するために、プリペイドの電話についてどのような対処をする

かということを新たに考えなければならなくなってきております。これらについて規制の法律がそう遠くない時期にでき上がってくるものだというように考えられます[6]。

特にICPOを通して十分な情報連絡を行い、日本で情報を取り入れて、警察庁の機構改革が行われ、各都道府県警察の機構改革が行われて、情報を得て、その情報を分析して、適切に加工して保存することになりましたから、韓国でも同じようなことをおやりになられて、両方で情報の交換をなされることになると、非常に的確な組織犯罪対策が採られるようになると思います。中国東北部の朝鮮族の居住地域はムスリムの非常に多いところであります。したがって、そこから簡単にバーレーンを通って北朝鮮にアルカイダ関係の人々が入ってくる可能性は低くはないと思います。

韓国内では、先ほどの話で、テロの影響を受けるのは少ない地域だということですが、テロは、あるところで行われると、それはかなり大きな壊滅的な打撃を他国にも及ぼします。日本がテロに遭った場合での韓国経済や韓国の活動に対しての影響も甚大で、量り知れないと思います。日本はそれについて真剣に対応して、情報の分析をし、情報の集積をし、外国との間の、特に韓国との間の犯罪人引渡し条約もありますので、強力な関係をつくり上げて、この点についても将来お役に立つと思いますから、日本のテロ対策にぜひご協力願いたいと思います。全体の流れを描いた上で、現在日本がやっておりますことを、本来ならば警察の方ならばもっとうまくご説明いただけると思うのですが、閣議で決まって現在警察が活動なさっているところを申し上げました。

---

6) 平成17年に、いわゆる振り込め詐欺対策などの携帯電話の不正利用を防止するため、携帯電話の契約時の本人確認義務や携帯電話の無断譲渡の禁止などを内容とする、携帯電話不正利用防止法(「携帯音声通信事業者による契約者等の本人確認等及び携帯音声通信役務の不正な利用の防止に関する法律」)が制定された。同法は、振り込め詐欺の対策を強化するため、平成20年に改正され、携帯電話のSIMカードを携帯電話会社に無断で他人に譲渡・売買することが禁止され、携帯電話をレンタルする際には、原則として顔写真付きの身分証明書が必要となった。

太田裕之警察政策研究センター所長のコメント及び
2005年国際刑事法セミナー終了宣言

司会 どうもありがとうございました。今、渥美教授からテロリズムの組織犯罪を含めた国際的な対処をどうすべきかという観点からのお話がございました。

ここで3日間にわたる国際刑事法セミナーを終了したいと思いますが、終了に先立ち、警察政策研究センター所長の太田裕之氏のコメントをいただければと存じます。

太田 ただいま渥美先生から的確なお話がありまして、現在の警察を中心とした政府全体の取組みについての言及があって、まさにおっしゃるとおりです。テロの問題にしても、それから組織犯罪の問題にしても、日本としてはまだまだいろいろな国から学ばなければならない法制度、もしくは考え方というものがあろうかと思いますし、その前提としては、国民にきちっとした情報提供を行って国民的な議論をやはり巻き起こしていかないと、これは非常に微妙な部分を含んだ議論になりますから、そのような意味でわれわれもさらに努力をしなければいけないと痛切に感じておるわけでして、本日のようなセミナーには本当はマスコミの方も含めてきちっと認識をして、それが国民的議論を展開する一つのきっかけになってくれればということも考えたわけです。

　日本の場合はどうしても、事が起きてから対処していくという形での対応になって、これはある程度やむを得ない部分もあるのでしょうけれども、例えば地下鉄サリン事件の問題にしても、あれはテロだったのか犯罪だったのかという観点で、まだ明確な形での位置づけがなされていない。したがって、それに伴ってどのような法体系で対処していくのかということも議論が十分できないまま、結局あれは、ご案内のとおり、破防法の適用もされずに、世界的に見ると極めて奇異な状況のまま置かれています。そのような意味でやはり、残念にしてあのような事案が起こったのであれば、後世のためにもきちっとした措置はその都度きちっととっていくというスタンスが求められていると思います

す。これは国全体としても、政治家を含めて責任を持ってやっていかなければいけないと考えております。

　あと、先ほど来、話が出ていましたが、まさに今は犯罪に限らずグローバルな展開がなされておりますから、国際的な協調というものはこれは極めて重要ですし、ますますお互いが情報共有をしながらやっていかなければならない。特に日本の場合は、これからは外国人問題も含め、少子高齢化の中でどのように社会のあり方を考えなければいけないのかという点、それから当然のことながら人と物、金が動き始める、情報も流れていくと、テロの問題も、先ほど先生からもご指摘があったように、あるところであって、それを対岸の火事としていることは許されないことになってきますので、その意味でこのセミナーをきっかけに、さらに韓国ともよき連携をとりながらお互いに切磋琢磨して、アジアの平和のために努力できればと感じた次第でございます。

司会　このセミナーの成果はいずれ本の形にしまして、より多くの皆様にアピールできるような形で訴えていきたいというように思っております[7]。長時間にわたる御参加、どうもありがとうございました。

　これで、3日間にわたる2004年度国際刑事法の集中セミナーを終わらせていただきたいと思います。今後も比較法の研究プロジェクトとしてさらに発展した形のものを、国際刑事法セミナーという形で何年後かにまた開きたいと思っております。

　来年度はオーストラリアのものを中心にした国際刑事法のセミナーを、再来年度はアメリカの対処を中心にした国際刑事法のセミナーを開くという予定でおりますので、またご案内を差し上げたく思います。そのときにはまたぜひご参加いただきたいと思います。

（2005年3月16日午後の部・終了）

---

[7]　本書がそれである。

8 韓国における外国人犯罪の現況と法的問題

魏　在　民

I　はじめに

　国際社会は、国際化、グローバル化を目指しており、人的、物的交流は日々拡大しつつある。日本では既に早い時期から問題となっていたが、韓国でも最近の急速な経済発展に伴う外国人出入国者の増加は、自然に国内に住む外国人の増加に繋がると同時に、外国人をめぐる様々な問題が生ずるようになった。出入国事犯の増加、不法滞留、不法就業、外国人犯罪等はこのような時代的変化による社会問題として概ね同じ問題の延長線にあると思われる。

　外国人犯罪に関する問題の深刻さが浮き彫りになったのは、1990年代を前後にして不法滞留者が増加し外国人による犯罪が増加してからである。1992年3月に発生したパキスタン人暴力団組員同士の殺人事件は、外国人犯罪に関心が寄せられる契機となった。以前にも外国人による重大犯罪がなかったわけではないが、そのような事件はほとんどが米軍による犯罪であった。特に犯罪の契機が個人的な感情の問題だったり、また事件の発生は偶発的な場合が多く、外国人犯罪を、特に内国人犯罪と区別すべき対象とは思わなかったのである。

　しかし、パキスタン人暴力団組員同士の殺人事件は、まず、犯罪主体が外国人暴力団組員であるという点、そして二つの暴力組織間の問題が外国人の不法就業をめぐる利権争いから始まったという点で、これまでの外国人犯罪とは違うものであり、注目された。この事件をめぐっては、国内に外国人で構成され

た暴力団組員が独自に活動するほど、外国人犯罪が組織化されているのか、また、他組織の組員を殺害するほど、外国人犯罪が組織化されているのか、外国人が国内で復讐殺人を行うほど、外国人犯罪に関して、治安が保たれていない状態であるのかなど、外国人犯罪の実態とこれに対する対応策をめぐる疑問が総合的に提起された。本報告では韓国における外国人犯罪問題の一般的動向、特徴及び類型別特性を分析した後、外国人犯罪捜査に関する各種の法的問題を触れてみることにする[1]。

II 外国人犯罪の動向

1．外国人犯罪の発生推移

次の表2-1は外国人犯罪の発生現況を年度別の整理したもので、1988年以後に発生した外国人犯罪と「韓米行協（SOFA）」事件を比較できる様になっており、図2-1はこれをグラフに表したものである。

---

[1] 外国人犯罪の一般的動向と特徴、及び類型別特性の分析は、2005年韓国法務部が韓国刑事政策院に研究を依頼した「不法滞留者問題を含む外国人犯罪の現況と対策」の報告内容を参考としている。この報告書は、①大検察庁企画課発行の「綜合審査分析」、「犯罪分析」②法務部出入国管理局発行の「出入国管理統計年報」③最高裁判所行政処発行の「司法年鑑」④法務部法務研修院発行の「犯罪白書」等に掲載された統計資料と⑤ソウル地方警察庁、京畿地方警察庁、釜山警察庁の各外事課内部資料を活用して作成された。

表 2-1　年度別外国人犯罪の発生現況（人員数）

年度	全体	増加率 *	駐留米軍による犯罪事件 **	韓米地位協定以外の事件 発生人員	増加率 *
1988	2,532 (100.0)	100.0	1,533 (60.5)	999 (39.5)	100.0
1989	2,915 (100.0)	115.1	1,410 (48.4)	1,505 (51.6)	150.7
1990	2,243 (100.0)	88.6	1,214 (54.1)	1,029 (45.9)	103.0
1991	2,415 (100.0)	95.4	1,160 (48.0)	1,255 (52.0)	125.6
1992	2,368 (100.0)	93.5	849 (35.9)	1,519 (64.1)	152.1
1993	2,318 (100.0)	91.5	927 (39.9)	1,391 (60.1)	139.2
1994	2,495 (100.0)	98.5	1,025 (41.0)	1,470 (58.9)	147.1
1995	2,342 (100.0)	92.4	999 (42.6)	1,343 (57.4)	134.3
1996	2,746 (100.0)	108.4	767 (27.9)	1,979 (72.1)	198.1
1997	2,978 (100.0)	117.6	743 (24.9)	2,235 (75.1)	223.7
1998	3,624 (100.0)	143.1	734 (20.5)	2,890 (79.5)	289.3
1999	4,599 (100.0)	181.6	824 (17.9)	3,775 (82.1)	377.9
2000	5,101 (100.0)	201.4	575 (11.2)	4,526 (88.8)	453.1
2001	6,812 (100.0)	269.0	630 (9.2)	6,182 (90.8)	618.8
2002	8,048 (100.0)	317.8	510 (6.3)	7,538 (93.7)	754.6
2003	9,516 (100.0)	375.8	571 (6.0)	8,945 (94.0)	895.4
2004	13,045 (100.0)	515.2	491 (3.8)	12,554 (96.2)	125.7

資料：大検察庁企画課『綜合審査分析』(1998-1992) 及び法務部出入国管理局提供資料
＊：増加率は 1988 年を基準にしたものである。
＊＊：法務部出入国管理局提供

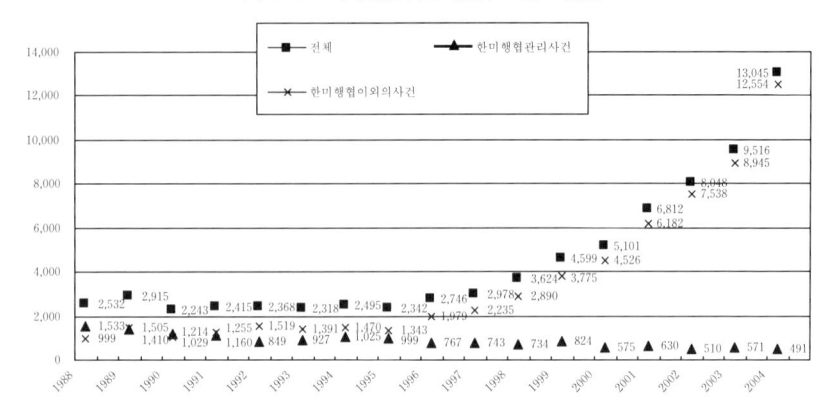

図2-1 年度別外国人犯罪の発生現況

■ 全体
▲ 米韓地位協定関連事件
× 米韓地域協定とは無関係に処理される事件

　表2-1によると全体外国人犯罪者の数は1988年に2,532名まで増加し、1995年（2,342名）まで多少増減してはいるが、その後は横ばい状態であった。1996年（2,746名）から緩やかに増加し、1998年以後からはうなぎのぼり状態にある。

　特記すべき点は、1990年まで外国人犯罪の大部分を占めていた駐留米軍による犯罪事件が全体外国人犯罪で占める割合が、大きく減少していることである。絶対的な発生件数も大きく減少している。駐留米軍による犯罪事件は1988年に1,533名を頂点に、毎年持続的に減少しているが、その後は1992年849名、1998年734名、2002年510名、2004年491名等、最近では1988年の3分の1程度にまで減少した。また、駐留米軍による犯罪事件が全体外国人事件で占める割合も、1988年に60.5％であったものが、2004年には3.8％まで減少している。

　したがって、1998年以後大きく増加した外国人犯罪は、駐留米軍による犯罪事件以外の外国人犯罪が殆んどだと言えるが、1988年に999名だった韓米行協以外の外国人犯罪は1992年1,519名、1998年1,979名、2004年12,554名

という様に、1988年に比べて12倍以上増加したのである。

2．出入国事犯の現況

　出入国事犯は出入国管理法を違反した者を言う。出入国事犯に対する事件は出入国管理事務所長・出張所長等の告発がない限り検事は公訴を提起できず（出入国管理法第101条第1項）、出入国事犯を実務上、ほとんどが行政措置で終結し、告発される事例が多くないため、検察により刑事訴訟手続によって処理される外国人犯罪とは区別される。出入国管理公務員は出入国事犯に対して該当犯罪事実を調査できる権限があり、出入国管理公務員以外の捜査機関が出入国事犯を立件した時には直ちに管轄出入国管理事務所長にその事件を引継がなければならない（出入国管理法第101条第2項）。

　出入国管理公務員が出入国事犯に対する調査を終えた時に容疑者に対して審査決定をしなければならず、出入国管理法違反事実が認定される場合、強制退去、出国勧告、出国命令、通告処分、告発等の措置をとることができる。出入国事犯に対する措置別処理内訳は**表2-2**のとおりである。

表 2 - 2 出入国事犯の措置別処理内訳 (1992-2004 年まで)

措置 国籍	強制退去	出国命令	出国勧告	通告処分	処分免除	過怠料	告発	警告	合計	前年対比増加率
1992	180 (0.2)	-	1,113 (1.5)	19,566 (25.7)	55,207 (72.5)	-	18 (0.002)	35 (0.05)	76,119 (100.0)	
1993	448 (1.1)	786 (2.0)	7 (0.0)	26,404 (66.3)	12,088 (30.4)	31 (0.1)	10 (0.03)	37 (0.09)	39,811 (100.0)	52.3
1994	894 (4.1)	3,528 (16.2)	1,668 (7.7)	13,092 (60.2)	1,352 (6.2)	1,12 (5.2)	22 (0.1)	65 (0.3)	21,747 (100.0)	54.6
1995	1,420 (5.7)	4,277 (17.1)	2,345 (9.4)	9,597 (38.3)	4,922 (19.7)	1,907 (7.6)	45 (0.2)	526 (2.1)	25,039 (100.0)	115.1
1996	3,731 (12.1)	3,494 (11.4)	1,240 (4.0)	8,537 (27.7)	11,550 (37.5)	1,829 (5.9)	266 (0.9)	129 (0.4)	30,776 (100.0)	122.9
1997	5,325 (15.4)	4,929 (14.2)	2,714 (7.8)	12,083 (34.9)	6,910 (20.0)	2,211 (6.4)	199 (0.6)	231 (0.7)	34,602 (100.0)	112.4
1998	5,435 (6.5)	2,884 (3.4)	2,395 (2.9)	7,509 (9.0)	62,219 (74.4)	2,918 (3.5)	228 (0.3)	31 (0.0)	83,619 (100.0)	241.7
1999	6,412 (25.4)	1,030 (4.1)	1,811 (7.2)	8,435 (33.4)	4,672 (18.5)	2,473 (9.8)	366 (1.4)	77 (0.3)	25,276 (100.0)	30.2
2000	6,890 (22.5)	827 (2.7)	1,696 (5.6)	9,246 (30.3)	7,794 (25.5)	3,196 (10.5)	496 (1.6)	410 (1.3)	30,555 (100.0)	120.9
2001	10,301 (25.4)	1,280 (3.2)	2,097 (5.2)	13,121 (32.4)	9,541 (23.5)	3,364 (8.3)	531 (1.3)	292 (0.7)	40,527 (100.0)	132.6
2002	5,670 (18.6)	613 (2.0)	1,808 (5.9)	11,297 (37.1)	6,466 (21.2)	3,955 (13.0)	348 (1.1)	295 (1.0)	30,452 (100.0)	75.1
2003	5,861 (13.7)	2,446 (5.7)	1,386 (3.2)	8,427 (19.6)	18,062 (42.1)	5,398 (12.6)	535 (1.2)	791 (1.8)	42,906 (100.0)	140.9
2004	19,307 (28.5)	1,511 (2.2)	2,259 (3.3)	20,444 (30.2)	15,975 (23.6)	7,245 (10.7)	780 (1.2)	231 (0.3)	67,752 (100.0)	157.9

資料：法務部出入国管理国、出入国管理統計年年報該当年度。

Ⅲ 外国人犯罪の発生と処理上の特徴

1．外国人犯罪の発生上の特徴

(1) 外国人犯罪の罪名別発生の推移

　次の表3-1は1986年から1992年まで、そして2000年から2004年までの外国人犯罪の罪名別分布を主要犯罪類型別に表したものである。

　最近の外国人犯罪を罪名別に見ると、一番発生頻度が高い犯罪は、暴力犯罪と交通犯罪である。暴力犯罪の中「暴力行為等処罰に関する法律違反」[2]犯罪は全体の20％前後で、外国人犯罪の中で一番多い比重を占めており、これに「傷害と暴行」等を合わせば、外国人犯罪の約4分の1以上が暴力犯罪である。殺人の場合を見れば、1986年から1990年まで0.1％以下の比率で発生したが、2000年以後に大きく増加し、2000年1.6％、2001年2.9％、2002年3.3％、2003年4.0％、2004年3.1％を占めている。

　交通犯罪は「道路交通法」違反犯罪と「交通事故処理特例法」違反犯罪をいう[3]。1986年から1992年までは全体外国人犯罪のおよそ40％を占める程大きな比重を占めていたが、最近は大きく減少し、全体外国人犯罪の約20％を占めている。

　「窃盗」の場合、2000年に11.1％を示した以後、順次減少し2004年には6.8

---

2) 暴力行為等処罰に関する法律（1961年6月20日法律625号）は刑法上傷害（刑法257条1項）、暴行（同法283条1項）、逮捕・監禁（同法276条1項）、脅迫（同法283条1項）、住居侵入・退去不応（同法319条）、暴力による権利行使妨害（同法324条）、恐喝（同法350条）、財物損害（同法366条）の罪を「夜間又は2人以上が共同して犯した場合」（暴力行為等処罰に関する法律違反2条2項）、「常習に犯した場合」（同法2条1項）等の場合に加重処罰すること等を内容とする刑事特別法である。

3) 「交通事故処理特例法」（1981年12月31日、法律第3490号）は業務上過失で交通事故を起こした運転者に関する刑事処罰特例を定めた法律であり、日本改正刑法（2001年12月5日）でもこれと類似した内容を定めている。

表3-1　外国人犯罪の罪名別分布（1986 ～ 1992、2000 ～ 2004）

(単位：人、％)

罪名\年度	道路交法	暴力行為等	交通事故処理特例法	関税法	窃盗	詐欺	傷害・暴行	麻薬類	強盗	強姦	殺人	EEZ不法操業	その他	合計
1986	510 (24.4)	571 (27.3)	385 (18.4)	155 (7.4)	62 (3.0)	116 (5.6)	33 (1.6)	11 (0.5)	14 (0.7)	5 (0.2)	3 (0.1)	-	225 (10.8)	2,090 (100.0)
1987	525 (25.2)	474 (22.7)	413 (19.8)	78 (3.7)	75 (3.6)	116 (5.6)	36 (1.7)	13 (0.6)	5 (0.2)	6 (0.3)	1 (0.0)	-	345 (16.5)	2,087 (100.0)
1988	636 (27.4)	607 (26.2)	420 (18.1)	113 (4.9)	86 (3.7)	90 (3.9)	41 (1.8)	6 (0.3)	10 (0.4)	11 (0.5)	1 (0.0)	-	297 (12.8)	2,318 (100.0)
1989	640 (27.8)	433 (18.8)	405 (17.6)	139 (6.0)	114 (5.0)	86 (3.7)	42 (1.8)	5 (0.2)	18 (0.8)	6 (0.3)	1 (0.0)	-	413 (17.9)	2,302 (100.0)
1990	663 (29.5)	432 (19.2)	324 (14.4)	150 (6.7)	68 (3.0)	87 (3.9)	24 (1.1)	20 (0.9)	10 (0.4)	3 (0.1)	2 (0.1)	-	468 (20.8)	2,251 (100.0)
1991	668 (28.4)	456 (19.4)	282 (12.0)	100 (4.2)	125 (5.3)	79 (3.4)	30 (1.3)	71 (3.0)	14 (0.6)	14 (0.6)	-	-	514 (21.8)	2,353 (100.0)
1992	470 (19.8)	478 (20.2)	268 (11.3)	62 (2.6)	200 (8.4)	90 (3.8)	28 (1.2)	51 (2.2)	28 (1.2)	5 (0.2)	27 (1.1)	-	661 (27.9)	2,368 (100.0)
2000	466 (9.1)	1,338 (26.1)	406 (7.9)	77 (1.5)	569 (11.1)	322 (6.3)	131 (2.6)	80 (1.6)	100 (1.9)	23 (0.4)	22 (0.4)	22 (0.4)	1,577 (30.7)	5,133 (100.0)
2001	689 (10.2)	1,609 (23.7)	423 (6.2)	72 (1.1)	734 (10.8)	473 (7.0)	179 (2.6)	196 (2.9)	166 (2.4)	39 (0.6)	45 (0.7)	118 (1.7)	2,043 (30.1)	6,786 (100.0)
2002	1,136 (14.1)	2,034 (25.3)	431 (5.4)	72 (0.9)	772 (9.6)	500 (6.2)	233 (2.9)	264 (3.3)	133 (1.7)	51 (0.6)	42 (0.5)	150 (1.9)	2,228 (27.7)	8,046 (100.0)
2003	1,364 (14.6)	2,184 (23.4)	483 (5.2)	75 (0.8)	769 (8.2)	505 (5.4)	293 (3.1)	374 (4.0)	153 (1.6)	55 (0.6)	34 (0.4)	208 (2.2)	2,841 (30.4)	9,338 (100.0)
2004	2,225 (17.4)	2,495 (19.5)	530 (4.1)	109 (0.9)	875 (6.8)	604 (4.7)	331 (2.6)	400 (3.1)	131 (1.0)	58 (0.5)	55 (0.4)	620 (4.8)	4,388 (34.2)	12,821 (100.0)

資料：大検察庁電算室資料再構成
EEZ：排他的経済水域

％の比率を占め、「詐欺」の場合も同じく、2000年6.3％、2001年7.0％を占めた以後、減少している。「EEZ（排他的経済水域）不法操業」の場合2000年22件、0.4％に過ぎなかったが、2004年には620件、4.8％に大きく増加した。

(2) 外国人犯罪の発生地域別分布

次の表3-2は各該当年度に各検察庁で処理した外国人犯罪の処理人員を表したもので、外国人犯罪の殆んどはソウルと首都圏地域で発生していることがわかる。

外国人犯罪の地域別発生分布は1986年から1999年まで大きな変化がなかったが、2000年からソウル・仁川・水原地検官内で集中的に発生する傾向を見せながら、2001年の場合、全体外国人犯罪のおよそ77％が首都圏近隣に集中発生しており、他の地域は釜山地検官内で約6.5％、大邱地検官内で4.5％の外国人犯罪が発生し、大都市地域で外国人犯罪の殆んどが発生している事を表しており、このような傾向はそれ以後も継続している。

2．外国人犯罪の処理上の特徴

(1) 外国人犯罪に対する検察の処理

次の表3-3は1989年から2004年まで検察の外国人犯罪の処理実態である。

犯罪起訴率が1989年18.5％に過ぎなかったが、1990年26.0％、1993年30.9％、2000年37.0％、2004年43.1％等に徐々に増加する傾向である。

表3-4は2004年の全体犯罪と外国人犯罪の処理実態を比較したものである。

(2) 外国人犯罪に対する裁判所の処理

次の表3-5は1987年から1992年まで外国人犯罪の中で求公判が請求された事件の第1審処理現況を表したものである。

1987年から1992年までは執行猶予比率が高かったが、1993年から執行猶予の宣告比率が1993年26.1％、1994年8.9％、1997年4.3％、2000年0.9％に減少した。そのかわり、財産刑の宣告比率が大きく増加し、1993年57.7％、1995年64.5％、1996年74.2％等を示しており、2000年には70.9％に対して財産刑を宣告した。

表 3-2　外国人犯罪の検察庁別処理現況 (人員)

(単位：人、%)

庁別 年度	計	ソウル	仁川	水原	春川	大田	清州	大邱	釜山	昌原 (蔚山)	光州	全州	濟州
1989	2,894 (100.0)	1,802 (62.3)	80 (2.8)	241 (8.3)	95 (3.3)	31 (1.1)	35 (1.2)	176 (6.1)	279 (9.6)	33 (1.1)	35 (1.2)	66 (2.3)	21 (0.7)
1990	2,208 (100.0)	1,273 (57.7)	80 (3.6)	264 (2.0)	87 (3.9)	39 (1.8)	18 (0.8)	144 (6.5)	214 (9.7)	33 (1.5)	14 (0.6)	32 (1.4)	10 (0.5)
1991	2,490 (100.0)	1,502 (60.3)	153 (6.1)	229 (9.2)	76 (3.1)	43 (1.7)	15 (0.6)	132 (5.3)	254 (10.2)	41 (1.6)	17 (0.7)	8 (0.3)	20 (0.8)
1992	2,377 (100.0)	1,407 (59.2)	142 (6.0)	217 (9.1)	40 (1.7)	30 (1.3)	31 (1.3)	98 (4.1)	257 (10.8)	43 (1.8)	55 (2.3)	29 (1.2)	28 (1.2)
1993	2,318 (100.0)	1,339 (57.8)	149 (6.4)	188 (8.1)	47 (2.0)	32 (1.4)	29 (1.3)	118 (5.1)	259 (11.2)	44 (1.9)	58 (2.5)	27 (1.2)	29 (1.3)
1994	2,495 (100.0)	1,359 (54.5)	120 (4.8)	272 (10.9)	65 (2.6)	48 (1.9)	18 (0.7)	98 (3.9)	248 (9.9)	12 (0.5)	68 (2.7)	45 (1.8)	32 (1.3)
1995	2,342 (100.0)	1,349 (57.6)	138 (5.9)	225 (9.6)	37 (1.6)	37 (1.6)	11 (0.5)	90 (3.8)	229 (9.8)	63 (2.7)	74 (3.2)	65 (2.8)	24 (1.0)
1996	2,746 (100.0)	1,640 (59.7)	214 (7.8)	234 (8.5)	37 (1.3)	50 (1.8)	14 (0.5)	79 (2.9)	240 (8.7)	49 (1.8)	117 (4.3)	33 (1.2)	39 (1.4)
1997	2,978 (100.0)	1,713 (57.5)	253 (8.5)	251 (8.4)	35 (1.2)	56 (1.9)	15 (0.5)	100 (3.4)	281 (9.4)	61 (2.0)	115 (3.9)	41 (1.4)	57 (1.9)
1998	3,624 (100.0)	2,125 (58.6)	298 (8.2)	282 (7.8)	67 (1.8)	58 (1.6)	29 (0.8)	194 (5.4)	306 (8.4)	61 (40) (2.8)	80 (2.2)	27 (0.7)	57 (1.6)
1999	4,599 (100.0)	2,583 (56.2)	390 (8.5)	420 (9.1)	47 (1.0)	116 (2.5)	47 (1.0)	261 (5.7)	360 (7.8)	81 (68) (3.2)	128 (2.8)	59 (1.3)	39 (0.8)
2000	5,101 (100.0)	2,720 (53.3)	424 (8.3)	684 (13.4)	51 (1.0)	127 (2.5)	36 (0.7)	261 (5.1)	389 (7.6)	124(68) (3.8)	153 (3.0)	37 (0.7)	27 (0.5)
2001	6,812 (100.0)	3,552 (52.1)	841 (12.3)	829 (12.2)	78 (1.1)	168 (2.5)	85 (1.2)	307 (4.5)	441 (6.5)	135(72) (3.0)	209 (3.1)	44 (0.6)	51 (0.7)
2002	8,048 (100.0)	3,995 (49.6)	1,304 (16.2)	1,105 (13.7)	115 (1.4)	186 (2.3)	88 (1.1)	262 (3.3)	426 (5.3)	177(91) (3.2)	163 (2.0)	50 (0.6)	86 (1.1)
2003	9,516 (100.0)	4,137 (43.5)	2,030 (21.3)	1,430 (15.0)	126 (1.3)	223 (2.3)	118 (1.2)	406 (4.3)	455 (4.8)	193 (106) (3.1)	164 (1.7)	35 (0.4)	93 (1.0)
2004	13,045 (100.0)	4,912 (37.7)	2,098 (16.1)	2,647 (20.3)	187 (1.4)	364 (2.8)	162 (1.2)	608 (4.7)	817 (6.3)	339 (148) (3.7)	433 (3.3)	187 (1.4)	143 (1.1)
2005 (1-6)	6,759 (100.0)	2,740 (40.5)	866 (12.8)	1,004 (14.9)	96 (1.4)	168 (2.5)	87 (1.3)	382 (5.7)	641 (9.5)	171(83) (3.8)	220 (3.3)	146 (2.2)	155 (2.3)

資料：大検察庁企画課『綜合審査分析』該当年度及び大検察庁電算室提供資料

表3-3　検察の外国人犯罪の処理人員（1989-2004）

(単位：人、％)

年度	合計	起訴 求公判	起訴 求略式	起訴 小計	不起訴 嫌疑なし	不起訴 起訴猶予	不起訴 公訴権なし	不起訴 起訴中止	不起訴 其他*	不起訴 移送	不起訴 小計
1989	2,894 (100.0)	148 (5.1)	388 (13.4)	536 (18.5)	121 (4.2)	147 (5.1)	-	108 (3.7)	1,948 (67.3)	34 (1.2)	2,358 (81.5)
1990	2,208 (100.0)	140 (6.3)	434 (19.7)	574 (26.0)	116 (5.3)	138 (6.3)	-	100 (4.5)	1,262 (57.2)	18 (0.8)	1,634 (74.0)
1991	2,490 (100.0)	181 (7.3)	593 (23.8)	774 (31.1)	98 (3.9)	212 (8.5)	-	110 (4.4)	1,274 (51.2)	22 (0.9)	1,716 (68.9)
1992	2,377 (100.0)	222 (9.3)	656 (27.6)	878 (36.9)	127 (5.3)	298 (12.5)	-	128 (5.4)	925 (38.9)	21 (0.9)	1,499 (63.1)
1993	2,318 (100.0)	190 (8.2)	608 (26.2)	717 (30.9)	138 (6.0)	299 (12.9)	-	156 (6.7)	891 (38.4)	36 (1.6)	1,520 (65.6)
1994	2,495 (100.0)	232 (9.3)	515 (20.6)	747 (29.9)	165 (6.6)	396 (15.9)	-	181 (7.3)	973 (39.0)	33 (1.3)	1,748 (70.1)
1995	2,342 (100.0)	274 (11.7)	510 (21.8)	784 (33.5)	161 (6.9)	325 (13.9)	-	188 (8.0)	835 (35.7)	49 (2.1)	1,558 (66.5)
1996	2,710 (100.0)	551 (20.3)	597 (22.0)	1,148 (42.4)	143 (5.3)	451 (16.6)	-	219 (8.1)	749 (27.6)	-	1,562 (57.6)
1997	2,978 (100.0)	533 (17.9)	739 (24.8)	1,272 (42.7)	151 (5.1)	540 (18.1)	-	229 (7.7)	733 (24.6)	53 (1.8)	1,706 (57.3)
1998	3,624 (100.0)	611 (16.9)	839 (23.2)	1,450 (40.0)	212 (5.8)	826 (22.8)	-	331 (9.1)	757 (20.9)	48 (1.3)	2,174 (60.0)
1999	4,599 (100.0)	793 (17.2)	929 (20.2)	1,722 (37.4)	272 (5.9)	1,192 (25.9)	-	443 (9.6)	896 (19.5)	74 (1.6)	2,877 (62.6)
2000	5,101 (100.0)	830 (16.3)	1,057 (20.7)	1,887 (37.0)	293 (5.7)	1,738 (34.1)	-	424 (8.3)	675 (13.2)	84 (1.6)	3,214 (63.0)
2001	6,812 (100.0)	1,253 (18.4)	1,465 (21.5)	2,718 (39.9)	389 (5.7)	2,216 (32.5)	720 (10.6)	542 (8.0)	109 (1.6)	118 (1.7)	4,094 (60.1)
2002	8,048 (100.0)	1,201 (14.9)	1,967 (24.4)	3,168 (39.4)	433 (5.4)	2,675 (33.2)	878 (10.9)	635 (7.9)	130 (1.6)	129 (1.6)	4,880 (60.6)
2003	8,357 (100.0)	1,586 (19.0)	2,389 (28.6)	3,975 (47.6)	510 (6.1)	3,038 (36.4)	-	670 (8.0)	164 (2.0)	-	4,382 (52.4)
2004	12,830 (100.0)	2,050 (16.0)	3,484 (27.2)	5,534 (43.1)	838 (6.5)	3,944 (30.7)	985 (7.7)	1,034 (8.1)	212 (1.7)	283 (2.2)	7,296 (56.9)

資料：大検察庁企画課『綜合審査分析』該当年度。

表3-4 2004年の全体犯罪と外国人犯罪の処理

(単位:人、%)

		全体犯罪	(%)	外国人犯罪	(%)
合計		2,602,171	(100.0)	12,830	(100.0)
起訴	求公判	155,609	(6.0)	2,050	(16.0)
	求略式	1,214,730	(46.7)	3,484	(27.2)
	小計	1,370,339	(52.7)	5,534	(43.1)
不起訴	嫌疑なし	270,926	(10.4)	838	(6.5)
	起訴猶予	292,386	(11.2)	3,944	(30.7)
	起訴中止	195,746	(7.5)	1,034	(8.1)
	其他	339,137	(13.0)	1480	(11.6)
	小計	1,098,195	(42.2)	7,296	(56.9)

Ⅳ 外国人犯罪の類型別特徴

1.2004年大都市の主要事件分析

2004年度ソウル、京畿及び釜山地方警察庁で重要な事件だと判断し上層部に報告した事件251件を分析した結果、外国人犯罪全体に一般化することはできないが、外国人犯罪の発生類型別特性とか危険性が高い犯罪の特性を把握する事ができた。

収集された資料の出処は表4-1で示した通りである。

(1) **外国人犯罪の類型分類**

収集資料を個々の外国犯罪の特性に従い、①出入国に関する犯罪、②外国人が生活しながら起こした犯罪、③犯罪目的で入国した者の犯罪に分類し、それぞれの分類に従って犯罪類型別特徴を調べると次の通りである。

外国人犯罪を類型別に分類すれば表4-2の通りである。

第一に、「出入国関連犯罪」は外国人が国内に入国する際に従うべき手続である「出入国管理法」を違反した者等を言い、詳しく見ると、正式手続を経ず

表3-5　第1審刑事公判事件の外国人事件処理人員

(単位：人、％)

年度	接受 合計	前年未済	本年	処理 計	死刑	無期	有期懲役	財産刑	執行猶予	無罪	其他	未済
1987	140	35	105	110 (100.0)	-	1 (0.9)	31 (28.2)	3 (2.7)	69 (62.7)	-	6 (5.5)	30
1988	135	30	105	106 (100.0)	-	-	12 (11.3)	43 (40.6)	44 (41.5)	1 (0.9)	6 (5.7)	29
1989	152	29	123	129 (100.0)	-	-	21 (16.3)	19 (14.7)	85 (65.9)	-	4 (3.1)	23
1990	129	23	106	108 (100.0)	-	-	11 (10.1)	44 (40.7)	52 (48.1)	1 (0.9)	-	21
1991	161	21	140	111 (100.0)	-	-	12 (10.8)	41 (36.9)	53 (47.7)	-	5 (4.5)	50
1992	251	51	200	219 (100.0)	2 (0.9)	1 (0.5)	42 (19.2)	27 (12.3)	135 (61.6)	2 (0.9)	10 (4.6)	32
1993	135	30	105	111 (100.0)	-	2 (1.8)	13 (11.7)	64 (57.7)	29 (26.1)	-	3 (2.7)	24
1994	143	24	119	124 (100.0)	-	2 (1.6)	30 (24.2)	77 (62.1)	11 (8.9)	-	4 (3.2)	21
1995	206	21	185	183 (100.0)	-	-	41 (22.4)	118 (64.5)	9 (4.9)	2 (1.1)	13 (7.1)	23
1996	337	23	314	329 (100.0)	-	1 (0.3)	73 (22.2)	244 (74.2)	11 (3.3)	-	-	8
1997	587	8	579	528 (100.0)	-	-	156 (29.5)	343 (65.0)	24 (4.5)	-	5 (0.9)	59
1998	322	59	263	319 (100.0)	-	1 (0.3)	73 (22.9)	224 (70.2)	10 (0.3)	2 (0.6)	9 (2.8)	3
1999	308	3	305	289 (100.0)	1 (0.3)	-	71 (24.6)	179 (61.9)	35 (12.1)	-	3 (1.0)	19
2000	602	19	583	592 (100.0)	1 (0.2)	1 (0.2)	107 (18.1)	420 (70.9)	54 (0.9)	-	9 (1.5)	90

資料：法院行政処『司法年鑑』該当年度。

表4-1　収集された資料の出処

	頻度（件）	比率（％）
ソウル地方警察庁外事課	143	57.0
京畿地方警察庁外事課	83	33.1
釜山地方警察庁外事課	25	10.0
計	251	100.0

表4-2 外国人犯罪の類型分類

		頻度（件）	比率（％）
出入国関連犯罪	入国関連犯罪	34	13.5
	滞留延長のための犯罪	32	12.7
	国籍取得のための犯罪	65	25.9
	不法就業と関する犯罪	5	2.0
	小計	136	54.2
日常生活のなかで犯す犯罪	不法滞留に関する犯罪	31	12.4
	不法滞留者対象犯罪	9	3.6
	賃金支払及び解雇による犯罪	2	0.8
	生活空間共有に関する犯罪	31	12.4
	その他生活のなかで犯す犯罪	8	3.2
	小計	81	30.3
犯罪目的で入国した者の犯罪	性売買	10	4.0
	クレジットカード又は有価証券偽造行使	16	6.4
	特殊窃盗	3	1.2
	詐欺	4	1.6
	銃器密輸	1	0.4
	小計	34	15.5
計		251	100.0

　潜入を試みる密入国、旅券及び査証偽造・変造などの「入国関連犯罪」、国内で不法に滞留するために外国人登録証や住民登録証を偽造するなどの「滞留延長のための犯罪」、不法に大韓民国の国籍を取得するために偽装結婚や国籍取得申請書等を偽造する「国籍取得のための犯罪」、観光目的で入国した者が不法に就業する「不法就業に関する犯罪」などである。

　第二に、「外国人が滞在中に起こす犯罪」は外国人が国内で長期滞留するにつれ日常生活をする中で発生する犯罪を言う。この類型には、不法滞留外国人が不法滞留という不安定な地位のために犯すことになる「不法滞留に関する犯罪」、外国人が他の不法滞留外国人を対象にして彼らの不法滞留という劣悪な状況を悪用し、不法に利得を得ようとする「不法滞留者対象犯罪」、事業主が外国人の不法滞留状態を悪用して犯す「賃金滞納及び解雇による犯罪」、不法滞留とは特に関係なしに外国人が滞留するにつれ、仕方なく発生する「生活空間共有に関する犯罪」等に分類される。

第三に、「犯罪目的で韓国に入国した者の犯罪」とは入国当時から犯罪を犯す目的で入国した者達が起こす犯罪を言うが、このような類型の犯罪は大抵、犯罪を目的とする組織によって犯され、国内の犯罪組織と外国の犯罪組織が連繋する事例も発見される。「外国人犯罪の3類型の中」で「出入国関連犯罪」が136件（54.2％）で、一番多い数を占めており、次に「日常生活のなかで犯す犯罪」が76件（30.3％）、「犯罪目的で入国した者の犯罪」が39件（15.5％）に分かれる。

(2) 外国人犯罪者の不法滞留

　次の表4-3は事例研究対象犯罪者が不法滞留状態か否かを表したものである。

表4-3　外国人犯罪者の不法滞留

	頻度（件）	比率（％）
不法	177	89.8
合法	20	10.2
計	197	100.0

　表4-3によれば、不法滞留状態か否かを判断しづらい事例を除いた、総197件の中で、不法滞留状態で犯された犯罪が89.8％を占めている。

(3) 外国人犯罪の種類

　次の表4-4は検挙当時の主な罪名を分類して表したものである。先に分類した犯罪類型は犯罪者の犯行当時の状況と動機が反映された分類だとすれば、ここで分類した罪名別分類は外国人犯罪が韓国のどんな法規で規制されているかを表すものである。

　事例研究のため収集された外国人犯罪を罪名別に検討した結果、出入国関連犯罪が136件（54.2％）で一番多く、次には「窃盗」「クレジットカード偽造」「外国為替管理法違反」等の財産犯罪が47件（18.7％）を占めている。

表4-4 外国人犯罪の種類別分布

		頻度（件）	比率（％）
強力犯罪	殺人	7	2.8
	強姦	4	1.6
	強盗	8	3.2
	小計	19	7.6
財産犯罪	窃盗特殊窃盗	18	7.2
	詐欺	4	1.6
	クレジットカード偽造	15	6.0
	有価証券偽造	1	0.4
	密輸	2	0.8
	著作権法	1	0.4
	外国為替取引法	5	2.0
	横領	1	0.4
	小計	47	18.7
暴力犯罪	暴行	13	5.2
	傷害	2	0.8
	小計	15	6.0
薬物犯罪	麻薬類管理法	13	5.2
出入国関連犯罪	私公文書偽造	64	25.5
	密入国	7	2.8
	偽装結婚	60	23.9
	不法就業（観光VISA）	5	2.0
	小計	136	54.2
保健犯罪	医療法（不法医療行為）	3	1.2
	無資格按摩	2	0.8
	小計	5	2.0
風俗犯罪	性売買	10	4.0
	賭博	4	1.6
	小計	14	5.6
交通犯罪	酔っ払い運転	1	0.4
	免許証偽造	1	0.4
	小計	2	0.8
計		251	100.0

(4) **外国人犯罪の被害者**

次の**表4-5**は事例研究対象外国人犯罪の被害者国籍及び被害者数を表したものである。

表4-5　外国人犯罪の被害者国籍及び被害者数

		頻度（件）	比率（％）
被害者国籍	主犯と同一国籍外国人	15	6.4
	主犯と違う国籍外国人	4	1.7
	内国人	27	11.6
	同一国籍外国人＋違う国籍外国人	1	0.4
	外国人＋内国人	1	0.4
	国家	185	79.4
	計	233	100.0
被害者数	1名	37	71.2
	2名	8	15.4
	3-4名	4	7.7
	5名以上	3	5.8
	計	52	100.0

　事例研究対象外国人犯罪の79.4％は密入国旅券偽造、密輸、不法複製、不法外国為替取引、酔っ払い運転等の様な法的安全性を侵害する犯罪である。その他、国籍を明らかに確認できなかった事例のほとんどが内国人が被害者である犯罪であり、その次には主犯と同一国籍の外国人が多かった。主犯と違う国籍の外国人が被害者になった場合も1.7％を占めている。

2．外国人犯罪の類型別特性

(1) 出入国関連犯罪

　A．入国関連犯罪

　　a）　旅券及び査証偽造

　　　この類型の犯罪は旅行者の国籍・身分を証明する旅券や、外国人に対する入国許可書である査証を偽造して不法的に入国した事例である。このような犯罪は組織的に行われており、このような目的の国内外の旅券及び査証偽造団が連係して活動したりしている。

表4-6　出入国関連犯罪

	頻度（件）	比率（%）
入国関連犯罪	34	25.0
滞在延長目的の犯罪	32	23.5
国籍取得目的の犯罪	65	47.8
不法就業と関する犯罪	5	3.7
計	136	100.0

事例1　旅券及び外国人登録証を偽造した事件

被疑者：キム○○（45歳、朝鮮族）

罪名：旅券及び査証偽造

事件概要：2000年3月2日、他人の旅券に自分の写真を貼り替えた偽造旅券で入国した後、国内朝鮮族ブローカーに100万ウォンを払って外国人登録証を偽造し所持した事件。

（京畿地方警察庁外事課報告資料、2004.3.30.）

事例2　韓中旅券偽造団が連係された旅券密買事件

被疑者：ウォン社長（約40歳、朝鮮族）

罪名：旅券及び査証偽造

事件概要：2003年8月から2004年1月30日、慶北盈徳、浦港、全州、蔚山等、農漁村地域を対象に「お金が必要ですか。信用レベルに関係なく、少額（貸出金額20～500万ウォン）貸出します」との貼り紙を村の電信柱に貼り、それを見て、貸入に来た住民104人から、貸出に必要な書類であるとし、旅券発給に必要な住民登録証、謄本、旅券用写真等を受取った。この中44名には旅券売買代価として15～40万ウォンを支給し、総74枚の旅券の発給を受け、この中の60枚を仁川で韓中間を往来する旅客船の貨物や税関のX-RAY検査がない袋の中に入れ、中国のなりすまし旅券密売組織に売るという新しい手口の旅券密売事件。

（釜山地方警察庁外事課報告資料、2004.2.9.）

b）密　入　国

密入国は出入国管理法上正式手続をとらずに入国した場合で、同じく現地で斡旋する者と国内ブローカーが共謀して行われる場合がほとんどである。

事例3　密入国事犯検挙事件
被疑者：ムン○○（W○○G○○○○S○○。男、33歳、中国朝鮮族）
罪名：密入国
事件概要：被疑者は、2000年7月頃、中国密入国斡旋者に約950万ウォンを払い、全北群山に密入国し、ソウル等で建築現場で働く。2004年3月18日、07：15、不法滞在者「112申告」によりソウル南部警察署西部地区隊で現場出動検挙後密入国者と判明、南部署保安2係で引受し調査した結果、単にお金を儲けるために密入国したということであった。

（京畿地方警察庁外事課報告資料、2004.3.18.）

B. 滞在延長目的の犯罪

滞在延長目的の犯罪は正式の入国手続を経由して合法的に入国した外国人が入国当時定められた滞在期間を過ぎてなお滞在したり、不法入国後、国内での合法的滞在に見せかけるために外国人登録証や住民登録証を偽造する犯罪を言う。

a)　外国人登録証、又は国際免許証偽造

この種類の犯罪は主の国内ブローカーの斡旋及び主導で行われるもので、不法滞在外国人が多く居住する地域にチラシを配布したり組織的に対象者を募集することが多い。

事例4　外国人登録証等偽造中国人被疑者検挙事件
被疑者：チョイ○○（男、29歳、中国漢族）
罪名：外国人登録証偽造
事件概要：2001年11月9日、短期滞在（30日）ビザで韓国に入国し、日傭労働者で働く途中長期滞在する目的で1人あたり80万ウォンを払って雇傭確認書を偽造し、これを提示し出入国管理所から外国人登録証を取得しこれを使用したとして、中国人を検挙。

（京畿地方警察庁外事課報告資料、2004.2.20.）

b)　住民登録証又は運転免許証

中国人の場合、外見だけでは内国人と区別するのが難しく、特に朝鮮族

の場合、韓国語を母国語のように駆使するため、偽造された住民登録証を使い韓国人になりすます事例が多発している。

事例5　他人名の住民登録証偽造被疑者検挙
被疑者：オ○○（30歳、中国朝鮮族）
罪名：公文書偽造
事件概要：2000年5月11日、他人名義の偽造された中国旅券を利用、国内に不法入国し滞在するうちに、頻繁な不法滞在取締りのため、「○○○」というインターネット同好会サイトで出会った姓名不詳の偽造ブローカーに、2003年12月中旬ソウル永登浦駅前で会い、100万ウォンを払って内国人名義の偽造住民登録証を受け取り行使した。

（ソウル地方警察庁外事課報告資料、2004.3.31.）

事例6　運転免許証偽造事件
被疑者：チャン○○（33歳、男、朝鮮族）
罪名：運転免許証偽造
事件概要：1993年1月1日、短期ビザで国内入国し不法滞在中、取締りを逃れるため、国内朝鮮族ブローカーに1,000万ウォンを払い、他人の運転免許証を偽造。
検挙経緯：「レストランで働く朝鮮族が運転免許証を偽造し10年以上国内に滞在している」との情報を入手し（2004年8月中旬）、身元を確認して、被疑者を職場で検挙。

（京畿地方警察庁外事課内部報告資料、2004.8.20.）

C.　国籍取得目的の犯罪

　この種類の犯罪は国内人と偽装結婚をして韓国国籍を取得する事例が殆んどだが、韓国人二世になりすますために、虚偽遺伝子鑑定書等各種国籍申請書類を偽造して不法に韓国国籍を取得しようをした事例もある。このように、国籍取得目的の犯罪も外国人登録証偽造と同じく、組織的に行われる傾向がある。

　a)　偽装結婚

　偽装結婚をして、韓国国籍を取得しようとする外国人は、中国国籍の朝

鮮族や漢族が大半を占めている。偽装結婚の大多数は外国の斡旋組織と国内ブローカーが連係した国際的組織犯罪である。

事例7　韓・中偽装結婚斡旋組織検挙事件
被疑者：リ○○（35歳、男、中国）
罪名：偽装結婚
事件概要：被疑者が運転する営業用タクシー乗客及び取引先で、中国人男子との偽装結婚をすれば中国旅行や一定の謝礼金を支払う旨示して国内低所得層（家政婦及び工場職工）女性を募集し、中国人の男性を不法入国させた事件。中国側の斡旋者からは、1人あたり450万ウォンの不当利得を受取っていた。
検挙経緯：企画捜査関連偽装結婚ブローカーがタクシー運転手で働きながら、タクシー乗客に対して偽造結婚をしてくれる女性を募集しているとの情報を入手し、ブローカー周辺人物等を内査して、犯罪事実を解明して検挙した。

(ソウル地方警察庁外事課報告資料、2004.2.26.)

事例8　韓・中偽装結婚斡旋組織検挙事件
被疑者：ドン○○（50歳、女、朝鮮族）
罪名：偽装結婚
事件概要：特別犯罪過重処罰法（強盗殺人・窃盗）など、前科2犯～29犯の前科者らが糾合し、一名「チョ社長派」を組織して中国（延辺朝鮮族自治州内延吉市）偽装結婚組織と連係、2003年9月2日、国内に光州北区所在「○○○相談所」を開いた。前科者及び信用不良者等、偽装結婚対象者200人余りを募集し、内国人には偽装結婚の代価として300万ウォンを提供し、中国朝鮮族女性からは偽装結婚謝礼金として1,000～1,500万ウォンを受取った。偽装結婚を斡旋し、このうち、30組を国内に不法入国させた総責任者など、偽装結婚斡旋専門組織員41名を検挙した。
検挙経緯：警察庁旅券偽・変造・偽装結婚事犯に対する取締り検挙指示が出され、資料を収集しているうちに、偽装結婚斡旋組織が中国現地組織と連係して中国朝鮮族男女を偽装結婚させて不法入国させているとの情報を入手した。一定の職業がないのに観光目的で頻繁に中国に出入国している容疑者4～5人を捜査線上にあげ、この容疑者と周辺人物達を捜査していた。朝鮮族アム○○がこの容疑者らの一人と国際結婚して入国したが、入国の際申告した住所地に実際居住していない事実を確認、アム○○を検挙し調査した結果、自分の様に多くの朝鮮族女性らが、中国延吉市内偽装結婚組織と光州にある「○○○結婚相談所」を通じて

組織的に入国したと自白した。

　光州出入国管理事務所職員を仮装し、同居状況を確認するとして、中国朝鮮族女性ら検挙。同時に「○○○結婚相談所」を捜索し、偽装結婚名簿及び関連書類などを押収、緻密な捜査で、被疑者らの組織の検挙に成功した。

（釜山地方警察庁外事課報告資料、2004.3.9.）

b) 　国籍取得申請書類偽造

　国内人との親族関係を装い、虚偽立証書類を使用するなど、血縁関係がない中国人が韓国人になりすまして、虚偽出生申告書を作成したり、虚偽申告する手法の犯罪である。

事例9　虚偽遺伝子鑑定書を利用し不法に国籍を申請した事件
被疑者：ファン○○（31歳、男、国籍取得）
罪名：国籍申請書類偽造
事件概要：韓国人の異母兄の名義を盗用して、遺伝子鑑定のための血液を提出し、彼との親族関係を立証する虚偽の鑑定書を使い、韓国国籍を取得しようとした中国僑胞（中国国籍朝鮮族）等、不法国籍取得申請者ら5人を検挙。

（ソウル地方警察庁外事課報告資料、2004.5.8.）

事例10　不法国籍取得斡旋ブローカー検挙事件
被疑者：キム○○（30歳、女、戸籍取得中国僑胞）
罪名：国籍申請書類偽造
事件概要：ソウル鐘路区所在○○○職業紹介所運営者は02.5月頃、不法滞在中国僑胞を、10年前に家出して住民登録が職権抹消された韓国人であると虚偽申告し、住民登録証不正発給を斡旋し、斡旋金1千万ウォンを受取った。住民登録証を偽造した者が銀行口座開設時にその登録証を行使した。

（ソウル地方警察庁外事課報告資料、2004.12.6.）

D.　不法就労関連犯罪

　合法的に滞在している場合でも、本来の入国目的ではなく、不法に就業している場合をいう。彼らは殆んどが国内のブローカーを通じて形式上、観光

目的の短期査証で入国した後、工場、遊興業所等で働いている。

事例 11　ロシア不法入国・就業斡旋組織検挙事件
被疑者：ブル○○○○○（46歳、男、ロシア）
事件概要：ロシア・ウラジオストック所在旅行社と国内職業紹介所が連係して国内での就業を希望する旧ソ連邦国人達から2,000ドルずつを受取り、束草港に入国させた後、就業を斡旋。
検挙経緯：「ロシア人を束草港に入国させた後、首都圏地域工場に就業させる斡旋組織がある」との情報を入手（2004年4月）し、京畿安山、金浦、平澤、天安地域で、ロシア人等外国人達がブローカーを通じて不法就業している事実を確認、ロシアブローカー、不法就業者等を検挙。

(京畿地方警察庁外事課報告資料、2004.7.13.)

事例 12　無資格按摩行為タイ国籍の女性等検挙事件
被疑者：ラ○○シ○○（LA-○○○○○ S ○○○○○○ 22歳、女、泰国）
罪名：無資格按摩行為
事件概要：2002年1月26日頃ソンパ区バンイ洞に一般スポーツマッサージ業所「○○スポーツ」を設け、観光目的で入国した無資格按摩を行うタイ国籍の女性6名を雇傭、2002年2月26日～6月23日まで不特定のお客達に按摩を施術させ、6,400余万ウォンの不当利得を取得。

(ソウル地方警察庁外事課報告資料、2004.6.24.)

(2) 日常生活の中での犯罪

日常生活の中で起きる犯罪は全体の外国人犯罪の中で、発生頻度の点では大

表 4-7　生活中起こす犯罪

	頻度（件）	比率（％）
不法滞在に関する犯罪	31	38.3
不法滞在者対象犯罪	9	11.1
賃金滞納及び解雇による犯罪	2	2.5
生活空間共有に関する犯罪	31	38.3
その他	8	9.9
計	81	100.0

きな比重を占めてないものの、犯罪被害の影響力が大きい殺人、強盗、強姦のような悪質な犯罪が含まれており、一般的には暴力や窃盗等が頻繁に発生している。

A. 不法滞在に関する犯罪

外国人不法滞在とは不安定な地位から惹起される経済的困難や感情衝突に起因する犯罪である。

事例13　暴力行為等（殺人未遂）被疑者検挙
被疑者：チョ○レ○○○（36歳、男、フィリピン。）
罪名：殺人未遂
事件概要：1993年4月16日、産業研修生として入国後、産業研修地を離脱し不法滞在しながら約2ヶ月前からアサン市所在○○重工業（株）で従業員として働いている者が2004年12月12日、01：30頃ピョンテク市所在○○ホテル附近路地で同じフィリピン人友達の誕生日祝い会に招待され、フィリピン人一行8名等と一緒に同所附近「○○○」クラブで酒を飲んで出てきたところ、見知らぬ韓国人3人等と喧嘩になり、韓国人1名を割れたコーラ瓶で首を刺し傷害を加えた。
（ソウル地方警察庁外事課報告資料、2004.12.17.）

また、外国人同士、又は内国人を対象とする犯罪類型がある。経済的に貧しい状態で他人の物やお金を盗む類の犯罪類型は専門的窃盗事件に比べ事案が軽微であり、被害の額数が多くないのが特徴である。不法滞在外国人の中には貧しい状況を忘れるために母国から麻薬を持ち込み、自分が服用したり、同僚に密売する事例等があった。

事例14　麻薬類管理法（大麻）被疑者検挙事件
被疑者：フ○○○○オル○（27歳、女、ロシア）
罪名：麻薬類管理に関する法律違反（大麻）
事件概要：不法滞在ロシア人達が2003年5月末頃から7月までe-mailを通じて、ブラディボストク（ウラジオストック）に住む友達に大麻の購入を依頼し、国際小包みで密搬入し、2004年1月中旬から同年3月7日まで、イテウォン一帯で

数回にわたって販売、吸煙した。

(ソウル地方警察庁外事課内部報告資料、2004.3.15.)

事例15 ヒロポン常習投薬・販売フィリピン人検挙
被疑者：マ○○ラ○○（M○○○○F○○○○。31歳、男、フィリピン）
罪名：麻薬類管理に関する法律違反（ヒロポン）
事件概要：1999年5月頃観光ビザ等で入国、現在まで不法滞在中の被疑者は2003年11日～2004年8月まで航空郵便等を利用し数回にわたって本国からヒロポンを搬送し、1グラムあたり約30万ウォンで国内滞在自国民を相手に売買した。自分の住居地等地でヒロポン0.2g～0.5gをホイルに置き、加熱した後、その煙を吸入する方法で各10余回にわたって常習摂取した。

(ソウル地方警察庁外事課報告資料、2004.8.31.)

B. 不法滞在者対象犯罪
 a)　無免許医療行為

外国人が合法的な医療機関を利用するには相対的に多額の費用を負担しなければならない。その他にもコミュニケーションの困難、病院利用方法についての知識不足などのため不法医療を受けてしまう事例が多い。韓国では1995年から産業災害を受けた外国人労働者達は不法滞在者である場合でも産災補償が可能になったが、依然として医療問題は不法滞在労働者にとって難しい問題である。

事例16 フィリピン国籍無免許歯科医師検挙事件
被疑者：ル○○レ○○○（R○○○○○○○JR. R○○○○、39歳、フィリピン）
罪名：保健犯罪取締りに関する特別措置法違反
事件概要：国内に不法滞在する外国人達を対象に1997年からソンドン区○○洞の地下に歯科診療施設を設置し、診療行為をして毎月2～300万ウォン程度、7年の間およそ2億ウォンを儲けた被疑者を保健犯罪取締りに関する特別措置法違反嫌疑で検挙。

(ソウル地方警察庁外事課報告資料、2004.5.2.)

事例 17　保健犯罪取締りに関する特別措置法違反事件
被疑者：ジ○○（66 歳、朝鮮族）
罪名：保健犯罪取締りに関する特別措置法違反
事件概要：中国朝鮮族が国内に滞在し、資格証がないにもかかわらず、営利を目的に住居地で医療器具を設置し、朝鮮族 10 人あまりに韓方医療行為をして合計 200 余万ウォンの治療費を受取った。

（ソウル地方警察庁外事課報告資料、2004.5.2.）

b)　不法滞在者対象賭博場の開場

不法滞在外国人が余暇活動に出ることが難しい状況を利用して、彼らを対象に賭博場を開設し不法利得を得た犯罪が摘発されている。

事例 18　中国朝鮮族常習賭博（麻雀）事件
被疑者：ケ○○（当 48 歳、女、中国朝鮮族、結婚帰化して離婚）
罪名：常習賭博
事件概要：中国朝鮮族で結婚帰化して国内滞在中の者が 2004 年 2 月から検挙時期まで自分の家に賭博場を開場し、中国同胞 3 人を誘い、160 万ウォンを賭けて賭博（麻雀）をした。

（ソウル地方警察庁外事課報告資料、2004.8.20.）

事例 19　ベトナム人常習賭博事犯検挙事件
被疑者：ブトゥ○○（29 歳、男、ベトナム）
罪名：常習賭博
事件概要：店舗 2 階の食堂を賃貸、賭博場を開場して、毎週水・土曜日に周辺地域のベトナム労働者を集め、数千万ウォンの掛け金を賭け、サイコロで奇・偶を当てる「スッティエ」賭博をした。

（京畿地方警察庁外事課報告資料、2004.9.12.）

c)　不法滞在者の身分を悪用した常習暴行

不当な待遇を受けても刑事司法機関にこれを訴えることができない不法滞在者達の身分を悪用した犯罪を紹介する。この類の犯罪は同一国籍の外

国人の間で頻繁に発生する。

事例20 強盗致傷被疑者検挙事件
被疑者：カ○○モ○○○ア○○○（32歳、男、バングラデシュ）
罪名：強盗致傷
事件概要：被疑者は2004年2月18日00：30頃京畿イジョンブ市○○○○（酒店）内で同じバングラデシュ人被害者がお金を貸してくれないという理由で路地に引っ張り出し、数十回にかけて暴行を加えた後、現金540,000ウォンと市価520,000ウォン相当の金ネックレス合計1,060,000ウォン相当を強取した。

(ソウル地方警察庁外事課報告資料、2004.2.20.)

C. 賃金滞納及び解雇に因る犯罪

外国人労働者達は賃金未払いや苛酷行為等の被害を受けても賃金を督促したり労働条件の改善を要求したりすることが出来ない。被害を受けても自分の権利を主張出来ない外国人労働者達の中で暴力を用い、自分の立場を悪用した事業主の身体等に危害を加えた事例である。

事例21 殺人未遂被疑者検挙報告
被疑者：フン○（当37歳、男、ベトナム）
罪名：殺人未遂
事件概要：被疑者はベトナム国籍で約6年前韓国に入国し、現在不法滞在者として会社を移りながら働いていた。2004年6月24日22：00頃ソウル東大門区所在○○製冊社内で同所社長である事件の朴○○（男、50歳）から賃金を貰えず解雇されたことに抵抗し、大声を出し騒動を起こすのを被害者が止めた。被疑者は彼を殺害することを決心し、不詳の場所で準備してきた包丁（長さ35センチメートル）で腹部を1回刺すなど治療日数未詳の傷害を加えた後、その場所から逃走したが、殺害の目的を果たせずに未遂に止まった事件。

(ソウル地方警察庁外事課報告資料、2004.6.25.)

事例22 特殊窃盗嫌疑ベトナム人暴行窃盗犯検挙
被疑者：ブチ○○○（VUT ○○○○○○、24歳、男、ベトナム）

罪名：特殊窃盗
事件概要：2003年10月15日20：30頃京畿キンポ市所在「○○エンジニアリング」工場内で、同じベトナム人共犯と共に滞った賃金の未払いの理由で自分が勤務する工場の社長をハンマーで暴行し、近隣ファソン産業機械工場の車両を窃盗し、共犯と一緒に逃走した外国人被疑者を検挙。

（ソウル地方警察庁外事課報告資料、2004.6.28.）

D. 生活空間共有に関する犯罪

外国人が国内に滞在するに連れ、自然的に発生する犯罪であるため、基本的に国内で発生する犯罪と大して変わらない。

a) 人間関係から発生した葛藤による暴力

愛情問題等から発生した感情的動機に起因する暴力犯罪などである。

事例23　殺人被疑者検挙事件
被疑者：アル○○○（AL○○○○○○○○、42歳、男、モンゴル人）
罪名：殺人
事件概要：被疑者は2003年7月頃就業のため入国し、京畿道議定部一帯で、日雇い労働者として働き、妻は被疑者より先に入国してソウル中区所在「○○アペラル」に勤務していた。被疑者は妻がモンゴル人である被害者と不倫関係にある事実を知り、被害者を殺害しようと決意し、果物ナイフを準備し妻が働く工場に行き2004年7月14日22：36頃、近くのスーパーでドリンク1本を買って飲みながら、妻と被害者の行動を探る中、被害者が出るのを目撃し、被害者に向かって走り、ドリンク瓶で被害者の頭を1回加撃し、準備してきた果刀（全体の長さ19cm、刃物の長さ9cm）を利用して、被害者の左胸部位を3回連続で刺して現場で殺害した。

（ソウル地方警察庁外事課報告資料、2004.7.21.）

事例24　殺人未遂・強盗事件
被疑者：金○○（38歳、男、朝鮮族）
罪名：殺人未遂
事件概要：6年間不法滞在をしていた被疑者は、付き合っていた女性が会ってく

れないことに腹をたて、2004年8月2日05：40頃女性の母に会い、なぜ婿として認めてくれないのかと言いながら準備したガラスの瓶で腹部を1回刺し殺害しようとしたが、未遂に止まり、現金20,000ウォンを強取した被疑者を検挙。

(ソウル地方警察庁外事課報告資料、2004)

b)　金銭問題に因る葛藤が惹起した暴力犯罪

　金銭トラブルが原因となり、暴力事件になった場合、金銭利得のために暴力を使用した事例等がある。

　事例25　ロシア人銃器殺人事件
　被疑者：ナ○○○バ○○（54歳、ロシア）
　罪名：殺人
　事件概要：北太平洋一帯の水産物操業、販売利権をめぐってロシア・ブラディボストク（ウラジオストック）のマフィア「ペトラコプ」派とサハリンのマフィア「ヤクート」派が抗争する中で、身辺の威脅を感じ、日本を経由して釜山に避身中の「ヤクート」派の親分を銃器で殺害した事件。

(釜山地方警察庁外事課報告資料、2004)

c)　職業化された犯罪

　外国人が国内に滞在しながら暴力団体を構成し不法な利得を得たり、不法複製、密輸、窃盗等の不法な行為を生計の手段とする場合をいう。

　事例26　朝鮮族「大林洞派」組織暴力団検挙
　被疑者：チェ○○（36歳、男、朝鮮族）
　事件概要：朝鮮族「大林洞派」という暴力組織を結成し、ヨンドンポ区大林洞、グロ洞、ガリボン洞、安山一帯で朝鮮族を相手に賭博場を開設し、賭博者を相手に高利でお金を貸し、返済しなかったり、賭博場の邪魔をする者を相手に暴力をふるう朝鮮族暴力団組員を検挙。

(ソウル地方警察庁外事課報告資料)

事例 27 音盤・ビデオ物不法複製被疑者検挙事件

被疑者：イ◯◯オン◯◯◯◯（38歳、男、カザフスタン）

罪名：著作権法違反

事件概要：◯◯◯ビジネスセンターという酒類流通業を運営しながら、事務室の中で CD・DVD 及びビデオテープの複製装備を置き、国内外有名映画、音盤等を不法複製・流通させた事件。

(ソウル地方警察庁外事課報告資料、2004.10.26.)

事例 28 薬師法違反等被疑者検挙事件

被疑者：アン◯◯（66歳、女、朝鮮族）

罪名：薬師法違反

事件概要：偽中国産ビアグラ（バイアグラ）密輸入、流通、販売。2004年4月中旬、仁川海上を通じて入る中国人商人から偽ビアグラを密輸入して 100mg30 粒が入っている1瓶を各5万ウォンで（総180瓶）販売し、2004年4月23日 19：00頃、ソウル東大門区ゼギ洞所在◯◯◯◯ビル5階食堂で現金500万ウォンを払い、残り 1,240万ウォンは次回に渡すことにし、中国産偽ビアグラ 180瓶を受取り、販売目的で保管した事件。

(ソウル地方警察庁外事課資料、2004.10.26.)

事例 29 米有名大学学位証偽造、教授採用米国人検挙事件

被疑者：H◯◯◯◯◯ M◯◯◯◯◯ K◯◯（34歳、男、米国）

罪名：私文書偽造

事件概要：ニューヨーク芸術高等学校卒業、マンハッタン・タワーホテルのベルマンとして働いていた被疑者は、韓国人女性と結婚、国内に入国して仕事を探していたところ、◯◯大学校教授採用関連公告文を見て 2003年3月頃、タイ人ブローカーを通じて米◯◯◯◯◯◯大学英語教育学博士学位証を偽造し、◯◯大英文学科教授として不正任用され、給料及び研究費名目に約 6,800万ウォンを騙し取り、学内で常習的に大麻草を吸煙した米国人を検挙。

(ソウル地方警察庁外事課内部報告資料、2004.10.26.)

d) 為替差益を狙う犯罪「ファンチギ」

「ファンチギ」とは通貨が違う二つの国のそれぞれ口座を作った後、一方の国の口座にお金を入れ、もう一方の国に作って置いた口座からその国

の貨幣で支給して貰う不法外国為替取引手法で、外国為替銀行を経ず、互いにお金のやりとりができ、外国為替取引法に規定された送金の目的を知らせる必要もなく為替手数料も払わないため、これを利用して本国に送金しながら長期間不法滞在する。

事例30　国際不法送金斡旋「ハワラ」組織検挙事件
被疑者：イ○○ム○○○○（28歳、男、バングラデシュ）
罪名：外国為替取引法違反
事件概要：2002年6月～2004年8月頃までバングラデシュ自国民と国内東南アジア輸出業体等を対象に「ファンチギ」口座を通じ、国際的ファンチギ手法で約480億ウォンの不法外国為替送金を斡旋、韓貨約44億ウォン相当をドルで不法両替した事件。

(ソウル地方警察庁外事課報告資料、2004.9.21.)

事例31　「ファンチギ」手法外国為替取引法違反
被疑者：キム○○（49歳、女、朝鮮族）
罪名：外国為替取引法違反
事件概要：国内借名口座を開設し中国への不法送金を望む国内貿易業者・不法滞在者等を募集して総金額の7％を手数料として受取る条件で中国業体等に支払う貿易取引貸金・生活費等を現地ですぐ支給する方法で25億ウォン相当を中国に不法送金して来た俗称「ファンチギ」専門事犯16人を検挙。
検挙経緯：国際結婚して国内に居住する中国朝鮮族が「ファンチギ」口座を開設し、中国に送金を依頼する人たちを募集し、数十億ウォンのウォン貨を中国に不法送金していると情報を入手した。銀行入出金の取引内訳を分析して証拠を確保した後、被疑者を指名手配し、入国時通報要請、出国禁止措置などで各被疑者を検挙。

(釜山地方警察庁外事課報告資料、2004.10.28.)

⑶　犯罪の目的で入国した者の犯罪

　韓国に入国する当初から犯罪を犯す目的で入国した者の犯罪は、ほとんどが犯罪を目的とする組織と絡んでおり、組織犯罪の性格を帯びている。一部は国

内の犯罪組織と外国の犯罪組織が連係しているという点で国際的規模の犯罪特性を持つこともある。

事例分析をため収集した資料の中、犯罪目的で入国した者の犯罪の分布は次の表4-8の通りである。

表4-8 犯罪目的で入国した者の犯罪

	頻度（件）	比率（％）
性売買	10	29.4
クレジットカード有価証券偽造行使	16	47.1
特殊窃盗	3	8.8
詐欺	4	11.8
銃器密輸	1	2.9
計	34	100.0

A. 性 売 買

外国女性が性売買を目的で入国した事例がほとんどである。

事例32 外国女性雇傭、性売買を斡旋したブローカー等検挙事件
被疑者：ス〇〇〇リ〇〇（24歳、女、ロシア）
罪名：性売買斡旋
事件概要：2004年10月初旬頃「〇〇〇〇」等インターネットサイトの広告を通じてロシア等外国人性売買女性を雇傭、性売買関連公告メールを発送、1回13万ウォンを受取る条件で男性達を募集した後、ヨンサン区イテウォン一帯宿泊業所などで性売買を斡旋。

（ソウル地方警察庁外事課報告資料、2004.10.21.）

B. クレジットカード・有価証券偽造行使

海外で偽造されたクレジットカードや偽造旅行者小切手等を国内に持ち込み、国内で行使する場合である。百貨店や大型量販店で高価な物件を購入したり、現金と交換する等の手法が使用されている。

事例33　海外旅行中使用した内国人カードを複製し、ブランド物を購入した東南アジア人検挙

被疑者：リャ○○ホ○（L○○○ C○○○○ H○○ 35歳、男、マレーシア）
罪名：クレジットカード偽造
事件概要：香港、タイ等東南アジアで海外旅行中使用したクレジットカードの個人情報を引き出し、クレジットカードを偽造し、観光旅行客として国内に入国した後、ソウル、釜山等全国百貨店及び貴金属店等で偽造クレジットカードで物品等を購入した国際クレジットカード詐欺団マレーシア人2人を検挙した。

(釜山地方警察庁外事課内部資料、2004.11.2.)

事例34　100ドル券偽造旅行者小切手不正使用

被疑者：ウン○○（36歳、男、マレーシア）
罪名：クレジットカード偽造
事件概要：2004年11月24日15：00頃江南区三聖洞に在る○○○○○ホテル両替所で偽造した香港旅券で身分を騙し、100ドル券偽造旅行者小切手をウォン貨で両替する手法で総800万ウォンの不当利得を取得した。

(ソウル地方警察庁外事課報告資料、2004.11.26.)

C. 特殊窃盗

窃盗の目的で入国して犯行を犯す場合があり、国内の贓物処分組織と連係している事例もある。

事例35　外国人特殊窃盗団検挙事件

被疑者：G○○○○○○ G○○○○○（56歳、男、コロンビア）
罪名：特殊窃盗
事件概要：被疑者等7人は2004年3月22日～3月31日に入国し、他人の財物を窃取するため、各頭・副頭・経理・物色役等に役割を分担した後、2004年4月8日、ソウルヨンサン区三角地に所在「○○レンタルカー」で車両4台を借り、不詳の国内贓物処分責任者が教えてくれた貴金属中間商人被害者の車両を、大邱から安東まで約7時間尾行し、安東○○○休憩所で被害者が席をはずした間にその車両の窓を割り、ダイヤ・真珠ネックレス等億台の宝石類及び現金250万ウォンが入っているカバン二つを窃盗し、逃走した事件。

事例 36　特殊窃盗被疑事件
被疑者：レ○○○○フ○○ホ○○べ○○○○○（28 歳、男、コロンビア）
罪名：特殊窃盗
事件概要：被疑者は 2004 年 5 月 30 日、旅行目的で入国、他人の財物を窃盗しようと決め、白レンタカーを利用、ソウル一帯を探し回り、一人で運営する貴金属店を犯行場所に選定し、客のふりをして侵入、互いに犯行役割を分担した後、共謀合同して 2004 年 6 月 7 日、17：35 頃ソウル中区所在「○○○貴金属店」で 540,000 ウォン相当の品物を窃盗した。

（ソウル地方警察庁外事課報告資料、2004.6.8.）

D.　詐　　欺

外国人という身分を利用して大規模の詐欺犯行を犯した事例が見られる。

事例 37　国際金融詐欺被疑者検挙事件
被疑者：ハ○○○（H○○○○○○○○、50 歳、在米僑胞）
罪名：詐欺
事件概要：2003 年 6 月頃ナイジェリア大統領側近との親密であるとし、経済的背景を誇示しながら、済州道観光関連事業者に接近し、数千億台済州道投資をダシに投資経費名目で 5 億 5 千余万ウォンを騙し取った。

（ソウル地方警察庁外事課報告資料、2004.9.3.）

E.　密　　輸

銃器・麻薬等国内では合法的に流通させる事ができない物件を密輸したり、正常な通関手続を経ずに、宝石などの高価の物件を密輸する犯罪が多い。

事例 38　日本からの銃器密輸・組織暴力団幹部検挙事件
被疑者：カ○○○○ヒ○○○○（K○○○○○○○○K○○○○○○、44 歳、

日本）等

事件概要：2001年3月30日、フィリピンで、組織員二人に、分解した拳銃12丁と実弾200発を日本に密搬入させ、すでに検挙された組員の家で発見された拳銃6丁及び暗殺用ボールペン拳銃4丁等の密搬入嫌疑で日本警察庁によって2001年4月19日日本で指名手配され、韓国へ逃避し、1年2ヶ月間不法滞在しながら活動中だった日本組織暴力団（組織員540人）の中間幹部を、日本警察庁との国際共助捜査による10ヶ月間の追跡捜査の末、検挙した。

(釜山地方警察庁外事課報告資料、2003.10.14.)

Ⅴ 外国人犯罪捜査と通訳

1．問題の所在

　外国人犯罪の増加による現状として韓国語を理解できない外国人が被疑者や被告人になる事件が増えており、外国人関連刑事事件で従来英語、フランス語など広く通用されている言語を使用する被疑者・被告人だけではなくアラビア語、モンゴル語など、いわゆる少数言語を使用する者の数も増加している。韓国語を理解する事ができない外国人被疑者・被告人さらに被害者などの参考人など、刑事事件で捜査機関が外国人とコミュニケーションを取るために通訳は欠かせないものであり、円滑なコミュニケーションができないため、厳格かつ適法な手続に従わなければならない刑事手続でさまざまな問題が発生する。ソウル地検は現在19言語2、3人の通訳要員を確保している。

2．国語を使用する外国人被疑者の審問

(1) 法廷用語

　裁判所組織法第62条第1項は「法廷では国語を使用する」、第62条第2項は「訴訟関係人が国語を話せない場合には通訳による」と規定し、同規定は「裁判所が法廷外の場所で職務を行う場合にも準用される」（同法第63条）。これは裁判所の公平な審理を担保し、憲法上保障される公開裁判の原則を守るために裁判所、当事者、傍聴人の皆が理解できる言語である国語を原則的に使用

し、訴訟関係人が国語を話せない時には裁判所が必ず通訳を通じて国語で裁判を進行させる事にした。

　同条項により裁判所は、国語が通じない訴訟関係人に対して必ず通訳者を選定しなければならない義務を担うことになり、犯罪の立証に必要な訴訟書類も必ず国語で作成する必要はなく、外国語で作成された訴訟書類をそのまま公判手続で利用できるし、外国語で作成された各種の調書や供述書、立証資料等の提出も許されると解釈できるだろう。

　日本では裁判所法第74条で「裁判所では、日本語を用いる」と規定されているのみであるため、裁判所が日本語以外の言語を使用する必要はない。日本語以外の言語による訴訟行為を履行する義務を負担していないため、犯罪立証に必要な供述内容等は必ず日本語で表現されなければならないと解釈されている。

　一方、翻訳に関する韓国刑事訴訟法第182条は「国語ではない文字又は符号は、これを翻訳させなければならない」と強行規定で規定しているのに比べて、日本刑事訴訟法第177条は「国語ではない文字又は符号は、これを翻訳させることができる」と任意規定として規定している。

　大法院判例は、「被告人らが外国語で作成し、原審に提出した抗訴理由書を原審が翻訳させなかったことは過ちだが、これは判決内容自体ではなく、訴訟手続が法令に違反した場合でそのために被告人らの防御権や弁護権が本質的に侵害され、判決の正当性が認められないと見られない限り、上告理由にはならず、原審で被告人らが通訳者を通して同じ趣旨の証言をし、原審がこれに対する充分な審理を果たしたので、判決に影響を及ぼしたとは言い難い」[4]と判示している。「外国語で作成された文書を他の言語又は国語で翻訳する場合、その翻訳本は原本と同一であり、証拠としての性格を持ち、やむを得ず原本が提出できない事情がある場合でも原本の存在とその翻訳の正確性が認められなければ証拠として使用することはできない」[5]と判示した。

---

　4)　大韓民国 大法院 1998. 6. 23. 宣告 98ド1038 判決。

(2) 母国語使用の必要性

　審問をするためには捜査機関と被疑者との円滑なコミュニケーションが何より大切である。国語を理解することができない外国人被疑者とコミュニケーションするためには、外国人被疑者の母国語を使用するのが最善策であろう。捜査機関が外国人被疑者を審問する場合、外国人被疑者が使用する言語を使用するのが望ましい。しかし、捜査機関がその言語を使用できない場合には外国人被疑者が使用する母国語に精通する通訳者を通して審問するしかない。外国人被疑者が使用する母国語に精通し、微妙なニュアンスまで感じ取れる通訳者を確保することが必要である。

　しかし、外国人被疑者の母国語を話す通訳者を確保できない場合（特に外国人被疑者が少数民族である場合）が多く、このような時には外国人被疑者が理解する国際通用語（ほとんどの場合、英語）によるしかない。これに関する日本の判例は「泰国人被告人が英語を理解し話せる場合には英語に通訳して審理しても違法とは言えない」[6]と判示した。

(3) 外国人の審問と審問調書

　外国人に対する審問に関して刑事訴訟法上、直接適用できる条項は存在せず、刑事訴訟法第221条に「通訳又は翻訳を委嘱することができる」という規定があるだけである。国語を理解することができない外国人に対する審問は捜査機関が直接外国語を使用して審問するか、通訳者を通して外国語で審問するしかない。しかし、その供述を調書の形式で記載する場合には、法律上何の制限もないため、必ず当該外国語で作成する必要はない。どんな言語で供述書を作成するかは捜査機関の裁量に委ねられていると解釈される。

　外国人被疑者を審問して調書を作成する場合、大きく分けて次の二つの形式が考えられる。第一に、審問調書を被疑者の母国語又は理解できる外国語で作

---

5) 大韓民国 大法院 1985.9.1. 宣告 85ド1364 判決。
6) 1960.12.26. 東京高判。

成する形式（A形式）、第二に、国語で審問調書を作成する形式（B形式）である。A形式は捜査官自らその外国語を使用する能力があることを前提としており、B形式は捜査官が通訳者を通じて調書を作成する場合である。調書を作成した後、被疑者に調書の内容を閲覧させたり、読み聞かせる方式はA形式の調書の場合、外国語で作成された調書をそのまま閲覧させたり、記載されたまま読み上げるため、特に問題にならない。B形式の調書は国語で作成されているため、閲覧させることはできず、外国語で読み上げる必要があるが、その方法として国語の調書の翻訳文を作成して読ませる必要はなく、口頭で翻訳し読み上げることで充分だと思われる。

3．通訳の適正性確保と証拠能力

(1) 通訳者の適格性

現行法上、通訳者は通訳に関して必要な能力を備える者であれば十分であり、その資格に関して具体的な制限はない。しかし、通訳が正確でなければ審問の内容を正確に被疑者へ伝える事ができず、ニュアンスの違いによって意味が全く違う場合もあるため、有能で熟達した者を通訳者を選定するのが望ましい。

裁判所や捜査機関が有能な通訳者を確保するのは難しいのが現状であり、裁判所と捜査機関の共通の問題である。特に地方や田舎で通訳者を確保することはさらに困難である。また、刑事手続での通訳は一般通訳とは違い、一般人には馴染のない専門用語が使用されるため、一般通訳より難しく、通訳者に刑事手続の概観などに関する教育をしたり、通訳に必要な資料を開発して提供する努力も必要である。

(2) 公正な通訳

通訳者は捜査官ではなく、コミュニケーションを仲介する役割を果たすに過ぎないため、公平・中立性を保たなければならない。通訳者を選定する場合は、捜査官が捜査段階で通訳者となるのはなるべく避けた方がよいと思われ

る。しかし、通訳者が捜査機関に所属していても、捜査に参加していない専門通訳者であれば、その人は捜査と遮断され公平性を担保できるため、通訳に参加することができるだろう。

(3) 通訳の正確・公正性の担保

通訳を通じて作成した外国人に対する審問調書の正確・公正性が、後に公判手続で問題になる可能性があるので、調査過程で前もってこれに備えることが必要であり、後に公判過程で、外国人被疑者の審問過程及び調書内容を閲覧又は朗読して具体的状況を再現し通訳の正確・公正性を証明することは通常困難である。

捜査過程で通訳の正確・公正性を前もって確保するため、次の様な方法等が考えられる。

A. 審問状況の録音

外国人を審問する全ての過程を録音することが一番望ましいが、時間や努力等を考慮すれば審問の全過程を録音するのが困難な場合が多い。少なくとも供述調書の閲覧又は読み聞け、記名捺印（捺印）に関する応答及び審問、冒頭手続の権利告知状況だけでも確実に録音し、後日の紛争に備えることが必要である。後に通訳の正確・公正性を疎明する方法として録音テープが一番確実ではあるが、通訳者に対する審問等、他の方法でこれを証明することもできるため、必ず録音による方法にこだわる必要はないと思われる。

【参考日本判例】

法廷通訳の正確性と公平に疑問があると判示した事例（1991. 11. 19. 大阪高判）香港居住中国人Ａ、Ｂ、Ｃの３人が日本に入国し、日本人被害者の家に包丁を持って侵入、貴金属を強取しようとしたが未遂に終わり、反抗する被害者の胸を刺し死亡させた。１審で実刑が宣告され控訴した事案で弁護人が原審裁判所で選任された通訳者は、①被告人が使う広東語方言を理解できなかった点、②

日本語と広東語に関する語彙力が足りない点、③判決文に対する理解の不足、④捜査段階から裁判所まで通訳を担当した者が同一人物なので事件に予断を持ち、勝手に通訳したと主張した。

これに対し、裁判所は、「原審通訳者が捜査段階からの通訳者であることは記録上明白である。しかし被告人Ｃ（控訴しなかったので原審確定）は中国語の中でも広東語を使用しているが、被告人Ｂは広東語を理解することはできるが主に北京語を使用している。広東語と北京語両語を話せる通訳者を確保するというのは中国と比較的関わりが多い神戸地域（原審裁判所所在地）においても容易ではない現実を考えなければならない。捜査段階の通訳者を法廷通訳として選任されるのは決して望ましいことではないが、それ自体が直接、不当又は違法だとはいえない。

しかし、本件はその通訳の正確性と公平に疑問がある。原審で重要な証人や被告人に対する質問を通訳した内容が録音されていないため、後で検証する事ができないのも問題である。判決宣告状況に関する弁護人の指摘（判決の主要判示部分が通訳されていないとの指摘）を否定できず、これから推測するに、原審公判において証言及び証言に対する通訳の正確性に関しても疑問がある。さらに当審に提出された検察事務官作成の 1989. 1. 17. 報告書によると、通訳者Ｆが捜査機関の検察事務官に被告人と領事関係者との面接の結果を供述している事実が認められる。

これが直接日英領事条約に違反しているとは言えないものの、少なくとも通訳者Ｆの立場を暗示しているとは言えると思われる。だとしたら原審が選任した通訳者に関しては弁護人の批判を逃れることができない」と判示し、その他証拠に関する幾つかの理由を挙げて破棄差戻しした。

B. 調書に対する翻訳文の作成・添附

審問調書の正確・公正等を保障するために外国語の審問調書には国語の翻訳文を、国語の審問調書は原語の翻訳文を作成、添附することが望ましいのは言うまでもないが、そのためには相当な時間と労力努力が必要であるため、実務

的には殆ど不可能である。

　通訳は大概機械的、技術的性質のものだということを考慮すると、通訳者の能力、通訳時の正確・公正等は、当該通訳者と捜査官を証人として審問したり、又は被疑者に対して本人審問を行う等の方法により、後から確認できるので、国語の審問調書に翻訳文がないからその正確性を確認できないとの理由で証拠能力自体を否定するのは正しくない。したがって、B形式の場合、国語の審問調書に翻訳文がなくても後から再検討し、その作成の際の通訳の正確性に疑問がないのが確認された場合には、所定の要件を備えている限り刑事訴訟法第312条（検事あるいは司法警察官の調書）に規定された調書として証拠能力があると思われる。

　日本の判例によると日本語が話せない外国人被疑者を通訳者を通して調査、作成した審問調書は外国文が添附されていなくても証拠能力を失わない（1983.1.28. 大阪地判）と判示している。

C. 通訳者の記名捺印

　通訳者の記名捺印は、調査作成に関与した通訳の身元を確認し、調書の記載内容を被疑者に正確に通訳しその供述内容の正確性を担保するという意味も持っているため、通訳者が記名捺印をするように求めることは妥当である。

　日本では捜査段階においての通訳の適正をめぐり、審問調書の証拠能力を争った判例がある。

・事例1（1992.4.8. 東京高判）

　　被告人の母国語はペルシア語であるが、司法警察官が皆英語通訳を通じて取調べ調書を作成したため、国際人権法上無効であり、被告人に対する司法警察官作成の調書は証拠能力がないという主張に対し、判決は「市民的・政治的権利に関する国際規約第14条第3項(a)、(f)による要請は被告人が『理解できる言語』によって行われば十分であるため、必ずしも『母国語』による必要はない。このような規定は裁判所での審理に関するもの

として公訴提起前の被疑者審問に当然として適用されるものではない。さらに本件においては、被告人は通訳者を通して「その理解できる言語」である英語で審問を受け、任意にこれに応じて供述したのであるから審問に何らかの違法もなく、これによって作成された審問調書の証拠能力を否定する理由がない」と判示した。

・事例 2 （1992. 7. 20. 東京高判）

　捜査段階で不公正・不適格な通訳者が付いて極めて不完全なコミュニケーション状態で審問が行われ、被告人の真意が調書に充分表出されなかったため、このように作成された調書を証拠として使用した原判決は憲法第31条で保障する使用言語に関する適正手続 (due process) に違反して訴訟手続に関する法令を違反したもので、被告人の中の二人がパキスタンのパンザブ語圏出身なのにウルド語で審問した違法があると主張した。

　これに対し、判決は「通訳者の原審証言と審問調書の内容を詳しく検討した結果、通訳者の適格性、公正・正確性に特に問題はなかった。又、ある被告人に対する刑事手続上の防御権が保障されているかどうかは刑事手続の各段階を通して全体的に考察しなければならず、捜査段階の審問において通訳の適否問題がすなわち訴訟手続の法令違反を招来するのではなく、公判段階で適正な通訳者がついた以上、捜査段階で録取された審問調書に対する通訳の正確性を検討する機会が充分与えられたと言えるし、それによって調書の任意性と信憑性を判断したのなら訴訟手続の法令違反問題は原則的に起きない」と判示した。

Ⅵ　外国人犯罪捜査に関する問題点

1．外国人事件の捜査の際に注意すべき事項

　外国人事件を捜査する際、もっとも基本的な法理である韓国刑法が適用される事案であるかどうかの問題、又はその他の個別法令に関する解釈を疎かにし

て決定的なミスを犯す場合がある。

(1) 事　　例

　警察は中国朝鮮族が中国で中国旅券を偽造し、大韓民国に入国した後、出入国管理事務所で偽造旅券を提示して外国人登録をした行為を公文書偽造、偽造公文書行使及び公正証書原本不実記載の罪で検察へ送致した。警察は中国人らが香港で海外クレジットカードを偽造した後、大韓民国に入国し、同クレジットカードを使用して国内の百貨店等で物品を購入した行為を与信専門金融業法違反及び詐欺罪で送致した。

(2) 韓国刑法適用の問題

　外国人が外国で犯した犯罪については、それが大韓民国又は大韓民国国民に対する犯罪でない限り韓国刑法は適用されない（刑法第6条）。したがって、右記の二つの事例で中国人が中国で中国旅券を偽造した行為、又は中国人が香港で海外クレジットカードを偽造した行為については韓国刑法が適用されないため、公訴権がない。

(3) 刑法解釈の問題

　外国の公務所又は公務員が作成した文書は公文書ではなく、私文書に当たるため、上記事例のうち、中国で偽造した中国旅券を韓国で行使した行為は偽造公文書行使罪ではなく、偽造私文書行使罪に該当する。

　公正証書原本とは権利・義務に関する事実を証明する文書であるが、外国人登録台帳は韓国に入国した日から90日以上滞留しようとする外国人の申請を受け、これを登載した書類に過ぎない。そのため、これは外国人の身分に関する権利や義務を証明する文書ではないため、公正証書原本に該当しない。

(4) 与信専門金融業法の解釈問題

　与信専門金融業法上の「クレジットカード」とは与信専門金融業法第3条第

1項所定のクレジットカード業許可を受けた者が発行したものをいう[7]。韓国ではクレジットカード偽造、偽造・盗難クレジットカード使用等行為を与信専門金融業法により処罰している。したがって外国人が外国のクレジットカードを偽造し、韓国で行使した行為は与信専門金融業法上の偽造クレジットカード使用罪[8]ではなく、偽造私文書行使罪に該当するのである。

2．外国人被疑者の逮捕・拘禁

　外国人犯罪を捜査するに当たっては、外国人被疑者に韓国刑事手続の流れを正確に認識させ、その防御権行使に支障がないようにするのが重要である。外国人被疑者は韓国語に詳しくないだけではなく、韓国の捜査手続及び裁判制度を充分知らされていない点を考慮しなければならない。被疑者を逮捕・拘束する際には令状による逮捕・拘束・緊急逮捕のどの場合にも、犯罪事実の要旨、逮捕・拘束の理由と弁護人を選任できることを告げ、弁解の機会をあげた後に拘束すべきであり[9]、令状を提示しなければならない[10]。

　しかしこの場合、被疑者が理解できる言語で、被疑事実の要旨、拘束の理由、弁護人選任権を知らせることが必要であり、外国人について令状に基づいて処分するときには可能な限り令状の翻訳文を添附して令状を執行することが望ましい。通常拘束の場合、捜査官や同行の通訳を通して令状に記載された犯罪事実を読み上げるか、翻訳文を提示することで犯罪事実及び拘束の理由と弁護人選任権を有することを告知することができるだろう。緊急逮捕の場合には嫌疑事実、逮捕理由等を国語で告知し、可能なかぎり迅速に被疑者が理解できる言語で告知することで足りると思われる。そして告知及び令状提示の程度は被疑者が被疑事実の概要を把握できる程度なら十分である。

　また、被疑者を審問する場合、前もって被疑者に対し、供述を拒否できるこ

---

7)　与信専門金融業法第2条第3号。
8)　同法第70条第1項第2号。
9)　刑事訴訟法第209条、第213条の2、第72条。
10)　刑事訴訟法第85条第1項。

とを告知しなければならない[11]。外国人被疑者の中には「弁護人」「黙秘権」等の訴訟法上の基本概念を知らない者も多い。弁護人選任権と黙秘権の告知は被疑者に保障された諸権利を行使する基礎となるため、その告知は単に形式的に知らされてはならず、被疑者がその意味を理解できなければならない。

実務の面から考えると、被疑者がどの言語を話すかが判明しなかったり、或いは通訳者を確保できない等の、やむを得ない事情で、被疑者が理解できる言語で直ちに告知できない場合には、被疑者がどの言語を話すかが判明し、通訳者を確保できる時点で遅滞なく告知すればよい。捜査機関に対して、不可能なことを強いることができない以上、被疑者の使用言語が判明せず通訳を付すことができないために、被疑者を釈放するというのは法秩序の維持という観点から見て問題があるからである。結局、被疑者の人権と捜査の必要の両者の調和点で適切に被疑者の待遇を決めるのが妥当だといえよう。

日本では、外国人被疑者に対する審問の際、黙秘権、弁護人選任権等の告知が不充分であり、審問方法においても不当な点があったとして自白の任意性を否認した事例[12]がある。同事件は、不法滞留中のパキスタン人が友達である被害者と一緒に暮らしている共同住宅に放火した事案で、①弁護人選任権と黙秘権を告知しなかった点、②病気中に審問（取調べ）が行われた点、別件拘束中に自白がされた点、捜査官が被害者と面接し圧力を加えた点等を総合的に考慮して、自白調書の証拠能力を否認して無罪を宣告した。外国人被疑者に対する弁護人選任権等の告知に関する判示内容は次の通りである。

「本件被告人と同じく文化的背景と社会規範、法律制度が全的に違う外国から日本に来て間もなく、知的水準や教育程度も低い。さらに母国語（ウルド語）すらまともに理解できない外国人は、わが国の法律制度と裁判の構造について無知であり、憲法及び刑事訴訟法によって保障された被疑者の権利（黙秘権と弁護人選任権）を知るわけがない。このような被疑者を審問する際には黙秘権、

---

11) 刑事訴訟法第200条第2項。
12) 1990.10.12.浦和地判。

弁護人選任等を被疑者が理解できる言語で理解し易く告知し、その権利行使に実質的な支障が生まれないようしなければならない。本件を捜査するにあたって警察官と検事はそのような問題意識を認識しておらず、日本語能力が充分ではない通訳をつけて単に形式的に告知するに止まり、被告人はその意味を理解できなかったことから自白の任意性はない」と判示した。

3. 領事機関への通報

「領事関係に関するウィーン条約」規定によると、領事官員と派遣国国民はお互い自由に通信、接触できる[13]。派遣国の国民が逮捕された場合、又は裁判に回付される前に拘禁、留置、拘束される場合には、その国民が派遣国の領事機関に通報することを要請すれば、接受国の権限ある当局は遅滞なく通報しなければならない。逮捕、拘禁、留置、又は拘束されている者が領事機関に送る通信はどのようなものであれ、同当局は、遅滞なくこれを伝えなければならない[14]。また、領事官員は拘禁、留置又は拘束されている派遣国の国民を訪問して同国民と面談、教示して、その者の法的代理を周旋できる権利を持つ[15]とされている。このように、その通報を要請する場合だけ通報の義務がある。

ただ、ロシア国籍の外国人被疑者逮捕の際、「大韓民国とロシア連邦間の領事条約」[16]第39条第1項と第6項により、ロシア国民が国内で拘束（拘束・逮捕又はその他の形態の個人的自由が制限された者）された場合、通報要請に関係なく、遅滞なくロシア領事機関に通報しなければならない。

また、「外国人犯罪捜査処理指針」[17]によると、外国人を逮捕、又は拘束した時には、直ちに逮捕又は拘束された者には、韓国に駐在する本国の領事官員又は名誉領事官員と自由に接見、通信できる権利があり、本人の要請があれば、

---

13) 領事関係に関するウィーン条約第36条1(a)。
14) 同条1(b)。
15) 同条1(c)。
16) 1992.7.19.発効条約第1099号。
17) 1993.4.30.法務部指示（法検二01129-299号）。

逮捕又は拘束された事実を遅滞なく領事機関又は名誉領事機関に通告する旨を告知し、これを告知したことを調書に記載する。

逮捕又は拘束された者がその事実の通告を要請した時には、逮捕又は拘束された者の人的事項、犯罪事実、逮捕又は拘束された日時と場所、逮捕又は拘束された者の所在地等を記載した通告書を作成して領事機関長、又は名誉領事機関長に通告する。

※旅券がなかったり、もしくは無効の旅券を所持している者、不法滞留した者の場合には、即時、出入国管理事務所に連絡して、告発又は強制出国させるよう措置する。

4．起訴状の送達と翻訳文の添附

市民的・政治的権利に関する国際規約[18]第14条第3項（a）では「その者に対する罪の性質及び理由に関してその者が理解できる言語で迅速かつ詳細に通告されること」と定めており、起訴状副本を送達する際、その翻訳文を添附すべきかに関して議論がある。

この点については、公判手続の冒頭に検事から公訴事実の要旨が供述され、被告人が理解できる言語で通訳された以上、上記規約の最低限の要請は満たされたと言えるだろう。しかし、刑事訴訟法第266条で「公訴の提起があった場合には遅滞なく起訴状副本を送達しなければならない」と規定した趣旨は、起訴後早い段階で公訴事実の内容を被疑者に知らせることで被疑者の防御権を保障し充実した公判審理を図るためである。だとすると、国語を理解できない外国人被告人に対してこのような要請を実質的に保障するためには起訴状要旨の翻訳文を送付するのが望ましい。ただ、起訴状要旨の翻訳文作成を裁判所と検察のうちどちらがすべきなのか、その内容の正確を図るためどのように作成すべきなのかなどは検討が必要である。

---

18) 国際人権B規約。

【参考日本判例】

　日本語を理解できない外国人被告人に対する起訴状謄本の送達の際、翻訳文の添附の必要如何（消極）を、1990. 11. 29. 東京高判は、消極的に解釈している。

　「刑訴法第271条第1項は起訴状謄本を被告人に送達しなければならないという規定は憲法第31条で定める適正手続の保護を具体化して公訴が提起されたことと公訴事実を被告人に知らせ、前もって防御準備の機会を与えるためのものである。起訴状謄本の送達に伴い、被告人に起訴された事を知らせる措置を取ったり、起訴状謄本に被告人が理解できる言語で記載された翻訳文を添付、又は謄本の送達後遅滞なく通訳をつけて起訴状の内容を知る機会を与えることが望ましい。

　しかし、起訴状謄本が送達される時に被告人として自分がどのような事実に関して公訴が提起されているかを直ちに知らなかったとしても、公判手続全体を通して被告人が起訴事実を明確に告知され防御の機会を与えられたと認められるのならば、適正手続にという『告知と聴聞』の機会は充分に与えたとみなし得るし、手続全体として憲法第31条に違反しない」と判示した。

5．弁護人の接見と補助通訳

　被疑者が国語が通じない外国人の場合、弁護人は被疑者と接見するために通訳者を自分の補助者として同伴する場合がある。刑事訴訟法第209条、第91条による接見禁止の決定があった場合、通訳者に対して禁止の一部を解除しなければ、弁護人の接見に立会いできないが、通訳者が弁護人の補助者的役割だけを遂行する場合には、特に接見禁止を解除しなくても、立会いに支障がないと解釈される。実務上にもそのように取扱うのが妥当であろう。

　問題は、その通訳者が補助者としての役割から離れ、罪証の湮滅を図ることを、どのように防止できるかである。通訳者が不当な発言をしても弁護人は言葉を理解できないため、制止するのが困難である。通訳者が事件関係者となっている場合はもちろん、被疑者と親しい知人又は同じ団体に属する者など一定

の人的関係にある場合にも弁護人の補助者範囲を逸脱している者であるため、捜査機関はその者達に対しては通訳者としての接見・立会いを拒否できると解される。

6．署名・捺印又は拇印

供述調書に署名、捺印又は拇印をさせる趣旨は、その調書に記載された内容が供述内容と違わないという事を確認するためである。このような趣旨を理解させた後、署名、拇印をさせる。刑事訴訟法上、調書等書類には供述者が記名捺印、又は署名捺印するようになっているが、外国人の場合、「外国人の署名捺印に関する法律」で「法令の規定によって署名捺印（記名捺印も含む）する場合、もしくは捺印だけをする場合に、外国人は署名だけでこれに代えることができる」と規定している。したがって、外国人の場合は署名だけで十分であり、必ず拇印をさせる必要はないが、この規定は外国人に対して捺印又は拇印を禁ずる趣旨ではないため、署名、拇印することを勧め、被疑者が署名又は拇印をしないと拒否すれば、その事由を調書に記載しておくだけで十分である。

7．人的事項の確認

起訴状に記載されている人的事項が旅券、外国人登録標、外国人登録証、国際免許証、IDカード、供述のうちの何れによって特定されているかを確認した後、それでも不充分な場合は、早速に補充捜査をする必要がある。また、誤記や脱字がある場合、起訴状変更手続を経る程度ではない場合には、公訴事実の同一性を害さない範囲内で起訴状訂正の措置を取るべきである。

過去、強制退去処分を受けた外国人が仮名で入国し、指紋照会で、前科、前歴が明らかとなり、姓名、国籍等が虚偽と判明する場合もあり、人的事項を充分に確認する必要がある。さらに、滞留資格及び滞留期限を確認しなければならない。

これらに関しても確認する必要があるが、被告人の出入国記録が事件記録中に存在しない時には、速やかに法務部出入国管理局に照会しなければならな

い[19]。旅券の記載が偽造されるた場合もあるので、調べる必要がある。

また、犯罪者が出国してしまうと、国家刑罰権を行使できなくなるので、これを防ぐためにため、捜査の段階で出国禁止措置を取らなかった場合には、出国禁止要請書を作成し、法務部出入国管理局出国審査課長に送付し[20]、法務部長官が出国を禁止する[21]。

8．法務部出入国管理局に対する事前連絡

　刑事被告人として拘束令状の執行を受けた者（未決収容者）は拘置所に収容されることになる[22]。しかし、検事が、裁判所の拘束取消、拘束の執行停止又は保釈で被告人を釈放させる場合や刑事訴訟法第331条の規定によって拘束令状が失効した場合には、釈放指揮書を作成して拘置所長に送付し、釈放させる[23]。拘置所長は被告人である外国人が保釈、執行猶予等の理由で釈放される時、その事実を遅滞なく出入国管理事務所長、出張所長又は外国人保護所長に通報しなければならない[24]。通報した外国人に対して強制退去命令書が発付された時には、釈放と同時に出入国管理公務員にその者を引き渡さなければならない[25]。したがって、出入国管理局が引受について判断の機会を得その手続をとるために、滞留資格、滞留期限、拘束罪名、公判期日等を同管理局に連絡すべきである。

9．証人等関連外国人の所在確認

　共犯者、被害者、目撃者等が外国人である場合、このような証人が既に出国

---

19)　出入国管理法第88条。
20)　出入国管理法施行令第2条。
21)　出入国管理法第4条第1項。
22)　行刑法第1条、第2条。
23)　検察事件事務規則第81条、第105条。
24)　出入国管理法第84条第2項。
25)　出入国管理法第86条第2項。

し、審問が不可能な場合がある。これは公判準備又は公判期日に供述を要する者が外国居住のため、供述できない場合に該当し、その調書を証拠にすることができる[26]。検事は刑事訴訟法第272条第1項の規定により、書面で裁判所に出入国管理局等に対する照会申請をし[27]、出入国管理局等からこれに対する事実証明書の発給を受けて[28]、これを裁判所に提出する。

共犯者、被害者、目撃者等外国人が国内に滞留中である場合でも滞留期間経過により出国してしまう可能性があり、自分の不法滞留事実により強制退去処分される可能性がある。この場合も原則的に供述を記載した調書や書類を証拠として提出できる。しかし、最初から審問手続なしで調書や書類だけを提出する意図で迅速に強制退去処分をしているという疑いを持たされないよう、手続的正義の観点から公正性を確保するために、事前にその所在を調査し、審問が可能であるかどうかを検討し、可能と判断される場合には、速やかに公判期日指定を請求すべきである。そうでない場合には公判期日前の証拠調査を通じて審問をする[29]。

当該外国人が出入国管理局に収容中である場合、そこで公判廷に拘引する法的根拠がなく、出頭確保が困難である場合があるので、この点を裁判所に説明し理解を求めると同時に拘引状を発付するように意見を開陳する必要がある。

10. 身柄処理に関する問題

(1) 保　　釈

強制退去事由[30]がある被告人が保釈されると、起訴状の罪名や公判の審理状況とは関係なく、その者は出入国管理公務員に引渡される[31]。その後、強制退

---

26) 刑事訴訟法第314条本文。
27) 検察事件事務規則第117条。
28) 出入国管理法第88条。
29) 刑事訴訟法第273条。
30) 出入国管理法第46条。
31) 出入国管理法第84条、第86条。

去手続（行政手続）が進められる。その結果、次の公判期日まで被告人が海外に退去されてしまい、公判廷出席が不可能になる場合がある。また、公判期日が退去の前であっても、出入国管理局は外国人保護室、外国人保護所、その他法務部長官が指定する場所に一定の要件の下で保護するに止まり[32]、被告人を法廷に拘引する何の権限もないため、公判廷出席を確保するのが困難である問題が生ずるので、必要な場合このような事情を事前に裁判所に説明し、なるべく保釈の回避に努力すべきである。保釈で釈放され出入国管理局に引渡し中である被告人に関しては、裁判所で拘引状の発付を受けて公判廷への出席を確保しなければならない。

(2) 執行猶予

刑の宣告猶予、刑の執行猶予、罰金や科料を科する判決等が宣告された時には、拘束令状はその効力を失うため[33]、検事は宣告された日に遅滞なく釈放指揮書を拘置所長に送付して被告人を釈放しなければならない[34]。また、強制退去事由がある限り、出入国管理局に事前連絡することを忘れてはいけない。引渡しに関しては、公判廷から一応、拘置所に戻った後、拘置所で出入国管理公務員に引渡す[35]。引渡のため準備が整っていない場合、必ず判決宣告前に裁判所に対して暫時休廷を求めたり、判決宣告期日の延期を求める。それは、執行猶予宣告後、強制退去命令書が発付されるまでの間、被告人を拘束する根拠がなく、その間に被告人が逃走してもこれを強制力で阻止できる手段がないからである。

（2006 年 2 月 22 日）

---

32) 出入国管理法第 51 条第 2 項。
33) 刑事訴訟法第 331 条。
34) 検察事件事務規則第 126 条。
35) 出入国管理法第 86 条第 2 項。

⑨　韓米駐屯軍地位協定（SOFA）

魏　在　民

I　はじめに

1．駐屯軍地位協定

　在韓駐留米軍が公務遂行中に交通事故を起こし、韓国の女子中学生二人を死亡させた事故に対して、韓国側が裁判権を行使できず、米軍が捜査と裁判を行ったことで、韓国国内ではさまざまな議論があった。現在、韓国に駐屯している駐留米軍とその家族等の行為による犯罪は少なくない頻度で発生している。米国軍関連犯罪は、被害を被るのが韓国国民や財産であるため、マスコミで報道されると法的問題の以前に感情的な反応が先走ることも少なくない。もちろん、このような感情的反応は事件の処理が適切に行われれば、すぐ治まるものである。しかし、これらの犯罪に対する法的対応が衡平性を失ったり、法的期待にそぐわない場合にはどのように対処すべきなのか。

　このように米国軍の犯罪をめぐっては多くの問題点が提起されている。特にその問題の中心的課題は、刑事裁判管轄権の行使に関する問題である。今回の報告では、「大韓民国とアメリカ合衆国との間に相互防衛条約第四条に基づく施設及び区域並びに大韓民国における米国軍隊の地位に関する協定[1]の概念、

---

1) Agreement under Article IV of Mutual Defense Treaty between the Republic of Korea and the United States of America, Regarding Facilities and Areas and the Status of United Armed Forces in the Republic of Korea.「韓米地位協定（Status of Forces Agreement：SOFA）」とも言う。

歴史的背景及び沿革、刑事手続に関する諸規定を説明し、具体的な事例を検討する。

ある国家が自国の領域内に他国の機関である外国軍隊の駐留を受け入れる場合、例えば NATO 諸国間や韓米、日米の場合のように、その国家と軍隊を派遣する国との間には駐留に関する様々な事項について条約が結ばれる。駐屯軍地位協定（Status of Forces Agreement）もこのような条約の一つである。駐屯軍地位協定は一般的に軍事条約に基づくものであり、軍事条約に軍隊の派遣及び受け入れに関する根拠規定がある場合、駐屯国に対する施設の供与、民事、刑事、環境、労務、出入国、通関など、様々な問題について具体的な事項を規定して、軍隊の派遣及び受け入れに関する諸般事項を規律することになる。このような取扱いは、軍事的な目的達成のために駐屯国に駐留する派遣国の軍隊が安定的に駐留するとともに円滑に活動できるためのものである。

2．韓米駐屯軍地位協定

韓米駐屯軍地位協定の公式名称は「大韓民国とアメリカ合衆国との間に相互防衛条約第四条に基づく施設及び区域並びに大韓民国における合衆国軍隊の地位に関する協定」であり（以下では「韓米駐屯軍地位協定」という）、本協定と合意議事録及び合意諒解覚書で構成されている。

以下では、韓米駐屯軍地位協定の中で、特に刑事事件の処理に関する部分のみを考察対象とする。同協定は、刑事事件の処理に関する規定以外にも、出入国、関税、施設及び区域の利用、民事請求権、その他、租税、外国為替、郵便、通信など各分野の米軍の地位について規定している。

II　韓米地位協定の歴史的背景及び沿革

1945 年 9 月 9 日、米国軍隊が北緯 38 度線以南朝鮮半島地域に駐屯を開始した。これは占領軍として日本国の植民地だった韓半島の武装解除させるための駐屯であり、駐屯軍地位協定の締結問題を論議する段階ではなかった。1948

年8月15日、大韓民国政府は米国軍政から政権を移譲され、軍隊接受国の地位として駐屯軍地位協定の締結の必要性を認識しはじめた。1948年8月24日、「大韓民国大統領と合衆国軍隊司令官との間に締結した過渡期に施行する暫定的軍事安全に関する行政協定」[2]が締結されることになる。これは、米国軍隊の構成員及び軍属並びにそれらの家族に対して専属的裁判権を米国の軍当局が行使するよう、規定されたものだったが、1949年9月19日、米国の撤収をもって失効した。

1950年6月25日、朝鮮戦争の勃発により米国軍隊は国連軍として参戦し、1950年7月12日、韓米覚書（メモランダム）交換形式で「駐韓米国軍隊の刑事裁判管轄権に関する協約（大田協定）」[3]が締結され、米国の軍当局は排他的な刑事裁判権を確保することになった。

1952年5月24日、韓米両国は「大韓民国と統合司令部との間に経済調停に関する協定（Mayer協定）」を締結した。米軍が含まれる国連統合司令部傘下の個人と機関に対し、その任務遂行上に必要な特権と免除及び便宜を提供するなど、広範囲な権限を付与する内容となっている。1953年10月1日、韓米両国は韓米相互防衛条約文に署名し、同条約は1954年11月18日から発効した。同条約第4条は韓国の領土内に米軍の配置（駐屯）を許している。同条約を締結する際、駐屯軍地位協定の締結交渉に合意したが、その後、別の成果を上げることはなかった。1966年7月9日、韓米両国は駐屯軍地位協定に署名し、同協定は1967年2月9日から発効した[4]。1962年9月20日から1966年7月28日まで、82回の交渉の末、合意に至った。大田協定は全面的に廃棄され、Mayer協定は米軍に関しては廃棄されたが、その他の国連軍所属員に関して

---

2) Executive Agreement between President of the Republic of Korea and the Commanding General, United States Army Forces in Korea, Concerning Interim Military and Security Matters during the Transitional Period.
3) Agreement Concerning Jurisdiction over Offices by the United States Forces in Korea.
4) 条約番号第232号で、前文及び31の条文で構成されている。

は引続き有効とされた。

　1991年2月1日、両国は合意諒解事項を改定した。さらに、2000年12月28日、同協定、合意議事録及び合意諒解事項を改正した。この改訂により、韓国は刑事裁判権分野で12の重要犯罪を犯した被疑者を米軍当局が拘禁している場合、起訴前に韓国裁判所により拘束令状を発行してもらいその身柄の引渡を受けることができることとなった。殺人・強姦の現行犯、準現行犯等を逮捕した場合に証拠隠滅などの理由で拘束する必要があれば、拘束令状を発行してもらい、拘束（米軍当局は拘禁者引渡要請をしないことに合意）することになったのである。

III　韓米駐屯軍地位協定の適用範囲

１．人的適用範囲

A）　米国軍隊の構成員

　米国軍隊の構成員とは、大韓民国の領域に駐留するアメリカ合衆国の陸軍、海軍又は空軍に属する人員で現在服務中の者をいう（協定第1条）。大使館付属軍人、軍事顧問団協定規定人員は除外する。解釈上、大韓民国の領域にいる間、公務で勤務している者に限って適用され、休暇中に訪韓した者は排除する。国連軍司令部所属の外国軍人（米軍を除く）については「Mayer協定」が適用される。即ち、公務執行中で犯した罪を除いて、韓国が排他的に裁判権を有するが、韓米駐屯軍地位協定に準じて処理することもできる。

B）　軍　　属

　軍属は米国の国籍を有する民間人として大韓民国にある米国軍隊に雇用され、これに勤務、又は随伴する者をいう[5]。この協定の適用上、米国及び大韓民国の二重国籍者は、米国国民とみなす（韓米二重国籍者を含む）。

　5）　韓米地位協定第1条(b)及び関連合意議事録。

合意議事録によって、⑴大韓民国の国民と米国の国民の中で求められる特定技術保有者として米国軍に雇傭される目的のみで入国した者、⑵協定が発効する時、米国軍に雇用され、これに勤務、又は随伴する第3国の国民は軍属とみなす。通常、大韓民国に居住する者及び第15条第1項の列挙している者（招待契約者）は除く。

　C) 家　　族
　家族は配偶者及び21歳未満の子、父、母及び21歳以上の子又はその他親戚で、その生計費の半額以上を米国軍隊の構成員又は軍属に依存する者をいう[6]。配偶者については、婚姻の発効時期は渉外私法によって解決する。また、婚姻の方式は婚姻の挙行地法によって判断する[7]。

　D) 招待契約者（特殊契約者）
　招待契約者とは⑴米国の法律に基づいて組織された法人、⑵通常米国に居住するその被用者、⑶その被用者の家族を含むものである[8]。米国軍隊又は同軍隊から軍需支援を受けた統合司令部傘下駐韓外国軍隊のための米国との契約の履行のみを目的として大韓民国に滞在し、かつ、米国政府が規定によって指定する者である。
　招請契約者は、施設及び区域への出入及び移動の権利、入国、関税の免除、租税、非税出資金機関利用、外貨換管理、軍票使用、軍事郵便の利用などで特権を有する。招請契約者に対する刑事事件の処理について、大韓民国の当局は、大韓民国で犯す犯罪の中で大韓民国の法令によって罰することができる場合、第一次的に裁判権を有する。ただ、米国国民、軍属及び家族に適用される刑事法上の一部特則を招請契約者に対しても適用する。具体的には、この協定の第22条第5項逮捕及び拘禁に関する事項、同条第7項⒝刑の執行に関す

---

[6]　韓米地位協定第1条⒞。
[7]　渉外私法第15条1項。
[8]　韓米地位協定第15条1項、第2項。

事項、第9項被告人及び被疑者の権利に関する事項及び関連合意議事録規定が適用される。

2．場所的適用範囲

大韓民国国内で犯した犯罪に限って適用する[9]。したがって、米国構成員、軍属及びその家族に関する大韓民国当国の裁判権は大韓民国国外で犯した如何なる犯罪にも及ばない[10]。米軍当局は、米軍構成員が大韓民国国外で犯した犯罪に関して、大韓民国国内で刑事裁判権及び懲戒権を行使する権利を持つ。協定第22条第1項は、米軍当局が、米軍構成員、軍属及び彼らの家族に対して米国法令が与えた全ての刑事裁判権及び懲戒権を大韓民国内で行使する権利を持つと規定しており、上記のように解釈される。

3．時間的適用範囲

この協定の発行日は1967年2月9日である。米韓相互防衛条約効力終了時まで有効で、米韓相互防衛条約は片方の当事国の通告後1年が経過した時に効力が終了する（第6条）。相互防衛条約とは別に米韓両国政府間の合意でSOFAの効力だけを終結させることもできる。

大韓民国が戒厳令を宣布した場合には、協定第22条の規定はその適用が直ちに停止される。戒厳宣布の前に発生した事件に対して、戒厳中、米軍当局の裁判権の行使がなかった場合、戒厳解除後、大韓民国当国の裁判権が回復する[11]。戒厳中に発生した事件について米側が戒厳中に裁判権を行使しなかった場合、大韓民国当国が戒厳解除後裁判権を行使できるかどうかに関しては議論があるが、上記判例の趣旨から積極的に解している。

---

9) 韓米地位協定第22条1項。
10) 韓国刑法第5条に対する特則。
11) 大韓民国 大法院 1973. 8. 31. 宣告 73 ド 1440。

Ⅳ　刑事裁判権の配分

1．裁判権配分の原則

　米国の軍当局の裁判権について、米国は、米国軍隊の構成員、軍属及び彼らの家族に関し、米国法令が与えた全ての刑事裁判権及び懲戒権を大韓民国内で行使できる権利を保有する[12]。しかし、米国憲法上、米国市民は平和時に軍事裁判を受けない権利を保有しているので、平和時米軍当局は軍属及び家族に対して有効な刑事裁判権を保有していない。

　大韓民国の当局は、米国軍隊の構成員、軍属及び彼らの家族に対し、大韓民国内で犯した犯罪として大韓民国法令により処罰できる犯罪に関して裁判権を保有する[13]。結局、大韓民国内で米軍人、軍属、家族が犯した犯罪については、大韓民国当国と米軍当局両方とも裁判権を持つことを原則とし、後述のように、専属的裁判権及び競合時の第一次的裁判権の概念によって両裁判権の間の衝突を避けている。

2．専属的裁判権

　米国の軍当局が専属的裁判権を有する場合は、米国の法令によって罰することはできるが、大韓民国の法令によっては罰することができない者による犯罪に関する場合であり、例えば米国の安全に関する罪がこれに該当する[14]。大韓民国の当局が専属的裁判権を有する場合は、大韓民国の法令によって罰することはできるが、米国の法令によっては罰することができない者による犯罪が関係する場合であり（しかし、姦通罪等は米国の軍当局が規律違反として懲戒する）、大韓民国の安全に関する罪がこれに該当する[15]。軍属並び家族の場合、米国の

---

　12)　韓米地位協定第 22 条 1 項(a)。
　13)　韓米地位協定第 22 条 1 項(b)。
　14)　韓米地位協定第 22 条 2 項(a)。
　15)　韓米地位協定第 22 条 2 項(b)。

軍当局自体で自国の憲法上裁判権を行使するのが不可能であるため、事実上大韓民国の当局が専属的裁判権を行使する権利を有する[16]。

3. 競合的裁判権

　原則的に大韓民国の当局が、裁判権を行使する第一次的権利を有するが、次の罪については米国の軍当局が、米国軍隊の構成員又は軍属に対して裁判権を行使する第一次的権利を有する[17]。

　裁判権の放棄に関しては、米国の軍当局からの放棄要請がなされた場合、大韓民国の当局が裁判権を行使するのが特に重要であると認める場合を除き、裁判権を行使する第一次的権利を放棄しなければならない[18]。第22条第3項(c)は「第一次的権利を有する国の当局は、他方の国の当局からの裁判権放棄要請があったときは、その要請に好意的考慮を払わなければならない」とする。この規定は大韓民国当局が米国の軍当局に対して放棄の要請をする場合に適用される。

　特に重要な事件であるかどうかは、個々の事件別に大韓民国法務部が判断する[19]。改正前には特に重要な事件を合意諒解事項であげていたが、1991年2月1日、合意諒解事項改正によってこれからは特に重要な事件に対する制限的列挙規定を置かなくなり、その結果、個々の事件別に特に重要であるかどうかを大韓民国法務部が決定できることになった。裁判権の行使通告の時限については、第一次的権利を有する国が放棄要請を受けてから28日以内（14日限度の内

---

16)　国の安全に関する罪は、当該国に対する反逆、妨害行為（Sabotage）、諜報行為又は当該国の公務上若しくは国防上の秘密に関する法令の違反を含む（第22条第2項(c)）。
　　　*Sabotage : Term has reference to the willful destruction or injury of, or defective production of, war material or national-defense material, or harm to war premises or war utilities. 18 U. S. C. A. § 2151 et. seq.
17)　韓米地位協定第22条第3項(a)及び(b)。
18)　韓米地位協定第22条第3項(b)に関する合意議事録第1号。
19)　1991年2月1日、合意諒解事項改正。

で延長可能）に行使通告をしないと、要請国家が競合的裁判権を行使することができる[20]。

V　捜査に関する事項

1．捜査の主体及び捜査の場所的制限

　大韓民国の捜査機関は大韓民国に駐屯している米国軍隊内に入って捜査権を行使できるのが原則である。米国軍隊は治外法権を認めている外国の大使館と性質的に違うからである。だが、合意議事録は米国軍部隊内においての押収、捜索及び検証（第2号）を事実上大幅に制限している。実務上は事前協議の後、捜査権を行使している。米国軍隊の軍事警察は、それらの施設及び区域において、秩序及び安全の維持を確保するためのすべての適当な措置を執ることができる[21]。

　前記の施設及び区域の外部においては、前記の軍事警察は、必ず大韓民国の当局との約定（arrangement）に従うことを条件とする。また、その行使は、大韓民国の当局と連絡してから、米国軍隊の構成員の間の規律及び秩序の維持のため必要な範囲内に限るものとしている[22]。

2．逮捕及び拘禁

　大韓民国の当局は、米国の軍当局に対し、米国軍隊の構成員若しくは軍属又はそれらの家族の逮捕について直ちに通告しなければならない。米国の軍当局は、大韓民国が裁判権を行使する第一次的権利を有するすべての事件について、米国軍隊の構成員若しくは軍属又はそれらの家族の逮捕を直ちに大韓民国の当局に通告するものとする[23]。

---

20)　第3項(c)に関する合意諒解事項第4号。
21)　韓米地位協定第22条10項(a)。
22)　韓米地位協定第22条10項(b)。
23)　韓米地位協定第22条5項(b)。

大韓民国が裁判権を行使すべき米国軍隊の構成員又は軍属たる被疑者の拘禁については、2001年にその内容が改正された[24]。逮捕、拘禁については、殺人・強姦の現行犯、準現行犯等を逮捕した場合に証拠湮滅などの理由で拘束する必要があれば、拘束令状を発付してもらって拘束する。その時、米軍当局は拘禁引渡要請をしないことに合意した。起訴前の拘禁引渡しについては、殺人、強姦、略取・誘引、不法麻薬取引等、12の犯罪を犯した被疑者を米軍当局が拘禁している場合、(韓国の裁判所が) 拘束令状を発付し身柄を引き受ける。米軍当局は、大韓民国当局による捜査と裁判の為の接触などをするに必要な措置をとらなければならない。大韓民国の安全に対する罪に関した被疑者は大韓民国の当局が拘禁する[25]。

3．逮捕又は拘禁された被疑者の権利

逮捕及び拘禁の即時、被疑者が理解できる言語で嫌疑を通知してもらう権利がある[26]。被疑者は、弁護人の助力を受ける権利を有する。自己の弁護のため自分が選択する弁護人を選任できる権利又は大韓民国でその時、通常行われている条件に基づき、無料で若しくは費用の補助を受けて弁護人を選任できる権利がある[27]。この権利は、合意議事録によって、逮捕又は拘禁された時から発生し、被疑者又は被告人が受ける全ての予備捜査、取調べ、裁判前審理、裁判自体及び裁判後の手続に適用される。そして、この権利には弁護人を参与させる権利及び弁護人と緊密に相談できる権利が含まれている (合意議事録)。

また、被告人が必要なときは、有能な通訳を用いる権利があり[28]、協定第22条第9項(f)には、大韓民国の裁判権によって公訴が提起された時から上記権利が認められると規定しているが、これに関する合意議事録は、逮捕又は拘禁時

---

24) 韓米地位協定第22条5項(c)：2001年1月18日改正。
25) 韓米地位協定第22条5項(d)。
26) 韓米地位協定第22条9項(b)に関する合意議事録第3文。
27) 韓米地位協定第22条9項(e)。
28) 韓米地位協定第22条9項(f)。

からこの権利が発生するとして、同権利の存在時期を早めた。

　米国の政府の代表者と連絡できる権利及び自分の裁判にその代表者を立ち会わせる権利があり[29]、その権利は逮捕・拘禁時からあり、捜査及び裁判の全ての手続に適用し、代表不参加時の陳述は証拠能力がないのである。正当な事由なしに逮捕又は拘禁することはされず、拘束後正当な事由が証明されなければ直ちに釈放される権利がある[30]。

4．不起訴決定に対する不服申立の制限

　法務部長官の裁判権不行使決定に従い主任検事が「公訴権なし」の決定をした場合、これについての不服申立方法はない。すでに、大韓民国の裁判権が消滅したので、大韓民国の裁判権を前提とする抗告及び裁定申込の手続は考慮の余地はない。

Ⅵ　裁判手続上の特則

1．被告人の権利

　大韓民国の当局において裁判を受ける米国軍隊の構成員若しくは軍属又はそれらの家族は、大韓民国の国民に与えられた大韓民国の法律が保障するすべての手続上及び実体上の権利を有する[31]。また、遅滞なく迅速な裁判を受ける権利を有する[32]。

　不利益変更禁止の原則が適用され[33]、犯行時又は第1審法院の原判決宣告時適用する刑より重い刑を科せられない権利を有し、検事が被告人の利益と関係なく控訴する場合にも適用される点から見ると、刑事訴訟法第368条に対して

29）　韓米地位協定第22条9項(g)及びそれに関する合意議事録。
30）　韓米地位協定第22条9項(b)に関する合意議事録第1文および第2文。
31）　韓米地位協定第22条9項に関する合意議事録。
32）　韓米地位協定第22条9項(a)。
33）　韓米地位協定第22条9項に関する合意議事録(d)。

特則の性格を持つわけで、検事は量刑不当の理由で上訴することが不可能である。

被疑者は、公判前に自分に対する具体的な公訴事実（訴因）の通知を受ける権利がある[34]。その他に、裁判日から相当期間前に不利に利用される証拠の内容の通知を受ける権利がある[35]。また、自己に不利な証人と対面して彼を訊問する権利がある[36]。協定及び合意議事録では起訴された者に対してのみ上記権利が保障されると明示しているが、最近の改正交渉で、米国軍の当局は、同権利が保障されていない捜査段階での陳述に関しては証拠能力を排除しなければならないという立場を主張した。

最後に、犯罪を犯した後、被告人に対して不利に変更された証拠法則や証明要件により有罪宣告を受けない権利が認められている[37]。適切な軍服あるいは民間服で手錠を掛けないことを含み、米国軍隊の威信にふさわしい条件でなければ審判を受けない権利がある[38]。起訴された後、被告人に対する公訴事実と基本的事実が同一ではない事項に関して訊問はできないことになっている。

2. 証拠法上の特則

米国の政府代表の参加なしに作成された被疑者陳述の証拠能力は排除される。また、拷問、暴行、脅迫若しくは欺罔によるもの、又は令状なしに不合理に行われた捜索及び押収の結果で収集された物的証拠は有罪の証拠と使用できない[39]。

---

34) 韓米地位協定第22条9項(b)。
35) 韓米地位協定第22条9項(b)に関する合意議事録第4文。
36) 韓米地位協定第22条9項(c)及びそれに関する合意議事録。
37) 韓米地位協定第22条9項に関する合意議事録(e)。
38) 韓米地位協定第22条9項に関する合意議事録(k)。
39) 韓米地位協定第22条9項に関する合意議事録。

3．上訴手続上の特則

　有罪でない判決あるいは無罪釈放の判決に対して検察側は上訴ができず、被告人が上訴しなかった判決に対する検察側の上訴もできないのである[40]。ただ、法令解釈の誤り（法令違反）を理由として上訴する場合は例外的にそれができる。同例外が無罪、公訴棄却、免訴判決などに対しても法令解釈の誤り（法令違反）を理由としては検事の上訴が可能か否か、被告人が上訴しなかった有罪判決に対して検事が法令違反を理由として上訴が可能か否かに関しては解釈上議論の余地がある。少なくとも後者の解釈、すなわち、検事が有罪判決に対して法令違反を理由に上訴ができるという解釈はできる。

　また、量刑不当を理由に上訴することはできない。第22条9項に関する合意議事録(d)で規定している不利益変更禁止の原則によって事実上量刑不当の理由で上訴は禁止される。

Ⅶ　刑の執行に関する特則

　刑の確定後、被告人の身柄が米側にあるときは、米側に刑の執行のための拘禁引渡し要請をする[41]。大韓民国法院が宣告した拘禁刑で服役している協定対象者の拘禁引渡しを米側が要請する場合には、この要請を好意的に考慮する[42]。拘禁引渡をした後、米軍当局は関係情報を定期的に提供する義務を負い、大韓民国政府代表は米軍拘禁施設の服役者との接見する権利をもつ。

　今現在、米軍当局の拘禁施設訪問及び観察、拘禁施設に関する最低基準[43]による基準に合致する施設は、天安少年矯導所のみである。既決囚とはちがって未決囚に対する収容施設の物的設備及び処遇水準に関しては具体的合意事項は

---

40)　韓米地位協定第22条9項に関する合意議事録第4文。
41)　韓米地位協定第22条5項(c)。
42)　韓米地位協定第22条7項。
43)　韓米地位協定第22条9項に関する合意議事録。

別にないが、全国12ヶ所の地検所在地、拘置所又は矯導所に駐留米軍犯罪関連の未決囚収容施設が確保されている。

　米国の軍当局による死刑の執行は制限される[44]。大韓民国の法制が同様の場合に死刑を規定していない場合には、米国の軍当局が大韓民国内で執行してはならない。自由刑の執行については、韓国の当局は、米国の軍当局が韓国の領域内で言い渡した自由刑の執行について米国の軍当局から援助の要請があったときは、その要請に好意的考慮を払わなければならない[45]。米国の軍当局から要請があった時、韓国検事が刑事訴訟法及びその他法令に規定されている権限を行使することができる[46]。

Ⅷ　敵対行為時又は戒厳時の特則

　敵対行為が生じた場合には、刑事裁判に関する協定の適用が停止される[47]。その時、米国の軍当局が米国軍隊の構成員及び軍属並びにそれらの家族に関して専属的裁判権を保有する。敵対行為の概念は韓米相互防衛条約第2条によって判断されるが、多少曖昧なところがある。

　韓米相互防衛条約第2条は、「当事国のうち、いずれか一方国の政治的独立及び安全が、外部からの武力攻撃によって威脅されていると、いずれか一方国が認定する時はいつでも、当事国は互いに協議する。国は、いずれか一方に対する武力攻撃が、自国の政治的独立及び安全を危うくするものであることを認めたときにはいつでも、互に協議する」と規定している。

　戦争の時には、戒厳が宣布（宣告）され、戒厳宣布（宣告）時に刑事裁判権に関する協定規定の適用が停止されるので、実務上は、戒厳宣布（宣告）時を基準に刑事裁判権に関する協定規定の適用停止時期を判断するのが妥当である

---

44)　韓米地位協定第22条7項(a)。
45)　韓米地位協定第22条7項(b)。
46)　韓米地位協定施行に関する刑事特別法第5条。
47)　韓米地位協定第22条11項。

と思う。大韓民国の戒厳令の宣布（宣告）時には、協定第22条の適用が停止される[48]。敵対行為の場合、未決、既決を問わずに収容者の保護措置を果たす義務があり、米国の軍当局からの拘禁引渡しの要請があったときは、その要請に好意的考慮を払わなければならない[49]。

IX 具体的な事例の検討

1. 事件の概要

(1) 2002年6月13日：京畿道楊州郡の地方道路で、女子中学生の2名が米軍装兵ウオーカーマーク、管制兵フェルナンドニノ）に轢かれ、即死。
(2) 同年7月10日：韓国法務部、米軍側に女子中学生死亡事件と関連して、米軍当局の刑事裁判管轄権行使の放棄を要請。
(3) 同年8月7日：米軍、裁判権の放棄要請に拒否することに決定したと通告。
(4) 同年11月18日：米軍法廷で管制兵フェルナンドニノの裁判開始。
(5) 同年11月20日：管制兵フェルナンドニノ無罪評決。
(6) 同年11月21日：米軍法廷で運転兵ウオーカーマークの裁判開始。
(7) 同年11月22日：運轉兵ウオーカーマーク無罪評決。
(8) 同年11月27日：フェルナンドニノとオーカーマーク出国。

2. 公務中に犯した犯罪の判断

(1) 各国の地位協定の規定

駐留軍地位協定のさまざまな分野の中で特権と免除において、刑事裁判権の行使をめぐる問題は他の分野より敏感な分野である。これは派遣国軍隊の活動から発生する駐屯国の国民の生命、身体及び財産に対する危害に関してあらか

---

48) 韓米地位協定第22条1項(b)に関する合意議事録第1項。
49) 韓米地位協定第22条9項に関する合意議事録。

じめその処罰権限を派遣国に委譲して傍観のみしていられるのかという問題意識から出発する。

　主権国家の司法機能を駐屯国に移譲するのはそれほど簡単なものではないが、国際慣行によると、駐留軍が公務中に駐屯国の国民に対して犯した犯罪に関しては、駐屯国がその刑事裁判権を放棄することが一般的である。これは派遣国の軍隊の円満な業務遂行、駐屯の目的を達成するためには、軍隊構成員が公務を執行する時は自国内で公務を行っている場合と同じ程度にその権限の行使が保障されなければならないという判断に基づくものであろう。

　⑵　韓米駐屯軍地位協定

　このような国際慣行に従って、日米駐留軍地位協定、ドイツの補足協定と同様に、米韓駐留軍地位協定も、米国軍人が犯した犯罪に関しては韓国が裁判権を行使することを原則とする。しかし米軍が公務を遂行する過程で犯した犯罪に関しては、米軍が一次的裁判権を行使するように規定している。

　韓国が2002年2月、アフガン戦争と関連して医療支援団を派遣するとき、キルギスタンと締結した駐留軍地位協定でも、韓国軍人の公務中の犯罪に関しては韓国が第一次的裁判権を行使するように規定しているだけでなく、韓国軍人の公務外の犯罪に対してまで、韓国軍の当局が裁判権を行使するように規定している。

3．裁判権の放棄

　米軍は現在まで全世界で発生した米軍人の公務中に犯した犯罪と関連して駐屯国政府の裁判権放棄要請を受諾したことは一度もなかった。1957年、日本の米軍基地内の米軍が薬莢を拾っていた日本人女子に銃を撃って殺害した事件があった。当初、米軍側は公務執行中の犯罪だと主張したが、公務執行中の犯罪とは看做されず、結局、米軍が主張を撤回して、日本国が裁判権を行使した。この事件は日本国が米軍人の公務外犯罪に対して第一次的裁判権を行使した事例である。

この事件直後、アイゼンアワー当時米国大統領は、「公務執行中に発生した犯罪に関して第一次的裁判権を放棄しないのが、過去、現在はもちろん今後の予測可能な未来にも、相変わらず米国の政策であり、米国は公務執行中であることが明白な事件の場合には、今まで一度も第一次的裁判権を放棄したことはない」と述べ、米上院に対して米軍が公務執行中に犯した犯罪に対して第一次的裁判権を放棄したことはなく、今後にも放棄する意思などはないことをはっきりと確認した。

1998年、イタリアで低空飛行中に軍用機の尾翼部分がスキー場リフトのケーブルを切断し、リフト搭乗客20人が死亡した事故があった。この事件でも海兵隊所属の軍用機操縦士らに関するイタリアの裁判権放棄要請を断って裁判権を行使した後、無罪評決で終結したこともある。

4．米国での交通事故過失犯の処理実態

一般人が犯した交通事故の場合、米国では各州の法律によって処理しているが、一部は交通事故を犯罪と規定していない州もあり、一部の州においても例外的に刑事処罰を規定している。交通事故を処罰する州においても全ての交通事故を処罰するのではなく、韓国法上の「未必的故意」にあたる重大な過失があるとき、即ち recklessness 又は wanton disregard of human life があるときに限って、これを犯罪と規定して刑事処罰している。酔っ払い運転、過度な乱暴運転など重大な過失があり、それが原因になって、事故が発生し、被害者が死亡した場合であれば刑事処罰が可能であり、単純過失で交通事故を起こした場合には刑事処罰それ自体が不可能な場合が大部分である。例えば、2001年米軍潜水艦が過ちで日本国漁船を沈没させ、日本人9名を死亡させた事件でも船長は刑事処罰されなかった。

一方、このように米軍人が交通事故を起こし、被害者を死亡させた場合には、軍刑法第134条（negligent homicide）を適用して処理することになるが、この条項は軍組織の特性を勘案して軍人に対し、一般人より高い水準の注意義務を要求し、このような注意義務を果たさない場合にはこれを犯罪と規定して

刑事処罰ができる。この条項の解釈上、軍人の場合には、単純過失で交通事故を起こした場合にも処罰できるものと理解される。このような理由で今度の事件の場合でも米軍当局が管制兵と運転兵をこの条項違反として起訴したものである。しかし、このような解釈とは別途に、米軍当局はこの条項の適用に際しては、実務慣行上過失の程度が重くない場合には、民事上の損害賠償問題として処理している。それで、過失が重くなければ刑事的に処罰しないことが多い。

　このような点に鑑み、この事件の場合は、米軍当局は過失程度を重くは見なかったのに、国内外の世論などを勘案して軍刑法第134条の過失致死の罪で管制兵と運転兵を起訴したが、裁判過程で、過失犯に対する米国の法文化、軍刑法第134条の実際の適用上の寛大傾向及び陪審裁判の特殊性などの影響により無罪評決になったと思われる。

5．韓国法務部の措置

　韓国法務部は2002年7月20日、国家賠償審議委員会を開き、米軍の過失を認め、遺族らに法定最高額の1人当1億9,500万ウォンを支給することを決定し、同年9月13日、全額を支給した。韓米地位協定の規定によると、この事件のように米軍の全面的な過失で損害が発生した場合には、国家賠償金額の75％を米軍側が分担することになっている。一方、法務部の指示によって、検察は同年7月23日から8月1日まで、管制兵など、参考人の召喚調査と現場調査を実施し、8月5日、管制兵と運転兵の過失が明らかである旨の捜査結果を発表した。検察は、9月3日、このような捜査結果を米軍に正式に伝え、同年11月5日、米軍の検察官に韓国検察の意見を書面で提出した。

（2006年2月23日）

10　韓国住民が北朝鮮において犯した刑事事件の処理
——刑事事件の処理に関する韓国と北朝鮮の協力体制を中心に——

魏　　在　　民

I　問題の所在

　韓国と北朝鮮の関係においては、6・15共同宣言と、いわゆる「太陽政策」の推進によって、南北当局間会談をはじめ、金剛山観光開発事業[1]、対北軽水炉支援事業、開城(ケソン)工団開発事業、南北鉄道連結事業等、様々な交流と協力が活発に行われており、このような状況の中、北朝鮮地域を訪問して滞在する韓国の住民が急激に増加している。
　2005年4月20日付の統一部南北関係推進現況報告書によれば、開城工団では、2005年4月現在、2,300人の南北人員（韓国400人、北朝鮮1,900人）が働いており、金剛山観光地区には1998年11月観光開始以後、2005年3月末基準、観光客の累計は913,991人にのぼっている。このように北朝鮮地域を訪問し、特に滞在する韓国の住民の数が増加するに伴い、韓国の住民が北朝鮮地域で犯罪を犯す可能性も高くなっている。
　国家間の刑法の適用範囲に関しては、属地主義及び属人主義が採用されているため、この問題については、北朝鮮の刑法が優先的に適用されると考えることもできる。しかし、第一に、北朝鮮の法的地位について、韓国の憲法第3条

---

1) 金剛山観光事業が中止され、韓国客の北朝鮮訪問は中止されている。

の領土条項、国家保安法等をあわせてみれば、南北の関係において、北朝鮮は国家ではなく反国家団体に過ぎない。しかし現実的には自らの刑事司法権を行使しているから、刑事司法権の衝突問題が生じる。

　第二に、北朝鮮地域内での現実を尊重して北朝鮮の刑事司法権を認めても、北朝鮮刑法は反人権的要素が多いため、北朝鮮の刑法をそのまま適用する場合、韓国政府が自国国民の身辺の保護を放棄したという非難を免れることはできない。

　南北間の円滑かつ持続的交流と協力を推進していくためには、南北間の司法制度と刑事法の原則と内容の差異から発生する法律の衝突と矛盾が先に解決されなければならない。この問題を解決するためには、具体的には、刑事裁判管轄権、準拠法、犯罪行為者の処理、犯罪被害者の救済等、相互的に往来する住民たちの身辺安全保障と刑事事件処理に関する法的・制度的装置が準備されなければならない。

　このような問題は、これまでの南北交流協力事業の現況から考えると、主に北朝鮮地域を訪問・滞在する韓国住民に対する問題であるが、2003年8月24日、韓国の大邱で開催されたユニバーシアード大会の際、北朝鮮の記者による暴行事件のように、北朝鮮住民が韓国を訪問・滞在する場合にも同じ問題が発生するため、南北が共に解決しなければならない問題である。

　本稿では、まず南北の刑法の適用範囲及び衝突の問題を検討し、今まで北朝鮮が北朝鮮地域を訪問する韓国住民に対して身辺安全をどのように保障しているのか、韓国住民に北朝鮮の刑法をそのまま適用する場合、具体的にどのような問題があるのか、他の分断国家の場合、このような問題をどのように解決しているのか、通常の刑事司法分野で国家間の協力形態である刑事司法共助と犯罪人引渡し条約の形態を通じてこの問題を解決することができるのか、南北合議を通じて解決する場合、その内容はどのようにするべきかについて検討する。

II 韓国と北朝鮮の刑法の場所的・人的適用範囲

1．韓国刑法の場所的・人的適用範囲

　刑法の場所的適用範囲については、属地主義、属人主義、保護主義、世界主義等の立法主義があり、大半の国家はその中の一部、あるいは全部を採用している。

　(1)　属　地　主　義

　属地主義は、自国の領域内で発生したあらゆる犯罪に対して、行為者の国籍を問わず自国の刑法を適用する原則である。韓国の刑法も第2条で「この法は大韓民国領域内で罪を犯した内国人と外国人に適用する」と規定して、属地主義を原則として採択している。大韓民国領域とは、大韓民国の領土・領海・領空を含む概念であり、韓国憲法第3条は「大韓民国の領土は韓半島とその附属島嶼にする」と定めており、北朝鮮地域も当然、大韓民国領域に含まれることと解釈される。したがって、韓国住民が北朝鮮地域で犯罪を犯した時にも属地主義によって韓国刑法が適用されるべきかの問題が発生する。

　これについて韓国国内では刑法の適用範囲は刑法が実際、法的及び事実的に適用される範囲を意味するので、北朝鮮は刑法の場所的適用を受ける大韓民国領域であるとはいえないという見解と、北朝鮮地域も当然、大韓民国の領域内なので韓国刑法が適用されるという見解が対立している。これについて大法院（最高裁）は、「北朝鮮も韓国領土の一部なので刑法の適用対象地域であるが、現在は裁判権が及ばないだけである」と判断している[2]。

　(2)　属　人　主　義

　属人主義は、自国の国籍を有する者に対しては犯罪行為地を問わず、自国の

---

　2)　大韓民国 大法院 1957.9.20.4290 刑上 228 判決

刑法を適用する原則で、韓国刑法第3条は「この法は大韓民国領域外で罪を犯した内国人に適用する」と定めており、属地主義を原則としながら、属人主義を補完的に適用している。ここでの内国人というのは大韓民国の国籍を有する者を言い、犯行当時、大韓民国の国籍を有しなければならない。

一方、憲法第3条の領土条項と関連して北朝鮮住民が内国人に該当するかが問題となる。これについて刑法の適用を受ける内国人は、事実かつ法律上、韓国の刑事裁判権の影響下にいる大韓民国の国籍を現在に有する者に限定しているため、刑法適用において内国人には北朝鮮住民が含まれないという意見があるが、北朝鮮国籍者が中国で中国駐在北朝鮮大使館から海外公民証と外国人居留証と、中国政府から旅券を発給してもらい、韓国に入国した事件で、北朝鮮地域は大韓民国領土に属しているから北朝鮮国籍の住民は大韓民国の国籍を取得、維持するに何の影響もないと判示している[3]。

(3) 保 護 主 義

韓国刑法は属地主義を補充して、刑法第5条で韓国の領域外で内乱の罪、外患の罪、国旗に関する罪、通貨に関する罪、有価証券、切手と印紙に関する罪、文書に関する罪のうち第225条ないし第230条、印紙に関する罪のうち第238条に対しては大韓民国の領域外で罪を犯した外国人に適用すると定めている。第6条では大韓民国領域外で大韓民国又は大韓民国国民に対して第5条に記載した以外の罪を犯した外国人にも適用する。ただし、行為地の法律によって犯罪にならない場合、又は訴追若しくは刑の執行を免除する場合には例外となる。

(4) 人的適用の例外

韓国憲法第84条は「大統領は内乱又は外患の罪を犯した場合を除き、在職中には、刑事上訴追されない」と定められている。また、憲法第45条は「国

---

3) 大韓民国 大法院 1996. 11. 22. 96 ヌ 1221 判決

会議員は国会で職務上行われた発言と表決に関して国会外で責任を問われない」とする。

また「国際法上、外国の元首と外交官、その家族及び内国人ではない従者に関しては、刑法が適用されない」という、外交関係に関するウィーン条約、米韓間の駐屯軍地位協定（SOFA）による例外等がある。

2．北朝鮮刑法の適用範囲

北朝鮮の刑法第8条（刑法の対人的及び空間的効力原則）は「この法は犯罪を犯した共和国の公民に適用する。共和国領域外で犯罪を犯した共和国公民にもこの法を適用する。共和国領域内で犯罪を犯した外国人にもこの法を適用する。しかし、外交特権をもつ外国人に対する刑事責任は、外交的手続によって解決する。外国で共和国に反対し又は共和国公民を侵害した外国人にもこの法を適用する」と規定しており、属人主義を原則としながら補充的に属地主義及び保護主義を採用している。

ここで北朝鮮刑法上の「共和国公民」と「共和国領域」に韓国住民と韓国地域が含まれているのかが問題となる。北朝鮮憲法は、韓国憲法とは違って、別途の領土条項は存在しないが、憲法第1条[4]及び第62条[5]、国籍法第2条[6]によって、韓国地域と韓国住民は朝鮮民主主義人民共和国の領土と公民として解釈される。

したがって、北朝鮮法によると、韓国住民が北朝鮮地域で犯罪を犯した場

---

[4] 憲法第1条　朝鮮民主主義人民共和国は全体朝鮮人民の利益を代表する自主的社会主義国家である。
[5] 憲法第62条　朝鮮民主主義人民共和国の公民となる条件は、国籍に関する法で定める。公民は居住地とは関係なく、朝鮮民主主義人民共和国の保護を受ける。
[6] 国籍法第2条　朝鮮民主主義人民共和国公民は次にようなる者とする。
　1．共和国の創建以前に朝鮮の国籍を有した朝鮮人とその子女としてその国籍を放棄しない者
　2．外国公民或は無国籍者だった者として合法的手続によって朝鮮民主主義人民共和国の国籍を取得した者

合、属人主義によって北朝鮮刑法が優先的に適用されることとなり、韓国住民を北朝鮮の公民として取扱わなくても、属地主義によって北朝鮮刑法の適用を受けることになる。

3．刑法適用範囲の衝突

各国刑法の一般的な傾向は、属地主義と属人主義を採択している。通常、ある国家の属人主義が、他の国家の属地主義と衝突がする場合が生ずる。南北の関係でもこのような適用範囲の衝突が発生する。

即ち、韓国の立場からは、韓国住民が北朝鮮側地域で犯罪を犯した場合、韓国刑法第2条が北朝鮮地域にも適用されるとする見解によれば、属地主義と属人主義に基づいて韓国刑法が適用される。また、刑法第2条が北朝鮮地域には適用されないという見解をとれば、属人主義によって韓国刑法が適用されることになる。

一方、北朝鮮の立場からは、韓国住民も「公民」であるため、属人主義によって北朝鮮の刑法が適用されることになり、韓国住民が北朝鮮の公民ではないとする見解をとっても、属地主義によって北朝鮮刑法の適用範囲に入るのである。

したがって、韓国住民が北朝鮮地域で犯罪を犯した場合、憲法第3条をどのように解釈するか、北朝鮮を国家として認めるか等の問題とは別に、現実的に韓国刑法と北朝鮮刑法が重複して適用されることになる。

4．小　　　結

結論的に北朝鮮地域で犯罪を犯した韓国住民に対して、北朝鮮の刑法適用を排除して韓国側が刑事司法権を行使しようとするのは相互間の人的適用範囲の例外を如何に認めるのかという現実的な政策問題であるといわざるを得ない。このような観点から北朝鮮との相互交渉によって、人的適用範囲の例外を認めてもらう方向で解決策を摸索するべきである。

Ⅲ　北朝鮮の韓国住民に対する身辺安全保障の方法及び問題点

1．特別法上の身辺安全保障に関する規定及び問題点

(1)　開城工業地区法

　開城工業地区は人民共和国の法によって管理・運営される国際的な工業、貿易、商業、金融、観光地域である。開城工業地区法[7]第8条第1文は「法に根拠がない場合、韓国側及び海外同胞、外国人を拘束・逮捕したり、身体、自宅を捜索することはできない」と定められている。しかし同地区には北朝鮮の主権が全面的に適用され、北朝鮮の刑事法体系がそのまま適用されるため、北朝鮮の刑事法規定によっては韓国住民に対する拘束・逮捕、捜索が可能である。これは、身辺安全保障に関する規定ではなく、北朝鮮の一般刑事司法原則を確認した内容にすぎないのである。ただし、同条第2文は「身辺安全及び刑事事件と関連して南北間の合意、あるいは北朝鮮と外国間に締結した条約がある場合にはそれによる」という例外規定が置かれている。

　韓国住民の身辺安全保障に関する特別合意書の締結については、2004年1月29日、南北当局の間で「開城工業地区と金剛山観光地区の出入及び滞在に関する合意書」を締結されており、その具体的な内容ついては後述する。

(2)　金剛山観光地区法

　金剛山観光地区法は身辺安全保障に関連しては何の規定も定めていない。既に述べた通り、同地区においては北朝鮮の主権が全面的に適用されるので、結局、北朝鮮の刑事法体系がそのまま適用されることになり、北朝鮮の刑事法の規定によって韓国住民に対する拘束・逮捕・捜索が可能である。

---

[7]　開城工業地区法は、2002年11月20日、北朝鮮の最高人民会議常任委員会政令で採択された。

2004年1月29日、南北当局は「開城工業地区と金剛山観光地区の出入り及び滞在に関する合意書」を締結し、住民の身辺安全保障が期待されている。一方、金剛山観光地区法が採択される前までは、事業者である株式会社現代峨山と朝鮮アジア太平洋平和委員会の間に締結された契約書及び合意書に身辺安全保障に関する内容が盛りこまれていた。具体的には、1998年6月22日、金剛山観光のための契約書第4条第1項で、アジア太平洋平和委員会側は北朝鮮側の管轄区域の中に入る観光客、現代側の実務代表団の身辺安全と便宜を保障することが合意された。

1998年7月6日の金剛山観光のための附属契約書第10条第1項では、北朝鮮側の管轄区域に入る観光客、現代側が派遣する実務代表団及び合営会社の職員、工事人員、遊遊覧船乗組員の身辺安全と便宜及び無事帰還を保障し、これを担保するために、社会安全部長名義の包括的な身辺安全及び無事帰還の保障覚書を提供することにするとの内容が入っている。

1998年7月9日には、「北朝鮮の地域に入る現代の実務団及び合営会社職員、工事人員、遊覧船乗組員、そして韓国側の観光客の身辺安全と無事帰還を保障する」との内容で社会安全部長名義の身辺安全保障覚書が締結された。

1999年7月30日、観光客身辺安全保障に関する合意書では、「問題が生じた場合、直ちに、それぞれの代表3～4人で構成される金剛山観光事業の調停委員会で協議し、処理する。問題となる発言をした観光客に対しては追放することを原則とし、刑事事件等の厳重な事件の場合には、同委員会で協議し、処理することにするが、円満な処理が出来なかった場合には、同委員会と該当機関が協議し、処理することにする」となっている。

(3) 新義州(シンウィジュ)特別行政区基本法

新義州の特別行政区基本法(2002年9月12日付けで最高人民会議常任委員会政令として採択)は第47条で「法に基づかず、住民を拘束、又は逮捕したり、身体、住宅を捜索することはできない」と規定しているが、条文で言及している「法」がどの法律を意味しているかは明確ではない。

特に、同行政区に適用される法律としては、新義州の特別行政区基本法と、同法に基づく立法会議制定法附則の2条の規定に従い、北朝鮮の国籍、国章、国旗、国家、首都、領海、領空、国家安全に関する諸法律があるが、この中で国家安全に関する代表な法律は北朝鮮の刑法である。もし、北朝鮮の刑法全文が同行政区に適用されるとしたら、そこで活動する韓国の住民に対しては、結局、身辺の安全保障の措置は存在しないこととなる。

2. 韓半島エネルギー開発機構（KEDO）関連の身辺安全保障

KEDO（Korean peninsula Energy Development Organization：韓半島エネルギー開発機構）と北朝鮮政府の間に締結された軽水炉事業の供給に関する協定[8]は、その締結主体が韓国の政府ではないが、協定の締結において韓国政府は主導的な役割を果たした。同協定第4条第6項は、北朝鮮はKEDOに独立的な法的地位を認め、KEDO及びその職員に対して、KEDOに委任した機能の遂行に必要な、北朝鮮領域の内での特権及び免除を付与し、その法的地位と特権及び免除は本協定に従い、別途に指定すると規定している。

また、同条第7項は、北朝鮮はKEDO、契約者及び下請契約者が北朝鮮に派遣した全員の身辺と財産を保護する措置を取り、この全員に対して適切な領事保護が許容されるようにし、必要な領事保護措置は本協定に基いて、別途の議定書で指定するようにしている。

議定書上の委任規定に基づいて、1996年7月11日、KEDOと北朝鮮の間にはKEDOの法的地位、特権・免除及び領事保護に関する議定書が締結され、同日発効した。これによって、KEDOの工事現場で働く韓国労働者に対する北朝鮮の刑事裁判管轄権が排除され、彼らに対してはKEDOが自ら構成した秩序維持隊が秩序維持業務を遂行することとなった。

同協定は、「軽水炉敷地内」という一部の制限された場所においては、韓国

---

8) 正式名称は「韓半島エネルギー開発機構と朝鮮民主主義人民共和国政府間の朝鮮民主主義人民共和国に対する軽水炉事業の供給に関する協定」である。

側の主張を貫徹し、韓国労働者の身辺安全を優先的かつ確実に保障できる制度的装置として評価されている。

　工業地区の開発事業は軽水炉事業とはレベルが違うが、本格的な開発事業を施行する前から、KEDOと北朝鮮の間に「特権・免除及び領事保護の議定書」のような類似な身辺安全保障の合意書を締結するのが望ましいという見解もある。しかし、軽水炉事業の場合、その主体が韓国政府ではなく、KEDOという国際機関であることに根本的な違いがあり、一般的な交流協力事業のために北朝鮮を訪問したり、滞在する韓国住民全体に対して、領事保護協定を締結することは、現実的に実現される可能性が低いだろう。

3．既存の合意書上の身辺安全保障及び問題点

　これまで、韓国側の人員の訪北は一般的に北朝鮮側の保安責任者が発給する身辺安全保障覚書を受けて、これを韓国統一部に提示し、訪北承認を得てから訪北することが一般的だった。このような身辺安全保障覚書には通常の「訪北の期限中、貴下の身辺安全と無事帰還を保障する」と言う文言があった。しかし、個別的な身辺安全保障覚書は政治的な約束に過ぎず、法的拘束力がないものである。

　1991年12月13日、南北基本合意書が締結され、同基本合意に基づいて1992年9月17日、南北交流協力の履行と遵守のための附属合意書が締結され、第10条第3項で「韓国と北朝鮮は民族構成員が訪問地域で自由な活動をすることに際し、身辺安全と無事帰還を保障する」と規定し、一方的な政治的約束ではなく、相互合意による身辺安全保障を約束することにした。1992年5月7日に合意した、「南北交流及び協力共同委員会の構成・運営に関する合意書」第2条第6項と「南北軍事共同委員会構成・運営に関する合意書」第3条第5項は、相手地域を往来する人員に対して、身辺保障を慣例の通りにすると規定した。しかし、このような合意内容は、実際に具体的な問題が生じた場合、交流過程の「慣例」が如何なるものなのかを確認することは困難である。

　これの以後に南北の交流協力が最も活性化され、南北当局の間に多くの合意

書が締結され、身辺安全保障に関連する内容は北側の地域を訪問する南側の人員の身辺安全と無事帰還を北朝鮮側が保障するようになった。これに該当する合意書としては「南北間に和解と不可侵及び交流・協力に関する合意書」の第3章交流・協力関連附属合意書、南北間の食糧借款提供に関する合意書第6条及び上記の合意書に附属する食糧引渡・引受手続第9条、南北鉄道及び道路連結工事の資材・装備提供に関する合意書、第5次南北鉄道・道路連結実務接触合意書、南北鉄道・道路連結実務協議会第3次会議合意書付録、南北間取引物品の原産地確認手続に関する合意書、南北鉄道・道路連結第6次実務接触合意書等がある。

このような合意内容は北朝鮮側の一方的な政治的約束ではなく、相互合意の下で文書として作成された約束である点では少し発展された側面もあるといえる。しかし、現実的にはその内容が具体的ではなく、各合意書上の事業目的の達成のための一時的な合意にすぎないという限界があり、特に北朝鮮地域で犯罪を起こした場合、これに対して北朝鮮が北朝鮮の刑事法適用を主張する場合、上記の合意内容だけをもって、北朝鮮刑事法の適用排除を主張することはできないし、上記の合意を履行しない場合においてもこれを制裁する方法がなく、政治的交渉を通じて北朝鮮側の了解を得るかたちで解決するしかないという限界があった。

4．開城工業地区と金剛山観光地区の出入り及び滞在に関する合意書

(1) 合意書の締結

2004年1月29日南北当局は開城工業地区と金剛山観光地区の出入り及び滞在を円滑に保障するため、「開城工業地区及び金剛山観光地区の出入り並びに滞在に関する合意書」を締結し、韓国側は同合意書に関して、2004年9月23日国会の同意を得たが、北朝鮮の当局の会談拒否により同文書の交換が実行されず、未発効の状態である。

⑵　合意書の法的性格

　この合意書は開城工業地区法第8条が定めている「身辺安全及び刑事事件と関連した北南間の合意」に該当し、その内容が単なる紳士協定の水準を超え、国民の権利・義務と直接的に関連する事項を含めており、条約としての内容と形式を取り揃えている。故に、この合意書は韓国憲法第6条1項に従って、締結、公布され、国内的にも効力を持つ。

⑶　身辺安全保障関連規定

　上記の合意書第10条は身辺安全保障に関して次の通りに規定している。
1．北朝鮮側は人員の身体、住居、個人財産の不可侵権を保障する。
2．北朝鮮側は人員が地区で適用される法秩序に違反した場合、これを中止させた後、取調べて対象者の違反内容を韓国側に通報し、違反の程度によって警告又は犯則金を賦課したり、韓国側の地域に追放する。ただし、韓国と北朝鮮が合意する、厳重な違反行為に対しては双方が別途に合意し処理することとする。
3．北朝鮮側は人員が取調べを受ける間、その者の基本的な権利を保障する。
4．韓国側は法秩序に違反して韓国地域に追放された人員に対して、北朝鮮側の意見を考慮して取調べ、処理し、その結果に対して北朝鮮側に通報し、法秩序違反の行為の再発防止に必要な対策を講ずる。
5．南と北は、人員の不法行為によって発生した人的及び物質的被害の補償問題に対して積極的に協力し解決する。
6．外国人が法秩序に違反した場合は、北側と当該国家の間に締結した条約がある場合にはそれに従う。」
　また、上記の合意書第14条は人員と通行車両等の出入り及び滞在に関する問題は、この合意書が優先的に適用されると規定している。

(4) 身辺安全保障規定の検討

1) 開城工業地区法第8条は、法律の根拠に拠らずに、南側及び海外同胞、外国人を拘束又は逮捕し、又は身体若しくは住宅を捜索しないと規定しており、合意書第10条1項は「北側は人員の身体、住居、個人財産の不可侵権を保障する」と規定している。

開城工業地区法第8条後文の規定に基づき、上記の合意書10条第1項が上記の法に優先すると言えるが、ここでの不可侵権が何を意味するのかを明確にする必要がある。

もし、上記の不可侵権を如何なる場合にも韓国住民の身体又は住居、個人財産に対する逮捕・拘禁・押収・捜索等が許されないという意味で解釈すれば、韓国としては最大限の身辺安全が確保されると思われる。一方、例えば、韓国の住民の住居地で人質又は殺人事件のような事件が発生した場合にも、北側がその住居地へ入り込んで犯罪を鎮圧する等の強制的な措置を取れないという現実的な問題が発生する可能性もある。

2) 上記の合意書第10条第2項の規定によると、韓国住民が犯罪を起こした場合、1次的には北側がこれを中止させてから取調べをする。しかし、ここで言う取調べというのは北朝鮮の刑事訴訟法上の捜査とはどう区別されるのが疑問である。

この点に関して、上記の取調べ概念を捜査と区別しない見解もあるが、これを捜査と違う概念としてみる見解もある。南北共に「捜査」という法的用語を使用しているにもかかわらず、「取調べ」という用語を使用したことで捜査と取調べの概念を区別する必要があると考えられる。もし、取調べが捜査と違う概念で用いられるとしたら、北側が開城工業地区と金剛山観光地区内では北側の刑事司法権による捜査をしないという意味で考えられるか、また取調べ権は誰が行使し、その範囲はどこまで可能であるのか等の複雑な問題が発生しうる。

取調べを捜査と同じ概念として考えると、結局、北側の刑事司法の手続によ

って取調べが進行され、韓国住民の身元と住居等に対する保障の程度がどの程度であるかが疑問である。取調べによる逮捕、監禁、押収・捜索等の強制捜査も可能としたらこれによる人権侵害の可能性を排除することはできず、取調べ期間、取調べの時の韓国側の参加、又は弁護人の助力が可能であるか否か、言語の違いから生じる認識の食い違い等を減らすための通訳の可能性、等に対する具体的な追加措置がとられるべきであろう。

3) 北朝鮮は、取調べの結果、その違反の程度によって警告又は犯則金を賦課したり、南側地域に追放することができる。しかし南と北が合意する厳重な違反行為に対しては、双方が別途で合意し処理することにしている。

したがって、警告、犯則金賦課、追放は北側が一方的に決定することができ、これに対して異議申立の可否については何にも規定されていないため、今後、北側の一方的な決定に対して異議申立が可能となるようにし、異議の申立がある場合、上記の合意書第12条で規定されている共同委員会での協議を通じて、再決定する等の措置を検討すべきである。また、厳重な違反行為に対してはその内容を南と北が合意をするようにしているが、それ以外の行為に対しても南と北が合意し、どんな行為が警告、犯則金賦課、追放の対象になる行為であるのか、その基準を定める必要がある。

犯則金賦課に関しても違反になる行為を細分化して、各々の行為別に犯則金の上限を定めておくべきである。執行に関しても執行対象と方法を検討しなければならない。

4) 上記の合意書第10条第3項は「北側は人員が取調べを受けている間、その基本的権利を保障する」と定めているが、ここでいう基本的権利とは何を意味するのかが不明確である。今後、基本的権利の具体的な内容が何であるのかに対する検討がなされるべきである。

Ⅳ 北朝鮮刑事法適用の問題点

　北朝鮮地域で犯罪を起こした韓国住民に対して、北朝鮮の刑事司法権の行使を排除し、韓国側が刑事司法権を行使しようとする裏には、韓国住民に対して北側に刑事司法権の行使を委ねる場合、韓国住民に対する身辺安全が脅かされる危険性があるとの懸念がある。北朝鮮が北側の地域で犯罪を起こした韓国住民に対して、北朝鮮の刑法を適用する場合、予想される問題点を具体的に想定してみよう。

1．北朝鮮の刑事法の改正経過及び内容

(1)　北朝鮮の刑法改正経過及び内容

　北朝鮮は1950年、初めて刑法を制定しており、当時、刑法の制定にはソ連の刑法の影響が強く、社会主義刑法の特性が著しかった。その後、1974年の第1次改正（又は修正）で、反革命犯罪に対しては厳重な刑罰を科することを特徴とし、多数の反革命犯罪に対して死刑及び全財産の没収に処するとの内容となった。1987年2月5日、最高人民会議の常設会議の決定第2号で、刑法の第2改正が行われ、「反革命犯罪」から「反国家犯罪」へと用語を修正し、刑罰も軽減した。

　その後にも1995年3月15日、最高人民会議の常設会議の決定第54号で、一部の内容が修正された。さらに、1999年8月11日、最高人民会議常任委員会政令第953号で修正が行われ、死刑を賦科することが出来る犯罪行為を33ヶ条から5ヶ条に大幅に縮小する等一部の刑罰の緩和があったが、1987年の刑法改正に比べるとそれほどの変化はない。

　なお、2004年4月29日、北朝鮮は最高人民会議の常任委員会の政令第432号により以前の刑法を大幅に改正しており、その条文の数だけでも従来の161ヶ条から303ヶ条に大幅に拡大された。また、その内容においても、罪刑法定主義の観点から画期的な進展があり、以前から存置されていた類推解釈の許容

関連の条文が削除され、第6条では「国家は刑法で犯罪として規定した行為に限って刑事責任を問うことができる」と罪刑法定主義を明文に示している。各則上の構成要件を規定する時にも、従来の例示的列挙方式から制限的列挙方式にすることで構成要件を明確する等の発展を見ることができる。

(2) 北朝鮮の刑事訴訟法の改正経過及び内容

北朝鮮は1950年3月3日、国家と社会の財産を擁護し、社会主義の建設を法的に保障する党の司法政策を貫徹するため、強力な武器として機能をする刑事訴訟法の制定に乗り出した。

その後、1954年第1次 (1954.6.15.) 及び第2次 (1954.12.11.) 改正を通じて、共産主義体制を強化し、プロレタリア独裁の武器として裁判及び検察機関の機能を補強する一方、起訴法定主義と被害者による私訴制度を認めた。

1972年新憲法の採択に従い、1976年1月10日、第3次改正が行われたが、証拠能力の制限及び自白の証明力の制限規定を置かず、訴追機関と審判機関の未分離、裁判所の職権による刑事訴訟手続の開始許容等、前近代的な要素が多数含まれていた。しかし、1992年1月15日、第4次改正を通じて世界的な脱イデオロギー傾向と内外の批判を意識し、前近代的な規定を削除し、国家訴追主義、起訴便宜主義、自白の証拠能力の制限等、人権保護のレベルにおいては形式的には進展を見せた。

1995年4月12日第5次改正、1996年1月19日第6次改正、1997年9月17日第7次改正を通じて部分的な修正・補完を行った。1999年9月2日第8次改正を通じて損害賠償機関として予審員を追加する等の改正があったが、基本的には1992年改正刑事訴訟法の体系を維持したままだった。

このような刑事訴訟法も2004年5月大幅に改正をし、裁判手続を補完する形で条文を305ヶ条から439ヶ条に増加した。何より、刑事事件に対する取り扱いと処理を、刑事訴訟法で規定された原則と方法、手続に基づく、と規定し (第7条)、法による捜査、予審、起訴、裁判を強調し、裁判は各級の裁判所が行い、刑罰の適用は裁判所の判決に従うと規定している (第15条)。

2．北朝鮮刑事法の問題点

(1) 2004年改正前の刑事法の問題点

2004年刑法及び刑事訴訟法改正の以前の北朝鮮刑事法は対外的に秘密文書として取り扱われており、一般人がその内容を具体的に知ることはできなかった。その内容においても、刑事司法の大原則である罪刑法定主義が採択されておらず、さらに類推解釈まで許容されていた。このような問題点があるため、韓国側が北朝鮮地域を訪問したり、滞在する韓国住民に対して北朝鮮刑事法が適用されてはならない理由となっていったのである。

(2) 2004年改正後の刑事法の問題点

2004年の改正刑法は、形式的なレベルだけでなくその実質的な内容においても、罪刑法定主義の観点から画期的な進展が成し遂げられた。例えば、類推解釈の許容関連条文の削除、第6条の罪刑法定主義の明文化、各則上の構成要件の明確化といった成果があった。また、これまで秘密文件として取り扱われていた刑事法が大衆向けの法典として出版され、今は韓国でも入手することができる。

韓国の刑事法で死刑を科している法条文は87ヶ条であるが、北朝鮮の場合には5ヶ条のみが死刑を処罰として定めている。このような刑の厳重の程度だけを比較すると確かに刑事法の適用を認められないと主張するほど、北朝鮮の刑事法が厳しいとは言えない。そのうえに、韓国国民が他国でその国家の法に反して犯罪を犯した場合、その国家の刑法が適用され処罰されるというのは当然なことであり、当該国の犯罪行為に対する法定刑が韓国の刑法より厳しい場合でも、それを問題視するのは難しい。

しかし、北朝鮮の刑事法は既に述べたように形式上の発展があったとしても、まだその実質的な内容の問題が残っており、さらに手続的な問題と実際の運用上の問題として、北朝鮮の刑事法を韓国の住民にそのまま適用するということに抵抗がないとは言い難い。

1) 法体系上の問題

　基本的に北朝鮮は法治主義の国家ではないため、韓国のように法令体系のヒエラルキーが憲法、法律、大統領令、総理令・部令等の順になっているのではなく、各種の成文法よりも最高位層の教示と指示、労働党の指針・綱領、内閣の政令又は決定が成文法より上位の法規範として位置づけられている。したがって、いくら刑法の改正があったとしても、例えば、内閣の政令又は決定により、刑法とは違う法の適用が可能である点を看過することはできない。

　2004年改正刑法第27条で刑罰の一種類として示されている「労働鍛錬刑」は刑罰の種類として規定されていなかった。身体に対する事実上の刑事処罰に当たる労働鍛錬刑が行政処分という名目で行われていたことからすると、今後も刑法と刑事訴訟法とは別に、行政処分を通じて、事実上の刑事処罰が科されることも考えられる。

　労働鍛錬刑の場合、2004年刑法改正の前までは国土環境保護取締法第22条、第23条、判決・判定執行法第18条第1号、第22条第1号、第43条等に「労働鍛錬」又は「労働鍛錬処罰」として定められており、刑法上の刑罰として規定されていなかったので、これが刑罰に当たるかどうかが不明確だった。しかし、国土環境保護取締法第22条によると、労働鍛錬処罰は、国土環境保護監督機関又は当該監督統制機関と検察機関の合意の下で行われ、同法第23条では「国土環境保護に厳重な結果をもたらし、2ヶ月以上の労働鍛錬又は無報酬労働のような行政罰を科する場合には違反者を当該機関に引き渡す。法違反者に刑事的責任を負わせる場合には、人民保安機関に引き渡す」と定めている。同規定によると労働鍛錬は刑事処罰ではなく、行政処罰であることが明らかである。結局、北朝鮮は2004年刑法の改正で明らかにしているとおり、その内容に照らして刑罰としてみるべきである労働鍛錬刑を司法機関の判断なしに、行政処分だけで執行してきたのである。

　したがって、今後、事実上の刑罰にあたる他の行政処分が作られる可能性を否定することはできない。このような理由から、北朝鮮の刑事法だけを刑罰体系と想定して、韓国の刑事法と比較することはあまり意味がないように思われ

る。

2) 刑法上の問題点

　刑法の大幅な改正にもかかわらず、北朝鮮の刑法はその内容上、まだ、人権保障の側面において様々な問題点がある。まず、北朝鮮刑法は第2条で「国家は犯罪者の処理において、勤労階級の原則を確固に堅持し、社会的教養を主としながら、これに法的制裁を組入れるようにする」と規定している。刑法の解釈及び適用も政治と分離されないものとして、高い政治思想性が要求される。そのため、刑法を正しく適用するためには階級的立場が徹底に守られるべきであり、党の指導を受けるべきであると主張し、政治的な性格を強く表しているのである。また、具体的な内容においても、第57条は反国家及び反民族的犯罪と故意的重殺人犯罪に対しては刑事訴追の時効に関係なく刑事責任を取ることができると規定しており、公訴時効制度の例外を認めている。

3) 裁判手続及び刑事訴訟法上の問題点

　北朝鮮の裁判機関はその体系上、最高人民会議、国防委員会、内閣を上部機関としてその下部に位置しており、他の国家機関の事業指導により統制されているため、司法権の独立が認められない。したがって、裁判官は判決に対する政治的責任を負う。裁判官、検事及び弁護士等は大学の法学部出身者の中から国家が指名しており、法律的な専門性が充分といえない。

　刑事訴訟法第2条は「国家は、反国家及び反民族的犯罪との闘争で敵我を厳しく分けて極少数の主動分子を鎮圧し、多数の波動分子を包摂し、一般犯罪との闘争で社会的な教養を主にしながら、法的制裁を組み入れる」と規定し、階級路線の貫徹原則を明らかにしている。さらに、第3条は「国家は刑事事件の取扱いとその処理において群衆の力と知恵に基づくようにする」と規定し、群衆路線の貫徹原則を堅持している。

　裁判手続では人民参審員制を採択し、憲法第157条と裁判所構成法第9条により1審裁判所は裁判官一人と人民参審員二人が裁判部を構成する。各級判事

と人民参審員は憲法第110条第13号、134条第5号によって最高人民会議常任委員会と地方（道、直轄市、市、郡、区）人民会議が選出する。人民参審員は裁判官と同じ地位と権限をもってあり、事実上の労働党の（事実上、労働党による）司法的統制のための手段として利用されているとの批判を受けている。

また、裁判の公正性のための公開裁判原則に関しても、2004年改正刑事訴訟法第271条は、裁判は公開すると規定しながら、「国家又は個人の秘密を守る必要がある場合、若しくは社会に悪影響を及ぼす場合には、裁判の全部又は一部を公開しないこともできる」と規定し幅広い例外を認めている。

そのほかにも、捜査官と予審員らの証拠取調べ、拘束処分、捜索・押収等の強制処分の時、裁判所が発行する事前令状制度を採択してない等、人権保護的なレベルにおいて多くの問題点が指摘されている。

4） 実際の運用上の問題点

脱北者らの証言によると、北朝鮮は刑法で規定されている犯罪行為たけでなく、経済的な困難による社会逸脱行為に対しても死刑を執行することで、政治犯と一般住民の生命権は脅かされており、いまだに不法拘禁又は拷問が頻繁に行われているとする。

また、北朝鮮刑法は無期及び有期労働教化刑が言い渡された犯罪者については人民保安省教化局が管理する教化所に収監され、労働を通じて矯正している（北朝鮮刑法第30条）。このような公式的な矯正施設以外にも、政治犯収容所、集結所、労働鍛錬隊等の拘禁施設を運用しており、これらの施設については多くの問題を抱えている。

さらに、多くの脱北者らが人民保安署の拘留場に収監されている間、警護員の殴打、飢え、飢餓による合併症等で死亡に至る被害者を多数目撃していると証言している。米国国務府の2002～2004年年例「人権報告書」では北朝鮮当局が女性収監者に強制的に妊娠中絶を強要し、監獄で生まれた新生児を殺す等の人権侵害が行われていることを指摘している。

日本のあるテレビ放送局が入手した北朝鮮で行われた公開処刑のシーンを撮

影した映像が、2005年4月18日、国会の統一外交通商委員会で公開上映された。この映像物の内容は、咸鏡北道会寧で数千人の住民が集まっているなか、2005年3月1日に二人、翌日に一人に対して銃殺刑を執行する光景を撮影したものである。当初は処刑された者は北朝鮮脱出を幇助した罪として処罰されたと伝えられていたが、その後、この映像を分析した米国務省情報取調べ局 (INR) 東北アジア局長によると、彼らは女性人身売買の罪で処刑されたものと見られる。

2004年の改正刑法は、違法に国境を渡る者は2年以下の労働鍛錬刑に処するが、その情状が重い場合には3年以下の労働鍛錬刑に処するとしている（刑法第233条）。国境管理に努めている者が違法に国境を渡る者を助ける場合、2年以下の労働鍛錬刑に処し、常習犯、金銭又は物件を受取った場合には2年以上5年以下の労働鍛錬刑に処するとしている（刑法第234条）。ところが、女性人身売買犯に関する「誘拐罪」は、法定刑が5年以上10年以下の労働鍛錬刑であり、過重処罰される場合においても無期労働鍛錬刑に処することができるだけであって、法定刑として死刑は想定されていない。したがって、上記のビデオ映像の内容と分析が事実であれば、北朝鮮はいまだに改正刑法を適切に適用していないと判断される。

北朝鮮の公開処刑に関する法的根拠は明確ではない。死刑の執行について刑法第29条は「死刑は犯罪者の身体的生命を剥奪する方法で執行する」と規定しており、刑事訴訟法第422条は「死刑判決の執行は、死刑執行指揮命令書と判決書謄本を受理した刑法執行機関が行う」と規定している。判決・判定執行法第32条は「死刑判決の執行は裁判所が発給した判決書謄本、死刑執行指揮命令書を受理してから、銃殺のような方法で行う」と規定している。この判決、判定執行法がまだ存続しているなら、銃殺刑の法的根拠となるが、その執行を公開することの法的根拠は明らかではない。また、その執行方法も「銃殺ではなく、銃殺のような方法」となっており、例えば集団殴打、水葬、埋葬等、非人道的な方法による執行の可能性も完全に否定できない。

(3) 小　　結

　北朝鮮が 2004 年に刑法と刑事訴訟法を改正し、人権保障的な側面から相当な進展を見せたのは事実であるが、既に述べたような様々な問題を抱えている。何よりも法体系上、このような法規定が成文法ではなく最高位層の指示等で、使い物にならない場合がある。改正された法が現実において確かに運用されるかどうかはこれから見守るべきであろう。このような点から形式上変化した北朝鮮の刑事法の規定だけをもって、北朝鮮の刑事法手続に韓国住民の身辺安全の問題を委ねられると判断することは時期尚早であろう。

V　他の分断国家の立法例及び事例分析

1．統一前のドイツ

　統一前の西独は東独人を内国人としてみなし、東独は西独人を外国人として扱かった点では韓国とは根本的な差異がある。つまり、西独は、自国国民の東独地域への旅行に対する特別な制限を設けておらず、東独は西独人に対して入国ビザを発給していた。しかし、東ドイツと西ドイツの間には観光交流を民族内部の問題として捉え、別途の身辺安全保障に関する協定を締結せず、基本条約と通行協定を通じて人的交流を制度化した。

　西独の場合には東西独の間に人的往来の過程で発生した刑事事件をどの法を適用して処理するかという問題に関して、理論上、西独刑法適用説、地域間刑法適用説（法定地主義、行為地主義、住居地主義）、国際刑法理論（国際刑法類推適用説、国際刑法直接適用説）等の理論があった。

　しかし 1972 年 12 月 21 日東ベルリンで東西独の間に基本条約（Vertrag über die Grundlagen der Beziehungen zwischen der Budesrepublik Deutschland und der Deutschen Demokratischen Republik）が締結された以後の学説及び判例は、旧ドイツの刑法第 3 条以下の国際刑法規定を東西独に関連した刑事事件に直接又は類推して適用する国際刑法理論の立場をとった。

　旧ドイツ刑法第 3 条は、ドイツ刑法は（ドイツ）国内で犯された犯罪に対し

て、ドイツ刑法を適用すると規定している。また、連邦国旗あるいは連邦共和国の国籍標示を掲揚する権限がある船舶又は航空機内で犯された犯罪に関して、行為地法とは独立して、ドイツ刑法を適用する[9]。国内（国家）の法益に対する国外犯罪に関する規定として、侵略戦争の予備罪、内乱罪等一定の犯罪に関しては、国外で犯された場合にも、行為地法とは独立してドイツ刑法が適用される[10]。また、国際的に保護されるべき法益に対する国外犯罪に関する規定であり、民族謀殺罪あるいは航空交通に対する攻撃等の一定犯罪に関しては、国外で犯した場合にも行為地法とは独立してドイツ刑法を適用する[11]。

一方、東ドイツの場合は西ドイツ地域及び西独人を外国及び外国人として認めたため、当然に国際刑事法の原則によって刑事事件を処理したので、両側ともに国際刑事法上の一般原則である領土高権による属地主義を基本に採択した。

2．中国と台湾

中国は刑法の効力範囲に関して地域的には台湾を含める中国の全地域に適用され、人的には台湾住民を含めた中国の全住民にその効力が及ぶと規定しており、これは台湾の刑法も同じである。要するに、中国と台湾はそれぞれの刑法が大陸と台湾のすべての刑事事件に対して適用され管轄権を持つと規定しており、この点では韓国と北朝鮮の状況と同じ問題が発生するのである。

これについて、中国は一国両制の統一方案に基づいて、中国と台湾の間の法律衝突問題を「一つの国家内部で違う法律制度を持つ多数の地域間の法律衝突問題」であるとし、国際刑事法の衝突問題ではないことを明確にしている。台湾も憲法上、中国大陸も中華民国の領土であり、大陸の住民も中華民国の国民であり、台湾又は大陸地区の住民が大陸及び台湾地区で犯した犯罪は台湾刑法によって処罰されるという立場である。

---

9) 旧ドイツ刑法第4条。
10) 同法第5条。
11) 同法第6条。

中国と台湾の人的交流は中国が一方的に人的交流を許可し、台湾がこれを受容する方式で行われているが、人的交流の過程で発生する刑事問題に対してはドイツと同じく、政府レベルの特別な身辺安全保障の装置は存在しない。

ただ、両側は相手側の法律の効力を否認し、自分の法律を全面的に適用することを原則としながら、実際の事件処理に関しては、政治的犯罪や法律理念が違う一定の犯罪の訴追免除等を通じて、刑事裁判権の行使を自制している。

特に中国の場合、国内における台湾住民の犯罪行為に関して、軽微な犯罪に対しては寛容を尽し、量刑時にも、罪質が特別に厳重な場合ではなければ、刑を軽くするという方針の下で、居住地が大陸人ではない台湾人に対しては一般的な拘留を適用しない。また、懲役刑を適用にも慎重に考慮し、特別に悪質な犯罪の場合に限って懲役刑に処するようにしており、なるべく罰金等の経済的な処罰を科する。

Ⅵ 開城工業地区及び金剛山観光地区への出入り及び滞在に関する合意書に基づく身辺安全保障の後続措置

1．共同委員会の構成

開城工業地区及び金剛山観光地区への出入り及び滞在に関する合意書第12条の規定によると、南と北は出入り及び滞在と関連して発生する全般的な問題を協議・解決するために共同委員会を構成・運営し、それに必要な事項は南と北が別途に合意し定めるようにしている。

この合意書には、共同委員会の構成の始期を特定していないが、早期に共同委員会を構成するのが望ましいと思われる。また、韓国側委員の選定の際には、韓国の刑事法だけではなく北朝鮮の刑事法にも詳しい法曹人と、円満な交渉のための交渉専門家が参加できるように構成すべきである。

一方、上記の共同委員会が現実的に活動できるためには、南北でそれぞれ最低、実務者一人でも現場で常住する必要があろう。共同委員会の下に実務委員会を置き、これらの中の一部が現場にある管理委員会で働くことも検討してみ

2．厳重な違反行為に対する合意

既に言及した通り、合意書第 10 条第 2 項によると、北側は北朝鮮の法秩序を違反した南側の人員に対して、違反程度によって、警告、犯則金賦課、追放をすることになっている。しかし南と北が合意した「厳重な違反行為」に対しては、双方の別の合意に基づいて処理をすることで、場合によっては北側の刑事司法権の行使が可能であるようにしている。

今後、どのような行為を厳重な違反行為とするかについて南北の間で合意しなければならない。事実上、上記の合意の内容によって韓国住民の身辺安全保障の程度が決定されると言っても過言ではないため、厳重な違反行為に相当する行為を制限的な列挙方式で規定することで、最小限度に止められるように制限しなければならないのであろう。

3．身辺安全保障に関する手続上の問題点

(1) 北側の取調機関及び手続

合意書によると、北朝鮮は法秩序を違反した者に対して、「捜査」をするのではなく「取調べ」をすると規定している。地区内の法秩序に違反した韓国住民に対しては、北朝鮮の刑事司法の手続による正式な捜査権を発動するのではなく、単に犯罪の鎮圧と秩序維持及び真相把握のレベルでの取調べを行うに止まると解釈すべきなのか。あるいは、「取調べ」を北側の捜査機関の捜査の一つの形態として解釈すべきなのか。

もし、取調べを北側の捜査機関による捜査とは違う（異なる）概念としてみると、韓国住民に対する「取調べ」は、北朝鮮の捜査機関で行われる捜査とは異なるものであると言える。北朝鮮のある機関が取調べを担当するのか、これとは別の取調機関を設置するのかといった問題に関して、両側の協議が必要であろう。

また、北側はこのような取調機関の取調べ手続について、北朝鮮の刑事訴訟

法上の手続の適用を考慮しているかどうかも問題である。また、取調べをする場合、その場所を地区内に限定する必要があり、取調べが可能な期間もできるだけ48時間以内に制限し、取調べの間の留置場所等についての協議も行わなければならない。

(2) 取調べ開始前の事前協議及び通告

合意書の第10条第2項規定によると、韓国住民が地区に適用される法秩序に違反した場合、北側はこれを中止させた後、取調べをすると規定している。この規定によると、北側は一方的に上記のような措置を取れる可能性もあると思われるが、今後、北側の取調べは、南側との事前協議を経た後、開始することを原則とし、緊急性があり、かつ不可避な場合にのみ、例外を認めるようにしなければならない。例外の場合でも、開始してから即時に、その事実を南側に通告するようにすべきであり、これに違反した場合には南側の要請によって、北側が即時に韓国住民の身柄を南側へ引き渡すようにする等の措置をとる必要がある。

(3) 南側捜査機関等の共同参加

一方、北側の取調機関の取調べ過程での客観的な公正性を担保し、韓国の捜査機関での効率的な捜査のために、韓国の捜査機関又は管理機関の韓国側担当者が取調べ過程に立入ることを保障する案を積極的に検討する必要があると思われる。

(4) 被取調者の基本的権利の保障

合意書第10条第3項は「北側は、人員が取調べを受ける間、彼の基本的権利を保障する」と規定しているが、ここで言う「基本的権利」の内容は如何なるものであるのか、その意味が明確ではない。今後、基本的権利が何を意味しているのかを明らかにし、このような基本的権利が保障されなかった場合、韓国側がとるべき措置についても検討しなければならない。

(5) 弁護人の接見権の保障

取調べの対象となった韓国住民の人権保障のために、必ず韓国の弁護人の参加及び接見権が保障されなければならない。取調べ過程で韓国側の弁護人の立入りが保障されると、後述する北側の取調べ資料の証拠能力を認定する問題と関連しても、北側の取調べ資料に対する信憑性の認定がより容易になると考えられる。また、弁護人を選任する能力がない時と、場所的な問題等で、直ちに弁護人が駆けつける時間的余裕がない場合に備え、前もって弁護士協会等を通じた申し込みを受け、国選弁護を擁する多数の予備弁護団を確保した後、このような事件に対する国選弁護ができるようにする方案も考えられる。

これらの弁護団に対しては、北朝鮮の刑法及び刑事訴訟法に対する教育を行い、実質的な弁論活動が可能となるようにしなければならない。そのためには、弁護人がいつでも開城工業地区や金剛山観光地区に立ち入り、滞在ができるように、手続を簡素化し、活動費用を現実化する必要がある。

(6) 南側代表との接見権の保障

取調べの対象になった韓国住民の人権保障という観点から、弁護人の接見権以外にも、協議等を通じた実質的な問題の解決のため、南側の共同委員会の代表又は代表から権限を委任された者との接見権が保障されなければならない。

(7) 通訳の助力の保障

長い間の分断の過程から南北間の用語にも差異が生じ、取調べ過程で言葉の差異による問題が発生する可能性がある。このような問題を解決するために、両側の用語に詳しい人の助力が必要となると思われる。

(8) 取調べ後、決定に対する異議の申立

取調機関で取調べを終えたら、対象者の違反内容を南側へ通報し、違反の程度によって警告、犯則金の賦課、韓国側地域への追放又は厳重な違反行為に関する合意手続の開始等の決定がなされる。その最終決定は北側のどの機関で決

めるか、その決定に対する異議の申立や不服申立が可能であるか、異議申立者は取調べの対象者に限るのか、異議申立の手続はどのようなものになるのかについて検討が必要である。

また、犯則金の上限に関する議論や合意も必要である。犯則金は、誰が、どのような手続を踏み納付するのか、未納の際の執行方法はどのようになるのかについても議論されなければならない。

取調べの結果、両側の合意に基づく厳重な違反行為に当てはまる場合、その厳重な行為に対する処理は、別途の合意で処理するようになっている。これは、その処理方式が北朝鮮の刑事司法権の行使を予想したものであると見られるが、その他にどのような処理方法があるかについても検討しなければならない。

北朝鮮が刑事司法権を行使する場合でも、捜査又は予審と裁判執行の中、どの段階まで司法権の行使が可能であるかについての議論と、北朝鮮で裁判が行われても判決の執行は韓国側で行うことも協議する必要があると思われる。

(9) 身柄引渡及び取調の記録、証拠物の引受手続

これに関しては、北側と合意を通じて決定すべきだが、従来の国際刑事司法の共助の例を従えばよいと思われる。ただし、証拠物に関しては証拠物が犯行行為に提供されたり、提供しようとした物件のみならず、犯罪行為によって得られた物件、その代価として取得した物件等が考えられる。特に窃盗の被害物のように犯罪行為によって得られた物が、第三者の所有物である場合、このような物は被害者に返還するか、若しくは韓国側に渡して裁判が終了した後返還するのか、また、いつそのような決定をするのか、証拠物が腐敗しやすい物である場合にはどのように処理するか等の現実的な問題が発生する。この点について具体的な決定は、共同委員会の協議を通じて決定することも考えられる。また、引受けた書類や証拠物のうち、後で返還が必要な場合に備えて、その返還に関する手続等の合意も必要であろう。

⑽　事件処理結果の通報手続

　合意書第 10 条第 4 項は、南側は法秩序に違反して南側地域に追放された者に関して、北側の意見を考慮し、取調べ、処理した後、その結果について北側に通報するように規定している。これについては、具体的な通報機関及び手続に関する合意が必要である。さらに、事件の取調べ、処理の過程で北側の意見を考慮するように定めており、北側がどんな方法で意見を提示するのかが問題となるが、北側が取調べを終えた後、取調べ結果書に意見を記述して韓国側に渡す形を取ることが考えられる。

⑾　変死事件の処理

　変死事件の処理については合意書には何の規定もない。まず、取調機関が変死事件の処理権限があるかどうかが問題となる。もし、取調機関が変死事件処理に関する権限を持たず、刑事訴訟法によって処理される場合、変死事件は北朝鮮の刑事訴訟法第192条、第193条によって予審員が処理することとなる。

　一方、変死体の検死は初動捜査の段階において非常に重要である。検死は、捜査の端緒の確保と、後に南側の捜査進行過程においても事件の把握のために最も重要である。少なくとも南側の捜査機関の検死ができるようにする必要があり、もし変死体がある場所が韓国住民の宿所内である場合、合意書第9条の住居に関する不可侵権の保障と関連して取調機関がどのような手続に基づいて韓国住民の住居に立ち入ることができるのかの問題も検討されるべきである。

⑿　韓国側の捜査及び裁判関連の刑事司法共助問題

　取調べ機関が身柄を南側に引き渡し、取調べ記録を引き受けた後でも、韓国側から、捜査又は裁判の進行過程で北側に協力を追加して求める場合が発生することもありうる。

　取調べ記録以外にも、書類や証拠物の送達を求める場合も考えられるため、南側の捜査機関の実況見分、北朝鮮住民の証言や陳述の確保、人又は物件の所在及び同一性の把握、押収・捜索の要請、没収手続における助力等、様々な刑

事司法共助が必要な場合が発生する。これらの問題に対して、刑事司法共助についての合意が必要であり、まず、開城工業地区と金剛山観光地区で韓国住民が犯した北朝鮮法秩序の違反行為についてだけでも、共助の範囲を決めて共助に関する合意をすることは必要であろう。

⒀　人的、物質的被害の補償に関する手続
　合意書第10条第5項は南と北は人員の不法行為によって発生した人的及び物質的な被害の補償問題について積極的に協力し解決すると規定しており、その補償の範囲と手続に関する具体的な議論及び別途の合意が必要である。

⒁　北側の取調べ資料に関する証拠能力認定問題
　北朝鮮の取調べ又は捜査機関は、韓国刑事訴訟法上は一般私人にすぎない。そのため、北朝鮮の関連機関が作成した陳述調書はもちろん、検証調書、実況取調べ書、捜査報告書等の、北朝鮮側からすると公文書にあたるものすべてが、韓国刑事訴訟法上の私文書に該当し、刑事訴訟法第313条の書面にあたる。したがって、公判準備や公判期日に、その作成者の陳述によって真正成立が証明された時に証拠として認められるし、刑事訴訟法第314条の規定によって、作成者が死亡、病気、外国居住、その他の事由のため陳述できない場合には、その作成が信頼できる状態で行われた時に限って証拠として採択される。
　ところが、現実的に調書を作成した北朝鮮の取調機関又は、捜査機関の役人らが韓国法廷に出頭し、これらの文書の証拠能力を証明するのは難しい。そうだとすれば、北朝鮮取調機関又は捜査機関役人を、刑事訴訟法第314条の外国居住者として看做すことができるのか。韓国憲法及び国家保安法等に照らしてみると、北朝鮮は外国ではないので、「外国居住者」にはあてはまらない。今後、北朝鮮との刑事司法共助に関する合意の際には、北朝鮮を外国に準じて扱う規定を設ける方案等を検討する必要があると考えられる。また、文書の信憑性を確保するため、取調べと関連した書類を北朝鮮の公証法による公証を受け、それを引き継ぐ方案も考えられる。

4．韓国法務部の事件処理に関する指針

(1) 法務部の訓令制定

関連事件の処理のため、別途の内部処理指針を定める必要性があるかどうかに対して議論があったが、2005年3月14日、法務部は開城工業地区と金剛山観光地区で韓国住民が犯した刑事事件の処理に必要な事項を定めるため、法務部訓令第512号として「開城工業地区及び金剛山観光地区で発生した刑事事件の処理指針」を作成して施行している。

(2) 適 用 対 象

同訓令は開城工業地区と金剛山観光地区で発生した韓国住民、海外同胞、外国人の刑法及び刑事特別法の違反行為と変死事件の処理に適用される（訓令第2条）。

(3) 主 務 部 署

刑事事件に対する行政支援業務は、法務部法務室特殊法令課が総括し、捜査業務は、大検察庁公安第1課が指揮・監督し、原則的に管轄検察庁の公安専門検事が担当するようになっており、両部署の協議や支援は、法務部検察3課が担当するように定めている（訓令第3条、第4条、第5条）。

(4) 事件処理の手続

訓令第3章では具体的な事件処理の手続を定めており、法務部特殊法令課は統一部等の該当機関から刑事事件の発生事実の通報を受け、その内容を法務部検察3課を通じて大検察庁公安1課に通知すれば、公安1課が南北出入国事務所の所在地管轄の検察庁へ捜査を指示する。

管轄検察庁は、身柄の確保が必要な事件の場合には直接処理し、在宅事件の場合には、被疑者所在地の管轄検察庁に移送して処理するが、不起訴処分の場合には、直接処理することができる。その処理の結果は、法務部の特殊法令課

と検察3課、大検察庁公安第1課に報告する。処理結果以外にも、重要な問題あるいは特異事項が発見された場合には、右記の三課に報告をするようになっている。変死事件の場合には、南北出入事務所を管轄する検察庁で処理する。

Ⅶ 結論

既に指摘したとおり、北朝鮮地域における韓国住民の身辺安全保障問題は、現実的に北朝鮮の国家性を認める問題とは別の問題である。少なくとも交流と協力の相手として北朝鮮の実体を認める限り、北朝鮮で発生した韓国住民の犯罪行為に対しては、韓国政府は属人主義によって、北朝鮮は属地主義によって各自の刑事裁判管轄権が生じ、管轄権の衝突が生じうる。このような場合、基本的には属地主義により、北朝鮮の刑事司法権が実現されるのが原則であるともいえるが、北朝鮮の刑事司法の現実に照らしてみると、韓国住民の身辺に関する問題を北朝鮮の刑事司法権に委ねることは、非常にリスクを伴うもので、現実的に受入れることができない。

したがって、韓国住民の北朝鮮地域における犯罪に対しては、開城工業地区と金剛山観光地区の出入り及び滞在に関する合意書上の後続措置との関連では、韓国住民の身辺安全保障を確保するために北朝鮮が刑事司法権を行使する範囲を最小限に具体化し、先例を構築する方向で解決していくのが望ましいと思われる。

北朝鮮が刑事司法権を行使する場合においても、その執行は韓国側が行うようにし、その他の手続上の刑事司法共助の問題に対しては、既存の外国との刑事司法共助を考慮し、実務上予見できるすべての問題に対して交渉を通じて具体的な手続を用意しなければならない。

(2006年2月23日、24日)

11 韓国と北朝鮮の関係をめぐる法的課題

魏　在　民

I　韓国と北朝鮮の関係の近況

1．政治部門と南北対話

　近年、韓国と北朝鮮の間では様々な南北対話が持続的に推進され、相互関係の発展と韓半島の安定に寄与していた。しかし、脱北者の集団入国が原因となり、2004年8月以後、南北対話は一方的に中断され、膠着状態に陥っている。北韓は、脱北者の韓国への集団入国と米下院の「北韓人権法」の通過を「対北朝鮮崩壊戦略」として認識し、その対応に強硬な姿勢を見せている。

2．経済部門

　韓国と北朝鮮の経済協力分野は当局間の会談の状況に影響されず、順調に推進されており、政治とは違う局面を見せている。開城公団建設事業は、現在、第一段階100万坪の開発事業の一環として、示範団地の工場建築のための準備進行中である。また、京義線、東海線の鉄道と道路を結ぶ事業は、2000年9月に工事が着工し、今は最終段階に入っている。金剛山観光事業[1]は、陸路観光が開始されてから、様々な観光商品が開発され、2004年7月から毎月3万人の観光客が北朝鮮を訪問している。

1）　2013年現在、中止されている。

3．社会・文化部門

　社会・文化交流をめぐる協力は、2000年、南北首脳会談以来、文化芸術交流と民族行事、人道主義協力の三つを柱として展開されている。文化芸術分野の交流は芸術団の交換公演とシドニーとアテネ・オリンピックの共同入場、釜山アジアン・ゲームの参加等の形で進められている。人道的な対北支援としては主に食糧支援が行われ、米40万トン、肥料30万トン、とうもろこし10万トンが年間支援されている。社会・文化交流協力事業は、北朝鮮が一回限りのイベントを主とする行事を好んでいるため、定期的に定着させることが難しいが、韓国は交流事業を制度化する努力を通じて、コストの削減と人的交流の拡大を図っている。

4．軍事部門

　現在、北朝鮮の核問題は「完全かつ検証可能な廃棄」という米国の立場と北朝鮮の「段階別（凍結、検証、廃棄）措置に従う補償要求」が対立している状況である。北朝鮮の核問題は、近い将来には特別な進展の見込みがなく、空回りする可能性が高いが、6ヶ国協議が廃止される状況にまでは展開しないと展望している。北韓は基本的に、6ヶ国協議そのものは否定していないが、米国の態度が変わらない限り、6ヶ国協議は無意味であるという立場である。

II　韓国と北朝鮮の統一をめぐる法的整備の現況

1．法務部の特殊法令とその運営

　今後の北朝鮮と韓国の関係は、法治国家の原則下で設定されなければならないという現実的な必要性を考慮し、韓国法務部は1991年、統一法を担当する統一法研究団を設置し、1992年、同組織を拡大改編する形で「特殊法令課」を新設し、統一関連法務の対応体制を構築した。

2．主な業務内容と成果

　短期的なレベルでは南北対話及び交流協力等、国家統一政策の遂行に対する法的支援及び諮問機能を遂行すると同時に、南北交流協力関連の法的基礎を確立させるため、南北住民間の民事・刑事事件の処理方案、韓国と北朝鮮間の出入管理方案を検討し、南北関係進展による法令整備作業を推進している。中・長期的なレベルでは、統一に備えて南北韓の法律・司法制度の異質性を対比、分析し、統一に備えた段階別法律試案を研究する一方、統一後発生する法的諸問題の処理方案を検討する。

　このため、ドイツ統一の法的経験に対する分析作業を進めているのはもちろん、中国と台湾間の交流・協力法制、ロシア及び東欧圏の体制転換関連法制に対する研究・分析作業を積極的に進めている。最近の動きとして、南北経済協力制度の実務協議会会談代表、随行員として参加し、「南北商事仲裁解決手続合意書（2000. 12）」、「南北商事仲裁委員会構成及び運営に関する合意書（2003. 10）」、「開城・金剛山地区の出入・滞在合意書（2004.1）」等が締結された。

Ⅲ　南北関係の進展による法的問題

1．法律問題としての南北関係

(1)　南北韓の特殊関係の概念

　南北は各々の憲法上の領土条項に基づいて、それぞれが唯一の合法的国家正統性を主張している。そのため、統一政策及び法理論の展開・適用の際、管轄権の衝突問題が発生するため、これらの合理的な調停が必要となる。南北基本合意書は「双方の間の関係は、国家と国家の関係ではなく、統一に向かっていく過程で暫定的に生じる特殊関係」として規定している。

　南北韓は対外的には二つの国家となっているが、対内的には一つの国家であると言う二重的な地位を持つ。しかし、韓国の国内法上、北朝鮮は国家転覆を目的とする反国家団体の性格を有すると同時に、和解と協力及び統一の相手で

あるとの二重的な地位を有するのである。

「一つの国家に二つの体制」という内部論理と「一つ民族に二つ国家」という国際法上の論理の矛盾を克服し、この問題を解決するため、南北関係の発展と統一という目標に相当な調和のとれた法理論の適用が必要である[2]。

(2) 南北合意書締結の法的性格

1992年、南北基本合意書の締結以後、韓国と北朝鮮の間には軍事・経済等各分野に関する合意書が締結されたが、2000年12月16日、4つの経済協力合意書とその後続合意書に対して、その条約性を認め、国会の同意を得た。

南北基本合意書の法的性格に関しては、条約性をめぐって認定説、否定説が対立していたが、一般的には政治的共同宣言、または紳士協定に準ずる暫定協定として認識されている[3]。南北基本合意書は、国際法上の主体としての国家と国家の関係ではなく、「統一に向かっていく過程で暫定的に生じる特殊関係」であるという観点から、南北関係を規律する領域に関する合意であり、「国際法上の法的効果を創出し、帰属させるという意思」はなかった。しかし、韓国と北朝鮮の間に締結された各種の合意書の中で、国民の権利・義務に関連する立法事項を含める場合には、国内法的効力を付与するため、国会の同意が必要である[4]。経済協力合意書に対してその条約としての性格を認めるとしても、主権国家間に締結される一般的な国際関係での条約ではなく、統一に向けての民族内部の特殊関係である韓国と北朝鮮の間柄のみに適用される、「特殊な条約」として解釈される[5]。

---

2) 統一の前に、西ドイツにおいて、分断国における法律関係をめぐって特殊性理論が展開された。しかし、基本条約（Grundvertrag）に対する解釈をめぐって、東ドイツと西ドイツがそれぞれ違う立場をとり、東ドイツは、西ドイツから国家承認をとれることを前提として、西ドイツとの関係を国家間の関係として取り扱おうとした。
3) 憲裁 1997.1.16.92憲バ마6、大判 1999.7.23.98トゥ투14525 等。
4) 韓国憲法第6条、第60条。
5) 条約は国家間のみに締結されるではなく、交戦団体、国際機構間にも締結可能

２．民事・刑事問題の処理及び出入境管理体系の構築

　韓国と北朝鮮の間の住民が本格的に往来する場合、南北住民間の民事紛争の発生、南北韓住民の他方地域内における犯罪の発生が増加することが予想され、これに対する対応策の樹立が必要となる。

　韓国と北朝鮮は、民・刑事法体系が違うため、このような状況から生じる諸問題を解決・調停するためには南北共同の処理基準を設定することが重要となる。民事紛争の処理のためには裁判管轄権、準拠法の決定、判決の相互承認及び執行保障策等を講ずる必要がある。刑事事件の場合、捜査・裁判管轄権及び準拠法の決定、犯罪人引渡し及び刑の執行保障策を整備しなければならない。

　このため、韓国と北朝鮮の法律家を中心とする「法律制度協議会」が構成され、「韓国と北朝鮮の間の民事・刑事司法共助に関する細部合意書」の採択を推進している。

　住民の相互往来及び外国人の経由出入国増加による出入場所、出入港の多様化と運送手段の多様化に対応するための措置が必要である。４大経済協力合意書の後続措置として、2004年1月、経済協力制度実務会合で「開城工業地区と金剛山観光地区の出入り及び滞在に関する合意書」が採択され、韓国と北朝鮮当局間のレベルで最初に通行と身元の安全に関する合意書を締結した。

［出入・滞在合意書主要内容］
　　開城・金剛山地区に出入りする人員は、韓国側の権限ある当局で発給した該当証明書と、地区管理機関が発給した該当証明書を所持し、通行車両等を利用して出入りし、北朝鮮側は該当証明書を所持した人員に対して特別な理由がない限り、その出入りを保障する。
　　事業上の必要によって地区で滞在・居住する人員は、訪問証明書と滞在又は居住確認証の有効期間以内では、複数出入りすることができる。ま

　であるため、条約の締結が北朝鮮に対する国家承認を意味することではない。

た、同地区で 8 日以上滞在する人は、到着日から 48 時間以内に滞在登録をすべきであり、90 日を超過する長期滞在又は 1 年以上居住するときには、別途の登録手続が必要である。

　北朝鮮側は、韓国側人員の身体・住居・個人財産の不可侵権を保障し、法秩序違反者に対しては、調査後、警告、犯則金の賦課、若しくは追放等の措置をとることができる。これに対して、韓国側は送還された人員を調査・処理した結果を通報し、被害補償に協力する。犯罪に対する処罰が免除されるのではなく、送還後その違反行為が韓国の国内法違反の場合、韓国で裁判し、処罰することとなる。出入・滞在に関する諸問題は、同合意書が優先的に適用され、韓国と北朝鮮は関連問題等の協議・解決のため、共同委員会を構成・運営する。

3．南北当国間の法的紛争解決機構の設置

　南北交流協力が拡大するにつれ、予想される南北当国間の法的紛争を調停・解決するため、南北共同の法的紛争解決機構を設置する必要がある。2000 年 12 月「韓国と北朝鮮の間の商事紛争解決手続に関する合意書」、2003 年 10 月にはその後続措置として「南北商事仲裁委員会の構成・運営の合意書」が締結された。

［商事紛争解決手続合意書の主要内容］
　　韓国と北朝鮮間の経済交流協力過程で生じる商事紛争は、当事者間の協議で解決し、協議で解決できない問題は、仲裁で解決する。
　　韓国と北朝鮮は、商事紛争の解決のため、各の委員長 1 人と委員 4 人として商事仲裁委員会を構成する。これらの委員会メンバーは「法律及び国際貿易投資実務に精通した者、それ以外に必要な分野の専門知識のある者」の中から選定する。
　　当事者間の合意によって選定された三人の仲裁人で仲裁判定部を構成、仲裁人過半数の賛成で仲裁判定が下される。仲裁判定部は、当事者らが合

意した法令に従って、仲裁判定を行い、当事者が合意した法令がない場合には、南又は北の関連法令、国際法一般原則、国際貿易取引の慣行によって仲裁判定を下す。韓国と北朝鮮は特別な事情がない限り、仲裁判定を拘束力のあるものと承認し、当該地域の裁判機関の確定判決と同じく執行する。

４．離散家族の再結合に関する身分変動関係の整備

　統一後、韓国と北朝鮮の間には離散家族の生死確認又は、再結合による親族、相続関係の変動を調整するための法的措置が課題となる。分断状況が長期間持続したことを考慮し、当事者意思の尊重及び法的安定性の確保という観点から、特別法の制定・施行が望まれる。離散夫婦の双方又は一方が再婚した場合には原則的に元来の婚姻の有効性を否認し、後婚の効力を認めるのが妥当であろう。離散夫婦の双方が再婚していない場合には、その婚姻の効力を認める。

　失踪・不在宣告の後、離散家族から相続した相続人は、失踪・不在宣告を取消した時、現存利益の限度内で返還するものとし、取消前の相続財産の処分行為の効力はこれを認める。また、生死が確認された離散家族の身分確認・証明のためには制度的な装置が用意されなければならない。再結合した離散家族に対する復籍及びこれによる身分・相続関係の調停措置を施行する。北朝鮮地域では、戸籍制度がないことを勘案し、南北韓の共通の戸籍再編作業の実施が必要となる。

５．韓国と北朝鮮の間の法律・司法の統合

　統一後、北朝鮮地域における法秩序の迅速な確立を通じて、法的混乱を最小化するためには、韓国と北朝鮮の間の法律体系及び法務・司法機構の速やかな統合が必要である。

　・法律体系統合の推進方向

　　　自由民主主義、法治国家主義、市場経済秩序、福祉国家主義に立脚して、統一憲法を制定・公布する。統一憲法秩序に基づいた民・刑・商法等

の基本法律と統一関連法令の立法作業を推進する。また、異質的な体制統合によって生じうる個別的な法的問題に対しては、経過措置のための特別法を制定する。

・法務・司法機構再編の推進方向

統一関連の各種法令に対する合憲性審査を通じて、法務・司法制度の再編作業を実施する。南北韓の裁判所・検察組織の関連法令を自由民主的基本秩序に基づいて見直し、事物・土地管轄の調停のための関連法令の改正作業を推進する。裁判所・検察に係属中の事件に関して、経過的処理の手続を用意する。弁護士・公証人制度、行政訴訟、国家賠償制度、行刑制度、出入国管理制度等、法務関連制度の一元化を推進する。

6．過去の不法清算

・北韓地域の不動産等、財産権紛争の処理

統一後、法治国家原則及び市場経済秩序に基づいて、韓国と北朝鮮の間の単一経済共同体を創設するために、北朝鮮の社会主義体制の確立の過程で没収された不動産等、財産権の処理のための法的措置が必要である[6]。これに対しては、没収財産に対する「返還原則」を採択したドイツの統一後遺症を勘案し、「補償原則」等の様々な対策を講ずる必要があるだろう。「返還原則」は没収財産の所有関係を長期間、不明確にすることで、取引安全を阻害し、北朝鮮地域の再建のため投資に障碍要因となる可能性がある。没収財産の元の所有者に対する具体的な補償手続と範囲等を規定するための特別立法措置が推進されなければならない。

また、政治的被害者の救済の側面から、法治主義に反する政治的訴追や裁判等で、重大な不法措置を受けた者に対する復権・破棄・補償に関する方案を考えなければならない。

(2006年2月24日)

---

[6] 北韓は1946年3月、土地改革令に基いて、無償没収、無償分配原則の土地改革を断行しており、1958年まで土地国有化が完了した。

12　魏在民検事の報告に関する質疑

１．魏在民検事による韓国における外国人犯罪についての報告に関する質疑

《国外退去手続と刑事手続の関係》

司会（中野目）　どうもありがとうございました。わたしのほうからお伺いしてよろしいですか。

　外国人の被疑者あるいは被告人が関係する場合に、それとは別に、行政的な国外退去の手続がありますね、ディポーテーション（deportation）の手続が。そうすると、これから刑事手続を開始しようと思っているときにディポーテーションをしてしまったりとか、そのようなことがないのか、その連絡関係はうまくいっているのか、国外退去手続と刑事手続の関係はどのように調整されているのか、そのあたりをご説明いただけませんでしょうか。

魏　行政処分として退去をさせることはいつでもできるようなことなので、基本的には刑事処罰の後に国外に退去手続を取るということで意見は一致しておりまして、それに関しては入国管理局とも非常に緊密に連絡を取って協力してもらっております。

《外国人被疑者への通訳について》

司会　四方光先生（警察庁）、お願いいたします。

四方　お話にありましたように、外国人の被疑者が完全に黙秘してしまうとい

うことは、日本でもままあります。なおかつ、まさしく説明でおっしゃったように、一つには、その国、韓国なら韓国の国内の手続、日本だったら日本国内の刑事手法がどうなっているのかが分からないものですから、ものすごくひどい目に遭わされるのではないかと思って、カチカチに固まっているというタイプの被疑者も割と多くいる。確信犯で黙秘をしている者もいるのですけれども、そうではなくて、手続が分からないから被疑者が黙秘をしているということもままありまして、おっしゃったように、相手をリラックスさせるということも非常に大切だということは、よく感じるところであります。

　それに関連して、日本の国内でありましたら、日本での刑事手続はこのように進むのだということを知らせることは大切なことだということで、そのような工夫をいくつかやっているのです。そのうちの一つで、まずは通訳の人に、日本の国内の刑事手続がどうなっているか、それから、よくある犯罪の罪種の構成要件がどうなっているのかというようなことを、わたしが昔おりました警視庁などでは時々民間の通訳人の方に対する講習会をやっていたりするのですけれども、韓国の場合はその関連ではいかがかというのが一つ目でございます。

　それと、さらに発展して、日本ではやっていないのですけれども、アメリカやカナダはやっていましたかね、司法通訳の試験があって、資格試験があるような……。日本国内でもたまに議論されるのですけれども、まだそこまでいっていないです。韓国国内ではそのような議論がおありかどうかということをお伺いしたいと思います。

魏　やはり先生のご指摘のとおり、実際に被疑者が感じている不安感というのは、どのような処罰を受けるのかという不安感もあるとは思うのですが、実際どのように手続を踏んでいかなければいけないのかというところについて、無知に対する不安感というのが非常に大きいと思います。先ほど申し上げたインド人との関係での事件で、実際、通訳を通じて話を聞く前に、わたしは、具体的にこれからどのような手続になって、どのように話がいくと釈放されて、こ

のようなことが解明されないと実際に刑事的に処罰を受けるということと、どのような手続でどのような処罰を受けるのかということまで説明をしたことがあります。やはり、最初に調査を受けてきたときよりは、その説明を聞いた後の彼らの表情は、非常に、もちろん不安なのは不安なのだけれども、これからの刑事手続に関しての、知らなかったところに関しての不安感は、ある程度解消されていたと思います。もちろん通訳をする人の立場からしても、今回の調査が被疑者にどれほどの意味を持っているものなのかという、手続上でどれほどの意味を持っていてどのような位置づけをされているものなのかということに対しての理解がもしなかったら、または法律用語に関しての知識がない場合には、実際、正確な通訳はできないわけです。

　しかし、先ほど先生が説明してくださったような、通訳をしている人のための、手続に関する知識、法律用語に関する知識などを身につけるための講習会のようなものは、まだ韓国では導入されていないのが事実です。先ほど説明をしたような、ソウル地検で確保している通訳の人数も、二百何十人ぐらいいたのですけれども、実際これらの人たちも、具体的に刑事法など、法律に関して教育を受けた人などではなくて、ボランティア感覚でとりあえず登録しておいた人がほとんどです。その中で、実際に通訳をしている場合には、通訳をした分に対しては、報酬というのですか、それに相当する金額は与えられるのですけれども、基本的にはボランティアのレベルで登録しているという状況です。もちろん、そのような状況なので、資格試験も実施されてはおりません。

質問者　日本の海上保安庁では、韓国語、ロシア語、中国語の3ヶ国は、海上保安官の能力を三つに分けて、毎年三つのコースを大学校で研修しているのです。昔は「通訳官」と言っていたものを、今は「国際捜査官」という名前に変えて、一人ひとり指名して、そのような業務に就かせるためにやっているのですけれども、資料40ページのところで、捜査官が捜査段階で通訳人となるのはなるべく避けたほうがいいとお書きになられています。わたしもちょっと迷うところではあるのですけれども、どうしても船で捜査をやったりですとか、

業務をやっている関係で、常に通訳できる人を待機させておくということは、やはりわれわれもできません。どうしても、もうかなり堪能な海上保安官もおりますので、取調べを通訳なしで海上保安官がやって、調書を作るということがあるのですけれども、韓国では、実際に捜査官が被疑者の外国語ができて堪能であったとしても、現実として通訳人を置いて取調べをされているのでしょうか。

魏 まず一つ、海上保安庁で、実際に調査官の方が被疑者の母国語を使ってその場で調査をするということに対しては、ここで書いているところとはちょっと違って、非常に意味があるものだと思います。それはなぜかというと、実際、その現場で、直接その場で確認しなければならない項目は必ずありますので、それはやはり現場で直接被疑者の言語を使って、調査を調査官がするということは、非常に意味深いと思っております。韓国でも、多分似たような状況が、例えば税関の場合や海上警察の場合は、同じことが言えると思います。そのような意味で、税関や海上警察に関して、そこでかかわっている公務員の中では、英語や中国語や日本語の教育をさせて、実際に現場で対応ができるようなシステムを作るということで、そのシステムは今、実際に運用しております。

もちろん、先ほど申し上げたような税関や入管の場合は、わたしが日本に入ってきた時にもいろいろ質問されましたが、わたしは簡単な日本語ができるのでその場で日本語で答えることができたのですが、もしそうではなくて、税関の人が何か聞きたいことがあったときに、その場に通訳が待機していれば問題は済むのですけれども、そうでない場合には、実際に現場で外国人と直接コンタクトをしている公務員の場合には、外国語ができるということは非常に重要なものであると思います。

しかし、ここで指摘しているような犯罪捜査の場合は少しケースが違うと思っておりまして、もちろん犯罪捜査の場合も現場でそのまま捜査をするということに変わりはないのですけれども、実際に具体的な状況の話を聞いて起訴を

するかどうかを決めたり、実際に裁判をする過程の中では、やはり通訳を専門的にやる人の役割は非常に大きいと思います。

質問者 現場で停船命令や警告を発したり、洋上ですることがありますので、それが一番主たるものなのですけれども、語学ができるために、船舶を押さえて陸上に連行してきた後、陸上での取り調べでもそのまま通訳人を置かずに取り調べをやって調書を作るということも、現実的にはやっているのです。おそらく、資料 40 ページで書かれてあるのは、そのときはもう通訳をできれば置いたほうがいいのではないかと、わたしは読んで感じたのですけれども……。
　やはり置いたほうがよろしいのでしょうか。個人的な見解で結構ですので、わたしもちょっとそこは迷っているところがありますので、ご意見を聞かせていただければと思います。

魏　先生の指摘どおり、例えば実際に調査をするときでも、現場で対応していた人が、結局、後で連行した後に調査をするときに、通訳を通さずに、そのまま調査をしてしまいますと、調査の公正性という側面からすると、やはり別途の通訳の人を通じてコミュニケーションを取っていたほうがいいのではないかというのが個人的な意見です。

司会　時間もだいぶ押してきましたので、本日はこのあたりでお開きにしたいと思います。魏先生、長時間どうもありがとうございました。明日、明後日と、さらに引き続いて国際刑事法のセミナーを続けていくことになりますので、時間の許す限りご参加いただければと思います。本日はどうもありがとうございました。

(2005 年 2 月 22 日)

２．魏在民検事による韓米駐屯軍地位協定についての報告に関する質疑・コメント

《日米地位協定について》

渥美 質問はありませんが、日本と米国との地位協定で今までに起こっている事例で、捜査段階の取調べに関しての状況を少し説明したいと思います。

　米国軍は、合衆国軍隊は、第一次裁判権を放棄した場合でも、なお捜査段階で日本の捜査機関が被疑者を取調べることに強く反対してきました。その理由は、被疑者には国選弁護権がないこと、それから米軍が被疑者に弁護人を選任した場合であっても、取調べに弁護人が立ち会う権利がないのが日本の法律の立場であること、それを理由に、第一次裁判権を放棄しても、日本に身柄を移して日本が直接取調べることに反対してきました。他の捜査手段を行使することは認め、米軍の軍警察が取調べた結果を日本に伝達するという方法で、第一次裁判権を放棄した場合でも処理するという立場を取っていました。

　最近、状況が変わりました。それは、日本は、弁護人を立ち会わせていなくても、弁護人との取調べに先立つ自由な接見を保障しているし、それから取調べ終了後にも弁護人との接見が保障されているという事情を説明し、弁護人の立ち会いを認めない日本の政策を十分アメリカ側に説明しました。その結果、アメリカ軍は、アメリカ法務官の立ち会いの下で、アメリカ軍の被疑者の取調べを日本が行うことを認めるという結果になりました。それが日本とアメリカとの関係です。つまり、韓国のように、アメリカの法務官が立ち会わない限り、絶対にその自白には証拠能力を与えないという立場を、アメリカは日本には強く主張はしませんでした。

　これからどのようになっていくか、日本の身柄拘束下における取調べの状況を米軍が経験して、法務官が立ち会いをして経験し、その結果、日本の取調べがアメリカの取調べの水準と同等程度のものであるという結論に到達した場合には、いつになるか分かりませんが、取調べもすべて日本側に委ねるという話し合いの結果になっています。

つぎに、地位協定の締結が韓米両国間で相当遅かったということにびっくりしました。日本は、1952年にアメリカとの間で日米安全保障条約を締結し、同時に行政上の地位協定を締結しました。先ほど言及された、1957年の日本の射撃訓練場での日本の女性の不幸な死亡事故、これも安全保障条約に附属する地位協定に従って処理されました。どうしてそれほど韓国の場合は遅れたのだろうかということに疑問に感じますが、日本はアメリカとの間の平和条約締結直後に安全保障条約を締結し、それと同時に地位協定を締結しました。

もう一点、日本との関係でお話ししますと、日本国内でのアメリカ軍による公務執行中の車両運送というものは、まず行われない。日本ではそのようなことは起こらないということを知っておいていただきたいと思います。航空機は日本の上空を飛びますので、たまには日本に対して損害を与えることがあります。しかし、現在の沖縄においてさえも、米軍が、違った基地の間を、米軍の装備で輸送、移転するということは、まず米軍自体が控えています。それをしないでいます。米軍の施設の外に、アメリカ軍は原則として出ない。そこで最近は、自動車運送にかかわる米軍の公務執行中の事件を日本自体で扱わなければならない場合は、ほとんどないという結果になっています。

韓国の場合は、どうしてもまだ北との関係で戦闘状態にありまして、平和条約が締結されておりませんので、十分な警戒をしなければならないから、米軍それ自体の国内での輸送がおそらく行われるので、このような不幸な事態が発生するのだと思います。

おっしゃるように、米国は、ほかの国とは違って、自動車走行や鉄道輸送、それから航空機輸送に関して生じたオフェンス、違反行為は、行政上の違反行為、英語ではアドミニストラティブ・オフェンスと言いますけれども、そうなっていて、ほとんどクリミナル・オフェンスにはなっていません。しかし逆に、アメリカでは、その場合、事故が発生した原因調査は徹底的に行うということになっています。

日本でも、沖縄で、つい最近、米軍の大型ヘリコプターが、沖縄大学の構内に墜落しました。幸いにも人身事故は発生しませんでしたけれども、かなり多

くの施設を破壊しました。これについては、公務執行中の行為であるということと、アメリカでは犯罪にはならないということで、日米両国政府の間で合意しましたが、沖縄県民は非常に強い憤りを示しました。そのような場合に日本で取っている方法は、そのような事故を起こした航空機は、事故原因が明確に定まって、事故を発生させないような措置が講じられたとアメリカ軍が満足するまでの間、飛行を中止するという措置だけになっています。

アメリカの刑事国際法それ自体が、アメリカ軍は世界中の多くの地域に駐屯しており、公務中であれ、公務外であれ、それからまた物品の購入等について、アメリカ軍に対する犯罪等に関して、駐留している国との間で起こった問題をどのように解決するかという中で、アメリカの国際刑事法の内容がこの60年間で形成されてきたと言っても言い過ぎではありません。その点で、相当大きな、従来の国際法による基準とは違っていて、しかも純粋に英米法系ではなく、しかも大陸法系でもない、独特のアメリカの国際刑事法を作るようになってきているというのが実際だと思います。

なぜアメリカとの間の地位協定が、韓国で日本よりも遅くなったのか、これも非常に不思議です。米国と韓国との間は、非常に難しい法律上の関係にあります。昔は日本であったわけですから、平和条約を締結しなければいけないのか、それともしなくていいのかという問題があります。日本が敗戦することによって、韓国は自然に解放されました。そして自分たちの主権を回復しました。そのときから、もう完全に韓国は独立国です。それ以前の問題について、韓国は連合国に対して直接責任を負う間ではない。つまり、第二次世界大戦に関して言えば、中国や韓国は、特に韓国は。中国は直接当事国です。韓国は第三者国として扱われてきたのです。それでありながら、最初は日本領土でしたから、戦後にアメリカが入ったときは、日本の占領軍と同じように、アメリカは占領軍として入ったのです。いつから占領軍でなくなるのか、非常に分かりにくいし、韓国の主権をどこまで保護しなければならないかということについて、非常にやっかいな問題がありました。とりわけイ・スンマン大統領は強くアメリカに依存しましたので、アメリカに対して自国の主張をすることが非常

に少なかったのです。韓国は、アメリカ軍との関係で、特別な関係にあるのだと思います。アメリカ軍は、一部で国連軍ですし、一部でアメリカ軍である。それで、アメリカ軍は韓国に対して、日本よりもアメリカ軍に若干有利な地位協定を結んでいるという、非常におかしな結果になっているような気がします。

　そのようなコメントですが、一つご質問申し上げるのは、現在、韓国は軍隊を持っている、そうすると、軍刑法を当然持っているのだと思いますが、それから、軍裁判所、日本では「軍法会議」と言いますけれども、それも持っておられるのだと思いますが、その場合、軍の公務執行中の軍人または軍属の犯した犯罪、それから軍に対して民間人が犯した犯罪、それは、軍法会議、軍裁判所の専属管轄になっているのか、それとも普通裁判所との間の共同管轄になっているのか、その点も教えてください。

《軍事裁判所（軍法会議）と通常の裁判所の管轄の関係》
魏　先生が先ほど説明してくださったように、韓国では、軍に対する軍専属の裁判所と検察や警察、全部ありまして、軍の検察官というのは、実際、軍裁判所に起訴するのも、送致すること自体も、全部軍の検察官の役割になっております。

　しかし、管轄権についてですが、それは事件ごとに違うというのではなくて、人的管轄権でありまして、犯罪を犯した人の身分が軍人または軍属であれば、軍の裁判所で問題を処理するということになっています。実際、民間人が例えば軍隊に対して犯罪を犯した場合には、それは民間人でありますので、人的管轄権は一般の裁判所にあるということになります。

渥美　日本は、今度の憲法改正で、自衛隊が自衛軍になっても、今、日本の与党も含めて、特別の軍の法律や軍の裁判所は作らないという合意が成り立っています。そうなると、日本が初めての国です、おそらく。軍の問題も、すべて普通の裁判所で裁判するということですから。

《韓米地位協定締結の遅れた背景等》

魏 日本と違って、なぜ韓国で地位協定の締結がそれほど遅くなったのかということについてですが、本当に具体的なお話をここで申し上げることはできないのです、まだ勉強が足りませんので。実は戦後、戦争が終わってから、実際、韓国の国内の政治的な状況もかなり影響があったと思います。それもありまして、米軍の犯罪に対しての基本的な対応が、それほど切実に民間の人に影響がなかったというところも一つの原因としてはあるのかという気もします。実は、テジョンで結ばれたテジョン協定という協定によって、主に問題になっているところは大体その協定に基づいての解決がなされてきたので、実際、本当に特別に問題になっていたところが少なかったのかなという気もします。

というのが先生の質問への答えで、実はわたしの手元に少し資料がありまして、付け加えて説明してもよろしいでしょうか。

渥美 ありがとうございます。

魏 実は、1953年度に、韓国で戦争が終わります。終わってから休戦協定が結ばれまして、同じ年の8月に、総合防衛条約という、先ほど先生が言われた条約が締結されます。その第4条に基づいての仮の調印がありまして、イ・スンマンとドルスという人の間で共同声明が締結されるようになります。

しかし、実際に、いわゆる地位協定というような、網羅的に権利を定めている協定というのは、66年まで、ほとんど10年近く締結されることはなかったのですが、先ほど申し上げたような国内的な事情がかなりありました。それは、米軍に関する韓国の防衛に関する関わりもあり、朝鮮戦争のとき、米軍は韓国のためにもいなくてはならない存在だったのです。それは、悪い存在とか、規制を抱えるための存在ではなくて、わたしたちを助けるために来たのだという存在だったので、国民の間で何か事件があったとしても、少しだけ不満の声が出るたびに、「それぐらいは我慢しろ」というような感じで、政府からの圧力もありました。また、それに対しては反米意識もあまりなかった時期で

したが、60年代に入ってから、反米意識が非常に韓国の国内では強くなります。それは、国内の政治で抑圧する分だけ噴出されるというところがありましたので、そのような反米意識が形成されたのが1960年代に入ってからということです。

また、ベトナム戦争がかなり強く影響していまして、それはなぜかというと、ベトナムに韓国も派兵をするということになっておりまして、軍隊の派兵と、実際に権利と義務をどのように定めるのかということに関しての意識がどんどん高まってきます。それで、ベトナムに派兵するということを背景にして、やはり国内に入ってきているアメリカ軍に対しても地位協定という協定を結んで、ちゃんと権利関係を定める必要があるということがいろいろと言われまして、結局、66年になってから締結されることになります。

渥美 日本では、1960年に、アメリカとの間の不平等な安全保障条約と地位協定が根本的に変えられたのです。1952年に制定された安全保障条約と地位協定が、1960年に抜本的に変えられました。これは、随分早い段階からだったと思います。

日本は敗戦国です。韓国は敗戦国ではないのに、日本よりも不利益な条約を持つというのはおかしいことだという考え方が、そのころ、一部の韓国の政界と、それから韓国の軍人に非常に強かったようです。おかしいですよね。でも、非常に難しい時期を迎えましたから仕方がなかったかもしれませんが、今でも日本の地位協定の方が、韓国の地位協定よりも、日本に有利です。おかしいですね。

魏 日本とアメリカ軍の関係と、韓国国内における米軍の地位は非常に違うところがありまして、先ほど先生が指摘してくださったように、実際、改正があったにもかかわらず、韓国の場合は、ある部分では、日米の地位協定と比べてみたら、まだレベル的にそれほど韓国の国内の利益が保護されないような水準にあるのは事実なのですが、その理由としては、やはりまだ韓国は北朝鮮との

関係で戦闘状況にあるということが非常に大きいと思います。それは、戦争が終わってから、日本とアメリカの関係は、敗戦した敗戦国と占領軍という関係にあったと思われますが、韓国の場合はそれとは違ったので、それぞれ、日本と韓国におけるアメリカ軍の役割が非常に違うというところに、一つ焦点があると思います。やはり、韓国の国内においてのアメリカ軍は、北朝鮮との戦争を抑制するという役割が非常に大きいところがありまして、通常、日常的に軍事訓練が行われているのが事実です。それは米軍が単独でやっている訓練もありますが、韓国の軍隊と共同で訓練をしたりすることもありまして、実際のところで軍隊が駐留してやっている活動にも違いがあるのかなというところがあります。

渥美 1960年の日米安全保障条約の改正によって、アメリカ軍は日本の安全を100％保障する義務を負いました。日本は、アメリカに対して義務を負いません。戦闘行為をする義務は負いません。でも、アメリカ合衆国は、日本に対する攻撃があったり、あるいは攻撃の威迫があった場合に、「直接、間接に」と書いてあります、間接の場合もそうです、日本を防御する義務を明確に負うことになりました。

　その点で言えば、日本と北朝鮮とは国交がありませんので、今、正式に考えられる、言っても非難をされない、日本に対する敵対国は、顕在的敵対国は、北朝鮮ですから、北朝鮮との関係で言えば、アメリカは日本を守る義務がある。その点は、若干韓国とも似ているような関係にあります。

　だから、その点も主張されて、同じような関係にあるのだから、韓国政府の主権は少なくとも日本ぐらいまでは引き上げてもいいだろう、というような議論にはなってもいいのだろうと思いますけれど、難しい問題ですね。

　それと、先ほどおっしゃった、日本の射撃場の中の事件は、ジェラルド事件です。群馬県の妙義山の山麓に、アメリカの射撃場があったのです。そこで起こった不幸な事例です。この問題は、アメリカが多くのところと戦争状態にあって、日本の協力を受ける必要が非常に強いという背景で、第一次裁判権を放

棄しました。国民も非常に強く反対しましたけれども、当時、日本の工業技術を利用しなければ、アメリカ軍は極東では戦争を十分に遂行できないという背景があったからです。

　それともう一つ、ハワイでの潜水艦の事故ですが、これは、漁船というよりも、水産高校の漁業練習船でした。この問題は、大変大きな問題になりました。船長が日本に来て謝罪をしましたが、受け入れられませんでした。アメリカ政府はハワイに慰霊碑を作り謝罪の意思を明らかにするというような方法で問題を解決しましたが、日本人は満足していません。

魏　そのジェラルド事件に関して、韓国の国内でどのように有名になったか申し上げますと、この事件が非常に韓国の国内で話題になったのは、あまり今まではなかったことですが、先ほど申し上げた女子中学生の交通事故の事件の後に、韓国の法務部に対して、公務執行中の事故に関して裁判権を放棄してもらうことはできないのかという、非常に国民からの強い要請がありました。それに関して法務部が調べてみたところでは、公務執行中の場合は裁判権をアメリカが放棄したことはないと米国は言っていたのですが、一つ調べてきたのがそのジェラルド事件というのがあったので、その事件では処罰されたのだ、どうなっているのかという話になりました。調べてみたところでは、公式的には公務執行中だったのが、公務執行中ではないと立場を変えてからの処罰だったので、それには該当しないのではないかということで、国内で有名になった事件です。

渥美　それを少し具体的に説明しますと、残された弾丸の残りや薬莢を、日本人はそのころ貧乏でしたから、鉄を拾うつもりで、農家の女性が入って拾っていたのです。米軍の射撃訓練場に入ることは許されていませんでしたから、日本に米軍施設を保護する法律がありまして、入ること自体が犯罪なのですが、「拾って帰れ」と言ってもなかなか帰らなかったので、威嚇射撃をしたら当たってしまったという事例です。

最初は、アメリカ軍は、射撃訓練の邪魔をする人をどけるための威嚇射撃だから、公務執行中のものだと主張したわけです。アメリカ軍の方から言ってきましたのが、日本側から提供したものを受け入れてなんとか処理したのは、次のような理由です。日本語でわざと「おばちゃん、いらっしゃい。おばちゃん、いらっしゃい」というようなことを、アメリカ軍のその兵隊が言ったと。引き寄せておいて、遊び半分に銃を引いた。したがって、公務執行中ではない。最初の主張は、射撃場に入ってくる人をどけるための射撃だから公務執行中のものだったというのを、その1人の軍人は公務を遂行していたのではなくて、アンダー・カラー・ザ・オブ・ジ・アクト、公務であると見せかけて、実は遊び半分に行った行為だという説明で、アメリカ軍は事を治めたのです。この事件を公務執行中の事件と見るか、そうと見ないかは、両方で都合のいいようになるような解決をしたのです。

　これは、わたしが法律家の資格を持った後の事件ですから、よく覚えています。ある意味では、ずるい処理の仕方をしたのです。

司会　時間も過ぎておりますので、本日はこれで締めということにしまして、お話しいただく予定だった「南北関係の法的課題」は、明日に統合してお話しいただければと思います。どうもありがとうございました。

(2006年2月23日)

3．魏在民検事による韓国住民が北朝鮮において犯した刑事事件の処理についての報告に関する質疑

《北朝鮮の刑事手続について》
司会 どうもありがとうございました。

　北と南の間の融合を進めるという主張がされながらも、実際の刑事手続の中身を見てみると、相当に大きな開きがある。以前、わたしが社会主義関係の刑事手続に関して読んだ本の中では、特にオサクエ（Osakwe）というロシアの大学で勉強された先生が書いた本の中で、ロシアの制度には、ソビエト連邦ですけれども、法によって処理される領域と、それから全く法によらないで完全に政治的な判断によって処理されるものと、二元主義があるのだという説明がそこの中でされていました。法による制度も、共産党の影響が非常に強く及んで、コントロールが加えられている。それが社会主義国における法律制度の、法律制度といいますか制度の特徴だという指摘があったわけですけれども、今日のお話で、そのような特徴を非常に強く持っていると伺ったわけです。このような、南と北とでかなり考え方が違う中で、それをどのようにして調整していくのか、自国民を保護するという観点に立った場合に、特に北に全部信頼して預けてしまうわけにはいかないという非常に難しい問題があって、それを処理するのに苦慮されているという話を今日、非常に大変興味深く伺いました。

　今、魏先生からご報告があった中では、北に刑事手続の処理を全部預けてしまうというのは非常に危険で、やらなければならないとしても、それを必要最小限度にして、いくつものセーフガードを用いたうえで実現していくべきであるという、そのような基本的なご趣旨かと承ったわけですけれども、一般の人々の、北についてのこのような刑事手続を含めた理解というのは、十分に行き渡っているのでしょうか。

魏 もちろん、具体的にどのような問題があるかということは、本当に具体的には、多分一般の皆さんはよく知らないと思います。ただ、北朝鮮という国が

どのようなシステムを持っている国であって、一般的にどのようなことが予測されるのかということは、みんな、はっきりとした認識ではないのですが、認識はしていると思います。

司会 北朝鮮の刑事手続の説明に関して、刑事訴訟自体が秘密文書扱いであったという、驚くべき事実を報告されたわけですけれども、それは現在でもそうなのですか。

魏 刑法が改正されてからは韓国でも出版されておりまして、実際に参考にすることができたのですけれども、2004年の改正前までは秘密文書として扱われていたのは事実です。実は、わたしも1994年に中央大学の比較法研究所に客員研究員として1年間居させていただいたのですけれども、そのときに、韓国では手に入れることができない北朝鮮の書籍に関して、本などを扱っている本屋さんが見つかりまして、1回行ってみたことがあるのですけれども、そのときは、日本では北朝鮮の法律に関する本は手に入れることができるという状況でした。

《KEDOの場合について》
質問者 KEDOのお話で、どのように交流を南の方から北に進めていくかというので、北の方が非常に不安定といいますか、非常に政治的に動くということであれば、南からの交流は難しいと思うのですけれども、KEDOの場合には、先ほどのお話で、裁判権の放棄でしたか、これは魏先生がかかわられて、そのような成果が得られたというお話だったと思いますけれども、確かに国際機関であるという点での違いもあるとは思いますが、そのような成果が得られたのはなぜだとお考えですか。

魏 まず、KEDOへの交渉の場合は、質問でも先生指摘のとおり、国際機構という、国際コンサシュームがかかわっているというところで、韓国政府との

合意ではなかったわけなのです。そのような意味では、日本とアメリカなどがかかわっている国際コンサシュームの形だったので、交渉しやすいというところがありました。

　もう一つ、地図の真ん中あたりのところにあります、KEDOが実際に工事をしている敷地なのですけれども、クムホという地域で、非常に限られた限定区域ということになっておりまして、実際、その地域の広さも非常に関係があったのかなということもあります。

　またもう一つ、一番多分大きい原因だったと思われているのが、北朝鮮はその当時、なるべく早い段階で合意に達して、実際に工事を始めるということが非常に緊急な課題だったので、なるべく早めに工事をスタートさせたいというところで、実際に刑事管轄権を行使するかどうかという問題は、北朝鮮側からすれば、それほど大きい問題ではなかったというところがあったと思います。

《北と南に関わる刑事及び民事の法的問題の解決の仕方》
質問者　先ほど、刑法の適用範囲が北と南で衝突した場合に、重畳適用の問題になるという話だったのですけれども、多分、想像なのですけれども、賠償金を北が請求するという、それ以外の解決方法があるのかということが疑問で、北側と南側が冷静に話し合ってそれを解決して、どれを適用するのかを決めるというような話は、実際にはあるのでしょうか。

魏　先ほどの交通事故などでも、やはり民事の事件と刑事の事件が一緒に絡んでいるようなケースは非常に多いですが、今の段階では、まだ民事についてはこれといった協定は結ばれておりません。刑事に関しては、先ほど、韓国と北朝鮮との間で合意文が締結される予定だったのですが、実際に北朝鮮との間で文書の交換はまだなされていないという状況なので、まだ発効していないという状況です。

　ということになると、やはり両側が協議をして、どのように処罰をするのかということを決めれば一番よいのですが、それが非常に難しい状況です。ま

た、例えば賠償金に関してでも、決められたルールに沿って、賠償金をどれぐらい払うかということを決めるということまでは今できていないような状況で、実際に賠償金を払えば、それで北朝鮮から出国することが認められるというような、現実上の問題の処理の仕方としてしか、まだ議論されていないというような状況です。また、これといった制度化されたシステムは作られていないという状況です。

司会 ほかにご質問はございませんでしょうか。もしないようでしたら、これで質疑は終了とさせていただきます。

　3日間にわたって、お忙しい中、中央大学法科大学院の国際刑事法のためにおいでいただきまして、ありがとうございました。それから、通訳をしていただいた権南希（コンナミ）さんにも厚く御礼を申し上げます。非常に分かりやすい日本語で、聞いていて、われわれもその内容をよく把握できたと思います。それからまた、このセミナーのために、この韓国セミナーももちろんですけれども、その前のイギリスの国際刑事法にかかわる問題、それからオーストラリアの国際刑事法にかかわる問題についても、熱心に参加していただきました皆さんに厚く御礼申し上げます。これで、韓国セッションを終えたいと思います。

（2006年2月24日・終了）

13 韓国の映像録画調査制度[*]

梁　炳　鍾

I　はじめに

1．映像録画調査制度の意義

　取調べでの映像録画調査制度は、事件の関係人に対する取調べの過程を撮影し、CDで保存した後、そのCDの映像録画物を証拠として活用する制度であり、科学の発達によって新たに登場したデジタル記録媒体を利用して取調べの透明性を確保することで、取調べでの強圧、懐柔などの違法行為を事前に遮断し、被疑者を含む事件関係人の人権侵害を防止し、取調べの効率を上げるための制度である。
　映像録画調査制度は、1984年にイギリスで取調べでの被疑者の人権侵害を根本的に防止するために、取調べの全過程を録音したことから始まっており、以後、ビデオテープ、CDなどの録音録画技術の発展により飛躍的な発展を遂げている。英米法では、主に市民団体や弁護士団体などが捜査の透明性の向上や人権侵害の防止のため、地道に制度の導入を要求した結果、導入に漕ぎ着け

---

[*]　本論文で検討している被疑者取調の映像録画制度の関しては、現在刑訴法が改正され施行されている（2007年6月1日公布、2008年1月1日施行）。刑訴法56条の2第1項、221条1項、244条の2、312条2項、同条4項、318条の2第2項、及び刑訴規則134条の2乃至134条の5参照。
　本稿は、同改正規定制定前のものであるが、実際の運用及びこの問題に関する議論を検討しており、参考となる（訳者註）。

た反面、韓国では、その他の機関や市民団体などが本格的な論議を提起する前に、検察自らが制度に関する多角的な調査、研究を経て、同制度の取入れをリードしてきたものであり、大きな意義を持つものである[1]。

2．推進の背景

先進各国、特に英米法を採用している一部の国家が試験的に録音・録画調査システムを取り入れて広がり始めたものであり、1980年代以降、韓国の検察でも海外で研修した検事による調査・研究活動や外国捜査制度の視察、検察内の研究会での共同研究の成果がかなり蓄積されてきた[2]。

特に、2003年6月、大検察庁の主催で開かれた捜査科学研究会を中心に映像録画制度導入のための体系的な研究が行われ、2004年3月には13歳未満の者に対して被害者の供述内容と調査過程を録音・録画するようにし、映像物に証拠能力を与えた性暴行犯罪の処罰及び被害者保護などに関する法律[3]の改定案が公布・施行されることで、映像録画調査制度の全面的な導入はこれ以上後回しにはできない、実践的な課題として浮上することとなった。

3．推進の経緯

2004年12月、大検察庁は「第一回映像録画制度の実験実施に関する捜査科学セミナー」を開催し、映像録画制度の実施を更に拡大することの可否と改善方法について論議し、ソウル南部地方検察庁など4の検察庁に12室の映像録画調査室を設けて実験的に運営した。

---

1) 日本でも日弁連が粘り強く導入を主張し、検察はこれまでの導入不可論を撤回、一部の検察庁で実験的に実施しているとされている。
2) 映像録画調査制度については、1985年に法務部法務審議官室のジョン・サンミョン検事（現、検察総長）がアメリカ研修で現地の検察庁などを訪問し、これを調査・研究して法律新聞に発表した「アメリカの刑事裁判においてのビデオシステム利用の紹介上、中、下」を筆頭に研究が続いている。
3) 同法律案は、2006年10月27日に再改定され、映像物の録画装備で撮影・保存する必要のある被害者の年齢を「13歳未満」から「16歳未満」へと引き上げた。

2005年6月には「捜査過程での映像録画制度に関する国際シンポジウム」を開催し、アメリカやイギリスなど先進4ヶ国の裁判官、検事、弁護士、警察官など14人の講演者が発表を行い、先進各国の経験と運営現況について把握することができた。

　2005年12月には「第2回捜査過程での映像録画制度の実行に関する捜査科学セミナー」を開催し、映像録画調査室の設置と運用に関するそれまでの成果と問題点を分析、同年に12の検察庁に42室の映像録画調査室を更に設置している。

　2006年度には、映像録画調査指針を大検察庁の例規で示し、映像録画調査マニュアルを作成し、法務研修院には3室の教育用の映像録画調査室を含む、42庁の計73室の映像録画調査室を更に設置した。2006年12月現在、全国の47の庁に計124室の映像録画調査室が設置されている[4)5)]。

II　法律的根拠

　韓国の現行の刑事訴訟は、捜査機関での映像録画調査に関しては規定しておらず、前述のように性暴力犯罪の処罰及び被害者保護等に関する法律により、一定の被害にあった被害者への取調べを行う場合、その取調過程の映像録画を義務づけており、その映像録画物に証拠能力を認めるとの規定があるだけである。

　但し、司法改革推進委員会[6)]の発議した形事訴訟法改定案は、捜査機関によ

---

4)　2006年の一年間、15の検察庁、56室の映像録画調査室にて映像録画調査の方法を通じて事件の関係者を取り調べたのは計4,855件の5,723人である。計124の映像録画調査室も内、56室を除く残りの68室は、全て2006年12月に設置されているため、2007年1月から実際に利用され始めている。

5)　韓国の警察も、2006年度より南部地方検察庁の管轄内のソウル陽川区警察庁に映像録画調査制度を実験的に導入して以来、全国248の官署に少なくとも1室以上、全体で397の映像録画調査室を設置した。

6)　2005年に司法制度全般に対する改革を総合的かつ体系的に進めるために設置さ

る映像録画調査に関する規定を設けている。改定案の具体的な内容については後述する。

Ⅲ　映像録画調査室の概要

　韓国の映像録画調査室は、外国の多くの運用システムを参考して先端技術を取り入れることで、当事者の供述内容を正確に保存すると同時に、被調査人の便宜を最大限考慮する形で設置されている。

　実験的に実施されているソウル南部地検は、映像録画調査室を　①拘束被疑者を取調べるための検事審問室、②女性・児童を取調べるための女性・児童専用調査室、③非拘束の被疑者や参考人などを取調べるための一般調査室の３つの形で設置・運営しており、それぞれの調査室は以下のようになっている。

○検事審問室　：　規模：　約21坪（70.5m²、横10.73m×縦6.58m）

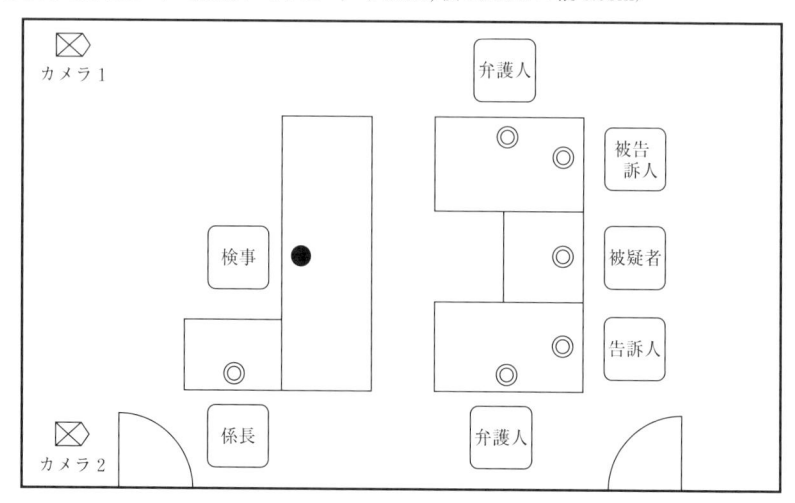

れた大統領諮問機構としてロースクールの設置や国民参加の司法制度などに関連して活動し、2006年12月31日付けでその活動を終了した。

○女性・児童専用調査室 ： 規模 約24坪（79.2m²，横10.71m×縦7.4m）

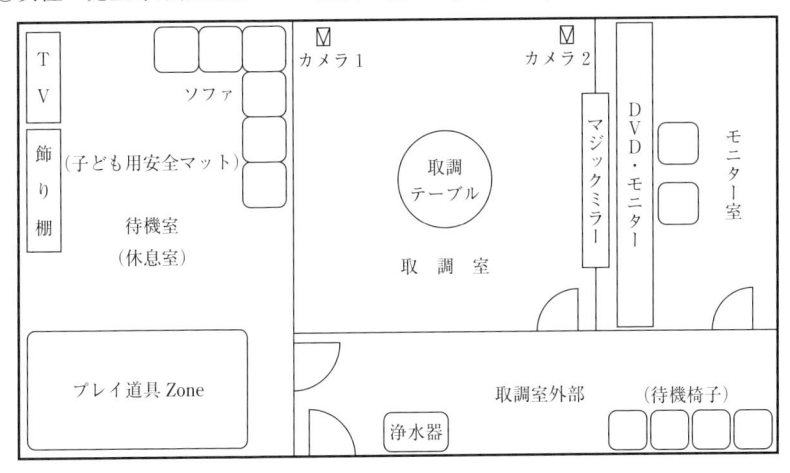

○一般調査室 ： 規模 約21坪（70.5m²，横10.73m×縦6.58m）

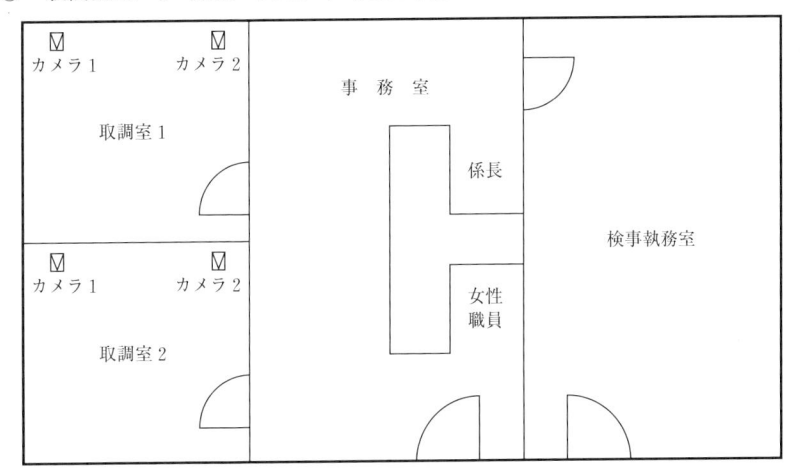

　このように映像録画調査室を3種類にした理由は、①拘束被疑者の場合、事件送致の当日、被疑事実と送致機関の担当者（司法警察官と特別司法警察官）の加害行為などの人権侵害の有無を調査することになるため、弁護人の立会いに適した構造で運営する必要があり、②女性・児童、障害者が取調べの対象とな

り、性暴行・風俗営業の被害者など、調査を受ける者の人権とプライバシーを高度に保障する必要のある事件については、専用調査室を利用することで更なる被害のないように配慮する必要があるため、一般調査室とは別に専用の映像録画調査施設を設けることになった。

　一般調査室とは別途に独立した空間を設けることで取調べを受ける者のプライバシーを保障できる形で設置しており、インタビュー方式の取調べもできる構造に設計することで、取調べを受ける者がより安定した心理状態で供述できるようにしている。

　女性・児童専用調査室については、先進各国のシステムを参考とし、特に性暴力の被害にあった女性や児童被害者に対して心理的に安定感を与えるために、明るいパステルトーンの休憩室を設置し、すべり台、おもちゃ等の遊び道具と、TVや冊子を備え置いている。また、家族など信頼関係のある者が取調べの場面を参観できるよう、別途のモニタリング室と片面鏡（one way mirror・マジックミラー）を設置した。

　すべての調査室にはそれぞれ2台のカメラが前記の配置図のとおり、取調べを受ける者の向こう側の天井の隅に固定され、一台は取調べの場面全体を遠距離で撮影し、もう一台は取調べを受ける者が供述する姿を近距離で撮影できるようになっている。このように取調べが行われると同時に全体の取調べの状況や被疑者の供述態度を2つの画面で撮影し、これを1つのCDに収録して、視聴したり、一つの画面だけを選択して視聴することができるようになっており、いずれも同時録音で調査を受ける者の供述内容を聞き取ることができるようになっている。

Ⅳ　韓国の映像録画調査制度の運営

　前述のとおり、韓国の現行の形事訴訟法には捜査機関の映像録画調査に関する規定が全く盛り込まれておらず、やむなく大検察庁の例規で「映像録画業務の処理指針」[7]を定めて実施している。

上記の指針を中心とし、韓国の映像録画調査制度の運営について概観する。

1．映像録画の対象となる事件

　どの事件が映像録画に適しているかについては、それぞれの検事は異なる見方を示している。自供事件の場合は手軽に自供内容を確認できるため有効といえるものの、争点の多い複雑な財産犯罪又は公務員の収賄などの認知事件には適していないとの見方がある一方、否認事件は否認の段階毎に被疑者の弁解を確認することができ、被疑者が偽りを言う場面を収録して法廷で再現できるため、かえって効果的だとの見方もある。

　映像録画制度の施行初期は自供事件を中心に行われてきたが、映像録画も捜査の一つの方法であるため、どの捜査方法を選択するかは捜査の主体である検事に任せるべきとの点を考慮し、映像録画調査指針では、映像録画の対象事件に制限を置いていない。つまり、検事は、事件の特徴、証拠の有無、裁判での再現の可能性などを全体的に考慮し、対象事件について映像録画を行うか、或いは現行どおりに調書を作成するかを決めることとしている。（指針第3条第1項）

2．映像録画の範囲

　検事が映像録画で取調べを行うと決めた場合、映像録画をどの範囲で行うかについては、

　①当該事件に関係する全ての被疑者及び参考人の供述内容を全て映像録画すべきという意見、②当該事件の被疑者又は参考人を選択して映像録画することができるものの、検事が映像録画を決めた被疑者又は参考人による供述は全て映像録画するべきという意見、③検事が映像録画を決めた被疑者又は参考人の個々人に対しても、毎回の取調べ毎に映像録画あるいは調書方式を選択で

---

7)　2006年6月20日に施行された大検察庁の例規401号、「映像録画の業務処理指針」は、計13条から成っている。

きるという意見、つまり、最初と二回目の取調べは調書で、三回目と四回目は映像録画で、そして五回目はまた調書にすることができるという意見、④各回の取調べでも一部は調書で、一部は映像録画にすることができるという意見がある。

大検察庁の指針によると、検事によって対象事件、範囲、対象者などを決定することとなっているが、毎回の取調べについては開始から終了までの全ての過程と客観的状況を映像録画（指針第7条第1項）することとしており、原則として③案を採択している。

つまり、被疑者であれ参考人であれ、選択的に映像録画できるものとし、同一人物に対して数回に渡って取調べを行う場合、各取調べ毎に映像録画するか否かを検事が判断するようにしている。但し、検事が映像録画による取調べを決定した場合は、当該取調べに対しては、取調べの開始から終了までの全ての過程と客観的な状況を録画することとしているのである[8]。（指針第7条第1項）

3．当事者の同意の有無

参考人の供述を映像録画する場合は、当事者の肖像権の保護、参考人の取調べは原則として任意捜査であることを勘案すると、同意が必要ということには、意見がほぼ一致している。

しかし、被疑者の供述を映像録画する場合にも同意を要するかについては意見が分かれている。アメリカの場合、被疑者が映像録画に同意したのかどうかは証拠能力付与の要件にはならず、その証拠価値にも影響を及ぼさないと見るのが殆どの州での判例の立場とされている[9]。その理由としては、当事者の同

---

[8] 司法改革推進委員会の刑事訴訟法改定案も、「第244条の2（被疑者供述の映像録画）①被疑者の供述は、被疑者又は弁護人の同意を得て映像録画できる。この場合、取調べの全ての過程及び客観的な状況を全て映像録画しなければならない」と規定している。

[9] キム・フゴン、被疑者の供述内容を収録して映像録画物の証拠能力、2005、海外研修検事研究論文集、法務研修院、この論文によると、Hendricks v. Swenson (1972, CAB Mo) 456 F2d 503の判決は、殺人被告人が警察官に対して行った映像

意如何が映像録画に影響を及ぼさないということ、捜査機関の取調べの方法が被疑者の意思によって左右されるのは、被疑者の意思によって調書作成如何を制限することと同様に、不当であること、人権保護に反しない制度であるかどうかは当事者の意思ではなく、制度自体によって判断されるべきということが挙げられる。

しかし、たとえ当事者の同意のない映像録画も、証拠能力があるとしても、被疑者の肖像権も尊重されるべきということと映像録画による取調べが人権保護の立場に基づいて進められてきたこと考えると、原則として同意を得るのが妥当であるとの観点から、大検察庁の指針でも検事は被疑者又は参考人の同意を得た場合に限って、映像録画を実施してきた。但し、被疑者に関しては、「供述を覆す憂慮など、捜査の目的を果たせない著しい事由」がある例外的なケースにのみ、被疑者の同意なしの映像録画の取調べも出来るものとなっている（指針第3条第2項）。

取調べを受ける者の同意は、映像録画物に同意する場面を録画する形で得るものとなっている（指針第7条第2項）。

4．映像録画調査の主体

映像録画調査を決める主体が検事であること前述のとおりである。しかし、被疑者又は参考人を検事が全て直接取調べるべきであるかはまた別の問題である。

大検察庁の指針によると、被疑者の供述を映像録画する場合、検事は形事訴訟法第241条乃至は第245条[10]の、被疑者尋問規定[11]に基づき、検察庁捜査官

　　　録の供述に対する証拠異議の申し立てを却下し、「自白を録画したのは被告人自身を防御するためである。なぜなら、もし同氏が躊躇したり、不確実だったり、口ごもったりすれば、そうしたことがビデオテープに収録されたはずだからである。また、もし同氏が身体の苦痛を受けたり、その他の理由で非自発的に行動したのなら、書面の供述録取書に示された供述は不可能だったはずだと指摘して同氏を助けられるだろう」と判示したと紹介している。

10）　刑事訴訟法第241条（被疑者尋問）検事又は司法警察官が被疑者を尋問する際

の出席する中で被疑者の供述を聞き取り、その内容を映像録画できるようになっている。検事の作成した被疑者尋問調書に、司法警察官の作成した被疑尋問調書よりも、高い証拠能力を与えている現行の形事訴訟法の理念を尊重して、被疑者の供述を映像録画する場合は、映像録画が被疑尋問調書ではないものの、これに準じて被疑者を尋問するものと規定しているのである。

韓国の検察では、実務上、検事が被疑者に対して事件の全般的な核心的内容について尋問を行い、当該検事の指揮・監督を受ける出席捜査官が詳細な内容について被疑者を尋問し、調書を作成した後、検事が最終的に被疑者に供述の内容を確認することで、その尋問調書を検事が作成した被疑者尋問調書と看做

　　　は、まずその氏名、年齢、本籍、住居と職業を聴取して、被疑者に相異ないことを確認する必要がある。
　　　第242条（被疑者尋問事項）検事又は司法警察官は被疑者に対し、犯罪の事実と情状に関連する必要な事項を尋問する必要があり、被疑者の利益となる事実を供述する機会を与えるものとする。
　　　第243条（被疑者尋問と出席者）　検事が被疑者を尋問するには、検察庁捜査官、書記官又は書紀が同席するものとし、司法警察官が被疑者を尋問するためには司法警察が同席するものとする。
　　　第244条（被疑者尋問調書の作成）　①被疑者の供述は調書に記載するものとする。
　　　第245条（参考人との対質）　検事又は司法警察官が事実を発見するために必要と思料するときは、被疑者は、その他の被疑者又は被疑者でない者と、対質できるものとする。

11）これまで韓国での被疑者問は任意捜査であり、刑事訴訟法第200条は被疑者尋問（訊問）に関する定義規定であり、第241条ないし第245条はこれを詳説した規定と見るのが通説であったが、最近の韓国刑事訴訟法第200条では、被疑者に対する任意調査としての被疑者調査（interview）に関する規定であり、第241条ないし第245条は、拘束被疑者に対する強制捜査としての被疑者尋問（interrogation）に関する規定であるだけに、これを区別するべきとの主張が説得力を得る傾向となっている。※刑事訴訟法第200条（被疑者への出席要求と供述拒否権の告知）　①検事又は司法警察官は、捜査に必要なときは被疑者の出席を要求し供述を得ることができる。②前項の供述を得るときは、事前に被疑者に対し、供述を拒否することができることを伝えなければならない。

しており[12]、大法院の判例[13]でも、こうして作成された調書を検事作成の被疑者尋問調書として認めている。一方、映像録画調査の場合、別途の映像録画調査室で取調べが行われるだけでなく、取調べに当たる者も一緒に撮影されるため、上記の方法で取調べを行うことができず、検事によって最初から最後まで直接取調べが行われることになる。

参考人供述の映像録画は、検事又は検事より映像録画に関して具体的な指示を受けた者の中で司法警察官の指名を受けた検察捜査官によって行われるものとなっている。

被疑者と違って、参考人に対する供述調書は、検事が作成した供述調書と司法警察官が作成した供述調書が、証拠能力の面で差異がないことを考慮したのである。

5．映像録画の手続

映像録画を始める場合、検事又は捜査官は、まず、自らの所属、職階、氏名と映像録画の旨を告知し、①映像録画の同意の有無、②映像録画の取調べを受ける被疑者、参考人、立会人の人定事項及び立会人の場合は立会いの事由、③映像録画の前に取調べに影響を及ぼし得る強圧、懐柔等の有無、④映像録画の開始時間と映像録画の場所等を告知又は確認しなければならない。

検事又は捜査官は、まずこうした確認手続を経てから取調べを開始し、取調べが終わり映像録画を終了する前に、被疑者又は参考人などに追加供述の機会を与え、映像録画を終了する旨及び終了時刻を告知しなければならない。

映像録画終了後、取調べを受けた者又はその弁護人が映像録画物の閲覧を要請した場合、検事は映像録画物を再生して視聴できるようにしなければならな

---

12) 大法院 1984.7.10. 宣告 84 도 846 判決
13) 従って、検事が被疑者に対し、全般的な核心事項を尋問した後、出席捜査官に補充尋問を指示し、傍でこれを監督しながら事件記録を検討する等の仕事をすることで業務の効率を高めることが出来たものの、映像録画調査ではこれができないため、検事の業務効率が下がるとの主張があった。

い（指針第8条第3項）。映像録画物を視聴した被取調人及び弁護人がその内容に対して異議を述べた場合は、その旨を記載した書面を記録に添付し、封印された原本の封筒の表にその事実を記載しなければならない。

6．映像録画物の作成、保管及び廃棄

　検事又は捜査官は、映像録画終了後、その内容が収録されたCDを作成した後に、CDに事件番号、罪名、調査を受けた者の氏名等を記載する。大検察庁で支給した映像録画装備は2枚のCDが同時作成され、取調べを受けた者の氏名等の記載されたラベルを印刷出来るようになっており、印刷したラベルをCDに貼付けするようになっている。

　こうして作成された二枚のCDのうち、一枚は原本として被取調人又は弁護人が立ち会いの下に封印し、被取調人若しくは弁護人の記名押印又は署名を受け、検察庁の特殊押収物に準じて金庫などに保管する。

　一度封印された原本CDは、裁判部の要求、CDの偽造や変造など、被取調人等がCDそのものの真正性に異議を提起したり、副本CDの滅失などの、やむない事由のある場合に限って開封できるものとし（第13条第1項）、開封する場合も、録画対象となった被取調人又は弁護人が立ち会うようにすることで、映像録画物原本に対する信頼性が損なわれないようにしなければならない（第13条第2項）。

　残る1枚は、副本CDとして事件記録に添付し、捜査及び裁判において活用する。つまり、検事は、上記の副本CDを活用して捜査官に供述要約書又は問答書を作成させるのである（第11条第2項）。

　副本CDは、事件記録の保存・管理手続に沿って保存及び廃棄し、原本CDは副本CDを廃棄する際に一緒に廃棄するものとする。

　また、検事又は捜査官は、生成した映像録画物を意図的に削除してはならないものとし、修正、編集し、又は意図的にその内容を変更してはならない（第8条第4項）。

7．要約書、問答書、調書の作成

　映像録画調査では、原則として調書を作成しない。つまり、映像録画物自体を法廷に証拠として提出するため、別途の調書や要約書・問答書も原則として必要ないとのことだろう。しかし、上級者の決裁や事件の内容を纏めるときは、映像録画の後に、その要約書や問答書を選択的に作成するようにしている（第11条第2項）。いつ要約書を作成し、いつ問答書を作成するかについては、映像録画の内容などを考慮し、当該事件の主任検事が決めることになる。通常、争点が多くなかったり、自白する事件であれば要約書の作成で十分であり、否認や争点の多い事件については問答書を作成することになるだろう。必要と認められるときは、全体的な内容を要約すると同時に、重要な部分の具体的な尋問内容はその内容を録音するという風に、両方の方法を採用することもできる[14]。要約書又は問答書の作成主体は、検事の尋問に出席した検察捜査官である。要約書は、取調べに出席した検察捜査官が捜査報告書として作成する。

8．映像録画物の閲覧、謄写

　映像録画物及び関連書類の閲覧、謄写については、次の二つの場合に大別される。まず、映像録画物の内容を記載した要約書又は問答書の閲覧及び謄写の要請がある場合である。この場合、要約書又は問答書は、捜査記録の一部であるため、捜査記録と看做して扱えばよいとされる。したがって、同指針でも、「事件記録の閲覧・謄写に関する業務処理（大察庁例規　第381号、2005. 6. 30.）」により、要約書又は問答書の閲覧・謄写を許している（第12条）。

　次に、映像録画物自体について閲覧・複写を要請する場合がある。司法改革

---

14) 司法改革推進委員会の刑事訴状法改定案第312条の2第3項は、「第1項の映像録画物を証拠として提出する場合、問答書を供に提出するものとする」と規定しており、問答書の作成を義務付けている。

推進委員会の形式訴訟法改定案[15]は、公訴提起後、被告人又は弁護人が検事に対し、閲覧又は謄写を申し込むことができる書類等には、ビデオテープ、コンピューター用ディスク、その他の特殊媒体を含む、という規定を設けており、公訴提起後の映像録画物に対する閲覧、複製を原則として認める立場であると解釈される。

しかし、単に閲覧する場合とは違い、映像録画物自体の複写を許す場合、現在のようにインターネットが進んでいる状況を踏まえると、被取調人に対する肖像権保護の問題があるだけでなく、検察の捜査技法が完全に外部に公開されるおそれがある。同時に、上記の映像録画物には、被取調人の映像だけではなく、検事及び捜査官の調査の際の言行などがそのまま収録されており、彼らに対する肖像権なども保護する必要性が高まってくる。

したがって、大検察庁の指針では、映像録画物自体についてコピーを禁じている。但し、必要な場合は再生して視聴したり、申込人の費用をもって問答書を交付することもできるとしている（第12条）。

V　映像録画物の証拠としての使用

映像録画調査によって生成された2枚のCDのうち、1枚は封印して特殊押収物に準じて保管し、もう1枚は事件記録に添付して証拠として活用することになる。現行の形式訴訟法には、捜査機関の映像録画調査に関する規定が全くないため、当該事件の被告人に対して公訴が提起された場合、映像録画物であるCDは適法な証拠として証拠能力を与えられるか否かという問題と、証拠調

---

15)　第266条の3（公訴提起の後、検事の保管する書類等の閲覧、謄写）　①被告人又は弁護人は検事に対し、公訴提起された事件に関する書類又は物（以下、'書類等'とする）のリストと公訴事実の認定や量刑に影響を及ぼし得る次の各号に対し、閲覧又は謄写を申し込むことが出来る。⑦第1項の書類は、図面、写真、録音テープ、ビデオテープ、コンピューター用のディスク、その他情報を集録するために作られたものであり、文書ではない特殊媒体を含むものとする。

査をどのような方法で行うのかという問題が生ずることになる。以下で、この問題について概観する。

1. 映像録画物の証拠としての適法性及び証拠能力

韓国の刑事訴訟法第244条第1項は、「被疑者の供述は調書に記載しなければならない」と規定しているため、被疑者の供述を調書に記載せず、映像録画物を作成して法廷に提出することは法律に従った手続に違反する不適切なものであるため、映像録画物に証拠能力を与えてはならないという極端な見方もある。しかし、刑事訴訟法に映像録画調査に関する規定がない理由は、映像録画物の証拠能力を認めないということではなく、刑事訴訟法の制定当時はこのような映像録画調査方法を想定できるようなレベルに科学が発達していなかったこと、イギリスやアメリカなど先進各国で証拠方法として認められているのに韓国だけがこれを否定する理由はないこと、前述のとおり、性暴力犯罪の処罰及び被害者保護などに関する法律で映像録画に関する規定を設け、一定の要件下で映像録画物に証拠能力を与えていることから、映像録画物が証拠方法として不適切だという理由で証拠能力を否定することはできないというのが大方の見方である。

勿論、映像録画調査が一般的になる前の判例ではあるが、大法院も、「捜査の過程で検事と被疑者が事件について話し合う内容と状況を収録したビデオテープの収録内容は、被疑者の供述を記載した被疑者尋問調書と実質的に同じと考えられるため、被疑者尋問調書に準じてその証拠能力を判断するべきであろう」（大法院1992.6.23.宣告92도682判決）、「捜査機関ではない私人が被告人ではない者との対話内容を撮影したビデオテープは、刑事訴訟法第311条（裁判所又は裁判官の調書）、第312条（検事又は司法警察官の調書）の規定以外に、被告人ではない者の供述を記載した書類と違わないため、被告人がそのビデオテープを証拠とすることに同意しない以上、その供述の部分に対して証拠能力を与えるためには、第一に、ビデオテープが原本や原本から複写した写しの場合には、複写の過程で編集されるなど人為的な改作はなく、原本の内容をありのま

まに複写した写しであること、第二に、形事訴訟法第313条第1項により、公判準備や公判期日に原供述者の供述によりそのビデオテープに録音された各自の供述内容が自らの供述とおりに録音されたということが認められなければならない」（大法院 2004. 9. 13. 宣告 2004 도 3161 判決）と判示することで、映像録画物を調書の代替物とみなして、これを適法な証拠方法として認めており、また、司法改革推進委員会で成案となった形事訴訟法改定案では、映像録画の手続及び映像録画物の証拠能力について、別の条文を設けている[16]。

一方、大法院は、2004年12月16日に宣告した、2002 도 537 号全員一致の判決で、検事の作成した被疑者尋問調書の証拠能力に対し、「形事訴訟法第312条第1項の本文は、『検事が、被疑者又は被疑者でない者の供述を記載した調書及び検事又は司法警察官による検証の結果を記載した調書は、公判準備又は公判期日において、原供述者の供述により、その成立が真正であると認められたときに、証拠とすることができる』と規定しているが、ここで成立の真正とは、割印・署名・捺印など、調書の形式的な真正成立と、その調書の内容が原供述者の述べたとおりに記載されたという実質的な真正成立を全て意味するものであり、この法文の文言上の、成立が真正である、とは、「原供述者の供述によって」認められる方法以外にはその方法を規定していないため、実質的な真正成立も、原供述者の供述によってのみ認められると見るべきであり、これは検事作成の被告人となった被疑者の尋問調書でも違わないと見るべきであるため、検事によって、被疑者や被疑者ではない者の供述が記載された調書は、公判の準備又は公判期日に原供述者の供述によって、形式的な真正成立だけでなく、実質的な真正成立までも認められて初めて、その成立が真正である

---

16) 司法改革推進委員会で成案となった刑事訴訟法改定案第312条の2（被疑者の供述に関する映像録画物）は次のように定める。①検事又は司法警察官に対して行った被告人の陳述を収録した映像録画物は、公判準備又は公判期日において、被告人が検事又は司法警察官に対して一定の供述をしている事実を認めず、検事・司法警察官又はその取調べに出席した者が、公判準備又は公判期日において、その供述やその他の方法でもこれを証明するのが難しいときに限り、証拠とすることが出来る。

ことが認められ、証拠として用いることが出来ると看做すべきである」と判示し、「原供述者である被告人が公判廷にて、割印と署名、拇印した事実があることを認めて形式的な真正成立が認められれば、それに記載された内容が自らの供述内容とは異なる記載であるとして、実質的な真正成立を争う場合でも、その割印と署名、拇印が、形事訴訟法第244条第2項、第3項の手続によらずに行われたと看做す事情がない限り、その実質的な真正成立が推定される、とした、従来の大田大法院の見解は、上記の見解と相反する範囲内で、これを全て変更する」と判示している。

この判決を援用する場合、映像録画物の原供述者がその供述内容に対し、自分が述べたとおりに収録されたものではないと主張する場合、その映像録画物も調書と同じく証拠として使えないかという問題があろう。

これに関する大法院の判例は、「ビデオテープは、撮影対象の状況と被撮影者の動態及び対話が収録されたものであり、録音テープとは違って被撮影者の動態をありのままに再現できるため、ビデオテープの内容に人為的な操作がなかったことが前提とされる限り、ビデオテープに撮影・収録された内容を、再生機を通じて視聴した原供述者が、ビデオテープの被撮影者の姿と音声を確認し、自分と同一人であると述べたことは、ビデオテープに収録された供述内容が、自らが述べたとおりに収録されたという趣旨の供述を行ったと見るべきである」との判示しており[17]、原供述者が収録された画面の人物が本人であることを認めれば、映像録画物に偽造・変造や操作された事実がない限り、これを供述の内容どおりに収録されたものと認めているため、この点に対して別途の立証は必要ないものとされる。

2．証拠調査の方法

そこで、映像録画物を証拠とするにはどのような方法を用いるべきかという問題がある。映像録画物は、その形状や機械的な原型保存に関しては証拠物と

---

17) 大法院 2004. 9. 13. 宣告　2004 도 3161 号判決

しての性質を有するが、証拠としての価値は、その中に収録された供述の内容にあるため、調書としての性質をも備え持つと看做すべきであろう。したがって、証拠調査の方法も、この二つを両立させる方法、即ち、裁判官の五感によって会得し、実験する検証方法によって証拠調査を行うものの、映像録画物に収録された供述の内容は全文供述であるため、録音・録画の主体と原供述の性格により、刑事訴訟法第311条乃至第313条を準用して証拠調査を行うべきである[18]。

検察で映像録画調査が活発に利用されて以来、一部の下級審判決は映像録画物自体を証拠として説示するケースもあるものの、多くの場合は供述要約などを証拠として説示したり、映像録画物に対する証拠判断はしないまま、その他の証拠資料だけをを証拠として説示している[19]。その理由は、映像録画物を証拠として積極的に活用するようになれば公判中心主義が形骸化し得るとの懸念と、これまで映像録画は殆ど自白事件を中心に行われており、公判廷での自白だけを証拠として用いても有罪証拠として十分であることに起因するものとされる。

Ⅵ 刑事訴訟法改正案の関連条項

司法制度改革推進委員会で纏め、国会で審議中である刑事訴訟法改定案には

---

[18] 映像録画調査制度が実験的に実施されたソウル南部検察庁の対応裁判所である南部地方裁判所の部長判事の殆どは、映像録画物自体が証拠物であるというよりは、その収録された内容が証拠であるため、これを供述の証拠と同等に取り扱っており、映像録画物を再生して視聴することで証拠調査をすればよいとの見方を示しているものの、現在の殆どの裁判所では検証の方法をもって証拠調査を行っている。

[19] 映像録画物に関連する下級審の判決は、①映像録画物そのものに対して検証した後、検証調書を有罪の判決として説示する場合、②映像録画物そのものを証拠として説示する場合、③映像録画物に収録された参考人の供述の内容を証拠として説示する場合、④供述要約書を証拠として説示する場合、とに分かれている。

捜査機関の映像録画調査の手続及び証拠能力などに関する条項が新たに盛り込まれている。法条文を中心にこれを簡単に紹介する。

1. 映像録画調査手続関連部分[20]

第244条の2　(被疑者供述の映像録画)
① 被疑者の供述は、被疑者又は弁護人の同意を得て映像録画することができる。但し、取調べの全ての過程と客観的な状況を全て映像録画することとする。
② 第1項の映像録画が完了した時は、被疑者又は弁護人の前で直ちにその原本を封印し、被疑者の署名又は記名押印を受けるものとする。
③ 第2項の場合、被疑者又は弁護人の要求があった時は映像録画物を再生して視聴するようにし、その内容について意義のあるときは、その旨を記載した書面を編綴することとする。

第244条の5 (捜査過程の記録)
① 検事又は司法警察官は、被疑者が取調べの場所に到着した時刻、取調べの開始及び終了の時刻、並びにその他取調べの進行経過を確認するために必要な事項を、被疑者尋問調書に記録するか又は別の書面に記録した後、捜査記録に編綴することとする。

改定案の映像録画調査手続に関する規定の特徴としては、①被疑者取調べの手続に対してのみ規定を設け、参考人供述の映像録画手続に対しては別途の規定を設けておらず、②既存の調書制度の骨子を維持し、被疑者に関する映像録画調査制度に対しては、被疑者や弁護人の同意を前提とした任意的・補充的性格の調査手続として規定しおり、③調書に準じて映像録画物の真正成立と任意

---

20) 以下の表で引用した法条文は、2005年9月23日に立法予告された司法制度改革推進委員会の刑事訴訟法改定案での関連条項である。

性保障のための手続要件を新たに導入したことが挙げられる。

本条第2項、第3項で規定した映像録画物の封印及び被疑者・弁護人の署名又は記名押印、被疑者などの要求による再生・視聴といった、事後確認の手続は、既に大検察庁の指針にて規定され、映像録画調査手続の一部として実施されている。

2．証拠能力に関する部分

第312条の2（被疑者の供述に関する映像録画物）

① 検事又は司法警察官に対する被告人の供述を内容とする映像録画物は、公判準備又は公判期日に被告人が検事又は司法警察官の前で一定の供述をしたことを認めず、検事、司法警察官若しくはその取調べに立ち会った者の公判準備又は公判期日での供述又はその他の方法でこれを証明することが難しい場合に限り、証拠とすることができる。

② 第1項の映像録画物は、適法な手続と方式によって映像録画されたものでなければならず、公判準備又は公判期日に、被告人、検事、司法警察官又はその取調べに立ち会った者の供述により、取調べの全過程が客観的に映像に録画されたことが証明され、映像に録画された供述が弁護人の立ち会いのあるところで行われるなど、特に信頼できる状況で行われたことが証明されるものでなければない。

③ 第1項の映像録画物を証拠として提出する場合、問答書を提出しなければならない。

第318条の2（証明力を争うための証拠など）

第312条乃至第316条の規定により証拠として利用できない書類又は供述でも、公判準備又は公判期日での被告人又は被告人ではない者の供述の証明力を争うためには、これを証拠とすることができる。但し、被告人又は被告人ではない者の供述を内容とする映像録画物は、公判準備又は公判期日に被告人又は被告人ではない者が供述の際に記憶が明白ではない事項について、記

憶を換起させる必要があると認められたときに限り、被告人又は被告人ではない者に再生して視聴させることができる。

　改定案の証拠能力に関する規定の特徴としては、①被疑者の映像録画による供述に対してのみ特別規定を置くことで一定の状況での補充的な証拠としてのみ利用できるようにし、②証拠能力を認める要件として、適法な手続と方式、調査の全過程の客観的な映像収録、特信状況の保障などの厳しい要件を要求しており、③弾劾証拠の条項では映像録画物について、「被告人の記憶が明白でない事項に対して、記憶を換起させる必要があると認められるときに限り」（いわゆる「記憶換起用提示」）、原供述者を対象に視聴させることができるものとしたことが挙げられる。

3. 小　　結

　上記の刑事訴訟法改定案の映像録画調査に関する条項は、非常に不十分である。特に、異例の場合に限って厳格な手続によってのみ証拠能力を与えているため、映像録画物の証拠活用の方法が殆ど塞がれている。したがって、改定案では国会審議の過程において、こうした問題点は補完されるべきであろう。

Ⅶ　映像録画調査制度の運用成果の評価及び補完要望事項

　これまでの映像録画調査の活用に関する検事と検察捜査官のセミナーなどでの論議では映像録画調査制度に関し、以下のようなメリット及び補完要望事項が挙げられている。

　(1)　メリット
　　・捜査過程の透明性を保障することで人権保護を強化し、捜査手続に対する信頼を確保できる。
　　・被取調人の供述内容に対する真正成立と任意性に対する争論を払拭で

きる。
- 従来の調書の作成に要した取調べの時間を短縮することで取調べの充実を図ることができる。
- 調書を作成する場合、調書のタイピングのため、尋問の連続性が途切れ、被取調人の態度を十分に観察するのが難しかったという問題が解決される。
- 取調べの手続や取調べの内容に対する被取調人の異議申し立てが殆どないなどの、人権侵害の余地を、制度として根絶できる。
- 供述の内容と供述態度を総合した明白な証拠を法廷で再現することで、実体的真実の発見に貢献できる。
- 映像録画調査物は、それ自体で立派な捜査官の尋問技法の教育資料や行動分析の資料として活用できる[21]。

(2) デメリット
- 容疑を究明するためには避けられない追及や説得の過程が、供述の任意性を阻害する要因として評価されるおそれがある。
- 取調人と被取調人の間で信頼関係の構築が容易ではなく、被取調人が録画を意識し、率直な返事を回避するおそれがある。
- 供述内容の迅速な検討や決裁が困難である。
- 巧みに演技する被取調人の偽りの供述に対し、捜査機関や裁判所が判断を誤る可能性がある。
- 効率的な録音録画要約の作成方式が纏まらない場合、調書の作成よりも業務負担が嵩み、映像録画制度の効率性を損なうおそれがある。

---

21) 映像録画制度が施行されることで、第検察の心理分析室は被取調人の供述の真意を判断が難しい事件の映像録画物を通じて簡易行動分析を行うことで検事の事件に関する判断に貢献している。

(3) 補完要望事項

・説得、追究などの尋問方法の許容範囲に関する諸外国の事例と韓国の捜査の実情を踏まえて合理的な基準とマニュアルを纏める必要がある。
・警察の映像録画制度の導入に備え、裁判所の効率的な裁判のために、ブックマーク機能などの効率的な検索方法を整える必要がある。
・映像録画物の漏洩などに備えたセキュリティ・システムを開発する必要がある。
・映像録画の内容に対して供述要約書を作成するのは、要約内容が歪むことがあり、また業務負担も重なるため、速記士を確保して映像録画の内容を書き取ることが出来るようにする必要がある。

Ⅷ　おわりに

　冒頭のように、韓国の映像録画調査制度の導入は、検察が捜査過程の透明性を確保することで被取調人の人権を保護するために積極的に導入したにもかかわらず、検察内でも事件の実体的真実の解明の足がかりになることへの懸念と、捜査のパラダイムの変化に不安を感じるなど、今だ同制度の実施を憚る検事も多数存在する。また、裁判所は、公判中心主義の強化を主張しながらも、捜査機関の作成した映像録画物が法廷に持ち込まれることになると公判廷が映画館のようになり、公判中心主義の形骸化に繋がるとの理由で映像録画物の法廷への持込を極度に躊躇しているため、同制度の活性化は難しい状況である。
　しかし、映像録画調査制度の導入後、映像録画の取調べを受けた被取調人から調査の過程に対して異議や不満を申し立てる例は一例もおらず、検察の映像録画調査で自白した後、法廷でその供述を覆した例も殆どないことから、韓国の映像録画調査制度は成功裏に定着するものと予想される。一部で懸念されている、事件の真相解明が難しいという点については、被疑者尋問技法の開発を通じて補って行けるだろう。韓国の映像録画調査制度の導入を契機に、韓国の

犯罪捜査のパラダイムに画期的な変化があることを期待する。

〔2007 年 2 月 6 日〕

参考資料1　取調映像録画報告書

ソウル南部地方検察庁

主任検事 ㊞

受　　信：検事０００
題　　目：捜査報告（第1回　被疑者審問の要旨）

2006刑第1234号、姦通被疑事件に関し、検事０００は捜査官０００を出席させ、被疑者ホン・ギルドンに対して次のように尋問を行い、その過程を映像録画したことを報告します。

－次－

1．被疑者
　　氏　　名：ホン・ギルドン、住民登録番号：450917-1000000
　　住　　所：ソウル　江西区　禾谷8洞
　　電話番号：010-
2．尋問日時：2006.2.24.14:12から14:52まで（計10分）
3．尋問場所：ソウル南部地検609号　検事室
4．尋問要旨：別紙のとおり
5．添　　付：CD1枚（2006刑第1234）

2006.2.24.
捜査官検察主事０００

別　紙

※映像録画に同意	☐
※被疑者に供述を拒否する権利があることを告知	☐
※弁護人の助けを求める権利があることを告知	☐

- 被疑者は、2004. 11. 頃、新村付近の商号不詳の旅館で、キム・ミスックと1回の性交し、2005. 1. 初旬の15:00 頃、ソウル　陽川区　新井洞所在の会社付近のモテルで、キム・ミスックと1回の性交したと供述
- 被疑者は、2005.3.頃、ソウル　陽川区　木洞所在の上記キム・ミスックの友人宅で上記キム・ミスック1回性交し、上記キム・ミスックが、友達がいまにも帰って来るかも知れないので、他の所でまた性交しようと提案したため、一緒にタクシーに乗り、新井洞所在の会社付近のモテルで更に1回性交した事実があると供述
- 被疑者に取調べの時間を告知して取調べ終了

参考資料2　取調映像録画報告書

ソウル南部地方検察庁　　　　　　　　　　　主任検事

㊞

受　　　信：検事○○○
題　　　目：捜査報告（第1回　被疑者供述要旨）

2006刑第12345号、詐欺事件に関し、検事○○○の指揮の下、次のように被疑者の供述を聞き取り、その過程を映像録画したため捜査報告します。

- 次 -

1．取調人：捜査官○○○
2．被疑者
　　　氏　　　名：キム・犯人、住民登録番号：530328-1000000
　　　住　　　所：ソウル　九老区　九老洞
　　　電話番号：011-
3．取調日時：2006.3.7.11:00から11:45まで（計40分）
4．取調場所：ソウル南部地方検察庁609号　一般調査室
5．供述要旨：別紙のとおり
6．添　　　付：CD 1枚（2005計第12345-1）

2006.3.7.
捜査官検察注射○○○

| 別　紙 |

※映像録画に同意	☐
※被疑者に供述を拒否する権利があることを告知	☐
※弁護人の助けを求める権利があることを告知	☐

・被疑者は前回の供述が事実に相違ないと供述
・被疑者は公示地価が10億ウォンに達する、ソウル 陽川区 木洞所在の「プルネ」の建物（以下、本件建物という）に対する所有権を有しており、告訴人に本件建物に対する根抵当権（債権最高額7億ウォン）を設定してあげたため、たとえ告訴人から4億ウォンを借りていてもこれを返済する意思や能力があると供述
・被疑者は当時、告訴人から4億ウォンを借りたものの、既存の債権である2億ウォンで相殺したと述べたため、争点に関する供述の趣旨についての問答を録取する
　　　11:20-11:23
問　被疑者は告訴人に対して債権があるというが、その内容は何でしょうか。
答　私は、2000.頃から洋服工場を運営し、それまで2億ウォン相当の衣類を供給したんですが、その代金を支払って貰えませんでした。
問　具体的な内訳は何ですか。
答　2001.頃5,000万ウォン、2002.頃1億ウォン、2003.頃5,000万ウォン相当の物品を供給しました。
問　これを立証する資料があるんでしょうか。
答　工場を畳んでいるので資料が見つからないんですが、被疑者が当時の取引きの内訳を記録した帳簿を持っているはずです。
問　被疑者は、既存の債権で告訴人の貸付金の債権を相殺するという内容で合意しましたか？
答　明示的に合意をしてはなかったんですが、告訴人が4億ウォンの返済を要求したとき、私の方から相殺すると言いました。
以下、中略
・被疑者に取調べの時間を告知し、取調べ終了

14 サイバー犯罪と韓国刑法の適用範囲

梁　炳　鍾

I　はじめに

　情報通信の急激な発展により、人類はインターネットを通じ、膨大な量の情報をスピーディーに生産、蓄積、伝達するという新しい文明の恩恵を受けている。一般人には、ローコストで、手軽に膨大な量の情報にアクセスできるようになり、業務の効率化や生活の質の向上が進み、事業家には、電子商取引という新しい流通システムを介しビジネスを行なうチャンスが与えられている。また、新聞や放送などは一般人が容易に接近することのできないが、現代の情報化社会では、こうしたマスコミを介さずに、誰でもネットを通じ個人の声を大衆に広く伝達することができるようになった。しかし、こうした正の側面の裏には、サイバースペース[1]におけるわいせつ物等の不健全な情報の氾濫、名誉毀損、ハッキングによる個人や企業、又は国家機関の情報の流出、電子商取引における詐欺、知的財産権の侵害等の犯罪の発生という、負の側面も同時に露呈しつつある。こうしたインターネットに代表されるネットワークを背景とするサイバースペースで発生する犯罪を一般にサイバー犯罪というが、こうしたサイバー犯罪は、従来の伝統的犯罪とは異なり、時間・空間の制限がない等、さまざまな特性を持っている。以下では、サイバー犯罪の特性及び韓国の現行

---

　　1)　サイバースペース（Cyverspace）という用語は、アメリカの SF 作家である（William Gibson）の小説 Neuromancer（1984）で初めて使われ、現在はコンピュータネットワーク上に構築されている仮想空間、又は電子空間を意味している。

法が定めているサイバー犯罪の類型及びその対応法規について簡単に考察し、その特長の一つである空間的無制限性によりボーダーレスに発生しているサイバー犯罪が国境を越えて行われた場合、韓国の刑法がどこまで適用され得るかについて以下で考察する。

II サイバー犯罪の特性

　サイバー犯罪は、現実犯罪とはその特性を異にする。まず、伝統的なコンピューター犯罪の特性である、犯行の永続性、自動性、広域性、摘発と証明の困難性は、従来どおりである。

　すなわち、コンピューターの不正操作のように、一度その操作方法を覚えると頻繁にその操作行為を繰り返すことができるため、永続性を持ち、行為者が何らかの他の行為をしなくても一度不法変更した資料を取り出したり、不法プログラムを起動する度に犯罪行為が誘発されるなどの自動性を持ち、ネットワークにつながっていると、ネットワークを利用した遠隔地で犯行が可能になるため、広域性を持ち、現実上の証拠物よりコンピューターの資料は、閉鎖性・不可視性・隠匿性を持つため、その摘発と証明が困難である。

　また、その他に、サイバー犯罪ならではの特性としての非対面性、匿名性、時間・空間の無制限性や同時性及び国際性、高い伝達性と大きな財産被害、双方向性、専門性や技術性、即時性、そして暗数犯罪としての性質等も有している。すなわち、サイバースペースでは、自分の代理人としての性格を持つIDやキャラクターといった道具を駆使し、自分を隠して犯罪を犯すことができ、直接被害者と対面する必要がないため、非対面性を持ち、また、そのID等の虚偽表示が可能であるため、匿名性も持つ。また、インターネットを通じたハッキングやウィルスの流布に見られるように、時間・空間的な制限なく、リアルタイムで国際的な犯行が可能である。たとえば、1999年に登場したメリサ・ウィルスのように、わずか4日にして、アメリカとヨーロッパの数百社のパソコン10万台以上を感染させる等、高い伝播性により大きな被害をもたらす。

また、他人のコンピューター・システムのセキュリティー装置を無力なものにし、侵入するハッキングのように、高度の専門性や技術性を有し、ハッカーによりセキュリティーに攻撃を受けた多くの企業が企業イメージを考慮し、被害を届けないということから、暗数犯罪性をも持つ。

Ⅲ　サイバー犯罪の類型及び韓国の対応法規

1. サイバーテロリズム

A. ハッキング

(1) 意　　義

ハッキング[2]とは、コンピューターを利用し、他人の情報処理装置、又は情報処理組職に侵入したり、技術的な方法で他人の情報処理装置が遂行する機能や電子記録に干渉する一切の行為を指す。通常、ハッキングは、通信網の運営システムやプログラムの欠点（bug）を利用したり、ハッキング・プログラムを利用する方法等で行なわれ、その類型には、単純ハッキング、ハッキングによる秘密の侵害、ハッキングによる資料の変更・資料の削除及び業務妨害、ハッキングによる財産取得行為[3]等があり、主なハッキング技術としてはスヌーピング（snoofing）、スニフィング（sniffing）、スプーフィング（spoofing）、スマーフィング（smurfing）、電子メール爆弾（E-mail bomb）、迷惑メール（Spam-mail）、サービス拒否（Denial of Service；Dos）、高出力電子銃（Herf Gun）、スキャン攻撃（scan）、電磁機爆弾等を利用する方法やバック・オリフィス（Back

---

[2] ハッキングの歴史に沿ってハッカーの世代を分けると、大学のサークル活動レベルで知的探求に没頭していた第1世代のハッカー、フォンフリーカー（Phone-Phreaker）と表される第2世代のハッカー、犯罪としての意味を持つデッカーとの烙印を押された第3世代のハッカー、最近、サイバーテロリズムという新しい犯罪の登場と共にハッカー主義者と呼ばれる政治的性格を持つ第4世代のハッカーに分かれる。http://www.kisa.or.kr/k-trend/kisanews/199905/10.html

[3] ハッキングによる財産取得行為は、サイバー詐欺の類型でその対応法規について説明する。

Orifice)、論理爆弾[4]、トロイの木馬、インターネットワーム、ウィルス、フレームといった悪性プログラムを利用する場合等がある。

(2) 対応法規
　1) 単純ハッキング

　単純ハッキングとは、通信網やネットワークを通じ、他人の情報通信網に違法侵入することであり、「情報通信網利用促進及び情報保護等に関する法律」（以下「情報通信網法」という）第48条第1項で「誰でも正当なアクセス権限なしに、又は許容されたアクセス権限を超えて、情報通信網に侵入してはならない」と定められており、第63条第1項で、第48条1項の規定に違反し、情報通信網に侵入した者は、3年以下の懲役、又は3千万ウォン以下の罰金に処すると定め、規制している。

　2) ハッキングによる秘密の侵害

　他人のIDとパスワードを盗用したり、システム上の保護装置を無力化する方法で、他人のコンピューター・システムに侵入し、他人の情報を毀損したり、秘密を侵害した場合に関する処罰法規には、刑法第316条第2項（秘密侵害罪）、情報通信網法の第49条、第62条第6号、通信秘密保護法の第16条第1号等がある。

　刑法第316条第2項では「封印された又はその他の秘密保護措置を施したした者の手紙、文書、図画、又は電磁記録等、特殊媒体記録を、技術的手段を利用し、その内容の情報を得た者は、3年以下の懲役若しくは禁錮又は500万ウォン以下の罰金に処する」と定め、ハッキングという技術的手段を通じ、パスワードを設定したコンピューター・システムに侵入し、電子記録等の内容を調

---

4)　論理爆弾とは、一定の条件が満足されるとパソコンを破壊する一種の悪性プログラムである。つまり、特定日や時間等の一定の条件を満たすとパソコンの情報を削除したり、インターネット等の情報利用を阻害する特殊プログラムが自動で作動するプログラムである。

べる行為について規制している。

　情報通信網法第49条、第62条第6号では、情報通信網により、処理・保管又は送信する他人の秘密を侵害・盗用若しくは漏洩した者については、5年以下の懲役又は5千万ウォン以下の罰金に処すると定める。ここで言う「秘密」とは、本人が秘密にしたいものだけでなく、客観的に秘密にする利益があるものを意味する[5]。本罪では、刑法上の秘密侵害罪とは違い、「秘密保護措置」が犯罪成立の要件ではないため、パスワード（password）が設定されていないコンピューター・システムに侵入し秘密を侵害した場合でも適用することができる。また、行為の客体についても、刑法上の秘密侵害罪で擬律するためには、「電磁記録等の特殊媒体記録」、すなわちコンピューターディスケット、録音テープ、録画テープ、CD-ROM等のように記録性、又は有体物性が要件となるが、本罪ではそのような記録性、有体物性を要件としていない。その適用範囲において、刑法上の秘密侵害罪に当たる場合も本条に該当すると解される。

　通信秘密保護法第16条第1号では、「同法第3条に違反した電気通信の盗聴、若しくは公開されていない他人間の対話の録音・聴取、又はその取得した通信又は対話の内容に対する公開・漏洩」について、7年以下の懲役に処しており、コンピューター通信及びインターネットを利用し送信される他人の資料や情報を盗聴する方法でハッキングする場合に適用されると言える。その外にも、ハッキングにより侵入し、収集した秘密の種類により適用法条が異なる。国家機密以外の場合も、ハッキングにより進入し収集した秘密の種類により、適用法条を異にする。国家機密である場合には刑法上間諜（スパイ）罪（第98条第1項）、公務上秘密の場合には公務上秘密侵害罪（第140条第3項）、信用情報に関する電算システムの情報の場合には信用情報の利用及び保護に関する法律上の信用情報検索罪（第32条第11号）、貿易業者等のコンピューター・デー

---

5) 通説である折衷説によるもの。他にも本人が秘密にしたい事実であれば、秘密とみなせるという主観説と、秘密として保護すべき正当かつ合理的な利益、つまり、客観的な秘密として保護すべき利益があれば秘密とするという客観説等がある。

タに記録されている電子文書、又はデータベースに入力された秘密を侵害した場合には、貿易業務自動化促進に関する法律上の貿易秘密侵害罪（第26条第3号）、軍事機密を適法な手順によらない方法で探知したり収集した場合には、軍事機密探知・収集罪（軍事機密保護法第11条）が適用されるであろう。

 3) ハッキングによる資料の削除
 ハッキングにより、他人のコンピューター・システムに保存されている資料や処理送信中の情報や資料、又はプログラムを削除する行為である。情報通信網法第49条、第62条第6号では、情報通信網を介し、処理・保管又は送信している他人の情報を毀損した者については、5年以下の懲役、又は5千万ウォン以下の罰金に処すると定めており、刑法第366条では、他人の電磁記録等特殊媒体記録を損壊した者については、懲役3年以下、又は7000万ウォン以下の罰金に処すると定め、情報通信網を通じ処理・保管・送信中の情報の場合には上記の情報通信網法違反罪により、そうでない電子記録等特殊媒体記録の場合には刑法上の電磁記録損壊罪により処罰している。

 又ハッキングにより削除される資料の種類により、適用法条を異にする。公務機関で保管するか又は使用中の電磁記録等、特殊媒体記録の場合には、公用電磁記録無効罪（刑法第141条第1項）が、公共機関の個人情報処理業務を妨害する目的による、公共機関の個人情報の抹消の場合には、公共機関個人情報抹消罪（公共機関の個人情報保護に関する法律第23条第1項）が、物流ネットワークにより処理・保管・送信される物流情報の毀損の場合には、物流情報毀損罪（貨物流通促進法第54条の3）が、信用情報電算システムの情報の削除又は利用不可能にする行為の場合には、信用情報削除罪（信用情報の利用及び保護に関する法律第32条第2項第11号）が、貿易業者等のコンピューター・ファイルに記録された電子文書又はデータベースに入力された貿易情報の毀損の場合には、貿易情報毀損罪（貿易業務自動化促進に関する法律第26条第3号）が適用される。

4）ハッキングによる資料の変更

ハッキングにより、他人のコンピューター・システムに保存されている資料や処理送信中の情報や資料、又はプログラムの内容を変更する行為である。このような変更行為は、情報通信網法第49条、第62条第5号で列挙した行為類型である「毀損」にあたるもので、情報通信網により処理・保管、又は送信される他人の情報を変更した場合には、情報通信網法違反罪で処罰することができる。

他人の事務を損なう目的で、権利・義務、又は事実証明に関する他人の電磁記録等特殊媒体記録を偽作又は変作した場合には、刑法上の電磁記録偽作・変作罪で処罰することができる。

また、ハッキングにより変更にされる資料の種類により、適用法条が異なる。公共機関の個人情報処理業務を妨害する目的で、公共機関の個人情報を変更する場合には、公共機関個人情報変更罪（公共機関個人情報変更罪第23条第1項）が、物流ネットワークによる電子文書を偽作（偽造）若しくは変作（変造）、又はこれを行使する場合には、物流ネットワーク電子文書の偽作・変作等の罪（貨物流通促進法第54条の2第1項）が、権限のない信用情報電算システムの情報を変更する場合には、信用情報の変更罪（信用情報の利用及び保護に関する法律第32条第2項第11号）が、貿易業者や貿易関連機関等のコンピューター・ファイルに記録されている電子文書、又はデータベースに入力されている貿易情報を偽造若しくは変造し又はこれを行使した場合には、貿易情報の偽造・変造等の罪（貿易業者自動化促進に関する法律第25条第1項）が適用されることになる。

5）ハッキングによる業務の妨害

ハッキングにより、業務に使われるコンピューター上の資料や情報等を削除・変更し、情報処理装置に虚偽の命令や不正な命令を入力し、又はその他の方法で情報処理に障害を発生させて、他人の業務を妨害した場合には、刑法上コンピューター等業務妨害罪（刑法第314条第2項）が適用される。本罪の業務は、事務だけでなく、公務も含まれるとされ、必ず業務妨害の結果の発生に至

らなくとも、一般的な危険が認められる状況であれば、既遂であると解することができる。

また、情報通信網の安定な運営を妨害する目的で、大量の信号、又はデータを送信したり、不正な命令を処理させる等の方法により、情報通信網に障害を発生させた場合には、情報通信網法第48条第3項、第62条第5号により処罰することができる。大量の迷惑メールを発送することで、受取人のコンピューター・システムが麻痺したり、システムを正常作動させるのに長い時間がかかる場合が、その典型的な例である。

B. ウィルス

(1) 意　　義

コンピューター・ウィルス（computer virus）とは、他のコンピューター・プログラム又は使用者が実行できる電子記録等に、自分又はその変形を複製するよう故意に製作された命令語の集合であり、その場合、当該使用者は上記のウィルス・プログラムについて、知らない状態でなければならない。コンピューター・ウィルスは、1988年、脳ウィルス（Brain Virus）の発見以来、ワクチンの技法変化と共に持続的に発展しており[6][7]、通常ユーティリティー・プログラムの配信[8]や情報交換の過程で感染する。

---

6) 一部では、ウィルス製作に使われた方法やワクチンの技法変化を基準にウィルスの変遷史を、第1段階のブート・ウィルスから始まり、ファイル・ウィルス、多変性ウィルス、ウィンドーズ・ウィルスを経てインターネット・ワームに至る23段階に細かく分けている。（アンチョルス・ウィルス研究所資料室）
7) 最近、コンピューター・ウィルスの動向は、単純ブート・ウィルスやファイル・ウィルス中心から、より複雑な形態や速い伝播力、そして多様な特徴を持つワーム・ウィルスとワーム機能を持つマクロ・ウィルス中心に変化しつつある。
8) ユーティリティ・プログラムを配信する場合は、使用者が必要とするユーティリティ・プログラムを外部から入手、使用する過程で、そのプログラムがウィルスに感染したり、プログラムそのものがウィルスである場合である。こうしたウィルスとしては、ウィンドーズ・ウィルスであるWin95/CIHが挙げられる。

(2) 対 応 法 規

　情報通信網法第48条第2項では、「誰でも正当な事由なしで、情報通信システム、データ、又はプログラム等を毀損・滅失・変更・偽造、又はその運用を害することのできるプログラム（以下、「悪性プログラム」という）を、伝達、又は流布してはならない」と定めており、それに違反した場合には、5年以下の懲役、又は5千万ウォン以下の罰金に処する（法制62条第4号）と定め、ウィルスの伝達・流布行為を規制している。

C. 情報通信基盤施設に対するテロ行為
(1) 意　　義

　コンピューター及び通信網を利用し、情報システム、通信システム、制御システム等を対象に、ハッキング、コンピューター・ウィルス、論理・メール爆弾、サービスの拒否、高出力電磁気波等の手段による攻撃を遂行し、国防・行政・電力・ガス・鉄道・航空等、主要基盤施設の情報システムを撹乱・麻痺させる等、国家機能及び経済社会活動に打撃を与える行為を意味する。

(2) 対 応 法 規

　情報通信基盤保護法第2条第2項の「電子的侵害行為」の定義規定と、第28条第1項の主要情報通信基盤施設侵害罪の規定により、本行為を規制することができる。同法第2条第2号では、電子的侵害行為を「コンピューター及び通信網を利用し、情報システム、通信システム、制御システム等を対象に、ハッキング、コンピューター・ウィルス、論理・メール爆弾、サービスの拒否、高出力電磁気波等による攻撃を遂行し、これらシステムの正常な動作を妨害、又は麻痺させる行為」と定めており、同法第28条第1項では、「第12条の規定に違反し、主要情報通信の基盤施設を撹乱、浪費、又は破壊した者は、10年以下の懲役、又は1億ウォン以下の罰金に処する」と定めており、同法第12条は、主要情報通信の基盤施設侵害行為について、以下の3種類を定めている：(1)アクセス権限を持たない者が、主要情報通信の基盤施設にアクセス

し又はアクセス権限を持つ者がその権限を超えて保存されているデータを操作、破壊、隠匿、又は流出する行為（第1号）(2)主要情報通信の基盤施設に関してデータを破壊したり、主要情報通信の基盤施設の運営を妨害する目的で、コンピューター・ウィルス、論理・メール爆弾[9]等のプログラムを投入する行為（第2号）(3)主要情報通信の基盤施設の運営を妨害する目的で、一気に大量の信号を送信したり、不正な命令を処理する等の方法で、情報処理のエラーを発生させる行為（第3号）等である。

2．インターネット詐欺

(1) 意　義

従来は、コンピューターを使用し、正当でない方法で財産・信用等を取得したりサービスの提供を受ける行為、又は債務や責任の免除を受ける行為[10]を意味するコンピューター操作詐欺、又はコンピューター関連の詐欺、又はコンピューター詐欺という用語が使われてきたが、最近はインターネットの普遍化により、主にネットバンキング（Internet Banking）や電子商取引（Electronic Commerce）等、通販に関するサイバースペースで、不正な利益を得る行為が頻繁に発生することにより、インターネット詐欺という用語に変わっている。その類型と手法としては、ネットオークション、一般商品・サービスの提供[11]、ビジネスチャンスの提供、就職斡旋等を装い、ねずみ講及び違法ネットワーク販売[12]、商品及び景品、無料・不労所得への偽装、フィッシング

---

9) メール爆弾とは、被害者の電子メールアドレスを多くのメーリングリスト等に登録させ、同時に大量の電子メールを受けさせることで、過負荷によりシステムを麻痺させる攻撃方法である。

10) 通常、銀行のネットワークにつながっている預金口座や現金自動預払機、キャッシュカード、又はクレジットカードがその手段として使われる。

11) 2003年3月、ハーフ・プラザ（half plaza）事件及び2005年6月のリッチトゥーユー（rich2you）事件など

12) 2000年度に流行ったオンライン金融ねずみ講で、spam性メールを利用した「8億メール」事件があった。6,000ウォンをねずみ講方法で、8億ウォンまで増

（Phishing）[13]やファーミング（Pharming）[14]等がある[15]。

(2) 対応法規

インターネットを利用した詐欺に対する法的対応策は、刑法上詐欺罪（第347条）とコンピューター等使用詐欺罪（第347条の2）がある。他人のコンピューター・システムをハッキングし、PCバンキングやネットバンキング取引きの使用者のIDやPCバンキングのパスワード、そして預金振込みのパスワード等の情報を取得し、他人の預金口座内のお金を自分の口座に振込む行為には、刑法上コンピューター使用詐欺罪（刑法第347条の2）が適用される。

やせるという方式である。6人の名前と銀行口座番号が書かれているメールを送り、その6人に1,000ウォンずつ送金してから、一番の上の名前を消しその下に自分の名前と口座番号を書き1,500人にメールを送ると、それがねずみ講の方式で増え、数ヶ月後には8億ウォン程度の金額が自分の講座に送金されるというものである。これは、詐欺罪に当たり、訪問販売等に関する法律第23条第2項「商品、又はサービスの取引きなしで金銭取引のみをしたり、商品又はサービスの取引を装い、事実上お金の取引きのみをする行為を禁じる」との規定に違反するものである。違反者については、5年以下の懲役及び1億5,000万ウォン以下の罰金（第52条第1項第3号）が科せられる。

13) フィッシング（Phishing）とは、金融機関等のウェブサイトやその機関から送信されたメールを装い、リンクされているサイトに誘引し、個人の認証番号やクレジットカードの番号、口座情報等の情報を入手し、これを違法に利用する詐欺手法である。韓国では、2005年7月、初めて銀行のウェブサイトを装ったフィッシングサイトを製作し、ハッキングを通じ、他人の個人情報を抜き取った事件が発生し、2005年11月には、銀行の偽装サイトを開設し、実際の預金を引き出した事件があった。また、2006年度に韓国情報保護振興院にフィッシングによる被害申告が、1266件も届けられるなど、最近、韓国ではフィッシング事例が急激に増えている。

14) ファーミング（Pharming）は、IPアドレス情報を変えたり、ドメイン関連情報をハッキングし、該当サイトが公式に運営していたドメインそのものを中間で奪取し、使用者が、疑いなく、奪取されたサイトを利用し、各種個人情報を簡単に露出させ、大規模の被害者を量産するサイバー犯罪である。韓国では、まだその報告事例はない。

15) 金學根、韓国と日本のサイバー犯罪規律に関する比較研究、2006、法務研修院

また、2005年12月、情報通信網利用促進及び情報保護等に関する法律に関する法律を改定し、第49条の2条第1項に「誰でも情報通信網を利用し人を騙す行為により他人の情報を収集したり、提供するよう誘引してはならない」としており、これを違反し他人の個人情報を収集した者は、3年以下の懲役、又は3,000万ウォン以下の罰金に処するよう定め（法制63条第1項第3号）、フィッシング行為に対する処罰条項を新設している。

3. サイバー淫乱（わいせつ）物罪

(1) 意　　義

　サイバー淫乱物罪とは、サイバースペースで、人の性慾を刺激したり、興奮させることで、一般人に正常な性的羞恥心を感じさせ、善良な性的道義観念に反する性質[16]を持つ符号・文言・音響・映像等を、頒布・販売・賃貸・又は公然展示する行為、と定義することができる。これは、伝統的犯罪類型である刑法上の淫乱物罪に等しい淫乱性の概念を使うものの、その犯行空間や犯行客体で、その類型を異にする新しい犯罪現象であるということができる。その代表的な形態としては、ポルノ・サイトを開設しポルノ映像や小説、写真等を有・無償で提供する行為がある。

(2) 対応法規

　情報通信網法第65条第1項第2号では、「情報通信網を通じ、淫乱な符号・文言・音響・画像、又は映像を、配布・販売・賃貸又は公然と展示した者」について、1年以下の懲役、又は1千万ウォン以下の罰金に処すると定め、サイバー淫乱物の流通行為を規制しており、同法第42条及び第64条では、情報提供者に青少年有害媒体物表示義務を課し、ネットを通じたサイバー淫乱物の流通に関して間接的な方法で規制している[17]。

16）　こうした淫乱性の概念は、韓国の学会や判例で統一されている概念である。
17）　韓国の刑法は、「わいせつな文書、図画、フィルム、その他品物を、頒布・販売、又は賃貸、公然に展示、又は上映した者」（第243条）と「そのような行為

また、青少年性保護法では、青少年との性交行為、青少年との口腔、肛門等の身体の一部、又は道具を利用した類似性交行為、青少年の羞恥心を発生させる身体の全部、又は一部等を露骨的に露出し、わいせつな内容を表現したもので、フィルム、ビデオ・ゲーム、又はコンピューターその他の通信媒体を通じた映像等の形態を、「青少年利用淫乱物」と定め（第2条第3号）、こうした青少年淫乱物を製作・輸入・輸出した者は、5年以上の有期懲役に、営利の目的で、販売・レンタル・配布し又はその目的で所持・運搬、公然展示若しくは上映した者については、7年以下の懲役に、そして青少年を青少年利用淫乱物の製作者に斡旋した者については、1年以上10年以下の懲役に処し、未遂犯も処罰すると定める（第8条）。

4．サイバー・ストーキング

(1) 意　　義

サイバー・ストーキングとは、サイバー・スペースで、他人が希望しないアクセスを継続的・繰返し試みたり、これにより相手に恐怖や憂慮等を誘発させる行為である。その具体的な要件として、第1に、相手の意思とは全く関係のない一方的な行為であること、第2に希望しない一連の接触が持続的、反覆的、意図的に行われること、第3に通常の判断能力を持つ者なら、誰もが自分自身又は家族の命、身体の安全の脅威を感じるような行動であること、である。

(2) 対応法規

情報通信網法第65条第1項第3号では、「情報通信網を通じ、恐怖や不安を

に使用する目的でわいせつな品物を製造、所持、輸入、又は輸出した者（第244条）」等に対する処罰規定を置いているが、大法院はコンピューター・プログラム・ファイルは、刑法第243条、所定の文書、図書、フィルム、その他品物に該当しないため、刑法第243条の規定を適用できないと判示している。（大法院1999.2.24.宣告98度3140号判決）

誘発させる言葉、音響、文書、画像、又は映像を繰り返し相手に到達させた者」に対し、1年以下の懲役又は1千万ウォン以下の罰金に処すると定め、性暴力犯罪の処罰及び被害者保護等に関する法律第14条では、「自分自身又は他人の性的欲望を誘発したり、満足させる目的で電話・郵便・コンピューター、その他の通信媒体を通じ、性的羞恥心や嫌悪感を起こす、言葉や音響、文章や図画、映像、又は品物を相手に到達させた者に対しては、1年以下の懲役、又は300万ウォン以下の罰金に処する」と定め、サイバー・ストーキングに関して規制している。したがって、インターネットを通じ、わいせつな内容の情報を持続的に到達させ、ストーキングをする場合には、性暴力犯罪の処罰及び被害者保護等に関する法律を適用しなければならず、わいせつな内容でなく、恐怖や不安感を覚えさせる内容の情報を持続的に到達させ、ストーキングをした場合には、情報通信網法を適用しなければならない。

5．サイバー名誉毀損

(1) 意　　義

サイバー名誉毀損とは、人を誹謗する目的で、情報通信網を通じ、公然と事実、又は虚偽の事実を指摘し、人の名誉を毀損する行為のことである[18]。

(2) 対 応 法 規

情報通信網を通じ事実を指摘し、他人の名誉を毀損した場合には、情報通信網法第61条第1項により処罰し、虚偽の事実を指摘し他人の名誉を毀損した場合には、同法第61条第2項により加重処罰する。

6．サイバー著作権侵害

(1) 意　　義

---

[18] 韓国では、最近、交通事故で死亡したコメディアンに対する悪性書き込みや、悪性書き込みを苦に自殺した有名歌手の自殺事件を機に、悪性書き込みに対する危険性に関心が高まっている。

サイバー著作権侵害とは、ネット上でデジタル技術を利用し製作されたデジタル著作物であるコンピューター・プログラム、データベース、コンピューター創作物、マルチメディア著作物等に関し、複製・送信・配布する等の方法で違法に著作権を侵害する行為である。

(2) 対応法規

1) サイバー著作権侵害に関する規制法律には、コンピューター・プログラム保護法と著作権法がある。コンピューター・プログラム保護法上の保護客体は、特定の結果を得るため、コンピューター等の情報処理能力を持った装置（コンピューター）の中で、直接又は間接に使われる一連の指示・命令で表現された創作物を指す「コンピューター・プログラム著作物」に限られるため、コンピューター・プログラムに対する著作権侵害は、コンピューター・プログラム保護法で規制し、それ以外のデジタル製作物については、著作権法で規制している。

2) コンピューター・プログラム保護法第29条第1項では「何人も、正当な権限なく、複製、改作、翻訳、配布、発行及び転送して、他人のプログラム著作権を侵害してはならない」と定め、同法第30条第1項では「何人も、正当な権限なく、技術的保護措置を回避、除去、損壊する等の方法で、無力化（以下、「技術的保護措置の無力化」という）してはならない」と定め、同条第2項では、「何人も、技術的保護措置を無力化する器機・装置・部品等を、製造・輸入し、公衆に譲渡・貸し出し、又は流通させてはならず、技術的保護措置を無力化するプログラムを転送・配布し、技術的保護措置を無力化する技術を提供してはならない」、と定め、同法第46条第1項で上記の規定に違反した者は、3年以下の懲役若しくは5千万ウォン以下の罰金に処し又はこれを併科することができると、定める。

同法第29条第1項所定の「伝送」とは、公衆が受信し又は利用できるようにするため、情報通信の方法により、プログラムを送信し又は利用に提供する行為を指し、その具体的事例としては、第1に、著作物の入ったサーバーを構

築し、そのサーバーがインターネット網に接続されていること、第2に、著作物を他のウェブ・サイトに掲載すること、第3に、ニュース・グループに著作物を掲載すること、第4に、電子メールで不特定多数に著作物を送ること等が考えられる。

　同法第30条所定の「技術的保護措置」とは、プログラムに関する識別番号、固有番号の入力、暗号化等を通じ、プログラム著作権を保護する措置のことである（同法第2条第9号）。

　3)　著作人格権の侵害行為については、同法第29条第2項、第46条第3項第2号で、正当な権限なく、プログラム著作者の実名若しくは異名を変更し又は隠匿する行為を禁止し、プログラムの名称又はタイトルを変更した者を、1年以下の懲役、又は1千万ウォン以下の罰金に処すると定める。

　4)　いわゆる海賊版プログラムについては、同法第29条第4項第1号、第2号、第46条第1項第2号で、プログラム著作権の侵害となるプログラムを国内で配布する目的で輸入する行為、プログラム著作権を侵害して作成されたプログラムの複製物を、その事情について知らずに取得した者が、これを業務上使用する行為について処罰して、規制している。

　5)　デジタル著作物の一種であるデータベースの保護に関して、創作性あるデータベースは、著作権法上の編集著作物に該当し、その保護を受け、データベースに入っているプログラムは、コンピューター・プログラム保護法により保護を受けることができるが、データベースの不正利用行為を包括的に規制できる明示的な規定がなく、これに対する立法措置が必要である。著作権侵害に対する間接的な規制方法である、オンライン事業者の責任問題に関する明示的な規定がなく、これについても立法的検討が必要である。

7．サイバー賭博

(1) 意　　　義

　サイバー賭博とは、インターネットを利用し、賭博行為をし又は賭博場を開

設する行為である。その代表的な類型として、インターネット・カジノを挙げることができ、家庭や事務室等、場所を問わず、インターネットでカジノサイトにアクセスし、カジノ・プログラムを取り込み、事前登録してあるクレジットカード情報の入力を通じサイバー・チップを購入し、カジノをすることである。サイバー賭博も、接近の容易性、匿名性等が保障され、賭博にはまりやすくなるという特性がある。

⑵　対　応　法　規

インターネットを通じて賭博する者については、刑法上の賭博罪と常習賭博罪で処罰し、インターネット上で賭博サイトを開設した者については、刑法上の賭博開場罪で処罰している。

8．その他サイバー犯罪

A．IDの盗用

⑴　意　　　義

IDの盗用（Identity theft）は、身元の盗用であり、他人のPC通信、又はインターネット・サービスのアクセス固有番号、すなわちIDを権限なしで使用し、該当通信会社が提供するPC通信、又はインターネットサービスを受ける行為である。

⑵　対　応　法　規

他人のIDを盗用し、他人の情報通信網に無断で侵入した場合には、情報通信網法第48条第1項、第63条第1項第1号により処罰され、他人の住民登録番号を無断で使う場合には、住民登録法により処罰される。

B．サイバー売春

⑴　意　　　義

インターネットのチャットや売春斡旋サイト等を開設し、売春行為を斡旋し

たり、淫行を媒介することである。

(2) 対応法規

インターネット空間に売春斡旋サイトを開設し、有償で売買春を媒介する行為については、刑法上の淫行媒介罪（第242条）、淪落行為等防止法違反罪（第4条）で処罰し、18歳未満の児童の淫行を媒介する行為については、児童福祉法違反罪（第18条及び第34条）で処罰している。

Ⅳ サイバー犯罪に対する韓国刑法の適用範囲

1．韓国刑法の適用範囲概観

韓国の刑法は、地理的国境を越える事件の適用範囲に対し、第2条から第7条に定めている。サイバースペースにおける多様な違法行為が、韓国刑法の適用範囲外にある場合にはこれを適用できないため、処罰することができなくなる。また、サイバースペースにおける違法行為が、韓国人でなく外国人によって犯された場合でも、韓国刑法の適用範囲内にある場合は、これを適用し処罰することができる。したがって、まず、韓国刑法の適用範囲の一般原則について考えてみたいと思う。

(1) 属地主義

韓国の刑法は、第2条で「本法は大韓民国領域内で罪を犯した内国人と外国人に適用する」と定め、属地主義を取っており、犯罪が発生した場所、すなわち犯罪地については、犯罪の実行行為をする場所や結果が発生する場所だけでなく、犯罪の中間現象の起きる場所を、全て、犯罪地として認める複合地説が通説である。大法院の判例も同様の立場を取っている[19]。したがって、犯罪の構成要件事実に該当する行為や結果（発生可能性を含む）の全て、又は一部が大

---

19) 大法院1998.11.27.宣告98度2734号判決

韓民国の領域内で起きた場合、いずれも韓国の刑法が適用される。

(2) 属人主義

　韓国の刑法は、第3条で「本法は、大韓民国領域外で罪を犯した内国人に適用する」と定め、属人主義の立場を取っており、内国人の判断基準時点は、行為の発生時であると解釈される。

(3) 保護主義

　韓国の刑法は、第5条で、「本法は、大韓民国領域外で内乱罪、外患罪、国旗に関する罪、通過に関する罪、有価証券、切手と印紙に関する罪、文書に関する罪のうちの公文書等の偽造・変造及び行事等に関する罪、印章に関する罪のうちの公印等の偽造、不正行事等罪、を犯した外国人に適用する。」と定め、保護主義を採用している。

　第6条で「大韓民国領域外で、大韓民国又は大韓民国の国民に対し、前条記載事項以外の罪を犯した外国人にも適用する。但し、行為地の法律により、犯罪を構成しないか又は訴追若しくは刑の執行を免除される場合にはその例外とする。」と定める (国民保護主義)。

(4) 世界主義

　世界主義は、各国が重要性を認める普遍的な法益を保護するため、犯罪地、犯罪人、被害者の国籍を問わず、自国の刑法を適用する原則のことであり、韓国の刑法は世界主義の原則を採択していない。

2．サイバー犯罪に対する韓国刑法の適用

　サイバー・スペースの違法行為に対する韓国の刑法の適用範囲は、サイバー・スペースを提供する役割を担当するインターネット・サーバーやサイト及びこれに違法な内容の資料を掲載する者が、国内外のどこにいるかにより変わるため、その類型別に分けてみたい。

⑴　サーバーが国内にあり、違法内容が国内から送信される場合

　この類型は、普通国内のインターネットサービス提供者のサーバーにWorld Wide Web（WWW）の形態のサイトやウェブ・サイトを開設し、国内で該当のサイトに違法な内容の情報を掲載する場合である[20]。この類型の場合、犯罪地が国内であるため、属地主義により、該当行為者が内国人であっても、外国人あっても、韓国刑法が適用される。この場合、特別な問題はない。

⑵　サーバーが国内にあり、違法な内容が外国に送信される場合

　この類型で韓国の刑法が適用されるかについては、基本的に属地主義による犯罪地の確定が重要である。例えば、外国で国内のサーバーやサイトに継続的にウィルスを浸透させ、ウィルス感染でサーバーに障害をもたらし、長期間業務を妨害した場合、実行行為をする場所は外国であるが、韓国内で結果が発生するため、属地主義により韓国の刑法の適用が可能である。したがって、一定の結果の発生が犯罪の構成要件要素に該当する犯罪の場合、サーバーが国内にあり、外国からネットワークを通じ犯罪が行なわれるとしても、該当犯罪人が内国人であるか、外国人であるかにかかわらず、韓国の刑法が適用される。

　問題となるのは、結果の発生を要しない犯罪類型である危険犯の場合である。危険犯の中でも抽象的危険犯の場合は、決まった挙動だけで危険が発生したと認められるため、別に結果の発生を要せず、犯罪地は実行行為地だけが基準となり、結果の発生地は意味がない。

　例えば、ドイツ人Aが韓国にある企業のウェブ・サイトにアクセスし、韓国企業の職員である韓国人Bを誹謗する内容の虚偽の文を数回にかけ掲載する場合である。この場合、Aはドイツで名誉毀損の実行行為をし、名誉毀損罪は抽象的危険犯に該当するため、結果の発生地は犯罪地の準拠点になることができ

---

[20]　最近、韓国のある個人が、インターネット・ポータルであるDサイトに有名芸能人Bが、京釜高速道路で交通事故で死亡したという虚偽の事実を流布し、Bが掲示者を処罰してほしいと告訴した事件があったが、そのような場合もこの類型に該当する。

ず、属地主義に従うと、Aの名誉毀損行為に対し、韓国刑法を適用することができないという問題が発生する。但し、この場合、国民保護主義による韓国刑法の適用可能性は残る[21]。

これに対し、国家保護主義は、原則的に刑法第5条の犯罪に限られ、わいせつ物の流布といった社会的法益を保護するための犯罪は、国家保護主義に含まれないため[22]行為地での犯罪構成の是非にかかわらず、韓国の刑法を適用することができない。

(3) サーバーが外国にあり、違法の内容が国内から送信される場合

この類型の場合、外国のサーバーにサイトを開設し、国内で違法な内容を該当サイトに掲載する方式である。この場合、掲載する行為は、国内で行われるため、結果犯や危険犯ともに犯罪地（実行行為地）が韓国内であるため、属地主義により行為者が国内人でも外国人でも韓国刑法を適用することができるのは明らである。したがって、該当のサーバーの国家で、該当の送信内容物が犯罪を構成しなくても、韓国の刑法上の犯罪を構成すれば、韓国の刑法が適用される[23]。

---

21) 保護主義により、外国人Aが、大韓民国の領域外で大韓民国国民であるBに対し、犯した犯行であるため、韓国の刑法が適用される。但し、その前提として、行為地国家でも該当行為が犯罪を構成しなければならない。ドイツでも虚偽の事実を指摘した名誉毀損は処罰されるため（ドイツ刑法第187条）、この場合保護主義により、韓国の刑法を適用することができる。

22) 大法院 2002. 11. 26. 宣告 2002ド4929号判決は、中国人が中国で、大韓民国国籍の株式会社の印章を偽造した事件で、大法院は、「刑法第239条第1項のサイン偽造罪は、刑法第6条の大韓民国、又は大韓民国国民に対し犯した罪に該当しないため、外国人の国外犯であり、それに対する裁判権がない」と判示している。また、大法院 2002. 11. 26. 宣告 2002ド4929号判決は、「外国人の国外犯については、刑法第5条に列挙されているもの以外の罪を適用できないというのが原則で、反共法そのものやその他の法律に、このような外国人の国外犯につき、反共法を適用する根拠がない」と判示し、国家の法益を保護するための犯罪である反共法違反事犯についても、同じ旨の判示をしている。

(4) サーバーが外国にあり、違法な内容が外国から送信される場合

　この類型の場合は、外国にあるサイトやサーバーに、外国から違法な内容を送る場合であり、例えば、アメリカでアメリカのサーバーのわいせつなサイトにわいせつ物を掲載したり、ドイツでドイツの掲示板に虚偽の事実を指摘し、他人の名誉を毀損する内容を掲示する場合である。

　抽象的危険犯の場合、結果の発生地は、犯罪地の準拠点になることができず、違法な内容を掲載する行為をする場所が犯罪地に当たるため、属地主義によると、韓国の刑法を適用することができない。但し、犯罪地は大韓民国領域外であるが、犯罪を行う行為者が大韓民国国民の場合に限り、属人主義により、韓国の刑法を適用することができる。また、違法な内容が大韓民国国民に対する犯罪であり、該当国家でも犯罪を構成する場合、国民保護主義により韓国の刑法を適用することができる。

3. 小　　結

　インターネットの発達により、ボーダーレスな情報交流が活発に行われるにつれ、サイバー犯罪の国際化の現象が現われつつある。よって、各国はそれに伴い、自国の刑罰権をボーダーレスに行使する必要性を認識しつつある。こうした犯罪を、刑罰を通じ規制することで、インターネットの発達に伴い現われている弊害を抑制し、健全なサイバースペースを創るということに誰もが共感はしているものの、こうした取り組みは、他国の刑罰権との衝突をなるべく抑え、調和を成す範囲内で行われなければならない。

---

23) ドイツ人が、韓国内でドイツのサイトにある掲示板に、他のドイツ人に対する名誉を毀損する内容の真実の事実を指摘した内容の掲示物を掲示した場合、ドイツでは犯罪にならなくても、韓国の刑法では犯罪を構成するため、属地主義により韓国の刑法が適用される。

V　おわりに

　以上で、新しい犯罪類型とされるサイバー犯罪の類型及びそれに対する韓国の対応法規、そしてボーダーレスに発生するサイバー犯罪に対する韓国の刑法の適用範囲等について述べた。今後、インターネットが我々の生活により深く浸透することは必至である。それに伴いサイバー・スペースを活動舞台とする新しいサイバー犯罪も持続的に発生するであろう。こうしたサイバー犯罪は、時・空を越え世界レベルで行われ、その被害もあっという間に世界各国に広がる。したがって、世界各国はこのようなサイバー犯罪に対し、厳正に対処しなければならない。サイバー犯罪の時・空超越性に対し、有効対応するためには、国際的な協力が切に求められる。既に欧州連合は、かなり前からサイバー犯罪解決のための国際的協力に努力を傾け、サイバー犯罪防止条約[24]の締結という成果を上げている。韓国も、欧州連合のサイバー犯罪防止条約に加盟するなど、国際的な努力に加わり、サイバー犯罪の対応に最善を尽くすべきであろう[25]。

(2007年2月8日)

---

24)　2001年、欧州議会第50回刑事問題委員会で最終承認された条約として、サイバー犯罪の具体的処罰規定と国際的協力、管轄、捜査手続上の規定等について詳しく定めた初の国際条約である。欧州連合27ヶ国とアメリカ、カナダ、日本、南アフリカ共和国等が加入申請している。

25)　2013年1月現在、韓国は未加入。〔編者〕

第 3 章

UK における国境を越える犯罪への対処

1 1880年から2006年までのテロリズムに対するイギリスの対応[1]

John Wagstaff
訳・中野目 善則

I　はじめに

　明日と明後日は、現代のイギリス法の二つの重要な側面における最近の発展の諸側面について触れる。第一に、UKが、犯罪者を自己のjurisdiction（主権・裁判権・管轄）下に取り戻す際の他のヨーロッパ諸国との協同方法について、

---

1) The British Response to Terrorism from 1880 to 2006.
　ここで「British（イギリスの）」という言葉を用いることには不満な点が残る。大英国（Great Britain）とは、厳格にいえば、イングランド、ウェールズ、及びスコットランドを指す。イングランドとウェールズは同一の君主と法制度を1543年以来共有してきているが、スコットランドはこれとは別個の独自の法制度を持つ。だが、スコットランドは1707年以来、イングランド及ぶウェールズと同一の君主を持つ。アイルランドは、1801年から、1922年にアイルランド共和国として南部がついに独立を勝ち取るまでイングランド及ぶウェールズと同一の君主によって一時的に統治されてきた。その余のイギリス直轄の諸島（British Isles）は、United Kingdom of Great Britain and Northern Irelandというのが呼ぶのが正しい。事を複雑にしているのは、ウェールズとスコットランドは現在、それぞれ、選挙による独自の議会を持ち、それぞれの議会の権限が異なり、他方、北アイルランドは、ロンドンからの直轄統治を受けてきたが、同時に、その時々の政治状況により、ベルファーストから発展した権力によっても統治を受けてきている点である。

第二に、組織犯罪を扱う際の、警察と裁判所の対処方法の変化を概観する。

これらの両方のトピックスはテロリズムに重要な関連があることは明らかである。というのは、テロリズムは国境を越えて活動する傾向があるからであり、テロリズムは、個々人によってなされるよりも、組織の作業としてなされる傾向があるからである。そこで、第一回目では、最近のイギリスにおけるテロリズムの経験を概観してみることが適切であると思う。私は刑事事件の弁護人（法律家）であるので、イギリスの経験が、その時々に発生したテロリズムに対処するために作られた法律にどのような影響を及ぼしてきたのかに焦点を当てて論を進めようと思う。

イギリス人は、他のどの国よりもテロリズムに関する経験が豊富であるとしばしば主張する[2]。これが正しいかどうかは判らない。事実、私には、この主張が大胆な主張なのか、不満不平なのか、あるいは自白なのか、確かなことは判らない。しかし、この講演をするために資料を集め始めて、注意を払えば、現代史の初めの頃から、イギリス人が何らかのテロリズムに直面してきたことにすぐに気づいた。ここで語る時代を、私の祖父の時代に限定しよう。というのは、そうすることで、私の個人的な経験からいえる範囲でこのテロリズムの問題を語ることができるからである。私の祖父は、1883年に生まれた。（このときは、明治天皇31歳の時であり、ちょうど、大日本帝国憲法（制定の）計画に着手した時であった。）1880年代は、今日のセミナーの中心テーマのすべてが、イギリス人の生活の中で人々の目に見える形となって現れ始めた時でもあった。その点でも、祖父の時代からに限定する方が、このセミナーの趣旨にも適っている。

一つの例を示せば、テロリズムが根を下ろし、不変なものとなった様が判るであろう。祖父が生まれた年にロンドンの地下鉄で爆弾の爆発があり、その結

---

[2] See, for example, Professor Clive Walker's article Terrorism and Criminal Justice : Past Present and Future [2004] Criminal Law Review 312.

果、イギリス議会は、特別法である、1883年爆発物取締法（the Explosive Substances Act 1883）を制定するに至った。この法律は、123年経った今日でも、引き続いて用いられている。後に、2005年に、ロンドンの地下鉄で爆弾の爆発があり、その結果イギリス議会は、特別法である、テロ予防法（案）（the Prevention of Terrorism Bill）を導入した。私がこの原稿を執筆している時点で法律として制定される方向に向けて進行中である[3]。

1880年代以来の、テロリズを大まかに以下三つの時期に分けて考察しよう。この方法は、時代の推移とともに、一般的に、テロリズムのパタンがどのように変化しているのかをみるためのものである。

第一はイギリスが自身の島の国境外で武力紛争に巻き込まれていた時代である。イギリス人のテロリズムに対する態度の多くの部分は、独立を獲得するために古い大英帝国が闘争していた時代に形成された。南アフリカ、パレスチナ、マレーシア、ケニヤ、キプロス等々、全地球的な規模で、そしてその世紀を通じて、同じパタンが繰り返し起こった。今日振り返ってみると、これらの独立戦争に関わったそれぞれの地方の人を、テロリストとしてみるよりも、自由獲得のための戦士とみる方がたやすかろう。だが、この点については後に触れることにする。これらの反乱に対するイギリスの対処の点からみると、この時にイギリスが採った対処方法は、つい最近のテロの脅威に対処するために今日でも用いている方法であり、今日用いられている方法と当時の方法との間には顕著な類似性がある。

第二は、アイルランド問題に関わる時期のテロリスト活動である。この間のテロリズムに関わる出来事をイギリス本土において起こった出来事とアイルランド自体で起こった出来事に分けて考察することが問題の理解に役立つ。

第三は、イギリス本土でのテロリズムに関わるものであり、アイルランドでのトラブルと全く関係のないものである。ここで取り扱う活動は、20世紀へ

---

[3] 現在では、the Prevention of Terrorism Act 2005 として法律となっている。

の転換期におけるアナキストによる爆弾事件から、21世紀への転換期におけるイスラム教徒による爆弾事件にまで亙る。

　この三つに分けたところに従って、それぞれを順を追って、それぞれの時期（分類）に該当する出来事がイギリスにおける法律にどのように影響を与え、どのようなパタンが現れ、将来のためにどのような教訓を学ぶことができるかを共に検討しようと思う。

II　イギリスの外でのテロリズム

　UKとは関係がないことが明らかな出来事に言及することから始める。こうすることに意味があることはすぐに明らかになる。我々の考察する時代が開始する直前の1881年に、ロシアの皇帝アレクサンドルII世が革命主義者の爆弾により爆死した。ロシア当局が採った対処は、後にテロリズムへの対処において繰り返し採られることになった戦略である。テロリストをかくまう地方の支持を取り除く措置を講ずることである。ロシア帝国は、まさに文字通りに、ロシアの土地から、このカテゴリに該当するすべての者を追求して除去する一連のプログラムを開始した。225,000家族が、とりわけラトヴィアから逃げた。そしてこれらの逃亡者が定着した中心地のひとつが東ロンドンの最も貧しい地域であった。これらの難民については、UK内でのテロリズムについて触れるところで立ち戻ることとする。

　ロシアでの暗殺とほぼ同時期に、イギリスは、南アフリカで、自己の自由州を欲した最初のオランダからの白人入植者と、短期間の軍事作戦を実施して戦った。小規模のゲリラ攻撃が時々おこり、ついには、本当のトラブルへと発展し、1899年から1902年まで続いた第二次ボーア戦争が勃発した。イギリスがこれに対処するために採った方法は、どちらかというとロシアの対処方法と類似したものであり、ゲリラ戦闘員をかくまい支持した者を一掃するという方法であったが、人々に逃亡を強いるというよりも、むしろ、それとは反対の方法を採り、ボーア人の非戦闘員を過剰収容の強制収容所に押入れ、彼らが脅威と

ならないようにした[4]。

　したがって、ここに二つの広大な帝国がある。ロシアとイギリスである。両者は、イギリスがテロリズムに対処するのに用いる軍備の標準的な装備となった道具、つまり、強制収容（Internment）という方法を利用したのである。南アフリカでは強制収容所が利用され、ロシアでは、支援者は単に逃亡するか死を選ぶかの問題であった。だが、この解決方法は、本質的に同じものである。つまり、物理的に懸念される人々を移動させて脅威をなくすという方法である。この方法は、国外追放である場合もあれば、施設への抑留である場合もある。いずれの場合であれ、その方法の対象者は、もはや戦うことも、戦闘員に支持や避難所を提供することはできない。

　三つのテロの流れを並べてみると、そこから現れてくるように思われる非常に広い一つのパタンがあることである。それは、テロのそれぞれの流れが順番に現れるという現象がみられることである。海外で主な紛争があるときには、国内のテロは減少するようである。アイルランドのナショナリストによる厳しい積極的な軍事行動があるときには、他の内国のテロリストは陰を潜める。あたかも、緊急事態に階層秩序があるかのようである。もっとも、歴史上、たまたま事態の推移がこのようになったために、そのような幻想を抱いているのに過ぎないのかもしれないのではあるが。

　次にイギリスが海外の領土（属領）で行ったテロリズムとの主な小競り合いは、第二次世界大戦に至る時期のパレスチナにおいてであった。中東の専門家でなくとも、アラビアのロレンスという映画から、第一次世界大戦中にトルコ帝国に敵対するアラブによるゲリラ攻撃をイギリスが助けたことを思い起こす

4）　イギリスはこの軍事行動で、強制収容所を発明した、としばしばいわれる。これと非常に類似したことが事実、キューバでのスペインとフィリピン諸島でアメリカによって行われていた。それにもかかわらず、第二次ボーア戦争は、大規模な強制収容所が用いられた最初のものであると考えられていることは明らかである。ロンドンは、この方法を、組織的虐殺又は大量虐殺に代わる人道的な方法であると考えていた。だが、実際上の問題は過小評価されており、この強制収容所の現実は非常に過酷なものであった。

であろう。もちろん、これは、英雄的な自由を得るための戦士の活動であり、テロリズムの行為ではないことは明らかである。だが、結果はというと、トルコ帝国が第一次世界大戦の終わりに崩壊したとき、国際連盟は、イギリスに中東の大部分の地域の面倒をみる仕事を割り当てたのである。我々は全員がこれが不可能な仕事であることを知っていた。パレスチナ人は、ヨーロッパからの難民として到着するユダヤ人入植者により、自分たちがますます不幸せになっていった。ユダヤ人の入植者は、もちろん、パレスチナ人の土地を欲しがり、ユダヤ人、パレスチナ人の双方とも、イギリスを追い出したかった。第二次世界大戦の間に一時的な停戦があり、この停戦の前後の数年間、イギリスは、アラブの（イギリスからの解放を求める）解放軍とユダヤの（イギリスからの解放を求める）解放軍の双方からのテロリズムに対処しなければならなかった。第二次世界大戦前の1936年から39年の間に、パレスチナで大規模な反乱があり、第二次大戦後には1944年から48年にかけてシオニストによるテロリズムがあった。双方に対して、イギリスはよく知られた戦略を用いた。つまり、戦闘員を拘禁し、戦闘員をかくまう者の家を取り壊した。そして、住民には戒厳令を敷いた。拘禁と統制の二つのテーマが再現することになる。

1950年代と1960年代は、大英帝国の残滓が一つ一つ、とぎれることなく崩壊していく様子を見ることができる。まず最初は、マレーシアで、反乱が1948年から1957年まで続き、次に、ケニヤで1952年から1960年まで、そしてほぼ時を同じくしてキプロスで、アラビアではアデンで1963年から1967年にかけて反乱が起こった。そしてこれらの紛争では、第三のテーマも現れ始めた。つまり、イギリスがアイルランドとの紛争で既に試し、ある程度の成功を収めた法的道具である、関わりを持つ罪（offences of association）を用いたのである。反乱運動と「関わりを持ったassociating」罪で人々が訴追されることになった。ケニヤでのマウマウ、キプロスでのイオカ（EOKA）、マレーシアでのMRLAなどがこの訴追の例である。これは、反乱軍の戦闘員への支持を控えさせる別の方法であった。この方法は、人々の家を焼き払ったり、強制収容

所に入れたりするほど露骨なものではなく、日々の戦闘の出来事が、投票権を持つ者の家庭でテレビを通じてみることができるようになった世界に、より歩調を合わせようとしたものである。

したがって、砂漠と密林での主要な武力紛争が関係する場合でさえも、イギリスが対処した方法に次の3つのパタンを見て取ることができる。

第一は、戦闘員の拘禁、つまり強制収容である。

第二は、支持者の活動を統制することであり、戒厳令がこれである。

第三は、テロリズムの背後にいる組織と関わりを持つことを犯罪とすることである。

さて、イギリス諸島でのテロリズムについてみてみよう。そして、この三つのパターンが国外ではもちろんのこと国内で認められるかをみてみよう。

Ⅲ　大英国内におけるテロリズム

自国では、さらに二つのテーマが現れ始めた。第一は、当局がテロリズムに対処するために、テロリズムの発生前にテロリズムを予測し、一旦テロ活動が起こったら発見することに責任を負う機関、つまり、諜報活動機関 (intelligence services) と警察活動を行う機関を再組織することだった。他の新しいテーマは、テロリストの活動のそれぞれの新たな波があると、政府はそれに対処するために、新たに法律を制定して、新たな犯罪を創設する傾向があることであり、現行法が全く適切であり、新たな法律は大部分無用であるという場合でさえも、この傾向があるということである。したがって、ここで、次の二つを我々のリストに加えることができる。

　警察の再組織

　新たな犯罪の創設

我々の時代が始まったまさにその時にこの両方がたまたま起こった「恰好の」例がある。1883年は私の祖父が生まれた年であるばかりでなく、ロンド

ンの地下鉄で爆弾の爆発があった年であり、ロンドン警視庁（スコットランドヤード）が、アイルランド・テロ対策特別部局（Special Irish Bureau）を創設した年であった[5]。この特別局は、1人の警視正（Chief Superintendent）と2名の警部補（Inspector）と1名の巡査部長（Sergeant）と、5名の巡査（Constable）から成っていた。同じ年に、爆発物の所持を取り締る新しい一組の犯罪を創設することに決めたことを我々は既に知っている（爆発物取締法）[6]。彼らは、議会を爆破するのに、火薬の一杯詰まった樽をたくさん積み重ねる必要はもはやないことを悟ったに違いない。数本の現代のダイナマイトがあれば議会爆破の仕事をやってのけることができるのである。今や、この特定の法律が貴重なものであることが証明され、前述したように、その一部は今日でも使われている。だが、この緊急事態に対処する最中で制定された法律のすべてが、費やした労力と時間に相当する価値を有するわけではないことをみることとなる。

　2、3年後に、国会議事堂と、ロンドン塔の中で、同じ日に爆発物による爆破が続いた。このとき、新しく制定された爆発物取締法（Explosive Substances Act）で誰かが訴追されたが、警察は、いずれにせよ、組織が変更されると判った。アイルランドテロ対策部（The Irish Bureau）は閉鎖され、ロンドン警察特別部局（Metropolitan Police Special Branch）が新設された[7]。今日、43のイギリスの警察署のすべてで、この最初のものをモデルとした、それぞれ独自の特別部局を持つに至っている。この特別部局の役割は、国家の安全に脅威となるものに関する情報収集である（公安）。だが、これらの部局は、セキュリティ・サービス（諜報機関）であるMI 5とMI 6の、警察部隊としても活動する。セキュリティ・サービス（諜報機関）のスタッフは警察官ではなく、逮捕権、捜索権、車両の停止権限、武器の使用権限などの特別権限を一切持たない。したがって、セキュリティ・サービスがこれらのうちのいずれかを行使したいと望

---

5) Begg and Skinner, The Scotland Yard Files, (Headline Book Publishing plc, 1992)
6) Explosive Substances Act, 1883 www.cps.gov.uk follow links Legal, Miscellaneous Offences, Explosives
7) Begg and Skinner, The Scotland Yard Files, (Headline Book Publishing plc, 1992)

む場合には、各地方の特別部局（Special Branch）の応援を求めなければならない。

　警察組織の再編に続いて新たな法律が制定された。1887年（アイルランド）刑事法及び手続法（the Criminal Law and Procedure (Ireland) Act 1887）がこれである。この法律で初めて特定のグループと不法な関係を持つ罪（an offence of being unlawfully associated with particular groups）が創設された。何らかの具体的なテロリズム行為を行ったことを証明する証拠を提出することができない場合でも、テロリズム行為を行ったことが認められている人々と関係している（associated）ということを示す証拠を提出すれば、その者を刑務所に送ることができることになる。これは、テロリストに対するコミュニティのサポートを除去する戦略である。

　19世紀の最後の数年から20世紀の最初の数年までのしばらくの間、アイルランドに発する暴力から注意がそれていた。ここで、ラトヴィアのようなバルチック諸国でのロシアによる追放を逃れた難民の問題に戻ろう。正直で勤勉な何千人もの難民の中に、2、3人の本当に政治的革命主義者がいた。これらの革命主義者は、自国では、秘密警察に追われ、窃盗と強盗で生計を立てるのを常とし、彼らはこれを財産の「収容」（expropriation）と呼んでいた。東ロンドンの造船所に到着すると、彼らはイギリスの警察を、当然の敵と見続け、祖国での革命資金を貯めるために窃盗と強盗を働き続けた。革命主義者の中には多くの異なる党派があり、彼らは当局を憎むよりももっと深く互いに反目していた。20世紀への転換期にイギリスにおいてテロリスト活動の大部分を行っていたのは彼らであった[8]。

　間接的ではあるがこの事態に責任があるのは日本である。1905年に日露戦争に勝利し、その結果、ストライキが起き、ツァーの体制に対する抗議が起こった。ラトヴィアでは、抗議行動がナショナリストの反乱となり、筋金入りの

---

[8]　この部分の情報は、Donald Rumbelow's book, The Houndsditch Murders and the Siege of Sidney Street, (W. H. Allen, 1988) の該当部分に拠っている。

革命主義者が、ロンドンに亡命して、拷問と投獄を逃れる、という新たな波が起こった。1905 年の 12 月、ドーヴァー（Dover）でイギリス税関で彼らの一人が止められ、彼の荷物の中に 47 丁の自動拳銃と弾丸の束 5,000 個が発見された。このとき、イギリスには銃器のコントロールが事実上なく、彼はこれを全部自国に持ち帰ることが許されたのである。

　この男の荷物には何丁かのモーゼル拳銃が入っていて、この銃が、数年後に、1911 年の最初の数日に起こったシドニー・ストリートの包囲として知られる、最も有名なアナーキストの起こした事件で、銃撃に使われたかもしれない可能性も十分にある。「収容」行為（窃盗・強盗行為）を行っていたギャングが、宝石店の隣家から宝石店にトンネルを掘ろうとし、トンネルを掘る際のハンマー音とトンネルを掘る騒音に近隣の住人が気づくところとなり、警察が呼ばれ、銃撃戦となって 5 人の警察官が死亡し、このギャングは逃走した。このアナーキスト・ギャングの末端にいる誰かが警察に、犯人の隠れ場所を告げ、切り裂きジャックが被害者に忍び寄ったところから 2、3 通りしか離れていない 3 階建ての家に追いつめられた。この家は 1 千人以上の警察官に包囲されたが、警察官が利用できた武器は、犯人らが利用していたモーゼル銃の正確さと威力に太刀打ちできず、内務大臣であった、若きウィンストン・チャーチルが軍隊を呼んだ。新聞の紙面は、戦闘服を着た兵士が、ロンドンの石畳の通りに寝そべって、リー・エンフィールド・ライフルをイギリスの家屋に向けて発砲している画像で一杯であった。チャーチルが、到着したばかりの大砲を使おうとしたまさにそのとき、その家にはついに火がついた。2 名の死体がその家屋の中から発見され、そのギャングのメンバーのうちの他の 4 人は他の住所で逮捕された。彼らは、特別のテロリスト犯罪で公判に付されたのではなく、通常の犯罪で起訴された。つまり、宝石店での警察官謀殺の罪、謀殺者隠匿の罪、宝石店への押し入りの共謀の罪、及び窃盗の共謀の罪で起訴されたのである。いずれにせよ、その公判は「有罪判決にはいたらず（collapsed）」、被告人の誰も処罰されることはなく、彼らの一人はロシアに帰り、1917 年革命の有名なメンバーとなった。

ここに、第二次大戦後にスターリンの捕虜収容所（prison camps）の一つに収容された、かつて「収容」活動（窃盗・強盗）を行っていた者が、イギリス法についてしたおもしろいコメントがある[9]。彼は収監されたイギリス人に次のように語った。

　「おまえの国のイギリス警察は効率的で不屈の精神を持つが、おまえの国では奇妙な法律があって、有罪とするに足るだけの十分な証拠がなければ逮捕することができず、逮捕された場合でも、有罪と証明されるまでは、無辜であると依然として考えられている。さらに驚くべきなのは、犯罪者に自己を防御するあらゆる機会が与えられていることだ。もし、私の共犯者がロンドンでしたのと同じことをモスクワでしようとしたとしたら、疑いだけで逮捕され、終身刑に処されることになるだろう。」と。

　確かに、我々の警察は、当時よりもずっと効率的なものになっている。また、後述するように、イギリスにおける最近のテロリスト立法のいくつかは、イギリスの法制度に変更を加えており、このかつての古い革命主義者の活動に対処できる内容となっている。
　他方、セントペテルスブルクとモスクワでロシア人が革命を起こしたのと同時期に、イギリスは、国内において、ダブリンでの武装革命に直面していた。1916年にアイルランド共和国者はライフルで武装して、いくつかの公共の建物を乗っ取り、アイルランドは共和国になったと宣言した。その数は多くはなく、おそらく、1,500人以下であったろう。この数は、シドニー通りの銃撃者を取り囲むために呼ばれた警察官の数とほぼ同じであった。イギリスはこの行為をテロリズムとして扱わず、戦争行為として扱って4個師団の軍隊を派遣した。後に、15人が反逆罪を理由に軍法で裁かれ、銃殺刑となった。これに対抗して、アイルランド共和国軍（the Irish Republican Army）が組織され、5年に

9）　Chapman, I Killed to Live : the Story of Eric Pleasants (Cassell & Co. Ltd., 1957)

互る内戦が続いた。1922年までにはアイルランドは本当に別の国家となった。我々が現在の時点からみれば、この蜂起行為を、それが成功したということを踏まえても、テロリズムとしてみるのは困難である。だが、この事件の結果、「アイルランドの北3分の1」はイギリスの手に委ねられた。この地域の人口の多数が大英国の一部にとどまりたいと望んだからである。この決定から、多くの問題と悲劇が生じた。特に我々の興味を引くのは、警察と裁判所に関する複雑な数多くの問題である。

もちろん、IRAがアイルランド全体を単一の国家にしようとし続けることに疑いはなく、北アイルランドの法はこの危険を反映して変わり始めた。アイルランドの南部が独立した1922年に、北アイルランドの統治を担当していた政治家であった内務大臣（the Minister of Home Affairs）には、公共の秩序に脅威となると疑われる者を停止させ、捜索し、身柄を拘束することを警察に許す権限が与えられた。これが、1922年非軍事権限法（特別権限法）（Civil Authorities (Special Powers) Act 1922）である。関心を持つ人間の世代にどのように関わっているかというテーマに付随的に立ち返ると、この年は私の父が生まれた年である。1922年法は、イギリス諸島での通常の刑事法による「強制収容（internment）」が始まった年である。この方法は、1960年まで北アイルランドの状況をコントロールするための方法の一部であった。1960年にこの方法は利用が停止されたが、1971-1975年に再度用いられることとなった。これはまた、イギリスが妥協を好むことを証明する制度の利用を始めた年でもある。強力で異常な権限が当局に与えられたが、それは一時的なものに過ぎない。毎年、その権限は議会で検討され、その更新は議会の判断にかかる。北アイルランドの場合には、この法律は1933年まで毎年更新され、1933年に永続的法となり、時限立法ではなくなった。同じことが「たまたま起こることを後に」みることになる。そこでは、この種の立法がイギリス本土に広がった様子を見ることができる。イギリスはテロリズムを扱うのに、特別な警察権限が要ることを理解していたようだが、同時に、この権限が「特別」なものであることを我々は望んでいる。つまりこの権限は「緊急事態」がある場合にのみ利用でき

る権限であり、その権限は「一時的なもの」であることを望むのである。これらのすべての言葉は、この法律の名前に織り込まれている。特別権限、一時的規定、緊急規定（Special Powers, Temporary Provisions, Emergency Provisions）。だが、それにもかかわらず、毎年毎年、この法律を更新して使い続けてきた。それは、テロリズムは、他の犯罪と同様、常に我々と共にあるからであり、それが現実だからである。テロリズムは、複雑で自由な社会に済む当然の結果なのである。

そして、8年後の1922年に、これらの特別時限権限が北アイルランドで最初に導入されたとき、議会は、当局がテロリズムをコントロールするにはどのような権限が必要だと考えていたのだろうか。この法律で示されている（権限の）リストは、顕著に現代的なものであるように見える。これらの権限は、今日のたいていの警察が、国家が「差し迫った」緊急事態にあるときにできることを期待する権限そのものが示されているのである。

　戒厳（Curfew）——人々に一定の時間一定の場所では、家屋内にとどまっているように命令する権限
　アルコール——トラブルがあるときにバー（飲み屋）を閉鎖する権限
　群衆のコントロール——集会と行進を禁止する権限
　関連（Association）——公に制服（ユニフォーム）と徽章（バッジ）を身につけることを禁ずる権限
　移動——自転車、モーターバイク、自動車の所持を禁ずる権限
　捜索押収——（「合理的な」嫌疑ではなく）「嫌疑」に基づいて「身体」及び家屋を捜索する権限
　財産に関する権限——土地又は建物への立入権限、建物の取り壊し権限、及び新たに建物を建てる権限
　（強制）収容——ある者が秩序の維持にとり妨げとなる（prejudicial）ことが疑われる合理的な理由がある場合、裁判を経ることなくして、その者を逮捕し、身柄を拘束する権限

犯罪——規制違反の情報を当局に知らせなかった犯罪
　　　　警察の動向を記録する犯罪
　　　　コミュニケイション、輸送、送水・貯水・給水、ガスの貯留・送出及び発送電を妨害する罪
　　　　暗号コードの所持の犯罪
　　　　強制収容された者の逃走幇助の罪
　　　　当局に対するプロパガンダの罪
　　　　公式の告知とサインを破壊する罪
　　　　規制違反のすべての罪
量刑——軽微な犯罪を理由とする二年の刑
　　　　火気及び爆発物に関する罪、及び放火の場合のむち打ち
　　　　爆弾を爆発させた場合の処刑（死刑）

極端な緊急事態の場合には、短期間、これらのことが正当とされる。北アイルランドでは、これが2世代の間続いた。そして最悪なのは、これらの方法が、ほぼ専ら一つの宗教コミュニティに対してのみ用いられてきたことである。多くの人は、特別権限法（the Special Powers Acts）は、それ自体が、緊急事態が引き延ばされる理由の一つであるというであろう。これが、北アイルランドで憎悪と分裂がかくも深くコミュニティの深部まで浸透してしまった理由である。

さて、ここで私自身の世代にジャンプすることにしたい。私が1960年代にティーンエイジャーでペッパー警部とペット・サウンズ（Sergeant Pepper and Pet Sounds）を聞いていたとき、通りで騒ぎを起こす（(rioting)）ということが突然若者の間で流行した。1968年は鍵となる年だった。道路の敷石がパリで投石され、ミック・ジャガー（Mick Jagger）は、道路で闘う男（Street-Fighting Man）を歌い、誰もがベトナム戦争に反対して抗議していた。しかし、北アイルランドでは、事態はもっとひどかった。私の友人の一人はベルファストの

クィーンズ・カレッジにいたが、彼は、学生は、通りに面したカフェの外に座り、プロテスタントとローマン・カソリックが互いに物を投げ合うのをみるのがいかに好きであったかをよく語ったものである。我々の時代で、このトラブルが表面化した最初の時であり、ヨーロッパ中で起こった暴動のように、数週間もすれば消えてなくなると思っていた。だが、これは全くの完全な間違いであった。この年に生まれた赤ん坊は21世紀のロンドンに爆弾を設置し、合間に休むことがなかった。

　地方の道路での口喧嘩として始まったものが本格的なテロリズムへと素早く変わった。IRAの第一世代の指導者は、1960年代の初めに、暴力から離れて、アイルランドを統合する政治的な方法を追求するつもりだと宣言した[10]。道路にいた若者は、年長者にあまりに失望して、IRAとは、「I Ran Away（私は逃げる）」という意味だと言い始めた。そこで、1969年に、私の世代は、彼らが、暫定IRA（Provisional IRA）と呼んだ組織を結成した。このPIRA（暫定IRA）こそが、1970年代に、このトラブルを、海を越えて、イギリス本土に広げた組織である。

　1922年に北アイルランドに最初に導入された特別権限は、1971年の8月20日の逮捕と強制収容の波となって突然復活した。当局が、暴力が再び大きくなるのを止めようとして、1日に342人が逮捕された。だが、この逮捕作戦の基礎となった情報は誤りであることが明らかとなった。この地方のコミュニティは、逮捕された人々の多くが暴力とは全く何の関係もないことを知っていたのであり、この作戦は、よい結果よりも遙かに多くの害をもたらした[11]。事態を複雑にしたもう一つの要素は、1971年までにUKが欧州人権協約（条約）（the European Convention on Human Rights (ECHR)）の署名国となったことである。同協約の第5条は、市民は法の適正手続によらずに拘禁される（lock up）ことは

---

10)　United Irishman, Dublin, March 1962
11)　Diplock Report of the Commission to Consider Legal Procedures to Deal with Terrorist Activities in Northern Ireland (1972 Cmnd 518)

ないと定める。政府は、強制収容が第 5 条違反であることを知っていたのであり、だからこそ、政府は、他の協約署名国に、北アイルランドは緊急状況にあり、やむなく、この条項から「逸脱」することになったのだと宣言しなければならなかった。イギリスは、市民の安全と自由を誇ってきた国であり、この国の法律家は最初にこの欧州人権協約の起草に大きな役割を果たしてきた。その国が、そのような重要条項を守ることができなかったことを認めなければならなかった。このことは、人々をかなり困惑させる事柄であった。実際、北アイルランド共和国は、イギリスが行った強制収容について、欧州人権裁判所に異議申立を行った。この件に関する判断が示されるのに 5 年かかったが、同裁判所は、ついに、この事件の状況は非常に例外的なもので、イギリスは、北アイルランドの市民の権利を一時停止状態に置いたことが正当とされることに同意した[12]。

　その間に、1972 年 3 月までにベルファストの地方議会については一時開催停止の措置が採られ、北アイルランドは、ロンドンからの直轄統治に戻った。イギリス兵士はベルファストの通りで軍服を着ていた。この年に起こった二つの恐ろしい出来事のために、イギリスはテロリスト法を大幅な見直しを迫られた。第一の事件は、「血の日曜日事件（Bloody Sunday）」として知られているものである。イギリス兵士が、抗議行動をしていたグループに発砲した。これに対する IRA の対応が「血の金曜日事件（Bloody Friday）」であり、IRA は、ベルファストで 22 個の爆弾を爆発させた。その結果、政府は最古参のイギリス判事であるディプロック卿にイギリス軍の行動の法的立場を検討するように要請した。1973 年に彼の報告書が出され、古い特別権限法は廃止され、それに代わって、北アイルランド（緊急規定）1973 年法（the Northern Ireland (Emergency Provisions) Act 1973）が制定された。この法律は、（むち打ちの刑と死刑を除き）旧法の特別権限のすべてを多かれ少なかれ含んでいた。そして、参加が犯罪となる組織のリストを作成する権限を追加した。さらに、兵士自身に、あた

---

[12] Ireland v UK (1979-80) 2 EHRR 25

かも彼らが警察官であるかのように、逮捕権が与えられた。おそらく、最も興味深いのは、北アイルランドにおける「ディプロック裁判所」の導入である。この裁判所は、通常の刑事裁判所であり、陪審なしの裁判官の単独審理の裁判所である。法的判断をする裁判官と事実に関して判断する12名の市民による陪審の代わりに、裁判官が自ら被告人が有罪か否かを判断する。ディプロック卿がこの裁判所が必要と考えた理由は、北アイルランドのような小さなコミュニティでは、誰が陪審員かはすぐに判り、その者の住居を見つけるのは容易であり、その者とその家族を脅迫し、あるいは殺害しさえしたりすることも簡単なことだったからである。警察は、おそらく、全ての陪審の全ての陪審員全員を永久に保護することはできなかった。だが、単独で審理をする裁判官であれば、合理的に考えてみて安全だとその裁判官が感ずることができるように、その裁判官を十分に保護することができる。同法は、テロリズムを、政治的目的を達するために暴力を利用すること、と定義し、これには、公衆を恐怖に陥れることも含まれる、と定めた。

　その間に、イギリス本土では、1970年代初期には、アイルランドのトラブルがないときでさえも、既に危険な時であるという兆候があった。ウェールズ人のナショナリストの小さなグループによる、小さな、だが本当の脅威があった。彼らは、ウェールズの自然（natural resources）がイギリスにより使われていることを憤っていた。そこで彼らは、貯水池と送電用の鉄塔の破壊行為を始めた。これにより多くの不便と出費が生じたが、少なくとも死者はいなかった。彼らの行為は通常の刑事法（刑法）により処理された。もっと不吉だったのは、怒れる13人組（Angry Brigade13）による攻撃であった[13]。この怒れる13人組は、大学を中退した小グループであり、中産階級のアナーキストであった。彼らは、一連の小さな爆弾を設置したが、これは、政府を当惑させるのがその目的であり、重要な人を攻撃するのは容易であることを示そうしてしてな

---

13) Gordon Carr, The Angry Brigade, Christie Books, 1975

されたものであった。そのために、彼らは、政府の大臣の住居の裏口のドア、フォード自動車会社社長の駐車した車、それに類する種類の標的を爆破した。この活動に対処するための措置は、古典的なテーマの一つであり、警察を再組織することであった。警察は、爆弾対策班（Bomb Squad）を作った。この組織の特定の任務は、怒れる13人組を追跡することにあった。警察はついに北ロンドンの郊外の静かな道で彼らを発見した。このとき彼らは、1丁の銃、1丁のナイフ、33本の桜ダイナマイト、それと報道機関への公表のために使っていた子供のおもちゃのプリントセット（ワードプロセッサ以前の時代のことである）、を持っていた。公判は、少し当惑を招くものであった。というのは、8人の被告人のうちの4人については、警察が証拠のいくつかを置いておいたという、非常に強いかなりの疑いが持たれたため、陪審が有罪ではないと認定したからである。例えば、警察は、一人の女性の被告人のペアのズボンのポケットから爆発物が入った手袋を何個か発見したと主張したが、彼女は法廷でそのズボンを持って、それにはポケットは全くないことを陪審に示すことができた。それにもかかわらず、警察は捕まえるべき者を捕まえたのである。有罪判決を受けた者の一人が後に，「私の場合には、警察が有罪の人間をでっち上げた（framed）のだ」とコメントしている[14]。彼らの公訴事実は、1883年爆発物取締法（the Explosive Substances Act 1883）違反であり、この法律は、アイルランドのテロリストが地下鉄に爆弾を仕掛けるという脅威に対処するために、2世代前に制定されたものである。

　新しい爆弾対策班は、レズのキャシディと太陽の踊り子（Butch Cassidy and Sundance Kid）と自称する冷笑的な数人の学生を扱うよりも、もっと重大なことを、すぐに扱うこととなった。1973年にロンドンでは、暫定IRAによる36件の爆弾事件があり、1974年には、多数の小さな爆弾事件の中で、今日でも依然としてイギリス人に悪夢のようにとりついている2件の驚くべき出来事が起こった。最初の爆発はそれ自体ひどいものであり、それに引き続いて誤判が

---

14) John Barker, in his review of the above book.

生じ、事態をより悪化させた。多くの人と同様、私は、この両方の爆弾事件に個人的にも何らかの関係があるといつも感じ続けて来ている。この理由について述べよう。

最初、1974年10月、ギルドフォード（Guildford）で2件の爆弾事件が起こった。ギルドフォードは、ロンドンの南西の地方にある、心地よい、小高い小さな町である。ここに法科カレッジ（College of Law）があり、私は、ソリシタとしての資格を付与する、学部卒業後の専門家試験の勉強のためにここに通っていた。このカレッジ自体は、多くの勉強をこなすには、忙しすぎ、騒々しかったので、読書をしたいときには、町の中心部にある公立図書館に行くのを常としていた。そこで、大きな窓のところに座り、Horse and Groom（馬と馬丁）と呼ばれる典型的なイングリッシュ・パブ（イギリスの飲み屋）を見下ろしていた。ここは、たくさんの非番の兵士が利用していたパブだった。私がこのカレッジ・オブ・ローを去ってちょうど2、3ヶ月後に、このパブは大爆発によってほぼ完全に倒壊した。そしてもちろん私がよく座っていた窓も跡形もなく吹き飛んでしまったのである。

第二の主要な出来事は、人命の損失という点では最初のものよりももっと悪いものであり、何年もの間、20世紀におけるイングランドにおいて、爆弾を用いた一個の行為による大量謀殺事件としては最悪のものであった。再びパブで、2個の爆弾が爆発したが、今回は「イングランドのまさに中心地」であり、軍隊とは全く関係がない、バーミンガムでその爆弾事件が起こった。このバーは晩を友人と共に楽しむ若者や仕事が引けてすぐに酒を飲む人たちでいっぱいであった。これらの爆発事件が私に関連があると私が感ずる理由は、何年も後に、これらの事件がきっかけとなって、誤判審査委員会（the Criminal Cases Review Commission）が創設されることになったからである。私はここで働いており、ある意味では、これらの爆弾事件が、私がここに来て皆さんに話をすることになったきっかけでもある。これらの事件について説明しよう。

バーミンガムには大きなアイルランド人のコミュニティがある。バーミンガムは「イギリスのまさに中心に位置する」産業都市であり、重労働を厭わない

人々を常に引きつけている。アイルランド人は、18世紀には、運河のネットワークを建設するための労働者として必要とされて以来、そして、19世紀には、鉄道ネットワーク建設の労働者として必要とされて、イギリスにやってきたのであり、運河建設でも、鉄道建設でも、バーミンガムはその中心であった。IRAの者が1974年に誤って自爆してしまったが、そのとき、彼は「電話交換局を」爆破しようとしていたのであった。彼が死亡して、多くのアイルランド人が彼の葬儀に出席するため、海を渡ってバーミンガムからアイルランド帰省することを決めた。このような者が数百人いたが、その中に、最も安いルート、つまりリヴァプールから鉄道に乗り、そして次にフェリーを使うというルートを辿った者が5人いた。最も安いルートを選んだのに、5人のうちの何人かはこの旅行のために、修道院の修道女からお金を借りなければならなかった。事実、6人目の者は、この旅に必要な旅費を調達できずに、イギリスにとどまらなければならなかった。彼らは普通の工場労働者であり、駅で会って、2、3杯酒を飲み、列車旅行をして一緒に「カードゲーム（トランプ）」をして過ごした。彼らが知らなかったことは、彼らの乗った列車がバーミンガムの駅を出発した数分後に2個の大きな爆弾が爆発して、21人が死亡し、もっと多くの者が怪我をしたことである。この爆発が起きたバーの一つは地下にあり、そのために爆弾の「爆発力が高まって」恐ろしい結果を招いたのである。警察はこの事件に迅速に対処し、バーミンガムから出るすべての交通を停止させる措置を講じた。爆弾犯人が逃走しようとしていると考えたからである。この5人の者は、彼らの乗った列車から降りる者全員に質問をしていた警察官に、酒によってばかげたことを言って、そのために、さらに質問をするべく「選り分けられ止め置かれた」。警察の科学者が身柄を拘束された全員に何らかのテストを実施した。彼は、脱脂綿で彼らの手を拭きとって、それにニトログリセリンの痕跡があればそれに反応する化学物質を加えたところ、5人のうちの2名について、「この検査」にプラスの結果が出たのである。

　バーミンガムの警察はこのニュースを聞くと直ちに高速道路を走って、この5人の容疑者を引き取って、バーミンガムに連れ帰った。6人目の男が、この

出来事に参加する金銭の余裕がなかったために旅には加わらなかったとみられて、自宅で逮捕された。数時間以内に、彼らのうちの3人が自白した。彼らの自白は滑稽なものであった。各人の自白は互いに矛盾し、自分がした自白についてさえも一貫性が欠けていた。彼らの自白は、爆弾の製造と爆弾を置いた位置から再現できる事実に合致していなかった。これらの者は、自分がした自白は、殴られ、犬と銃で脅されて採取されれものだと述べた。彼らは全員同じ公訴事実で有罪と認定され、この有罪に上訴したが、敗訴した。

数年後、1980年代に、ある若いテレビ・ジャーナリストがこの事件に興味を持ち始め、このバーミンガムの6人が話したストーリー（話）は本当だろうかと疑問を持ち始めた。彼と彼のテレビ局プロデューサーは、その科学者が利用したテストは、篩分けのテスト（screening test）であることを意味するに過ぎず、ニトログリセリン以外の化学物質にも陽性反応の結果を示す場合があることを発見した。例えば、このプロデュサーが、古いトランプのカードをシャッフルした後にその手をテストしたところ、予想通り、彼は爆発物を扱った可能性があるという結果が出たのである。そのトランプにつや出しをするために使われていた化学物質にはニトログリセリンに非常に類似した物質が含まれていた。彼らはこの事件について、テレビ番組を作り、その結果、内務大臣（Home Secretary）がこの事件についてCourt of Appeal（控訴裁判所）に再度審査させることに同意したが、控訴審裁判官は、この事件について聞けば聞くほど、これらの6人は有罪であるという確信が高まると述べた。

次に、このテレビ番組は、この6人が尋問を受けた夜にその警察署で清掃人として働いていた者を見つけた。この清掃人は、房から叫び声と殴る音を聞いたことを覚えていた。最後に、この夜に当直だった婦人警官が現れて、自分はこの房のドアの中をのぞくハッチ（小窓）から取調をしている警察官が回転式弾倉の拳銃を尋問を受けている者に向けていたことを述べた。この事実は、バーミンガムの6人が述べた事実の通りであった。さらに、彼女は、犬を扱う者がこの房の廊下におり、犬を吠えさ唸らせて、これらの尋問を受けている者達に、これらの犬に噛みつかれるという印象を与えようとしているのを目撃して

いた。最後に、このジャーナリストは、アイルランドに旅して、IRAと接触し、実際にその爆弾を設置した者とのインタヴューを録音した。もっと多くのテレビ番組が作成されて、再び内務大臣がその事件を Court of Appeals（控訴審）に送致した[15]。

今度は、（誤判があったことに）疑いはなかった。これらの者は1991年に、23年監獄で過ごした後に釈放された。彼らの釈放のその日に政府は、将来、類似の誤りが起こることを避けるために、刑事司法制度をどのように改善すべきかを王立委員会（Royal Commission）が調査するとアナウンスした。王立委員会の答申（勧告）の一つは、第二又は第三の上訴に再度事件を付すべきかどうかは、調査したジャーナリストの意見とその結果に説得された政治家の意見によるべきではない、というものであった。そうではなく、警察、政府又は裁判所とは全く関係のない独立の機関を設け、この機関が、誤判により有罪判決を受けたと主張する人々の事件を調査することができるようにすべきだというものであった。議会はこの考えを受け入れて、1995年刑事上訴法（the Criminal Appeal Act 1995）を制定し、その結果、1997年に誤判審査委員会（Criminal Cases Review Commission）創設され、私が最初の4人からなるスタッフのうちの一人となったのである。

さて、あまり多くの人には知られていないある奇妙な付随的なできことについて話そう。第一に、我々が立ち上げた誤判審査委員会のある場所は、ほとんどの政府のオフィスがあるロンドンの一部ではないブロックにある。誤判審査委員会は、裁判所がある一角にはない。150マイル離れたバーミンガムにあり、この事件の爆弾の爆発があったまさにその通りを見下ろすところにある。第二に、この爆弾事件が発生した時に偶然バーミンガムの中心部で勤務していた警部（police inspector）は、救急車と消防車を組織し、バーミンガムの他のすべて

---

15) the Birmingham Six 事件の最良の説明は、懸念を抱いたジャーナリスト、クリス・ムリンのものである。Chris Mullin, Error of Judgement, (Poolbeg Press, 1990)

のバーから人々を避難させなければならなかった。彼は、我々のこの事件について判断するために任命された最初の警察署長（Commissioners）の一人となった。（急ぎ付け加えると、当時彼はあまりに重要ではない地位にあり、その6人の尋問方法について何かをなしうる権限はなかった。）第三に、このテレビ・ジャーナリストは、議員となり、誤判審査委員会が満足のいく作業を行っているかどうかを審査する議会委員会の議長となった。そして、第四に、トランプのカードからニトログリセリンが検出されるかどうかを自分の手でテストしたあのテレビ・プロデューサーには、誤判審査委員会の設立時にロー・スクールをまさに卒業しようとしていた小さな妹がおり、この妹は、後に誤判審査委員会の長に任命され、私の上司となった。これらは、偶然の一致である。

　バーミンガムの6人は、IRAの爆弾事件に関連して誤って有罪とされた唯一の人々ではなかった。ギルドフォードの爆弾事件で逮捕された人々も、誤判であったことが判明した[16]。この誤りは深刻なものである。深刻である理由は、単に、無辜がぞっとするような犯罪を理由に投獄されたということにとどまるものではなく、本当の爆弾犯人が野放しとなり、さらに多くのテロリスト活動を行うことを許してしまっているからである。事実、ギルドフォードのギャングはロンドンのレストランを爆破した後、追跡されて、ついに逮捕された。彼らは、警察官から逃れようとして、一人が撃たれて倒れ、ついに、ロンドンの高級住宅街であるバルコム通り（Balcombe Street）にある、退職したカップルのフラットに逃げ込んだ。1911年にもっと貧しいシドニー通りで起こったのと同じような包囲事件が、もう一件起こったのである。今度は、ギャングスターと渡り合うウィンストン・チャーチルはいなかった。内務大臣は、すべての判断を警察に委ねた。これは賢明な判断であった。警察は、結局、籠城した者と話をつけて銃撃をすることなく、その者達が出てくるようにした。IRAのすべてのメンバーと同様、彼らは警察に協力することを拒むか、裁判所を認めることを拒否したが、彼らはこの機会を捉えて、ギルドフォードの爆弾事件で、

---

16) Robert Kee, Trial and Error (Penguin Books Ltd, 1989)

犯人ではない者が犯人として有罪判決を言い渡されていることを警察に話した。警察は彼らの言うことを信ぜず、イギリスの刑事裁判制度をばかげたものにみせるためのプロパガンダの策略に過ぎないと考えた。何年も後になって、彼らの弁護人が、訴追側が彼らにアリバイがあることを示す供述を秘密にしていたことを発見した後に、釈放された。

　1974年のギルドフォードとバーミンガムの爆弾事件に対する政府の対処は、新たな立法を大急ぎで通すことであり、法案を48時間で議会を通過させた。この前後の時間が、法律の制定が実際な可能な迅速な時間の限界である。政府はこれを1974年テロ予防法（時限法）(the Prevention of Terrorism (Temporary Provisions) Act 1974) と呼んだ。この呼称がよく知られている。1920年代から1960年代まで有効であった北アイルランド立法と同様、この法律は一時的なもの（時限立法）であった。テロリズムがイギリス社会の永続的な特徴であることを誰も受け入れたくはなかったからである。第一に、議会はこの法律を6ヶ月ごとに更新しなければならなかった。次に、1976年にこの法律は変更され、更新は1年に一度となった。1984年には、この更新年限は5年に延長された。そして、1989年には、この更新条項の定める更新期限はついに撤廃された。このテロ予防法は永久（常置）のものとなった。だが、妥協の精神は依然として旺盛である。なぜなら、1989年版のテロ予防法は、この法律の実施状況についての議会の審査に付すために年次報告を毎年行うものとし、必要な改正勧告を行うものとした。

　1974年法は、イギリス法の長期にわたって存続する法の一部となったが、その内容は何だろうか。House of Commons（下院）にこの法律を提出するにあたり、内務大臣は、次のように述べた。「この法律の定める権限は極めて厳しい内容を持つものです。その権限のいくつかを併せて用いると、その権限は平時には前例のないものとなります[17]」。我々のよく知るテーマがそこにある。それは十分に予測できたものである。第一に、IRA（これは正式IRAとこれに対

---

17)　Hansard, 29 November 1974

抗する暫定IRAの両方を含む）は、UKに置いては「禁止された」組織となり、したがって、IRAの構成員となること、IRAの構成員であったと主張すること、IRAのために金銭を集めることIRAに金銭を与えること、又は、IRAを支持する集会を組織すること又はかかる集会で演説することは犯罪となる。この法律は、また、合理的に考えると、IRAの構成員であったと解される何かを、公共の場所で身に付けたり携帯することを犯罪としている。これらのすべての措置は、IRAに関係すること（association）に向けられたものである。

　1974年法はコントロールするためのメカニズムとしても利用された。戒厳はないが、排除命令はあり、名指された個人がイギリス本土に入ることを犯罪とした。この対処方法は、テロリストとして知られている者をアイルランドに閉じこめ、このトラブルをアイルランド内に閉じこめておく意図であることは明らかである。だが、内務大臣には、UK市民ではない、イギリスでの在住が20年未満の者を、誰であれ、イギリスから国外追放にする権限も与えている。内務大臣が、北アイルランド以外の地域での出来事を理由にすることができないが、北アイルランドでの出来事に関連するテロリズム行為を予防するために、追放が必要であると思料する場合には、内務大臣は、その者をイギリス（Britain）から追放することができる権限が与えられた。テロリズムの定義は、前年の1973年に議会を通過した北アイルランド法と同じであり、政治的な目的を達成するために暴力を利用すること、である。

　もう一つのコントロール・メカニズムが拘禁（身柄拘束）である。警察は、大英国から追放できると思料されている者を逮捕した場合、その者を7日間身柄拘束でき、その間に、内務大臣が追放するか否かを判断する。実務上は、この拘禁は、3週間かそれ以上延長されることがしばしばあり、この間にこの判断に対する異議申立てがなされる[18]。

　最後に、イギリスに出入りする旅行者を同様の方法で身柄拘束することができ、その間に、その者のテロリズムへの関与の有無を判断することができる。

---

18) Albert O'Rave, Guardian, December 23, 1974

さて、この一連の法律は、個人の自由の保護を重視した運動をしてきている人々から多くの怒りを買っている。非常に尊敬されているイギリスのバリスタであり、作家である、ジェフリー・ロバートソン QC（Queen's Counsel 勅選弁護士）は、これを、「市民の自由に関して存在するイギリス法のブラックホールである」と呼んだ[19]。この法律が議会による審査を経る「度に」、議論の両側からたくさんのレトリックと荘厳で印象的な言い回しが使われるのが常である。例えば、1988 年にロンドン市長（Lord Mayor of London）が年次晩餐会でのスピーチで、マーガレット・サッチャー首相（the Prime Minister Margaret Thatcher）は、「確かに、これらの措置は自由を制約するものです。しかし、爆弾と銃を使って生きる道を選択する者と、彼らを支持する者は、いかなる場合でも、他の皆が持つ権利と同じ権利を持つことはできないのです。……なぜならば、テロリズムに対する闘いでは、我々は決して屈しないからです。」と述べた。このスピーチは、第二次世界大戦の最も暗い時代に、ウィンストン・チャーチルが行うスピーチで期待したのとちょうど同じ類のものだとみることができるであろう。

　したがって、この法律は、我々の周りを飛び回っているダーク・フォース（暗黒の力）に対するための真実の強力な剣のように使われることを我々は期待しているのかもしれない。そうであるのかどうか、統計をチェックしてみよう。1984 年から最終時を 1999 年テロ予防法（時限立法）(the Prevention Of Terrorism (Temporary Provisions) Acts in 1999) とする時までの 15 年間をみてみよう。この期間、偶然ではあるが、私の長男の生涯と多かれ少なかれ一致している。彼は 1990 年に生まれ、本日話している短い歴史では、第四世代になる。1984 年から 1999 年の間に、それ以前の各世代で起こってきたように、テロリストの残虐行為はイギリス（Britain）で起こり続けた。1984 年に、サーチャー首相は、IRA による爆弾事件のためブライトン（Brighton）のホテルに閉じこめられた。ブライトンのこのホテルはイギリスの南の海岸にあり、ここで彼女

---

19) *Freedom, the Individual and the Law,* 7th edition, Penguin Books, 2001

と彼女の内閣メンバーの多くが党会議のために集まっていたのである。1988年には、大量謀殺事件が起こりイギリスの新たな歴史が作られた。つまり、パンナムのジャンボジェットがスコットランドのロッカビー (Lockerbie) の町の上空で爆発し、落下して、すべての家々は全壊した。1989年には、IRA は軍の音楽学校を爆弾で破壊し、10人を殺害した。1991年には、ダウニング通り (Downing Street) 10番地の庭で内閣の会議が開かれているときに、マシンガンによる銃撃があった。1992年には、ロンドンのシティ（金融街）の金融地区で大規模な爆弾事件が起こった。1993年と1996年には、ウォーリントン (Warrington) とマンチェスター (Manchester) の、人々で混雑していたショッピング・モールで爆弾事件があった。テロリズムに関して、これは穏やかな時代ではなかった。この時期にテロ予防法はどのように使われたのだろうか。

この15年間に、多くの者がテロ予防法に定める犯罪で起訴され、その数は、ちょうど、10,021人を上回るに過ぎない。これらのうちの4分の1は不起訴処分となり、有罪と認定されたのは71人に過ぎない。このうち55人は、空港で質問されたときに協力しなかった罪で訴追されたに過ぎない。したがって、彼らは、攻撃的である旅行者であるに過ぎず、それよりももっと邪悪な者ではなかったとみることもできるであろう。12人は、イギリスからの追放命令が有効な間にイギリスに戻ろうとした者である。3人はテロリストに金員を与えたとの理由で有罪とされ、1人は、15年間で初めて、テロに関する情報を開示しなかったとの理由で有罪とされた。

そして、これらのテロリズムの予防を狙った法律により有罪とされた者にどのような刑が科されたのだろうか。この法律は、私の父の時代には、むち打ちの刑や死刑も言い渡せる権限が含まれていた。71人は有罪とされたが、そのうち7人は全く処罰されず、41人は罰金刑が言い渡されただけであり、刑務所に送られたのは21人にすぎず、そのうち17人は1年以下の収監刑であり、5年以上の収監刑に処された者は誰もいなかった。

このような結果になるのは当然のことであった。対テロリズム法は、実際に何かをすることをねらったものではないからである。われわれには、テロリス

トを扱うのに十分過ぎるほどの豊富で完全に良好な刑事法がある。人々が謀殺を犯した場合には、謀殺でその者を有罪とする。爆弾を作れば、その者を爆発物所持罪で有罪とする。テロリストが用いる暴力は他の犯罪に当たる暴力と同じであり、したがって、同一の法律を用いることができる。対テロリズム特別法は、有罪をさらに生み出すことや危険な人々を拘禁する（lock up）ことをねらっているのではない。それは既にできている。対テロリスト法は、大部分、政府が公衆に、何かがなされているということを示して、再度安心させることを助けるためのものである。ジェフリー・ロバートソン QC は、「対テロリズム法が、テロリズムを減少させるのを助けたという主張がまじめになされたことは未だかつてない。」[20]と主張している。彼の主張は正しい。彼はさらに、極端にも、（具体的には）IRA に、自分たちが各新法によって抑止されたことはないことを証明するようにし向け、減少とは全く逆の結果を達成したとさえいえるかもしれない、と示唆してさえいる。この主張が正しいかどうかはさておき、数世代に亙るパタンをみると、反テロリスト法は、大部分、現に起こった出来事への政府の繰り返しなされた「反応（re-action）」であることは疑いがなく、他方、テロリストに対して行われるほとんどすべての法的活動は、通常の日常的な刑事関係の法律を使って行われてきたのである。

　さて、歴史的に粗く素描した概要を頭に入れて、今世紀に入って以来、今日まで、過去 5 年かそこらの間に UK で起こった出来事について触れよう。
　まず、アイルランドの政治に端を発する攻撃を比較的受けない時期があった。1988 年以来、IRA の公式政策は、暴力を通してその目的を実現するというよりもむしろ、伝統的政治的なチャネルを通して目的を実現するというものである。そして、起こってきている出来事は、小規模の反乱グループにより引き起こされているものである。武器を置く（decommissioning weapons）ことに関してこれまで進展がみられたことは多分ご存じであろう。その結果、ベルフ

---

20) *Freedom, the Individual and the Law,* 7th edition, Penguin Books, 2001

ァーストは明るく、愉快で、豊かな都市になった。代わって、焦点は、他の種類の脅威へと移った。とりわけ、もちろん、これは、中東の政治に端を発する攻撃である。

その結果、イギリス（Britain）は、緊急状況に対処する時限立法を定めるふりをするという古いパタンを捨て、北アイルランドとイギリス本土について別個の法律を定めるという対処の仕方から離れる道を選んで来ている。これに代えて、我々は、アイルランド人によるものであれ、国内のものであれ、国際的なものであれ、あらゆる種類のテロリズムに適用される恒久的な法律を採用する道を「選択している」。暴力によって憤激を表す行為に突然対処するという、かつて採られていた方法ではなく、計画に基づいて、熟慮してイギリスのテロリズムに関する法の法典化がなされた。これが、2000年対テロリズム法（the Terrorism Act 2000）である。

2000年テロ法のたいていの側面はよく知られている。新たに導入されたのは、警察と政治家の判断が、誰か独立の者によって審査を受けることができる方法をイギリスが定めた点である。例えば、これまで、内務大臣は、世界のどこにある組織であれ、イギリスで違法とされるリストを作ることが「依然」できるが、新法では、このリストに入れられた組織に、そのリストに掲げられていることについて異議を申立てることができる手続が初めて定められ、この異議申立てについて、政治家ではなく、独立の委員会[21]が聴聞手続を開くこととなった。テロリストであるとの「合理的な嫌疑（reasonable suspicion）」に基づいて警察はその嫌疑がある者を以前と同様に身柄拘束することができるが、この時間は48時間に限定され、その時間を延長するには、内務大臣ではなく、裁判官の承認がなければならないこととなった。これは、国際条約上の義務が影響を強めてきていることを示している。特に欧州人権条約とストラスブルクの欧州人権裁判所の判断の影響である。たいていのヨーロッパ人は、この条約

---

21) The Proscribed Organisation Appeals Commission, created by section5 of the Terrorism Act, 2000

と欧州人権裁判所の役割をはっきりとは知らない。私は、日本人の聴衆がこの点を理解しているかどうかもよく判らない。欧州人権条約と欧州人権裁判所の判断が2000年対テロリズム法にどのように影響を与えたかについて一例を挙げよう。

欧州人権条約のある条項は、刑事法上の犯罪で訴追された者は、公正な刑事裁判手続に従って有罪と認定されるまで、無罪と推定されなければならないと定める[22]。挙証責任は検察官にある。欧州人権条約に署名することにより、署名国は、自国の法がこの原理を遵守することを約束する。だが、かつてのテロリズム予防法で定める犯罪の中には、ある特定の防御について被告人に挙証責任を課し、その抗弁を利用するかどうかを被告人に委ねた規定があった。例えば、テロリズムと関連して使われるとの合理的な疑いを生ぜしめる状況で、ある物を所持していたとして起訴された場合、その物は、その所持がテロリストの活動には当たらない何かのためのものであるという理由を被告人が自分の側で証明して防御することができる。この場合、挙証責任は被告人の側にあり、これが、欧州人権条約違反であるとすれば、欧州人権裁判所は、この犯罪で訴追された者の側に有利な判断を下して、UKに損害賠償を命ずることができることになる。

2000年対テロリズム法（the Terrorism Act 2000）は、欧州人権条約との抵触を避けるために、特別規定23条を定めている。同条は、挙証責任がそのような方法で被告人に課される場合には、その挙証責任は非常に軽いものであることを示している。被告人はこの争点があることを示す十分な証拠を示させばなければならないが、それで足り、その争点を証明する責任は負わない。被告人がこの争点があることを示せば、挙証責任は検察官に戻り、検察官は、被告人が提出した点について、それを否定する証明を行わなければならないことになる。このシステムがあるので、2000年対テロリズム法は欧州人権条約に合致し適法であることになる。そして、この方法の方が、実務的な観点からすれ

---

[22] Article 6 (2)

ば、以前の立法よりも、もっと役立つように思われる。旧対テロリズム法では、15年間の間に、旧対テロリズム法により犯罪で訴追された者は100人に過ぎないことを覚えておられるだろうか。2000年対テロリズム法制定後の最初の5年間で、起訴された者の数は、既にこれを上回っているのである。

しかし、2000年テロ法施行後、数ヶ月が経過する間に、2機の飛行機がワールド・トレード・センターに突っ込み、テロリズムについての感じ方・見方は完全に変わってしまった。イギリス政府の反応は、我々がこれまで見てきたパタンに完全に合致するものであった。つまり、イギリスは、2001年反テロリズム、犯罪及び安全保障法 (the Anti-Terrorism, Crime and Security Act 2001) という新法を制定したのである。この法律の規定は、飛行機でビルに突っ込むのを止めることとは何の関係もない。そのような行為を犯罪として処罰する犯罪規定を我々は既に数多く有している。この2001年法は、イギリス市民が他国で贈賄し、腐敗行為を行う犯罪や、テロリズムのための武器として毒薬を利用する行為に対処するためのものである。この法律は、公務員が既にずっと前から準備してきたものである。この法律が、September 11 (9月11日) の戦慄に対処するものでないとしたら、他の法案と同様に、議会による審議待ちの行列に加えられ、審議をされるまでかなりの日時を要することになった法律である。だが、飛行機がビルに衝突して、公衆は、政府が行動を取るのをみることが必要であったので、その特定の法案が突然待ち行列の先頭に躍り出たのであるが、この法律は、実際に起こったこととは関連がない。

そして、これは政府にとりトラブルであることを意味する。急いで制定された2001年法で、テロリズムで疑われている者に直接的な影響を及ぼす部分の一部は、第四部 (Part 4) と呼ばれる部分であり、この部分は、特別の強制収容がそっと忍び寄るのを許したものである。新法を作るためにイギリス政府は、欧州人権条約の第5条と、市民及び政治的権利に関する国連条約 (B条約) (the United Nations' International Covenant on Civil and Political Rights) 第9条から「逸脱」しなければならなかった。この両者は、裁判なくして収監されることはないと約束している。強制収容 (internment) は、特別の種類の収容であり、

強制収容の規定は、イギリスの一般的な人々に適用することはできない。国際犯罪を犯したという理由によるか、情報機関の示唆するところによれば、国家の安全にとり脅威となるという理由かのいずれかで、UKでの保護（asylum）を拒否された外国人に、その適用が限定されている。当然のことながら、強制収容（internment）の理由を基礎づける証拠は、高度にセンシティヴな（国家機密に関わる）ものであり、通常の刑事裁判所では全く証拠に許容されないものであることもしばしばある。2001年法が成立して2、3日以内に、8人が身柄を拘束され、その次の数ヶ月間に亘り、その逮捕者の数は16人にふくれ上がった。彼らは全員、重警備のジェイルに拘束され、そこでの収容時間が経過するにつれて、精神の病を患い始めるにいたったという状況となった。この者を拘束する内務長官の判断の合法性に意義を申し立てる長い一連の聴聞が開かれた。詳細については述べるのを控えるが、ついに、2004年の12月に、UKの最上位の裁判所である、貴族院の司法委員会（the Judicial Committee of the House of Lords）は、2001年法の第四部は違法である、なぜならば、その第四部は、外国人を差別しているからであり、強制収容はその個人が及ぼしている脅威に比し、均衡を失していることが明らかだからである、と判示した[23]。

そこで、テロリスト自身によって犯された言語同断な行為に対処するためというよりも、この裁判所の裁判に対処するために、新たなテロリスト法が必要となった。政府の反応は、その身柄拘束された者を釈放するというものであったが、他方、2005年テロリズム予防法（a new Prevention of terrorism Act 2005）を新たに成立させた。この法律は内務大臣がテロリストとして名指された個人に「コントロール命令」（統制命令）と呼ぶ措置を講じて制約を課すことができる権限を与えている。もちろん、この統制命令は、差別を避けるに、外国人にはもちろん、UKの国民にも適用されなければならない。統制命令の内容は、居住場所、旅行が許される場所、外出が許される時間、利用することができる電話サービスとインターネット・サービス、関係を持つ（associate）ことができ

---

23) A and others v Secretary of State for the Home Department [2004] UKHL 56

る相手方などについて条件を課すというものである。したがって、これは個人の自由に対する非常に強力な干渉となる。政府はこの措置は軟禁（house arrest）ではない[24]、なぜならばこの表現は我々全員が受け入れられないとした全体主義体制で用いられていた種類の措置を思い起こさせるからだ、と主張したが、中身をみてその違いが「正確に言って」どこにあるのかを理解するのは難しい。これらの命令を裁判所が審査する制度があるが、政府によって秘密扱いの証拠が諜報機関により提出される間は、ほとんど常に法廷は非公開とされなければならず、身柄を拘束された者の利益を裁判所で弁護する「特別弁護人」の制度がなければならないが、特別言語人は、弁護している人の聴聞で起こった詳細を報じることはできない。この統制命令は12ヶ月まで続き、それを超える場合には更新されなければならない。政府は、この命令は合法であり、この命令は、ヨーロッパ人権協約と国連の国際条約に従っていると信じている。そのうちに、この点について解決するべく訴訟が起きるのは疑いがない。

　そして、つい最近のニュースは、もう一つの新たな立法をイギリス議会で通過させようとする動きが現在あることである。2005年7月にロンドンで、ひどい2組の攻撃があり、これはイスラム過激派によるものであることが明らかである。そして、伝統に従って、政府は新たな法を、議会を通過させなければならなかった。この対テロリズム法案は、2005年の10月に議会に提出されたが、警察に容疑者を告発（起訴）せずに90日まで身柄拘束する権限を与える提案を含んでいたため、直ちに問題視されることになった。90日と言うと、3ヶ月又は1年の4分の1と言うよりも、怖いと思う程度が幾分少ないだろう。だが、House of Commonsでは、理論上、大多数を占めているにもかかわらず、政府は法案を通過させることができなかった。それは、内部の反乱ためである。そして、拘束の上限を28日とすることとなった。これをみると、急

---

24) Home Office website, The Facts about Control Orders

いで制定される法律は、通常は無益な法律であることを議会は知り始めたかのようである。

　法律家として一つの望みを持つことが許されるとするならば、それは、テロリズムを他の犯罪と同じように扱うということに我々が同意することである。イギリスでは、不誠実な財産取得の罪 (offences of dishonesty)[25]をについて定める一つの主要な犯罪があり、この犯罪は1968年以来大部分変化がない。イギリスのホミサイド（人の死を惹起する犯罪）に関する立法は1956年以来重要な変更はない。大規模な銀行強盗かひどい謀殺があった場合、政府は新たな法律を制定する必要があるとは感じない。政府は、その者を捕捉し、裁判所に引致する任務を、警察に委ねるのである。

　セフト (theft) 及び謀殺と同様、テロリズムは常に我々と共にある。それは文明化された社会のリスクである。我々が必要とする方について、冷静に、体系的に考えて、永続する簡素な法典を作り出そうではないか。

(2006年2月13日)

---

25)　The Theft Act, 1968

2 重大組織犯罪に対するイギリスの対応[1]

John Wagstaff
訳・中野目 善則

I はじめに

　昨日のセミナーでは歴史についての考察が多くを占めたが、本日はまだ完全に施行されるには至っていない、2005年重大組織犯罪及び警察法（The Serious Organised Crime and Police Act 2005）について話します[2]。これは昨日説明した長い伝統の一部をなし、警察組織を再編することによって新しい犯罪の発展に対処しようとするものです。（以下は文語体で記述）。

　20世紀になり、イギリスは新たに登場してきた犯罪に対処しなければなら

---

1) The British Response to Serious Organized Crime
　British（イギリス）の意義については、第3章1「1880年から2006年までのテロリズムに対するイギリスの対応」註1を参照。
2) 本講演が行われたのは2006年2月であり、この時点での記述は以下のとおりであるが、その後SOCAが実際に稼働している。だが、その後のキャメロン首相の率いる連合政権の誕生後、UKではSOCAについて組織改編が行われ、より大きな組織である犯罪庁（National Crime Agency）にSOCAが吸収されるとのことであるが、この組織（犯罪庁）は他の部局を統合した、より大きな組織となるものの、SOCAの機能はそのまま維持されるであろうとのコメントをWagstaff先生より寄せていただいた。最近のSFOに関する動向については、後註11参照。したがって、本講演での講演内容は、現時点で、古くなり昔の歴史に関する記述となったというわけではない。（訳者）

なくなった。イギリスの警察は、伝統的な犯罪者を扱う技術には長けていた。伝統的な犯罪者とは、自分のためだけに働くか小さなグループですぐに金を得るために働く者達であり、これらの者は、犯罪後に、それにより得た金をすぐに使ってしまったり、報復や個人的な満足を目的に行われる犯罪のようなタイプの犯罪者である。この種の地方の犯罪は、謀殺や高額の強盗などの犯罪の場合でも、その取扱のために、警察は十分に対処できる組織となっていた。新たな類型の犯罪は、次の3点で顕著な特徴がある。

1) 管轄領域を超えて犯罪が行われること。警察の管轄を越え、国境を越えて犯罪が行われる。多くの者が犯罪に関係し、組織を守るために、小さな細胞に分けて全体が組織化されていることがしばしばあること。

2) 一定の時点で行われるのではなく、一定期間に亙って、行われること。ある犯罪で得た利益が次の犯罪のために使われ、犯罪が正当なビジネスであるかのように、商業の原理が(犯罪に)適用され始めたこと。

3) だが、同時に、この犯罪は、正当なビジネスの世界から次々と別のところに金を引き出し、また、課税と歳入からも逃れていること。

II 「重大組織犯罪」の定義

イギリスの「重大組織犯罪 (Serious Organized Crime)」の定義には次の3要素がある。

「相当多額の収益の獲得を目的として、重大な犯罪行為を継続的に行い、その拠点がUKにあるか、それ以外ところにあるかを問わない。」

この定義はイギリス国家刑事情報サービス (NCIS—National Criminal Intelligence Service) と「もう一歩先に」[3]と題する内務省 (Home Office) の政策白書

---

3) One Step Ahead–A 21st Century Strategy to Defeat Organised Crime, Home

で用いられている定義である。この白書で、この変化がまず公にされ、現在、この定義が、2005年重大組織犯罪及び警察法（Serious Organised Crime and Police Act 2005）でも採用されている。

 3つの部分からなる戦略
 政策白書はどのようにして重大組織犯罪に対処したのだろうか。重大な組織犯罪に対処するための政府の政策は次の3要素からなる。
(1) 犯罪による収益を得る機会を減少させること、
   ・犯罪業体（criminal enterprise）が取引する商品とサービスの需要を減らすこと。
   ・組織犯罪により攻撃を受ける私的及び公的なビジネスの脆弱性を減少させること、
(2) 次の方法を利用して、犯罪ビジネスとそのマーケットを破壊すること
   ・規制
   ・課税
   ・財政的な損失の回復権限
   ・マネー・ロンダリング取締法
(3) 犯罪の危険を増大させること
   ・犯罪組織のリーダーの訴追
   ・証拠法の改善
   ・警察組織の再編

 新法（2005年重大組織犯罪及び警察法（The Serious Organised Crime and Police Act 2005））が、この3原理をどのようにして実行に移そうとしているのかをみてみよう。まず、この新法以前のイギリス警察組織について素描して、この新法で対処しようとした課題を理解できるようにしようと思う。

　Office, Cm 6167, 2004.

Ⅲ　現在の警察制度

　2005 年重大組織犯罪及び警察法にいう「重大」且つ「組織的」ではない、通常の犯罪について行われる警察活動から始めることにする。この点で、イギリスの警察制度は、イギリスでは過去、200 年以上に亘って発展したのであり、1954 年以来、日本で採用されているのと類似の制度に結実した。かつては、イギリスの警察は、非常にローカルなものであった。ほぼすべての町が自分の小さな警察を持ち、地方自治体 (local council) がそれを運営し、それぞれの町の周りにある田舎はまた別個の別の警察を持つ、という状況であった。警察の質と正直さには多様なバラツキがみられた。大規模な問題に対処するためには、兵隊の利用が必要だった。昨日触れたように、イギリスで最強で、最良の訓練を受けたロンドンの警察自体でさえも、1911 年のシドニー通りの包囲事件でアナキストに対処するためには軍のライフルで武装した兵に頼らなければならなかった。第二次大戦後、多くの町 (town) と郊外 (country) が合併し、今日みるような群 (カウンティ) に基礎を置く制度となった。カウンティは日本の「県」とほぼ同じ規模である。イングランドとウェールズを合わせると、日本の警察と同じ数の 43 の警察がある。一つの警察が北アイルランド全体を管轄下に置いており、これは、ちょうど、北海道警察に相当する。スコットランドは、非常に人口が少ないが、広大な地域をカヴァー警察は 5 つに過ぎない。2、3 の都市は非常に大きいため、自分で警察を持ち効率的に運営している。マンチェスターとバーミンガムは大阪府や京都府のような府に相当する。ロンドンは特別な大都市警察（ロンドン警視庁）を有し、ここは、昨日言及した対テロ班のような特別の技術と経験を有すると認められている警察であり、必要な場合には、他の警察部隊とこの技術と経験を共有することができる。

　これらの地方警察が遭遇する大部分の犯罪は、それぞれの管轄区域下で行われる。日本でも同様であろうと思う。たいていの犯罪は、犯罪者の居住地から数キロ以内で起こる。だが、とりわけ、1950 年代以降、犯罪者は自動車の増

加に伴い、もっと移動するようになり、犯罪者の家からさらに遠く離れたところで多くの犯罪が犯されるようになった。犯罪者の逮捕と訴追に関する限りは、たいていの犯罪について警察が持つ権限は、その特定の警察の管轄地域に限定されていないので、問題はない。警察官であればイギリスのどこでも逮捕権があり、どこでも訴追できる。速度違反とかゴミの投げ捨て行為というような、最も軽微な犯罪の場合だけ、その地方で扱われなければならない。

　したがって、問題は、警察権限にあるのではなく、警察の知識と装備にある。犯罪者に関する情報を警察間で共有することは遙かに難しかった。警察は、互いに尊敬せず、信用していないことが常だったからである。他の警察が捜査しているのに、それを知らずに、警察活動が行われているところに足を踏み入れて、何ヶ月にも亙る注意深い監視が水泡に帰すことも多くあった。日本でも同じことが時々起こったのではないかと思う。電子工学時代の幕開けの時に、各警察は近隣の警察と相談せずに独自のコンピュータシステムを購入し、互換性を欠き、情報の交換が容易ではないという事態も生じた。無線装置についても同様で、波長が同一ではなく、情報の共有が難しかった。

　比較的小さな規模の警察の場合には、その地域で突発的に発生する重大犯罪に備えてそれに対処するのに必要な人員を確保しておくことは難しかった。マーケット・タウンで銀行強盗が強盗団によって計画されているということを小さな警察が知った場合、その強盗団を24時間監視下において、強盗を防いで安全を確保するのに十分な警察官を見つけることはできたが、その結果、その地域での通常の警察活動（policing）を行うことは全くできなくなるかもしれない。同様のことが、例えば、子供の連続謀殺という重大事件が突然起きた場合に生ずる。このような場合、近隣の警察が応援を出してきたのが常であるが、これは、最良の解決とはいえない。

　そこで、イギリスは、重大犯罪に対処するための試みを1970年代から始め、地域犯罪捜査班（Regional Crime Squad）の実験を開始した。これは、5人から10人からなる警察官のグループであり、その地域全体の重大犯罪を扱う、常置の犯罪捜査部（Criminal Investigation Department）に、人員と装備の点で寄与

するねらいがあった。地域犯罪捜査班は、犯罪よりも犯罪者に焦点を当てて活動した。犯罪の発生を待って犯罪者を発見するというのではなく、彼らが担当する地域で「標的となる犯罪者」と見なされるリスト——これは計画された主要な犯罪の背後にいると考えられる人を指す——を作り、その者を監視して、その犯罪者が次に何をするかに関する新情報を聞く活動を行った。この犯罪組織者がその犯罪と結びついていることを確実に示す証拠が十分に得られるまで待って、追跡する活動を続け、証拠が十分に得られた段階に至って初めてこれらの者を逮捕した。

Ⅳ　地域犯罪捜査班のスキャンダル

アイディアとしては地域犯罪捜査班（Regional Crime Squad）はよいものだったが、まずいことが起こり、この犯罪捜査班は何十年にも亙ってその悪影響が及ぶ、最悪の警察不祥事の一つとなる事態を引き起こした。何が起こったのか。この不祥事は、最も規模が大きく最も強力な活動を行っていた犯罪捜査班で起こった。ロンドンの周辺に本拠地を置く南東地域犯罪捜査班（South East Regional Crime Squad）と、バーミンガム周辺に本拠地のある、西部内陸地域重大犯罪捜査班（West Midlands Serious Crime Squad）がそれである。ここでおこったことは、情報収集・分析に中心を置く警察活動に関係する二つの最大の危険を非常によく具体的に示している。

第一のスキャンダルは、私が居住し働いている西部内陸地域（West Midlands）で起こり、裁判所を直撃した。多くの重大事件の有罪がCourt of Appealで破棄された。だが、ここではただ一人の例を集中的に取りあげよう。それは、ケイス・ミッチェル（Keith Twitchell）の事件である。刑事事件誤判審査委員会（the Criminal Cases Review Commission）の私の同僚の作業によりこの事件が裁判所で審理されることになったのは、2000年である[4]が、事件自体は1982年2

---

4)　R v Twitchell [2000] 1 Cr. App. R. 373

月に起こった。

　Keith Twitchell は、ある晩パーティに行き、朝の2時になるまでガールフレンドのところに戻らなかった。彼の話によれば、翌日遅く眠り、10時30分頃に起きたが、その家を出発したのは11時45分であり、自家用車の古いアルファ・ロメオに乗って、食料調達に街角の店に向かった。驚いたことに、武装した警察車両に衝突されて、強盗で逮捕され、すぐに、警察署に連行された。

　彼の知らなかったことだが、彼が起床する前に、ある工場に賃金を輸送中の護衛付車両（van）が襲われて、輸送に当たっていた警備員の一人が至近距離から銃身を切りつめたショットガンで射殺された。警察標識をつけない、警察無線もない、通常の車両に乗車していた二人の刑事がたまたまその場を通りかかり、その強盗犯の乗った車両を追跡したところ、犬のレース場の駐車場で止まり、その車両に乗車していた者らが、分かれて、別の違う方向に向かった。警察官らは、その金袋の入った車両のところにとどまる選択をして、その車両を追跡した。その車両は、高速道路をバーミンガムに向かって走り、スパゲッティ・ジャンクションとして知られる複雑な高速道路交差点で衝突した。警察官は、この車両に乗っていた二人の強盗を逮捕した。この頃までには、他の警察にも緊急事態が知れるところとなり、他の強盗犯の捜索がなされた。Twitchell 氏が向かった店は、たまたま強盗犯が車を乗り換えた駐車場に近く、彼が強力なパワーの自動車に乗っており、前科があったことを理由に逮捕された。

　ここまでは問題はない。事実、地方の制服警察官はよい仕事をした。だが、警備員が死亡し、少なくとも6人の銀行強盗犯人が関係し、多額の金が盗まれていることから、この事件は、西部内陸部重大犯罪捜査班（West Midlands Serious Crime Squad）に引き渡され、ここからトラブルが始まった。

　最初、この RCS 地区犯罪捜査班は、Twitchell 氏の服を脱がせた。火器の所持の有無を確認し、繊維その他の証拠の痕跡を採取する必要があるので、これは意味のあることである。だが、着る物を何も与えなかった。尋問中裸にされたままだった。逮捕された日の晩に依然として裸のままで、小さな部屋で8人

の警察官に取り囲まれ、手錠で椅子につながれ、頭にプラスチックの袋をかぶせられ、息ができないほどにきつく袋の紐が締められた。尋問中、時々、袋が取り除かれたが、否認するとまたそのバッグをかぶせられるということが行われて、彼は窒息死することをおそれて自白に署名することに同意した。

彼はこのように違法・不当な取り扱いを受けたことを公判で述べ、強盗が起きたときにまだベッドで寝ていたという最初の説明を述べたが、1982年に、陪審は、警察が自白採取のために拷問を利用したことを信ぜず、彼は有罪とされた。上訴しようとしたが、上訴審も信用せず、収監されて、1993年に釈放された。

Twitchell氏が刑期を終えて釈放され数ヶ月が経った1994年、彼は、自分が逮捕された数週間後、全く異なる犯罪で逮捕されたある男が、民事訴訟で西部内陸部警察 (West Midlands Police) を訴えて勝訴を勝ち取り、相当多額の損害賠償を得たことを新聞で知った。この男は、自分に起こったことと同じ方法で拷問を受けたことを High Court (高等法院) の裁判官の満足行くように証明して勝訴した。この男はついに、Court of Appeals (控訴院) で有罪の破棄判決も得た[5]。

刑事誤判審査委員会がこの事件を担当することとなり、両方の事件で同じ警察官の何人かが関与していたことがすぐに判明し、1990年代にこれらの警察官が容疑者の尋問での供述調書作成方法について虚偽の供述をするなどの、職務規律に関する規則に違反する様々な犯罪で有罪を認定されていることも判明した。Twitchell氏の裁判の後になされた、有罪判決に対する一連の上訴が成功し、そこで、これらの警察官の証言の信用性が否定されていた[6]。そこで、Twitchell氏の事件が2000年に再度の Court of Appeal の審理を受けることと

---

5) R v Treadaway (unreported) 18 November 1996, CA
6) For example (all unreported but referred to in R v Twitchell), Cheetham, 30 July 1991, Hare, 19 May 1992, Horobin and Wilcox, 7 April 1993, Lindo, 11 October 1993 Hinds, 2 December 1993, Williams and Smith, 20 January 1994, Meads, 26 January 1996, Hickey and others, 30 July 1997

なった。Court of Appeal は、次のような、うんざりする言葉でその判決を始めている。

「今は解体された、西部内陸部重大犯罪捜査犯（West Midlands Serious Crime Squad）の嘆かわしい歴史から生じたもう一つの上訴について当裁判所が審理することとなった。1980 年代の間、この捜査班のかなり多くの警察官が（この中にはかなり上の階級（very senior rank）にまで上り詰めた者もいる）言語道断な振る舞いをし、とりわけ、拷問に至る事件もあったという、非常に不適切な方法を用いて自白を採取した。」と判示した。

西部内陸部重大犯罪捜査班（West Midlands Serious Crime Squad）で起こったと思われることを分析してみると、日常の警察活動の現実から離れた活動を行っていたことで、何か特別のことをしている、通常の警察官よりも何かよいことをしているという信念から生じたカルチャーに染まってしまった、ということがいえるように思われる。彼らは、自分たちは非常に重要なことをしており、自分たちが扱っている容疑者は非常に邪悪な者であり、自白を得るためにはどのような方法でも用いることができると信じ始めたのである。この点がこの班の作業が持つ主要な危険の一つである。

他の危険は第二の事件でよく示されている。この事件も 1990 年代に西部内陸部（West Midlands）のスキャンダルが広く知られ始めたときに起こった事件である。南東地区犯罪捜査班（South East Regional Crime Squad。以下 SERCS という）が管轄するロンドン地区でこの事件は起こった。この SERCS の中に薬物犯罪捜査を扱う警察官のグループがあった。

この薬物犯罪捜査班のオフィサーの一人は刑事クラーク巡査であり[7]、彼は、薬物取引の世界で非常に質の良い情報源を持っていた。この情報源は、エヴリン・フレックリィ（Evelyn Fleckney）という名の女性であり、後に、薬物卸の

---

7) この事件に関する私の説明は、the Court of Appeal's judgment in R v Clark and others [2001] EWCA Crim 975 によっている。

世界で管理取締役（managing director）、と呼ばれ、買い手と売り手の橋渡しをして、輸入を担当する者から販売者まで、薬物取引に関わるすべての者を知っており、この女性はすばらしく良い情報提供者であった。刑事クラーク巡査（Detective Constable Clark）にたくさんの詳細な情報を提供し、彼は、多くの犯罪者を逮捕し、多くの者が有罪を宣告された。彼らは非常に成功した関係にあった。

事実、少しばかりあまりに成功しすぎた関係にあった。1991 年に、Evelyn Fleckney が公式に情報提供者として登録されたすぐ後に、この二人は情交関係を始めた。1991 年 9 月に、ケントの田舎に 100 キロのカンナビスが飛行機から投下された。それを警察はそれを予想していた。警察はこれを押収し、この密輸に関係した者を逮捕した。正確な押収量については誰も知らなかった。というのは、投下されたカンナビスの一部は警察署には届かなかったからである。刑事クラーク巡査が、数本の棒状のカンナビス樹脂を持って Evelyn Fleckney の家に現れ、託送されたものの「残り」だといって、これを自分のために販売するように求め、彼女はそれを売って、それぞれのカンナビスの棒につき 400-500 ポンド（£400-£500）を得て、その金を刑事クラークと分けた。したがって、刑事クラーク巡査と彼女は、密輸を理由に訴追する根拠となっている密輸品の薬物の一部をイギリスの薬物市場に流していたことになる。

一度ならず、その行為が繰りかえされた。悲しいことだが、SERCS の警察官が、薬物の窃盗と販売、容疑者の仕業と見せかけるために証拠の品を容疑者のところに置いた行為、又は犯罪が行われたのにそれを無視する見返りに金銭を受理した行為で訴追された[8]。もちろん、警察官を腐敗と虚偽事実の申告を理由に訴追が始まれば、これらの者が提出した証拠が根拠となって有罪が言い渡された者は誤判の被害者であるということになる。不正直であるという理由で証人を訴追すれば、その証人の証言に依拠することはできなくなる。

---

8) See, for example, R v Murphy & Pope [2004] EWCA Crim 2787, R v Fleckney & Smith[2002]EWCA Crim 992

したがって、情報の収集・分析をし、それを使って捜査を進める警察活動（intelligence-led policing）の第一の危険は、専門家から成る班のメンバーが、訴追を成功させるためには、どんな方法でも用いることができると信じ始めたことにあったとするならば、第二の大きな危険は、捜査担当の警察官が情報源にあまりに密接に関係しすぎたことにある。彼らは好き勝手に行動しはじめ、自分独自の行為基準を採用し始めたのである。警察の誠実さは損なわれ、逮捕されたその警察官の提出したその証拠は信用が置けないという理由で、刑務所に収容された悪者が釈放されなければならないこととなった。

V 全国犯罪情報サービスと全国犯罪捜査班の創設

この二つの主要な危険に対処するために、イギリスは1990年代に二つの機関を新たに創設した。この二つの機関とも、議会の法律によって創設されたものであり、全国的に適用されるものである。この点で、地域犯罪捜査班（Regional Crime Squad）とは異なっている。後者は、近隣の警察が地域で発生する問題に対処するための組織であり、議会の法律によって創設されたものではない。

全国犯罪情報サービス（National Criminal Intelligence Service – NCIS）は、情報収集・分析を重視し、それによる警察活動を行う（intelligence-led policing）ことを狙った新機関である。1992年に実験的に開始され、同年に創設された。NCISの任務は、主要な犯罪者についての情報収集、その情報の分析、その情報がその情報を必要とする警察官に確実に到達するようにすることにある。常に、全国犯罪情報サービス（National Criminal Intelligence Service）の頭文字であるNCISとして知られ、EN-SISS（エンシス）と発音する。

NCISには主要な二つの部署に分かれる。第一が国際部であり、ここでは、インターポールからイギリスに渡される情報を一手に引き受けるとともに、世界中の警察の情報部と協同作業もする。薬物の密輸に関する情報の共有が特に重視されているが、武器の取引とテロリズムも高度の優先順位にあるものと位

置づけられている。

　次に司令部がUK内外から情報を集め、分析して、経済犯罪、薬物犯罪、誘拐及び脅迫犯罪、サッカーに関わる暴力、ペドフェリア犯罪、等のカテゴリーに分ける。この情報が5人の地域担当官に渡され、この情報を受理した5人は、担当地区の警察と協働して、犯罪に対処するためにその情報を実際的に使う。NCISは逮捕とか手入れを自ら行うことはない。その役割は専ら、データを情報に変え、情報を行動に変換することにある。

　1990年代に創設されたこの二つの機関のうちの第二の機関である全国犯罪捜査犯（National Crime Squad）がこの活動のほとんどを行う。（振り返ってみると、同じような頭文字のこの二つの機関を創設したのは少し誤っていたと思う。一方はエンシス（EN-SISS）と発音し、他方はエン・シー・エス（EN SEE ESS）と発音することに鑑みるとそうである。だが、完全な世界はない。）　全国犯罪捜査犯（NCS）は9つの地域犯罪捜査班（RCS）を廃止して、1997年に創設された。RCSのいくつかは1980年代にあまりに多くのトラブルを引き起こしたため、それらを統合して、全国を管轄する単一の組織が創られた。それがNCSである。RCSと比較すると、この新組織の良い点はどこにあるのだろうか。まず、NCSは、地域の警察組織間の非公式な配置ではなく、議会の法律である1997年警察法によって創設された機関である。その結果、NCSには適切な財政上の基礎を有すること、つまり、内務省がその財源の提供源であり、特別のサービス局（Service Authority）が金銭の使途について監査し、財源の使途が適正であることを確かなものとする責任を負い、また、NCSに明確な目標を設定し、その効率を測定して、毎年、公式報告書を議会に提出し、議会がそれを審査することとなっている。一つの明確な指揮命令系統があり、一人の局長が発生したすべての事柄に責任を負い、7、8人の警察署長がいて、すべての者が責任を回避できるシステムではない。地域犯罪捜査班（Regional Crime Squad）は、警察査察官（Her Majesty's Inspectorate of Constabulary）による監督下にあるのか否かが明らかではなかった[9]。警察査察官（Her Majesty's Inspectorate of Constabulary）は、警察の活動の質と警察活動の運用について公衆に報告する義務を負うが、警察査察

官（Her Majesty's Inspectorate of Constabulary）は、個々の警察官に目を向けるため、非常に多くの地域警察から警察官が集まって創られた地方犯罪捜査班（RCS）を扱う場合、何をなすべきなのかを知ることがほとんどできなかった。だが、1997年警察法は、この新制度である全国犯罪捜査班（NCS）を、警察査察官（Her Majesty's Inspectorate of Constabulary）の監督下に置き、監督が十分に行われるようにした。イギリス全体を中央で統制する制度が定められたことで、関係するすべての者が確実に身につけるべき専門家として最良の態度と基準を示すことが遙かに容易になった。そして、全国犯罪捜査班（NCS）が使う装備と書類作成作業は全国で統一され、警察官はUK中を移動でき、常に、他の同僚と確実に意志の疎通をはかることができ、監視に用いられる記載様式は同一で、テープ録音とビデオカメラを常に同じく扱えることとなり、情報の共有が可能となった。この全国捜査班に参加する警察官は、依然として通常の警察から出向するが、彼らはヴォランティアであり、全国犯罪捜査班への所属期間は5年にとどまるので、不健全な班としてのカルチャー（squad culture）を発展させる機会は遙かに少ない。また、全国犯罪捜査班（NCS）に参加する際には、セキュリティ上問題がないかどうか、チェックを受ける。つまり、犯罪者と家族としての関係や性的な関係があるか、又は、多額の負債、アルコール依存、若しくはその他の信用を落とすことになると思料される理由があれば、全国犯罪捜査班（NCS）には受け入れられないことになる。

　これは大きな成功を収めた。そのことに疑いはない。年次報告書[10]をみると、NCSは毎週、主要な犯罪業態（criminal enterprise）を毎週一つ解体させたことが示されている。押収した薬物は、末端価格に換算すると、おおざっぱに言って、全国犯罪捜査班（NCS）を運営するのに必要とされるコストに相当する、150万ポンドから200万ポンドである。毎年、「核をなす標的」として知られる、最上層部の犯罪のリーダーが約50人逮捕され、「現在の標的」として

---

9) HMIC website
10) NCS website

知られる、それに次ぐランクの者が約 500 人逮捕されている。

だが、全国犯罪情報サービス（NCIS）も全国犯罪捜査局（NCS）も、2006 年年 4 月 1 日をもって廃止される予定である。本日のメインの議題である立法、すなわち、2005 年重大組織犯罪及び警察法（the Serious Organized Crime and Police Act 2005（略称 SOCAPA））[11] が新たに発効するからである。

VI　重大組織犯罪対策局（SOCA）

SOCAPA の主要目的は、新組織（SOCA）を創設して、NCIS と NCS の両方を置き換え、他の機能も組み込むことにある。この新組織は、重大組織犯罪対策局（Serious Organized Crime Agency (SOCA)）[12] と呼ばれる。この法律では、他

---

11)　The text of the Act is available at www.homeoffice.gov.uk
12)　SOCA については次の web サイトを参照。http://www.soca.gov.uk/。本報告後、次のような重要な変化があるが、SOCA の機能は維持されるとのことである。

　重大組織犯罪対策局（SOCA）の全機能は、2013 年度の終わりまでには、おそらく、より大きな新組織である全国犯罪庁（National Crime Agency）に取って代わられることになる。これは名称の変更のみであり、法律に変更はなく、スタッフも同じである。これは複数の機関を統合して費用を節約することを意図したものであるのにとどまる。もちろん、費用の節約を意図した試み全てにみられるように、費用がより多くかかるという結果に終わる場合もある。

　新庁は、犯罪及び裁判所法（案）により、2013 年に開始される予定であり、児童搾取及びオンライン保護センター（the Child Exploitation and Online Protection Centre）、全国警察活動改善局（the National Policing Improvement Agency）、UK 国境管理局（the UK Border Agency）の一部、サイバー犯罪捜査部、テロ対策部等と SOCA を統合した組織となり、この単一組織の下で、組織犯罪、国境警備、経済犯罪、児童搾取、サイバー犯罪、テロ犯罪などへの対処がなされ、各部局間の能力、専門性、資産及び情報収集・分析が、新庁の部局間において共有され、各命令が一つの単一組織の一部として機能し、内務大臣に責任を負う上級 Chief Constable の率いる、犯罪対策のための強力な新組織となるとのことであり、この新組織は、組織犯罪の活動を止めるために適切な活動を行い、調整し、適切な行動が確実になされるようにするとのことである。この新組織 NCA については、http://homeoffice.gov.uk/crime/nca/ を参照。

の事項についても多く定めおり、それは、よいものも、ばかげたものもあるが、まず、この新組織に注意を集中しよう。

　NCISとNCSは2006年4月1日にSOCAができることで、単純に消滅するというのではない。両者に勤務する者は、3月31日までにしていたのと同じ仕事を、4月1日にも引き続いてするのであり、勤務するビルも机も同じである。変わるのは、二つの旧組織が新たに創設されるSOCAの、異なる下部組織になるということである。したがって、組織犯罪に関係する情報収集・分析と組織犯罪を攻撃する作戦上の手段の両方に、一人の総局長（Director General）が責任を持つ単一の組織が創設されることとなる。これは意味のあることである。SOCAは歳入部局と関税部局（Her Majesty's Revenue and Customs）を傘下に収めることになる。この二つの部局は、現在、海岸線と空港を警備して（違法薬物のような）禁制品及びアルコールとタバコのような輸入に何らかの関税の支払いが必要な物品の密輸がなされないように対処している機関である。これは賢明なことである。これまでに、税関作戦と警察の作戦との間で争いが起こることがこれまでよくあったので、それを解消することができるからである。

　議会が定めたSOCAの機能は明確なものである[13]。
　　重大組織犯罪の予防と発見・摘発
　　重大組織犯罪を減少させること。
　　重大組織犯罪のもたらす結果を減少させること。

　ここで再び情報収集・分析と情報に力点が置かれている。この法律ではSOCAの任務を次のように定める。
　　情報の収集
　　情報の蓄積

---

13)　Section 2 (1) SOCAPA 2005

情報の分析、及び

SOCAの機能に関連する情報を発信して行き渡らせること[14]。

　毎年、SOCAは年次計画を策定し、来るべき年度の優先順位を特定する[15]。次に、その達成目標を定め、その年次計画の実現に成功したか否かを測定できるようにする[16]。毎年度の終わりには、年次報告を提出して、達成目標を達成するためにしたことを公衆に報告し、議会の認めた予算の執行状況についても示さなければならない[17]。これらはすべて、地方犯罪捜査班（RCS）の運営方法とは非常に異なるものである。地方犯罪捜査班では、自分たちだけで運営することが許されていた。

　SOCAは孤立した機関ではない。SOCAは警察及びその他の法執行機関と協働するという考え方に立ち、それを奨励している。SOCAが警察に助力を求め、また、警察がSOCAに助力を求めることを新法は認める[18]。新法では、もし、他の法執行機関が協力を渋る場合には、内務大臣が他の法執行機関にSOCAと協働するように「命ずる」ことを認める[19]。新法は、SOCAが警察の建物又は装備を使用することを認め、内務大臣は、この使用に関する交渉の進展が遅いと判断する場合、使用許可を命ずることができる[20]。SOCAは使用に係るコストの支払い義務があるが、そのコスト額に争いがあれば、内務大臣がその額を決める。

　SOCAは、当然のことながら、独自のスタッフを持ち、大部分、現在NCISとNCSで働く人々から成る。これは警察官と民間人（civilian）の混成部隊であ

---

14)　Section 3 SOCAPA 2005
15)　Section 6 SOCAPA 2005
16)　Section 4 (2) (c) SOCAPA 2005
17)　Section 7 SOCAPA 2005
18)　Section 23 SOCAPA 2005
19)　Section 24 SOCAPA 2005
20)　Section 26 SOCAPA 2005

る。興味を引くのは、SOCA の総局長（Director General）が、警察巡査（police constable）の権限を、そのスタッフのメンバーが適切な訓練を経ていることを条件に、付与する権限があることである[21]。したがって、イギリスでは、初めて、情報分析の作業をする民間人に、逮捕権、捜索権、さらには必要な場合の発砲権が与えられることになる。これほど劇的ではないが、劣らず重要なのは、SOCA の被用者である民間人に、税関吏又は移民係官と同じ権限を付与することができる点である。今までのように専門が分かれたままなのか、それとも、SOCA のスタッフが、責任を持つ異なる領域を動き回って、必要な能力・資格を持つ者をすべて集めることができることになるのかは、興味のあるところである。いずれにせよ、SOCA のスタッフが民間人のメンバーの場合であれ、特定の作戦のために一時的に警察からの出向してきた者の場合であれ、新法では、SOCA が、スタッフメンバーの不法な行為又はそれらの者の行為から生じた民事・行政上の責任について、すべて責任を持つこととなることを新法は明らかにしている[22]。

また、この新法では、法執行のあり方が変化してきていることを認め、共同捜査チームに関する特別規定を定めて[23]、SOCA は、イギリス及び他国の他の機関と作戦の際にルーティーンに協働するものとされている。

VII 税関の情報収集機関でのスキャンダルの例

ここで、SOCAPA の規定を示して説明するのを一時中断して、イギリスの税関の情報収集制度を見舞った最近の大きな災難について触れよう。これにより、政府が、歳入及び税関庁（Her Majesty's Revenue and Customs）から、特定の業務を SOCA に確実に移されるようにすることに政府がかくも熱心であった理由が説明できる。これは泳がせ捜査（controlled delivery）に関わる。

---

21) Section 43 SOCAPA 2005
22) Sections 28 and 50 SOCAPA 2005
23) sections 30 and 51 SOCAPA 2005

過去数ヶ月の間に、イギリスの Court of Appeals は、UK に入ってくる「薬物の泳がせ捜査 (controlled delivery)」に関係したいくつかの事件[24]を判断しなければならなかった。各国が、きっと同様の方法を使っていると思う。泳がせ捜査は、次のような方法で行われる「べき」ものである。コケインやヘロインの生産国の一つで、ある不幸な者が、薬物の販売者 (ディーラー) から圧力をかけられて、飛行機でイギリスへの運び屋となるように求められ、断れば家族が危害を加えられるなどの脅しをかけられ、他方、同意すれば、逮捕されて訴追される危険がある等状況に立たされた場合を想定してみよう。彼が賢明であれば、当局に秘密裡に接近し、自分が置かれている状況について説明することになる。通常、彼は、イギリスの薬物連絡係官 (British Drug Liaison Officers) と接触することになる。この連絡官は、イギリス大使館付であり、税関 (Her Majesty's Customs) と協働して作業する。この係官は、彼に、その共謀を実行するふりをして行動することを許し、その共謀に「参加する情報提供者」にし、他方で、実際には、その薬物が、市中に出回ることがないように、注意深い監視の下に、泳がせ捜査として、イギリスに運び込まれることになる。税関の係官はその運び屋が UK に到着するときに何が起こるかをみることになる。税関の係官らは、この密輸入作戦のイギリスでの終点を形成する者を逮捕するのである。完全な世界では、その薬物の製造国では同時にその薬物の生産者に対する手入れが行われ、一撃で犯罪業体 (criminal enterprise) 全体が壊滅させられる。もちろん、この運び屋は依然として何らかの危険に晒されている。彼が情報提供者であることは明らかであり、法廷で検察側に有利な証拠を提出することになることも十分にあり得るからである。だが、彼は保護を与えられ、かかる事態に二度と関与する必要がなくなる。

だが、1990 年代にはパキスタンとアフガニスタンの国境の地域は荒野の無法地帯であり、泳がせ捜査はうまくいかない虞が生じ始めていた。次のような

---

24) この説明は、大部分、R v Choudhery and others [2005] EWCA Crim 1788, [2005] All ER (D) 39 (Jul) 事件での、the Court of Appeal の判決によっている。

ことがされていたと思われる。国境の地域の丘で芥子を栽培し、そこからヘロインを生産している生産者が、ペシュワールとイスラマバードにはイギリスの薬物担当連絡官がおりこの者が高額の対価を情報提供者に払ってイギリスに送られる薬物の託送に関する情報を得ていることを聞いたにちがいないことである。事実、税管の係官はイギリスの薬物の卸売り者がヘロインの対価として支払うのとほぼ同額の支払をする用意を整えていた。そうしているうちに、薬物担当連絡官は、泳がせ捜査を組織化して行えば行うほど、イギリスで出回るヘロインは少なくなり、統計上、イギリスにいる上司には、薬物取締の成績が上がったと映ることになる。そして、いつも通りにこの過程が開始され、ヘロインの生産者がヘロインを携えた配下の者を密使としてイギリス大使館に送りそこで、薬物連絡官がそれを買い、この密使が生産者に金を払う。税関がその薬物をイギリスに安全に運ぶ手はずを整え、この過程で誰も逮捕はされない。そして、ヘロインの生産者が、イギリスにいる重要でない誰かに電話して、──これは、必要であれば圧力をかけることができる親戚がパキスタンにいる者である方がよいが、──ロンドン、マンチェスター又はバーミンガムで、その密使からその薬物を集める手はずを整える。イギリスでは税関の係官がその買い手を麻薬密輸入に関与した罪で訴追し、別の密輸組織の活動は未然に防がれることになるが、パキスタンではヘロインの生産者には何もなされず、パキスタンの麻薬取締の当局への通報もされないか、又は芥子が栽培されている危険地帯で警察が効果的な警察作戦を行うのは実際的ではないとされ、いずれにせよ、2、3ヶ月後に、同一の生産者が同じ密使をペシャワールに送りし、この者がイギリスの税関係官に薬物を売るための別の託送の手配をし、これとは別の、ロンドンにいる貧しいパキスタン人のウェイターが身代を作る機会が廻ってきたと考えて、この活動に関わるが、実際には、関係している全ての者によってこの者は使い捨てとして使われている。ヘロインの純度が落ちてこのプロセスの全体がますます疑わしくなる。これは、供給者が、販売過程がすべて監視下にあることを知っていることを窺わせる。イギリスの Court of Appeal は、10 年後に（このような）すべての事実が明らかになったとき、この活動を許さ

なかった。イギリス法では、犯罪に加わる情報提供者が実際の犯罪にどの程度関与することができるのかについて、厳格な限界があり、特に、情報提供者はまず、犯罪業体（the whole enterprise）を作り出すことを許されていない。

そのため、税関は、新聞により、過去数ヶ月間、酷評されてきた。税関の係官の中には薬物の窃盗又は司法妨害で逮捕された者もいる。薬物密輸に対する訴追は、本当のことが明らかになるにつれて、2、3年前から崩壊し始めた。事態を悪化させたのは、UKの中でさえも、租税捕脱に関する事件で、税関が情報提供者の利用方法について誤りを犯したことが明らかになったことである[25]。ここでも、情報収集・分析に中心を置く法執行活動は、最も高い専門家倫理基準・行動基準があらゆるレベルで維持されていなければ、不法な訴追に至る重大な危険があることを示している。このような事件があって、これらの事件の訴追に責任を負う税関の法務部から、その権限が剥奪され、アターニー・ジェネラルに報告義務を負う独立の機関に移された[26]。現在、2005年重大組織犯罪及び警察法（SOCAPA）により、税関の調査部の権限は、新設される重大組織犯罪捜査局（Serious Organised Crime Agency）に引き継がれ、その一部を構成することになる。

Ⅷ 捜査官の尋問への返答の法的義務づけ

SOCAPAに話を戻そう。重大組織犯罪捜査局（SOCA）の創設は、同法が導入しようとした唯一のことでは決してない。長きに亙り、イギリス法は、法的

---

25) For example, R v Early and others[2002]EWCA Crim 1904, or R v McIlfatrick [2005] EWCA Crim 693

26) ゴゥワー・ハモンド（Gower Hammond）による事件の点検・審査及びバターフィールド報告書（the Butterfield report）を踏まえて、2003年7月5日、アターニー・ジェネラルが House of Lords（貴族院）で行った声明。Attorney General's statement to the House of Lords on 15 July 2003, the Gower Hammond Review 及び the Butterfield report は全て www.lslo.gov.uk/procrev で閲覧可能である。

義務づけ (compulsion (強要)) によって入手した証拠を検察官が使用することを阻止してきた。一方では、文明化された社会では、Twitchell氏が経験した、プラスチックの袋をかぶせられるというような拷問により得られた証拠を国家が使用することは許されるべきでないのは明らかである[27]。だが、別のこれほどひどくはない事例でどのように扱われることになるのかは明らかではない。例えば、イギリスで破産を申請した場合、その申請者は債権者から取り立ての対象とならないように隠した資産がないことを確かめるための質問を係官から受け、申請者はこの質問に答える義務がある。この質問に答えず、口座通帳を提出しなければ処罰される。だが、この同じ者が警察により詐欺にかかる不正行為 (fraud) で訴追されていた場合、おそらくはこの者は自分の商売が立ちゆかなくなろうとしていると知っているときにお金を借りた場合、この者が、破産関係の係官に既にした返答を彼に不利益な証拠として利用できるのだろうか。イギリス法では、使用できない、としている[28]。警察は彼を再度尋問しなければならず、ここでは、彼はこの質問に答えることを義務づけられていない。ヨーロッパ人権裁判所は、自己に不利益な証拠の提出を法的に義務づけられるべきではない (should not be compelled) と判示している[29]。

　イギリス政府は、いずれにせよ、重大組織犯罪に関しては、この立場に満足しておらず、2005年のこの法律を使ってこの種の証拠を入手してそれを法廷で適法に利用するためのメカニズムを創設した。この手続は次のように働く。犯罪の捜査がなされ、捜査官は特定の者が彼らの捜査を助ける情報を有していると疑っている。彼は容疑者かも知れないし、証人に過ぎないかも知れない。捜査官はこの者に書面で告知して、警察署又はその他の場所への出頭を求め、質問に答えるか又は文書を提出するように求める[30]。彼が協力を拒むか虚偽若

---

27) 前註参照。
28) ヨーロッパの裁判所 (the European Court) の判決とイギリス法の相互作用については R v Lyons and others [2001] EWCA 2860 で議論されている。
29) Saunders v UK (1996) 23 EHRR 313
30) Section 62 SOCAPA 2005

しくは誤導する情報を提供すれば、彼は収監刑を科されることになる[31]。この申請者がその文書を渡さなければ、捜査官は、捜査官の求めるものを発見するために、その者の家屋に赴き捜索することができる[32]。この新権限には、ある限界がある。まず、この権限は、一定の重大犯罪の捜査にのみ適用され、これらは全て犯罪の財政的側面（financial side）に関係する[33]。テロリストのための資金獲得行為、租税逋脱、虚偽会計報告、マネー・ローンダリング等の犯罪がそれである。この新権限は、例えば、弁護士がその依頼者に与える助言のような、裁判所が証人に証言又は証拠の提出を法的に義務づけることができない情報については適用されない[34]。

　だが、自己に不利益な証拠を強制的に提出させることは許されないというヨーロッパ裁判所の判示をイギリス政府はどのようにして回避するのだろうか。同法第65条は、この手続によりなされた供述はその供述をした証人に不利益な証拠として利用することができないが、但し、その者が既にした供述に矛盾する証拠を法廷で提出した場合にはこの限りではない、と定める。そこで、この者の供述を、裁判所の手続において虚偽の証拠を提出した犯罪（偽証罪）で訴追するために利用することが「できる」。いずれにせよ、彼は捕まえられることになる。捜査官の質問に答えなければ収監刑を受けることになるが彼が返答した場合には、一旦裁判所に召還されたら、同じ説明を維持しなければならないか、又は、防御のために何も言わないという選択をしなければならないことになる。遅かれ早かれ、ヨーロッパ人権裁判所は、このSOCAPAのこの部分がヨーロッパ人権条約に適合しているのか否かを判断するように求められることになるが、今回、イギリス政府は、この法律の正しさを主張する十分なことをしていると思う。

---

31) Section 67 SOCAPA 2005
32) Section 66 SOCAPA 2005
33) Section 61 SOCAPA 2005
34) Section 64 SOCAPA 2005

IX 刑事免責

重大犯罪に関する有用な情報を持っているのは、通常、犯罪者であり、警察にこの犯罪を教えれば自分も長期の収監刑を言い渡される虞がある。おそらく、たいていの情報は、自分が刑務所に行くことになることを知っている人々から得られ、自分が警察を助ければ、自分に刑を言い渡す裁判官が、提供した捜査への協力を認め、より短い収監刑を言い渡してくれると期待して、警察に協力する、と仮定しよう。だが、SOCAPA 以前は、イギリスで本当に訴追を免除されるのは（刑事免責を受けられるのは）、10歳以下の児童と外交官だけであった[35]。

今や、SOCAPA は、犯罪者が共犯者に不利な情報を提供することを奨励するための法的枠組みを創設しようとしている。訴追側からは犯罪者が受け取る最良の申し出は、「immunity notice（刑事免責の告知）」と呼ばれるものである[36]。これは、その告知を受ける特定の犯罪者に、イングランド及びウェールズでその者に如何なる不利益な手続も取られることはない、犯罪名又はおそらくは犯罪のリスト（一覧）を示すものである。この告知は、この告知が発せられた後に行われた新たな犯罪に適用されないことは明らかである。そして、検事総長（Director of Public Prosecutions）は、この告知に条件を付与することができ、この条件違反があれば、その犯罪者は結局、刑事責任を問わることになる。したがって、その例としては、例えば、その（刑事免責の）合意内容について報道機関に話してはならないという条件が付される場合、特定の住所に赴

---

35) 実際、既に、訴追免責（刑事免責）を定める条文が一つだけ存在した。そこでは違法なビジネス・カルテルに関係する訴追に相当程度協力した場合に訴追免除を定めていた。(s. 190 (4) Enterprise Act 2002)。だが、この条文の存在を知る法律家はほとんどなく、標準的な教科書でも取り上げられてさえいない。

36) Section 71 SOCAPA 2005

きそこに居住しなければならないとの条件が付される場合、又は火器を絶対に所持してはならないという条件が付される場合などがあろう。

役立つ情報と引き替えに与えられると推測される、次の最良のオファーに、「証拠の使途についての限定の約束（restricted use undertaking）」がある[37]。刑事免責とは異なり、告知の中で具体的に示した証拠を、その犯罪者の訴追で不利益に使用しないという約束がこれである。その結果、逮捕時に被告人が警察官に暴行を加えたとか、犯罪者が犯罪によって得た利得の一部をスイスの銀行口座に隠匿したなどの情報が量刑裁判官の耳に届かないことになる場合もある。

さらに、訴追側がこのいずれにも同意しない場合でも、犯罪者はなお、協力を考慮してなされる減刑（reduction in sentence）を期待することができる。通常は、裁判官が刑を宣告するときにこの減刑がなされ[38]、その場合には、裁判官は減刑と減刑がない場合の完全な量刑の両者を述べなければならない。だが、量刑後に減刑がなされる場合もある[39]。この場合には、検察官は、その事件を同一の裁判官による減刑手続のために戻して減刑処理がなされる。その犯罪者が訴追側を助けることは明らかなように見え、減刑がなされたが、その後に、警察が騙され、その犯罪者の提供したものは全て価値のないものであったことを警察が発見した場合にはどうなるのか。そのような場合にはその事件は、その裁判官に戻され、その裁判官が刑を重くすることができる。おそらくは、その裁判官が、協力がないとした場合に言渡したであろう刑で、刑の程度が重くなるであろう[40]。

X 証人保護

現在、情報提供者になること又は共同被告人（共犯者）に不利益な証拠の提

---

37) Section 72 SOCAPA 2005
38) Section 73 SOCAPA 2005
39) Section 74 SOCAPA 2005
40) Section 74 (2) (a) SOCAPA 2005

供を奨励しようとするならば、この情報提供者を、その者の残りの生涯待ち受けているであろう不可避的報復から確実に保護する責任がある。かかる証人が保護されないで放置されれば、彼らはあまり長くは生きながらえることができないことになるかもしれない。このような場合、警察は、「保護証人（保護を受けるべき証人）」として対処することを提案する場合がある。その証人自身が犯罪者である場合には、通常の刑務所ではなく、ロンドンの証人保護特別ユニット（a Special Protected Witness Unit in London）に収容し、その間、保護されている全ての証人は、公式には、同じ名字の Bloggs（ブロッグス）という名で知られ、他の全ての Blogggs から区別するために番号を付与される。したがって、Bloggs 16（ブロッグス 16 号）として刑の執行を受け、新しい名前で釈放され、新しい身分証明書を与えられ、誰も彼の顔を知らない町で家賃の安いブロックで小さな住居（フラット）を与えられることになろう。これまで、このようなやり方は、意義のあることであり実際にも機能しているので、慣例と実務事項として行われてきたが、今や、重大組織犯罪及び警察法（SOCAPA）では、この実務を法律に定めることとなった[41]。このことは、政府にこの制度を改善する機会を与えることとなった。例えば、今や、公共の機関は全て証人に保護を提供する過程を援助する義務を負う[42]。したがって、例えば、警察は、地方公共団体（local town council）は、保護を受ける証人に住む場所を提供し又はおそらくは職を提供することもしなければならないと主張することができる。このことを行うには、非常にデリケートな交渉が求められることが明らかである。とりわけ、秘密保持の必要があり、それが維持されなければならない。おそらくは、それが、同法で、保護を受ける証人の身元に関する情報又はその証人の面倒をみるためになされた手配（arrangements）に関する情報の開示を犯罪として定めるという厳格な対処をしている理由である[43]。

　保護を受ける証人はおそらくは警察に有利な証拠を提出する犯罪者であると

---

41)　Sections 82-94 SOCAPA 2005
42)　Section 85 SOCAPA 2005
43)　Sections 86-90 SOCAPA 2005

想定してきたが、SOCAPA の規定は、実際には、「保護を受ける証人」について定めるのではなく、「保護を受ける『人』(protected persons)」について定めており、したがって、犯罪者よりもずっと広い範囲の人がこれに含まれることになり[44]、刑事手続に関与したために保護する必要がある人も含まれることになる。証人だけではなく、陪審の構成員、裁判官及びマジストレイト、検察官、警察官及び刑務官もこれに含まれ、おそらくは、多くの銀行を通して洗浄された薬物金銭を追跡する仕事をしてきた不幸な会計士もこれに含まれることになろう。これらの人々とその家族は保護を与えられるべき必要があり、今や、SOCAPA はこのことを行うメカニズムを提供しているのである。だが、このことを実際に行うには、困難がないわけではない。証人がより良いライフスタイルと自分及び家族のための新しい身元 (identity) を得るために、証拠を捏造する用意があったのか否かについて法廷で議論がなされることは疑いがなく、その証人の提供する証拠を評価する際には、その可能性を考慮に入れることはできるが、その評価は不公正なものであってはならない。

XI　通信傍受により得られた証拠

　この点がこの法律 (SOCAPA) で定められていないのは、驚くきである。政府が重大組織犯罪に対するイギリスの対処を改善するためになされるべき変化について考え始めたときに[45]なされた示唆の一つは、訴追側が少なくとも、特に電話による通話及び emails (E メイル) でのコミュニケイションの傍受により得られた証拠を法廷で利用することが許されるようにすべきであるというものであった。

　現在イギリスの裁判所では、通信傍受によって得た証拠の利用が禁止されているが、なぜなのか、私には謎である。通信の傍受を規定する法律は、2000

---

44)　Schedule 5 SOCAPA 2005

45)　One Step Ahead-A 21st Century Strategy to Defeat Organised Crime Cm 6167, March 2004, which can be found on www.homeoffice.gov.uk

年警察権限規制法（Regulation of Investigatory Powers Act 2000）である[46]が、同法は、警察が傍受したメッセージを情報の収集・分析と捜査目的でのみ利用することを許している。その目的達成後は、そのテープ又はその録取書は破棄されなければならず、これについての質問は一切許されない。私が働いている組織である誤判審査委員会（the Criminal Cases Review Commission）が、有罪が十分な根拠に基づくものか否かを評価しようとして、犯罪者間のそれらの者に不利益となるあらゆる種類の会話を聞いたのであり、それに照らせばその者が有罪であることにはわずかの疑いもない、と主張する警察官に話をすることがしばしばあるが、これらの警察官は陪審にこれらの証拠については一切話すことを許されておらず、もちろん、彼らが実際に起こった会話だと彼らが我々に告げる会話の証拠は現在何も残されていないのである。仮にその証拠が依然として残っていたとしても、その警察官はそれを我々に示すことを認められていないのである。この法律は変更されるべきである。政府も、国際的にみてこの立場は異例であることを気づいているようである。

2004年に彼らは、

「国際的にみてこの事態は異常である。証拠としての利用が禁止されるか否かは、現在、首相の委託を受けた内務省により検討されている。」

と述べた[47]。だが、この変化について法律家からのかなりの支持がある[48]に

---

46) RIPA（Regulation of Investigatory Powers Act 2000）は2000年10月2日に施行された。同法はIOCA（Interception of Communications Act 1985）を廃止した。IOCAの第9条はRIPAの17条により取って代わられた。したがって、2000年10月2日以降の公判においては、裁判所はIOCAではなく、RIPAを適用しなければならない。たとえ、犯罪と傍受がIRPAの発行前に生じたものであってもRIPAが適用される。これについては、Attorney General's Rference (No. 5 of 2002) [2004] UKHL 40と呼ばれるHouse of Lordsの判断をみよ。ここに、1930年以来の電話傍受に関する法律の歴史が示されている。

47) One Step Ahead (above) paragraph 6.2.2 on page 44

48) 例えば、次のものをみよ。For example, Guy Mansfield, Chairman of the Bar Council in a press release, 18 February 2005, Professor Conor Gearty of the London School of Economics in London Review of Books Vol 27 No 6, 17 March 2005, and

もかかわらず、この検討による変化は生じていない[49]。

このことは、一般に、イギリスの、秘密裡に行われる監視についての古風な趣をもつアプローチと関係があろう。秘密の監視についての別の歴史についてここで触れよう。1985 年まで、電話と郵便サービスが国家による独占形態で行われていた時代でさえ、国家が、市民のコミュニュケイションを、それが如何なる形のものであれ、傍受することは完全に禁止されているというのがイギリスの公式の立場であった。電話を傍受する唯一の適法な方法は、内務大臣の署名した令状を入手することであり、この令状は重大犯罪又は国家の安全を保護するために必要とされる場合にのみ発付されるものであった。

だが、実際には、1960 年代から 1970 年代を通して、警察とセキュリティ・サービス（公安機関（MI 5））が、標的とする犯罪者を監視し、例えば、労働組合のリーダー又は核兵器の反対運動者などの、国家に取って脅威であると彼らがみる者の通信をモニターするために、違法な電話通信傍受が常時行われてい

Anthony Arlidge QC in a Sweet & Maxwell press release, 28 June 2005

49) UK では、公衆電話回線を利用した会話の傍受が適法とされるのは、会話当事者の同意がある場合か又は内務省の令状を入手した場合のみである。ホテル、大学などの私的制度内での通話の傍受については、私的制度の管理者が傍受許可を与えることができる。公衆回線での電話傍受には、RIPA が適用され、この通話に関する証拠又は傍受の証拠を刑事裁判の法廷で利用することは、完全に阻止される。その通話が、電話回線の私的部分に関する適法な傍受により得られた場合には、その証拠は公判で利用することができる。警察が他国で傍受した通話については、RIPA では定めていないので、その証拠は、他の録音と同じく許容性が認められる。法が複雑に過ぎる点については誰もが認めているところである。

他方、上記の点は、電話の請求書から得られた証拠には全く影響を与えない。したがって、訴追側はしばしば、テキスト・メッセージの場合であるか声によるメッセージの場合であるかを問わず、架電された電話番号、その日時及びその通話の通話時間に関する証拠を利用している。麻薬の密輸入の共謀（conspiracy）又は強盗の共謀（の訴追）は、しばしばこの種の証拠で支えられている。これには RIPA は全く適用されない。

テロリズムの事件での、電話の傍受により得た証拠の利用に関する議会の資料として、http://www.parliament.uk/briefing-papers/SN05249 を参照。

るのではないかという噂が非常に根強くあり、左翼の首相であったハロルド・ウィルソン首相でさえも、電話傍受により彼を困惑させ彼を辞職に追い込むために使える情報を探そうと、自分の電話はすべて傍受されていると確信していたほどである。

　だが、これは情報収集を目的としたものにすぎなかった。誰も傍受した通信内容を法廷で使いたいとは望まなかった。誰も通信傍受が実際に行われていることを認めたくなかったからである。次に、イギリスにおける法的発展の多くがそうであるように、ヨーロッパ人権裁判所の判決でマローン事件[50]の判断が下されて変化が促進されることとなった。

　マローン氏は古物商であり、ロンドンの南東部の小高い丘にある Dorkin（ドーキン）と呼ばれる、豊かで小綺麗な小さな町に住んでいたが、彼のことが、南東地区地域犯罪捜査班（the South East Regional Crime Squad）の管轄地域であった。1977年にマローン氏は、この地域の高級住宅での様々な住居侵入盗で盗まれた骨董品を収受したとの罪で起訴された。最初の公判で彼は公訴事実の一部につき無罪とされたが、その余の公訴事実について陪審が評決に達しなかったため、この評決不能の訴因について再度の審理を受けたが、再度陪審は合意に達しなかった。しまいには、訴追側は、有罪獲得に成功することは決してないことを悟り、三度目の公判で証拠を提出しなかった。したがって、マローン氏は如何なる犯罪でも有罪を言い渡されることはなかった。

　だが、最初の公判の間に、この班の警察官の一人のノートに、マローン氏の電話の会話を含む電話の会話の記録が記載されていることが判った。このノートは、マローン氏が疑わしいことを確認し、彼の電話は彼が逮捕される何年も前から傍受されていたことを示していた。マローン氏は、手紙は開封され、再度粘着テープで封をされており、使用されたテープは同じブランドのものであったと述べた。マローン氏は、また、逮捕されたときに、彼が電話をかけた最

---

50)　Malone v UK (1985) 7 EHRR 14

近の 20 人の住所（住居）を警察はたまたま捜索しており、これは、彼が電話した相手の電話番号を記録する装置を彼らが持っていることを示唆している、と述べた。(携帯電話の時代にあっては忘れがちなことであるが、1977 年当時 Dorkin は依然として機械式電話交換機を利用していた。) これら全てのことが訴追側により否定された。マローン氏は警察をプライヴァシー侵害を理由に提訴しようとしたが、成功しなかった[51]。イギリスの High Court（高等法院）は、イギリス法においては、一般的なプライヴァシー権はなく、電話回線を所有するのは、郵政省（Post Office）であるから、顧客の会話を秘密扱いする義務はなく、令状がなかったとしても、傍受は依然として合法である、と判示した。ヨーロッパ人権協約が何を定めているにせよ、同協約はイギリス法の一部ではなく、具体的な争点について、議会が立法する選択をしていないのであれば、この協約上負うイギリスの義務を果たすための法を作るのは当裁判所の役割ではない、と判示した。この事件を扱ったのは、2 番目に最古参の裁判官であり[52]、彼は、次のように議会による立法が必要であると判示した。

「……この事件は、電話の傍受に関しては議会の立法が必要であることは明らかであると思料される。……犯罪から公衆を保護するために、適切な事件では、警察が電話傍受の助けを得て捜査すべきことが如何に求められようとも、文明化された法制度にあっては、自由を守り正義をなすべしとの主張に照らせば、電話の使用者は、考えられる権限の濫用に対する、効果的で且つ（警察から）独立した保護策を有してしかるべきであると考えてきた。電話の利用者が犯罪で疑われているという事実は、この要件をより強める根拠となり、弱めるものではない。容疑は、それが如何に合理的なものであっても、全く根拠のないものであることが判明する場合があるのである。効果的で且つ独立した保護策があれば、熱心すぎる場合を排除できるだけではなく、その保護策が存在するということそれ自体によっ

---

51) Malone v. Commissioner of Police of the Metropolis (No. 2), [1979] 2 All ER 620 ; [1979] 2 WLR 700
52) Vice Chancellor Sir Robert Megarry

て、警察に対して怒り又は自分自身が迫害を受けていると感ずる者に、ある程度の安心感を提供することになろう。」

（Malone v. Commissioner of Police of the Metropolis (No. 2), [1979] 2 All ER 620 p. 649）

マローン氏は、さらに、ストラスブルグのヨーロッパ人権裁判所に、彼の人権が侵害され「た」との宣言判決を求めて提訴した。そうこうするうちに、政府は、上記の事件でのメガリ卿裁判官（Lord Justice Megarry）の意見を注意深く検討して、何もしないことに決め、内務大臣は、議会に次のように述べた[53]。

「通信傍受は、定義上、その効果と価値が秘密裏に遂行されることにかかる実務であり、したがって、通常の議会による統制に服させることはできない。民主主義社会でそれを受け入れることができるか否かは、大臣の統制によるのであり、公衆とその代表者が、通信傍受に責任を持って統制することに気を配るその大臣に信を置く用意があるかどうかにかかり、また、秩序と安全を守る手段としての通信傍受の価値とその対象となる者の自由に及ぼす脅威との間の正しいバランス感覚に拠るのである。」

これを普通の言葉でいえば、彼は、「私を信用しなさい。私は警察官です。」と言っているのである。日本ではこのような説明が奏功するかは私には判らないが、イギリスにおいてはこの態度によって選挙民の心をつかむことができるとの保証はない。

1年後の1981年に、マローン氏がヨーロッパ人権裁判所の判決を待っている間に、マローン氏の公判直後に設立された、刑事手続に関する王立委員会から報告書[54]が出された。同委員会は次のように勧告している。

---

53) Hansard reports, 1 April 1980

「警察の捜査手続の全ての特徴であるように、法律の形で警察が従うべき手続を定める価値は、警察が従うべきルールをその法律により明確且つ精確に定める点にある。監視装置一般に関する限り、現状はそうなっていない。……我々はしたがって、警察による監視装置の利用は（手紙の内容検分及び電話による通信の傍受を含め）、法律により規律を受けるべきである。」

政府は、メガリ卿裁判官の判示と同様、この王立委員会の報告書を注意深く読んで、同じ結論に到達した。それについて何かをしなければならない必要はない、と。

1984年に、マローン氏の事件がヨーロッパ人権裁判所に到達する前に、UKでは2つの一般選挙があり、人々は、余裕があれば、自動車電話を備え付け又は携帯電話を持ち始めた。ストラスブルグの裁判所はイギリス政府ほど親切ではなかった。同裁判所は次のように判示した。

「当裁判所の意見では、イングランドとウェールズの法律は、公的機関に与えられる関連する裁量権について、その範囲と行使方法を合理的だといえる程度に明確に示していない。その限度で、民主社会で市民が享受する権利がある、法の支配による最小限度の法的保護を欠いている。」、と。

したがって、マローン氏は勝訴した。同裁判所は、イギリスは、コミュニケイションの傍受を監督する法的制度を欠いており、これは、ヨーロッパ人権協約第8条違反に当たると判示した。

政府は、メガリ卿裁判官の判示と上記の王立委員会報告書について検討したのと同様にこのヨーロッパ裁判所の判示について注意深く検討したが、今回は、違反するとの判示に何らかの対処をしようとした。まさに同じ年に、1985

---

54) Royal Commission on Criminal Procedure, Command Paper 8092, January 1981

年通信傍受法（Interception of Communications Act 1985）が成立した。イギリスの法律家はこれを IOCA（アイ・オ・カ）と発音する。同法は、当局が通信を傍受するときに遵守しなければならない注意深い手続を定め、一定程度の責任を持つべきことさえ定めている。だが、政府はこの手続により裁判所での様々な聴聞を経ることになるものの、依然としてうまく立ち回っているように思われる。というのは、傍受の詳細が裁判所に示されることを阻止することができるようにするためにあらゆることをしたからである。IOCAの第9条は、適法な手続が遵守されたか否かを問わず、傍受がなされたことを示唆する傾向のある証拠を一切提出してはならず又はそのような傾向のある質問を一切してはならない、と規定しているからである。そして、これが、1985年以降の法律の現状である。現代社会で恐れられる重要人物として、テロリストが共産主義者に取って代わった後でさえも、IOCA が 2000 年捜査権限規制法（the Regulation of Investigatory Powers Act 2000（これは、RIPA として知られている。「リッパー」と発音する））により大部分取って代わられたのに、同じ禁止が存在しているのである。

これが多くの法律家が 2005 年 SOCAPA で是正されることを期待している点であり、何もなされずに失望している理由なのである。

XII　最後に一風変わった話を

ここまで、重大組織犯罪に対処する 2005 年 SOACAPA について説明して来たので、最後の息抜きに、イギリスが、本当に些細なことを立法で何とかしようとして、すばらしく風変わり且つ無能な方法を用いて、救いようのない混乱に至ってしまう場合があるという例を挙げましょう。

イギリス人は自国をデモクラシーの揺り籠として考えたがることは皆さんご存じであると思いますが、ジョン王（King John）が 1215 年にティムズ川の島で大憲章（the Great Charter（マグナ・カルタ））に署名させられて以来、言論の自由は我々の価値の中心にあると考えるのが、イギリス人は好きです。そこ

で、議会議員が国会議事堂に到着する度に、誇りでわくわくするとお考えであろうと拝察します。そして、目にするのは、議会の広場の石畳で、イラクへの英米の侵攻を非難し占領を終了させるべしとの、手書きのバナーとポスターが、昼夜を問わず長期に亙り掲げられている状況です。これをしているのは、ブライアン・ハウ氏です。同氏は、国会議事堂の石畳で、現時点で4年以上もこのキャンペーンを行っています。しかし、議員は、この普通のイギリス人が公の場所で自己の見解を表面する権利を行使することを、快く思わなかったようです。事実、彼らはこの事態を何とかしたいと思ってきました。しかし、ハウ氏が、大きな声で叫ぶとか、誰かを攻撃するとかしない限り、違反の根拠となる法律を誰も探すことができず、ハウ氏がそこに座って、通行する旅行者に彼のプラカードを見せる行為を誰も止めることができませんでした。

どかすことができず、ハウ氏をどかせることをねらって、重大組織犯罪及び警察法に、ハウ氏への対策をそっと忍び込ませたのです。

イギリスには、法律の些細な部分に小さな変更を加えたければ、最良の方法は、誰もが詳細に議論をしたいと望む、たくさんの議論の的となる多くの争点を含む規模が大きく重要な立法を見つけて、その法律の審議に、望む小さな変更を、気づかれないように忍び込ませることだ、という古い伝統があります。19世紀には、妻を離婚したい場合、議会の法律が必要でしたが、北部の名前もよく知られていない町議会（town council）の書記が、上下水道システムに関する大規模で複雑な法律の中の奥深くに、「そして、この町会書記は、よって離婚した。」と述べる一文をうまく忍び込ませたのです。

政府は、ハウ氏を除去するために、ほとんど同じことをしました。2005年重大組織犯罪及び警察法の132条から138条で、警察から許可を得た場合を除き、国会議事堂の1キロ以内で抗議活動をすることを犯罪とする、と定めました。議員達はこれでハウ氏を取り除けるだろうと考えました。2005年にこの重大組織犯罪及び警察法が制定されてすぐに、最初に実効性を持ったのはこの132条から138条でした[55]。しかし、ハウ氏は、ロンドンの冬の寒空の下で4年も過ごしてきた後に、おとなしくあきらめようとはしませんでした。ハウ氏

はこの新法に、High Court（高等法院）に異議を申し立てたのです[56]。ハウ氏は、自分は、法律の発効のずっと前からこの行為をしてきているのであり、そこでは、議会の広場で自己の見解を表明するのに、誰かの許可を得る必要は全くなかったことを指摘しました。そして、そのときから、昼夜を問わず抗議のプラカードをずっと掲げ続きてきたのであり、同じ抗議活動が継続しているのだから、その行為を継続するのに、新たな許可がいるとは誰もいえない、と主張しました。

High Courtの裁判官はどのような判決を言い渡したと思いますか。同裁判所の裁判官はハウ氏の意見に同意して、「議会がある特定の行為を犯罪としたい場合には、明確な文言により犯罪を定めなければならない。」、と判示しました。この法律はその法律の施行後に抗議活動を行う者に適用されるが、この法律の制定前に開始された抗議活動には適用されないことになりした。これらの議会の起草者と公務員によるこのハウ氏を排除する立法に関する努力は水泡に帰したのであります。誰も、その文言が何を意味するかについて止まって考えてみなかったからであります。

したがって、ハウ氏を標的にして、重大組織犯罪及び警察法の第6ヶ条が定められたのにもかかわらず、ハウ氏の活動は、重大ではなく、組織的なものでもなく、High Courtによれば、犯罪でもないことは、明らかなのです。

(2006年2月14日)

---

55) Serious Organised Crime and Police Act 2005 (Commencement No 1, Transitional and Transitory Provisions) Order 2005, Statutory Instrument No. 1521 of 2005

56) R (on the application of Haw) v Secretary of State for the Home Department, 29 July 2005

3 犯罪人引渡し及び国際協力に関するイギリスのアプローチ[1]

John Wagstaff
訳・中野目 善則

I　は　じ　め　に

　犯罪行為で疑われている者を、その者に対して正義を行うのに最適な jurisdiction（裁判管轄）で裁判を受けさせることを確実なものにする手続について説明する。議論すべき領域が二つある。一つは、捜査と犯罪摘発について他国と協力する方法であり、共助（mutual assistance）と呼ばれる。他は、一つの juridiction（管轄・一国の主権により裁判権を行使することができる領域）から他の jurisdiction（管轄・同）に容疑者を移す手続であり、犯罪人引渡と呼ぶことにする。当然のことながら、ヨーロッパで起こっていることと特にイギリスで起こっていることにについて関心を向け、新たに導入されてきているヨーロッパ逮捕令状について触れよう。
　また、犯罪収益を没収するために他国の刑事司法制度を助け、その収益を被害者に還付する手続について触れる。
　言及する様々のヨーロッパの制度についてある程度の説明をすることから始

---

1) The British Approach to Extradition and International Co-operation Against Crime
　British（イギリス）の意義については第 3 章 1「1880 年から 2006 年までのテロリズムに対するイギリスの対応」註 1 を参照。

めるのがよいとは思うが、それは決して易しいことではない。ヨーロッパの制度が実際に稼働している方法を理解していると主張するヨーロッパ人はほとんどいないであろう。ヨーロッパの多くの制度が同じ名称を使っているがそのことが混乱をもたらしてもいる。一例を挙げれば、ECHR という短縮語の頭文字は、欧州人権条約（the European Convention on Human Rights）、欧州人権裁判所（the European Court of Human Rights）及びヨーロッパ人権委員会（the European Commission of Human Rights）のいずれの意味でも使われる。だが、この三つはそれぞれ全く違ったものである。ヨーロッパは常に説くことが難しいパズルのようなものである。19世紀に遡ると、シューレスヴィヒ・ホルスタインと呼ばれる曖昧なドイツの小国に関する複雑な政治が関係しており、当時のイギリスの首相であった Lord Plmerson（パルマーソン卿）は、「シュレースヴィヒ・ホルシュタインの問題を理解できる者は世界に三人しかいない。一人は Prince Albert（アルバート王子）であり、既に死去している。二人目は、ハイデルベルグの大学教授であるが、彼は精神に異常をきたし狂人となった。三番目は私自身であり、私は既にシュレースヴィヒ・ホルシュタインのことを忘れてしまった。」と述べている。ヨーロッパの政治を理解するのは依然としてかくのごときであり、理解が困難な点があるからといって心配するには及ばない。私も同様なのである。

II　欧州人権条約及び欧州人権裁判所

　第二次大戦の終了時から話を始めよう。このとき、ヨーロッパの諸都市は廃墟と化し、ヨーロッパ大陸は、ロシア軍が占領する地域と、アメリカ及びイギリスが率いる西欧諸国が占領する地域に分かれていた。生き残ったナチの指導者はニュルンベルグの国際法廷で裁かれ、この裁判を組織した法律家のチームは大部分イギリス人であった。ユダヤ人の大量虐殺に関する恐ろしい事実とナチにとって不都合な社会の部分を非人間的に扱ったことが明らかになるにつれて、このチームは、同様の恐ろしい出来事を生ぜしめる脅威を与えている自国

の政府があればそのような動きに、個々のヨーロッパ人が異議を申し立てることができる常設の国際法廷の創設を確かなものとすることを決意した。第二次大戦からの回復の政治過程を監督する役割を担う、最初は 10 ヶ国から成る欧州評議会が創設され、この評議会の最初の仕事のほとんどは人権尊重に向けた共通の基礎を探ることであった。

そして、第二次大戦終了後の 5 年間の間に、彼らは人権及び基本的自由の保護に関する条約（Convention for the Protection of Human Rights and Fundamental Freedoms）の草案を起草したのであり、これが現在欧州人権条約（the European Convention on Human Rights）[2]と今日我々が呼ぶものである。この起草に用いられて資料の一部は、1948 年に公刊された人権に関する国連宣言（the United Nations Declaration of Human Rights）であるが、大部分は、ニュルンベルグの裁判を担当したイギリスの法律家によって起草されたものであり、その内容は、多くの点で、イギリスの法制度の基礎にある前提に拠ったものであった。すなわち、フェア・プレイの概念、公正さの概念、武器平等の概念及び個人の利益と国家の利益が衝突すると個人が認めた場合には、その個人に援助が提供されなければならないとの認識がそれである。

欧州人権条約は 1950 年に公刊され、署名国において 1953 年に発行した。イギリスもその署名国の一つである。1954 年に、欧州人権裁判所で審理されるべき事件を選別する役割を果たす、欧州人権委員会（The European Commission of Human Rights）が少しずつ事件の受理を開始し、欧州人権裁判所で議論することができる争点を含むものか否かを審査した。そして、1959 年に欧州人権裁判所（the European Court of Human Rights）が非常設機関として設置され、欧州人権委員会が欧州人権裁判所が審理するのに対すると判断した事件について裁判することとなった。欧州人権裁判所の唯一の目的は、特定の国家の法律又は行為が欧州人権条約の条項に違反していないか否かを判断することにある。欧州人権裁判所が行える最大のことは、欧州人権条約違反があり、その違反国

---

2) Lots of background facts and documents can be found on www.echr.coe.int

が、その権利を侵害された個人に補償を支払うように命ずることである。

したがって、国家は市民の権利を侵害することができるが、それは、補償を支払う用意があり、欧州人権裁判所において敗訴するという困惑を受けてもかまわないという場合である、ということになる。

はじめは、欧州人権裁判所の事件は非常に少なかった。その理由の大部分は、まず第一に、個人が欧州人権裁判所に訴えることが許されておらず、他国に対して訴えを提起することができるのは国家のみであったことによる。だが、次第にヨーロッパ諸国は、市民が国家を欧州人権裁判所に訴えることを許し始めた。UK は 1966 年に市民が国家を欧州人権裁判所に訴えることに同意した。1980 年まででさえも、このときは欧州人権裁判所が創設されてから約 30 年が経過しているが、毎年の欧州人権委員会への審査請求件数は約 400 件であり、欧州人権裁判所が実際に審理することになるのは年に 6、7 件である。今日では、年に 15,000 件以上の人権委員会への審査請求があり、数百件の審理が人権裁判所で開かれる。欧州人権条約の署名国は 41 ヶ国であり、欧州人権裁判所はフルタイムの常設機関となり、事件数の増加に対処するために数回その手続を改訂しなければならない状態となっている。

欧州人権条約がカバーするのはどのようなものであるか。生命の権利、拷問を受けず、奴隷になされない自由の権利、自由の権利及び公正な裁判を受ける権利、プライヴァシーの権利及び家族生活の権利、宗教の自由、表現の自由などがその規定するところであり、これらは全て誰も争おうとしないものである。欧州人権条約は非常に広い用語で規定されなければならなかった。その理由は、非常に異なる法制度と社会的文化を有する国を含み、それらの国々に適用されなければならないからである。

このことが意味するのは、欧州人権裁判所は取り組むことが難しい問題があるのは確かであるということを意味する。例えば、欧州人権条約第 2 条は、日本国憲法 31 条に類似している。同第 2 条は次のように定める。「すべての者の生命に対する権利は、法律によって保護される。」。今や、謀殺を犯罪とする法律を定めていない国があれば、その国はこの条項に違反することは明らかであ

る。だが、胎児の中絶を許す法律はこの欧州人権条約に合致するのか否かはそれほど明らかではない。第3条は「何人も、拷問又は非人道的な若しくは品位を傷つける取扱い若しくは刑罰を受けることがあってはならない。」と定める。警察官が（被疑者が）自白するまで頭にかぶせたプラスチックの袋をきつく縛って尋問するのを国家が許してはならないのは明らかだが、自分の子供の行いが良くない時に子供を両親がぶつのを禁ずる法律を国家が定めなければならないことを意味するのだろうか。

　今日、欧州人権条約の最も重要な条項は第5条及び第6条である[3]。つまり、自由についての権利と公正な裁判を受ける権利であり、これは日本国憲法の33条と37条に相当する。この権利は欧州人権条約でも最長且つ最も詳細な条項であり、全てのヨーロッパの国（条約加盟国）に適用されるべき、裁判の最低基準である。

第5条（自由及び安全についての権利）
　1　全ての者は、身体の自由及び安全を保障される権利を有する。何人も、次の場合において、かつ、法律で定める手続に基づく場合を除くほか、その自由を奪われてはならない。
　　(a)　権限のある裁判所による有罪判決の後の人の合法的な抑留
　　(b)　裁判所の合法的な命令に従わないための又は法律で定めるいずれかの義務の履行を確保するための人の合法的な逮捕又は抑留
　　(c)　犯罪を行ったとする合理的な疑いに基づき権限のある法的機関に連行するために行う又は犯罪の実行若しくは犯罪実行後の逃亡を防ぐために必要だと合理的に考えられる場合に行う人の合法的な逮捕又は抑留
　　(d)　教育上の監督のための合法的な命令による未成年の抑留又は権限のある法的機関に連行するための未成年の合法的な抑留

---

3)　以下の第5条及び第6条の訳は、ミネソタ大学人権図書館のweb頁に掲載されている日本語訳（http://www1.umn.edu/humanrts/japanese/Jz17euroco.html）及び国際条約集（2012年版）（有斐閣）欧州人権条約を参考にした。

(e) 伝染病の蔓延を防止するための人の合法的な抑留並びに精神的障害者、アルコール中毒者若しくは麻薬中毒者又は浮浪者の合法的な抑留

(f) 不正規に入国するの防ぐための人の合法的な逮捕若しくは抑留又は退去強制若しくは犯罪人引渡しのために手続が取られている人の合法的な逮捕若しくは抑留

2　被逮捕者は、速やかに自己の理解する言語で、逮捕の理由及び自己に対する被疑事実を告げられる。

3　1(c)に規定に基づいて逮捕又は抑留された者は、裁判官又は司法権を行使することが法律によって認められている他の官憲の面前に速やかに引致されるものとし、妥当な期間内に裁判を受ける権利又は裁判中に釈放される権利を有する。釈放に当たっては、裁判所への出頭が保証されることを条件とすることができる。

4　逮捕又は抑留によって自由を奪われた者は、裁判所がその抑留が合法的か否かを迅速に決定するように、及び、その抑留が合法的でない場合には、その釈放を命ずるように、手続をとる権利を有する。

5　この条の規定に違反して逮捕され又は抑留された者は、賠償を受ける権利を有する。

第6条（公正な裁判を受ける権利）

1　すべての者は、その非刑事の権利及び義務の決定又は刑事上の罪の決定のため、法律で設置された、独立の、かつ、公平な裁判所により、妥当な期間内に公正な公開審理を受ける権利を有する。判決は、公開で言い渡される。ただし、報道機関及び公衆に対しては、民主社会における道徳、公の秩序若しくは国の安全のため、また、少年の利益若しくは当事者の私生活の保護ため必要な場合において又はその公開が正義の利益を害することとなる特別な状況において裁判所が真に必要であると認める限度で、裁判の全部又は一部を公開しないことができる。

2　刑事上の罪に問われている全ての者は、法律に基づいて有罪とされる

までは、無罪と推定される。
3　刑事上の罪に問われている全ての者は、少なくとも次の権利を有する。
　(a)　速やかにその理解する言語でかつ詳細にその罪の性質及び理由を告げられること。
　(b)　防御の準備のために充分な時間及び便益を与えられること。
　(c)　直接に又自ら弁護人を通じて、防御すること。弁護人に対する充分な支払手段を有しないときは、正義の利益のために必要な場合には無料で弁護人を付されること。
　(d)　自己に不利な証人を尋問し又はこれに対し尋問させること並びに自己に不利な証人と同じ条件で自己のための証人の出席及びこれに対する尋問を求めること。
　(e)　裁判所において使用される言語を理解し又は話すことができない場合には、無料で通訳の援助を受けること。

　ヨーロッパの全ての国が、こう述べる条約に署名したとすれば、これがあれば、犯罪者に正義の裁きを受けさせる手続に署名各国が心から協力するには十分であると想像するかもしれないが、事はそう簡単ではない。
　問題の一部は、ヨーロッパの法制度が非常に異なる二つの法系から成ることに由来する。ヨーロッパの大部分の国の制度は、日本と同様に、法典化された法に基づいて運用される。刑事司法制度は糾問的であり、独立の裁判官は捜査方法と訴追方法に関する判断に早期の段階から関与する。両当事者が争う公判は比較的稀であり、公判裁判官は争いのある法及び事実に関する争点について判断を下す。この大きな枠組みの制度でさえ少なくとも三つの下位の系統に分かれる。フランス法、ドイツ法及びスカンジナビア法の相違がある。しかし、少数のヨーロッパの国は、アングロサクソンの伝統に基づくイギリスのコモンローの制度を採用している。ここでは、法は制定法と裁判例、伝統及び慣習の混合したものから成る。この制度では、刑事司法は論争主義（adversarial）を採用し、裁判官は公判手続においては審判としての役割を果たすだけであり、純

粋に法的な判断を下す。この論争主義を採用する制度では、有罪答弁はずっと少なく、通常の人々から選ばれた陪審が争いのある事実について全ての判断を下す。この大陸法系とイギリス法系の制度及び大陸法系の下位の 3 つの制度に関しては多くの誤解がある。例えば、情報を十分に持った、教育を受けたイギリス人が、フランスには無罪推定がないというのを今日でもよく耳にする。だが、過去 50 年間ヨーロッパ人権条約では、フランスではイギリスで採用されているのと全く同じ無罪推定が採用されて来ていることを完全に明らかにしてきているのである。

　法律家と学者の世界を越えて差が存在する。人々が日々の生活でとる文化的な前提の全ての奥深くに差が存在するのである。したがって、異なる国の警察及び異なる国の司法制度にも、何らかの相互不審が伝統的に存在してきたのは驚くに当たらない。法律家の態度は、刑事法と国家の権力は国境で停止すると考えるのが常であった。1778 年にスコットランドの Lord Kames（ケイムズ卿）は、「如何なる社会も、自分の社会に有害なものを別として、関心を持たない」とのべ[4]、1825 年にアメリカ合衆国最高裁判所の Chief Justice Marshall（マーシャル首席裁判官）は、「いかなる国の裁判所も他国の刑法を執行することはない」と述べた[5]。しかし、今や、多くの国際犯罪があり、法律家は、このような伝統の一部は変更されなければならないことを認識してきている。1990 年までに、イギリスの貴族院（House of Lords）のメンバーは、「国際犯罪には、法執行機関間の国際的協力によって戦わなければならない」と述べた[6]。

　欧州評議会が創設された最初の数年に当たる、1953 年の時点でさえも、この国際協力の優先度は非常に高かった。彼らは、専門家委員会を組織し、刑事に関係する事項に関する欧州共助条約（European Convention on Mutual Assistance in Criminal Matters）を初めて起草した。1959 年に署名手続が開始され、ついに1962 年に執行されることとなった。イギリスの署名は迅速ではなかった。そ

4）　Principles of Equity, 3rd edition, Bell & Creech, 1778
5）　The Antelope (1825) 10 Wheat 123
6）　Lord Griffiths in Liangsiriprasert v United States Government [1990] 2 All ER 866

れはなぜだろうか。おそらく、アングロサクソンの法制度は、とりわけ英語圏の国では広く採用されているものの、ヨーロッパにおいては少数の制度であることは確かだからであろう。イギリス人は、ヨーロッパに由来するアイディアはおそらく悪いものであるという頑固なまでの疑いを常に持ってきている。

今日でも、この最初の共助条約は重要な文書である。この文書は、欧州評議会が起草した合意の中で最も成功した合意の一つとなった。そして、非常に簡素であるという大きな利点がある。以下でその内容を見てみる必要がある。

III 刑事に関する事項における共助に関する1959年欧州条約

この条約の基本的立場は、次のように簡単に述べている。当事者は、「共助の要請時に、当事国（請求国及び被請求国——訳者）の司法当局の jurisdiction（裁判権・執行権）の範囲内にある犯罪と処罰に関して、相互に、最も広範な共助を迅速に提供」すべきである、と[7]。

共助請求は、非刑事の手続で証拠採取のために既に存在してきている手続によりなされる（この手続は、刑事の手続よりも遙かに長い間、国境を越えて共助請求がなされる場合に用いられてきたものである）。この手続の英語名は、"letters rogatory"（証人尋問要求書）であり、イギリス人の耳には奇妙に聞こえる言い回しである。まず、"rogatory" という言葉はイギリス人が普通に用いる言葉ではない。この言葉は、「尋問する」という意味のラテン語からきている。第二に、この "letters rogatory" という言い回しは名詞が最初に来て、それに形容詞が続く構造となっているが、英語ではほとんど常に形容詞は名詞の前に置かれる。したがって、この言い回しは古めかしい言い方か外来語の響きを有している。おそらく、後の国際的合意においては、「請求（request）」という用語が使

---

7) Article 1 (1) European Convention on Mutual Assistance in Criminal Matters 1959

用されることになったことは重要なことである。請求 (request) という方がイギリス人の耳にはずっと慣れ親しんだものであり、心地よく響く。

いかなる種類の共助を求めることができるのだろうか。欧州人権条約は犯罪人引渡については全く定めていない。この点については後に触れるが、同条約は、捜査上の捜査請求又は証拠に関する調査請求については、ほとんど全く規定していない。したがって、例えば、証人尋問、文書の捜索、盗品の還付、鑑定人からの供述採取を一つの国から他国に依頼することができる[8]。他国が必要とする証人の身柄がたまたま拘束されている場合、欧州人権条約はその証人を一つの国の刑務所から他国に一時的に移送し、その公判に参加することができるようにすることを許しているが、これは証人としての移送のみであり、被告人としての移送ではなく、したがって、犯罪人引渡ではない。もちろん、典型例は、請求国の市民が海外に逃亡し、身を隠そうとした国の司法制度により、逮捕されたか訴追された場合であろう。事実、請求国に送り返される証人は実際には被請求国からの退去に先立って実際には免責を与えられている[9]が、その証人が証言をし終えた後に15日以上請求国にとどまった場合にはその免責は失効する。

他の種類の共助には、例えば、公判への出頭を求める召喚状や被告人が不在のときに有罪とされ量刑を言い渡された場合の被告人への告知状のような、法律文書の送達がある[10]。請求国は、被請求国に、有罪判決の詳細又は公判調書のような裁判記録の提供を請求することができる。

欧州人権条約以前は、他国にこの種の助力を求める唯一の方法は、請求国の警察が裁判官に共助の要請をし、その裁判官がその要求を法務大臣に伝え、法務大臣がその要求を自国の外務大臣に伝え、その外務大臣が外交的に相手国 (被請求国) の外務大臣に接触し、その外務大臣が自国の法務大臣にその要求を

---

8) Articles 8-12 European Convention on Mutual Assistance in Criminal Matters 1959
9) Article 12 European Convention on Mutual Assistance in Criminal Matters 1959
10) Article 7 European Convention on Mutual Assistance in Criminal Matters 1959

伝え、その要求を伝達された法務大臣が適切な地域の裁判官にその要求を送達し、その伝達を受けた裁判官がその請求を管轄下にある地方の警察に伝え、その地方の警察がその要求を遂行するというルートを辿った。（請求が請求国に返されるときには逆のルートを辿る。）欧州人権条約は、この手続の１段階を飛ばすことができるものとし、外交ルートなしで共助請求と共助への応答を行うことを認めた[11]。したがって、証人尋問要求書（letters rogatory）は請求国の法務大臣から被請求国の法務大臣に直接送達されることになる。事実、この手続はさらに直接的なものとなりうる。緊急状況の場合には、請求国の裁判官が被請求国の裁判官に直接連絡を取ることができるが[12]、返答は依然として、正式の記録が残ることを確実なものとするために、長い道のりを辿って帰ってくることになる。

　1959 年欧州人権条約に署名後にこの種の共助を拒否できる場合は次の二つの場合のみである。第一はかなり明らかな場合、つまり、被請求国が、この請求が「自国の主権、安全、公共の秩序又はその他の自国の本質的な利益に不利益を及ぼす蓋然性がある」[13]と思料する場合には、被請求国は共助をする必要がない。第二の例外はより面白い。同条約は、請求手続が政治犯にかかるものであると思料する場合には、被請求国が共助を拒否することを認める。「政治」という用語の解釈は被請求国に委ねられる。1997 年に英国でこの政治犯の例外についての好例がある。イタリアは、大企業が政治家に賄賂を提供したことに関係する、際限なく続く一連の腐敗（贈収賄）事件の一つの事件の捜査に関して、イギリスに共助を請求した。イギリス政府は、この請求を政治犯に関する場合として扱わないことを決め、請求にかかる助力を提供した。この判断に異議申立がなされた。その理由は、イタリアの裁判官が、腐敗した政府を打倒しようとするために、その政治家に反対するキャンペーンを行うためにそ

---

11) Article 15 European Convention on Mutual Assistance in Criminal Matters 1959
12) Article 15 (7) European Convention on Mutual Assistance in Criminal Matters 1959
13) Article 2(b) European Convention on Mutual Assistance in Criminal Matters 1959

の事件を受理したのであり、したがって、これは、憲法の司法部と行政府の間の政治闘争である、というところにあった。だが、イギリスの High Court（高等法院）は、共助の請求を指示し、イタリアの裁判官は個人たる犯罪容疑者に対処するために国の機関 (arm) として行動したのに過ぎず、その容疑者がたまたま政治家であったというのに過ぎないと判示した[14]。

1990 年にイギリスが欧州人権条約を最終的に批准したとき[15]、2、3 の例外を付加している。例えば、イギリスは、UK または他の第三国で、請求にかかる犯罪と同一の犯罪で既に裁判を受けている場合には、イギリスは共助を提供しないとしている。イギリスは、請求にかかる行為が請求国で犯罪であるのはもちろんイギリスの法律でも犯罪であるという場合にのみ、財産の捜索及び押収に同意するとした。また、イギリスは、身柄拘束下にある証人が第三国に移送される際にイギリスの領土にトランジットで一時滞在することになる場合、おそらくは、その証人が逃亡しイギリス国内で犯罪を行う虞がある場合に、その証人のイギリス国の通過を拒否することができるものとした。

1957 年欧州人権条約を UK が批准することを可能とした法律をより詳細に検討してみる必要がある。これは、「the Criminal Justice (International Co-operation) Act 1990（1990 年刑事司法（国際協力）法）と呼ばれる。イギリスの法律家はこの法律の頭文字から発音可能な頭字語を作れないので、単に 1990 年法と呼んでいる。

1990 年法の第 1 条は、イギリスの内務大臣に送付された外国からの請求に、イギリスが効果を与える権限を与えている。この法律はこの請求が何かの特別の様式に従うべきことを示していないが、内務省 (Home Office) は、受理することになると思料する内容を示したガイドラインを発し[16]、このガイドライン

---

14) R v Secretary of State for the Home Department, ex parte Fininvest SpA [1997] 1 WLR 743
15) Criminal Justice (International Co-operation) Act 1990
16) Seeking Assistance in Criminal Matters from the United Kingdom : Guidelines for Judicial and Prosecuting Authorities, 2nd Edition, October 1999

は内務省のウェッブサイトから入手可能である。ここでその内容を示すが、十分予測可能なものを示しているに過ぎないので、ここでは読み上げることをしない。

Ⅳ　UKから共助を得るための内容に関するガイドライン

　権限のある裁判所、審判機関、司法当局又は訴追機関は、刑事に関する事項での法的共助請求をすることができる。内務省（Home Office）が犯罪に関する手続又は犯罪捜査の目的で共助の請求をする機能を有すると思料する権限のある他の機関も、共助の請求をすることができる。かかる機関には例えば、アターニー・ジェネラル、捜査係裁判官、事件を検討するマジストレイト、検事及び法務大臣又は、刑事に関する事項について責任を有する司法部がある。

　共助請求書には次の事項に関して記載「しなければならない」。
- 共助の要求を伝達すべき、捜査又は訴追を行う、司法当局又は検察当局の詳細と住所、及びそこで職責を有する公務員の氏名、電話番号及びファックスの詳細。
- 捜査又は手続の対象となる者のフル・ネーム
- 対象者の犯した又は犯したとされる犯罪事実の要約とその詳細。証拠の提供が求められる場合には、その要求に際しては、その犯罪が犯され、かつ、その犯罪に関してその（証拠を必要とする）手続が開始され、又はその手続が開始されていない場合には、その犯罪が捜査中であることを明白に示すこと。
- 共助を求める証拠若しくは資料を示し、又はその他の共助を求める場合にはその内容を示し、オリジナルの証拠が要るのか、オリジナルと相違ないとの照明付きのコピーが要るのか、そのいずれであるのかを明白に述べること。

・その証拠、資料又はその他の共助を必要とする目的を示し、この共助がその事件の捜査又は手続に取り重要であることを示すこと。

請求書においては、次の事項を必要且つ可能な限度で述べること。
・公判又は審理の期日及びこの共助の執行目的上重要なその他の期日。この請求が緊急を要する理由。例えば、被告発者又は被疑者の身柄を拘束するため、という理由。
・証拠採取をすべき対象者のフルネーム、生年月日及び居場所。証人、又は実際に被疑者・被告人となっている者又は潜在的にそうなりうる者の有無を明示すること。
・発見すべき者の身元及び所在に関する利用可能な情報。
・この捜査に関してよく知っているイギリスの法執行官の、電話番号を含む詳細。

請求書には、その請求の執行の間、請求国の官憲又は役人の立会が求められるのか否か「及びその立会を必要とする理由」も示すべきである。かかる者の氏名を提供すべきである（一般に、かかる官憲又は役人は、その執行過程を観察することはできるが、請求の執行には参加できない。）。

証拠がUKの裁判所で「宣誓下で」採取されることが必要な場合には、その請求において明確に述べられるべきである。証人から「聴取する（to hear）」又は「検分する（to examine）」といった表現は、UKの法律では正確な意味を持たないので、避けられるべきである。疑問を避けるために、請求国は、尋問（interview or examination）がどのような条件下で行われるべきなのかをできる限り明確に示すべきである。

証人からの証言採取の請求には、次の事項を含むべきである。
・尋問すべき質問のリスト
・この証拠を採取・取得する際に遵守すべき手続の詳細。これには、証人又

は容疑者が主張することができるルール又は特権が含まれる。
・請求国の法律により証人又は容疑者に与えられるべき警告又は正式な権利告知
・銀行取引に関係する証拠を請求する場合には、その請求は、その口座が開設されている銀行の支店の口座開設者名又は口座番号及びその支店の住所又は番号（Sort Code 銀行支店番号）を提供しなければならない。この詳細が必要とされる理由は、UKにおいては銀行口座の記録を中央で一括管理する制度がないからである。

証拠の捜索及び押収に関する請求は次の事項を含むべきである。
・捜索対象となる場所の完全な住所又は正確な記述、押収対象となる具体的資料の詳細又は押収対象たる資料の類型に関する完全な記述（捜索及び押収に関する請求は、その犯罪がUKで行われたとした場合に重大犯罪である場合でなければ執行されてはならない。）
・共助請求の対象となる資料が捜査又は手続に関連性があり（relevant）且つ重要である（important）理由の説明、その証拠が特定の住居にあると思料される理由又は特定の人が所持していると思料する理由及びその思料を所持している自然人又は法人がUKの裁判所に提出を命じられた場合にUKの裁判所に提出しないと思料する理由。（この記載は、UKの裁判所への捜索令状の申請が認められることを確かなものとし、令状申請が却下される蓋然性を低め又はその後の法的異議申立を受ける蓋然性を低めるのに助けとなる。）
・押収した証拠の保管及び返還に関する適切な措置

財産の保全（凍結）に関する請求は次の事項を含むべきである。
・犯罪行為の故に非刑事の没収手続の対象となる者又は被告人の氏名、住所、国籍、生年月日及び出生場所及び現在地
・被告人の起訴の理由となった又は被告人が起訴される理由となる（又は非刑事の訴訟が提起された理由又は提起される理由となる）犯罪の詳細。

・被告人の起訴又は証拠に適用される法律の詳細。
・UK で保存が意図されている財産の具体的内容、その財産を所持する者及び被告人・被告とその財産との関係の詳細（この点は、その財産が会社又は別の者などの第三者の氏名で保持されている場合にその財産を保全する場合に重要である。）
・（資産の追跡に関する共助要請を含め）共助請求がなされた事件について以前に共助請求があったか否か、及び以前に請求があった場合に UK の具体的法執行当局又はその他の関係する具体的当局及び請求国が受理した共助内容の詳細。
・請求国において、共助要請の対象となった者又はその者の財産に関して、請求国の裁判所で既に命令が発せられている場合には、その発せられた命令の詳細。かかる裁判所の命令が発せられた場合には、その正式に発付された認証済謄本を共助請求に添付すべきである。この謄本は、共助請求国の裁判官、マジストレイト若しくは関連する裁判所のオフィサーがその資格で証明した又は中央当局のオフィシャルが証明した命令書の真正な謄本を意味する。
・UK「外にいる」被告人が所持していることが判明している財産の詳細についての要約。
・共助請求国の中央当局により又は中央当局に代わって発せら得た証明書は次の事項を記載しなければならない。
　・その手続が請求国で開始され、終了していないこと又はその手続が請求国で開始されることとなること及びその場合の開始時期。
　・請求国の裁判所が発することになると思料される没収命令（confiscation order）が、薬物取引又はその他の重大犯罪に関連して得た財産又はその財産の価値の回復の目的を有すること（又は犯罪の道具等の没収命令（forfeiture order）の場合には、その命令が犯罪の道具の没収を命ずる目的のものであること）。

UK における財産没収命令の請求は次の事項を含むべきである。
・保全請求に関する情報
・最初の没収命令又は正式に発せられたその没収命令の認証済謄本
・共助請求国の中央当局が発した又はその当局に代わって発せられた「証明書」。この証明書には次の事項を記載しなければならない。
　・その没収命令は効力を有し、その没収に関連するその没収命令又は有罪のいずれについても上訴がなされていないこと。
　・共助請求国の領土内においてその命令により支払を求めることが可能な全額若しくはその一部の額又はその命令により回復・徴収可能な他の財産が依然として回復・徴収されていないこと
　・その没収命令（confiscation order）は財産の回復の目的を有すること又は薬物取引若しくはその他の重大犯罪に関連して取得された財産若しくは財産の価値の回復・徴収を目的とするものであること（又は犯罪の道具等の没収（forfeiture）命令の場合には、犯罪の道具の没収命令を目的とするものであること）
　・及び、没収命令他の対象者が没収手続に出頭しない場合には、共助請求国の法律に照らし、その者が防御できるように、その手続の告知がなされたこと。

共助請求が、UK 外の犯罪捜査又は手続で証拠を提供するか又はその他の助力を提供するための、UK の在監者の一時的移送にかかる場合には、次の事項を含むべきである。
・その在監者の国外での出頭が求められる期日。これにはその在監者の出頭が求められる裁判所の期日又はその他の手続の期日及びその手続が開かれることになると思料される期日
・その在監者の移送に関する同意を得るため及びその在監者の身柄の拘束が安全に行われるとの合意が締結されることについて UK の当局の満足がいくようにするために、次の情報を記載すること。

・その在監者が犯した以前の犯罪についての刑事免責の有無
・UK からその在監者を受け取り UK に返還する合意提案の詳細
・その在監者が請求国で身柄拘束されることになる、逃亡防止宿泊施設のタイプの詳細
・その国外の逃亡防止宿泊施設に連行する護衛と帰国の護衛のタイプの詳細

上記のリストは全部を網羅したものではない。内務省は必要な場合にはさらに追加して求めることができる。

V　1985年シェンゲン協定 (The Schengen Agreement 1985)

共助と犯罪人引渡に関係する欧州条約を全て解説するのではないと知ってほっとするであろうが、現状を説明する前に、ヨーロッパでだけ生じた具体的発展又は最近のヨーロッパの立場の理解に不可欠な発展のいくつかを取り上げて説明しよう。

最初に、ヨーロッパを一つの緊密なコミュニティにするのに役立ったもう一つの制度について紹介しておこう。欧州評議会 (the Council of Europe) についてては既に言及した。この制度は、第二次大戦の終りに政治的な理想を共有するために一緒になった大きなグループを形成する諸国家である。1950年にこの評議会は、経済的理想を共有することを目的とする三つのより小さなグループを創設した。第一は、石炭と鉄鋼に関するものであり[17]、第二は原子力に関するものであり[18]、第三は貿易コミュニティに関するものであった。1967年にこの三つは EEC (European Economic Community) という単一の名の下に一つになり、1993年にはついに EU (European Union) と呼ばれることとなった[19]。その

---

17) The European Coal and Steel Community, 1951
18) European Atomic Energy Community, and the European Economic Community, both 1957
19) The Treaty on European Union was signed at Maastricht in 1992 and came into

頃までには、EU がカバーする社会的事項は、警察、司法、単一通貨及び外交政策と防衛上の争点に関する一部を含むことにさえなった。

この点に触れるのは、相互共助に関する重要な発展は 1980 年代の欧州共同体の経済的必要から生じてきたものだからである。1985 年にドイツ、フランスはベルギー、ルクセンブルグ及びオランダとともに、EU のサブ・グループを形成し、国境管理を廃止し始めた。ついには、パスポートの審査がなくなり、関税目的の停止がなくなり、国境警備員による幾度にも亙る障壁がなくなった。これはシェンゲン協定（the Schengen Agreement）と呼ばれる。この協定名は、この協定が署名された街の名前にちなんで名付けられたものである。この協定は、主に貿易と輸送をより容易なものにすることを狙ったものであったが、警察間の多くの協力を増加させるという副産物ももたらした。最初に、ある国の警察が交通路にそって他国の領土まで犯罪者を追跡することができるようにする必要があったことは明らかである。イギリス法ではこれは「hot pursuit（ホット・パスート、急追・追跡中）」と呼ばれる。次に、再び、（関係国の）法執行機関は情報を交換することができるようにする必要があり、犯罪者の ID に関するコンピュータ・データベースが創設され、これは、シェンゲン情報制度（the Schengen Information System）と呼ばれた。関係する全ての国の警察が問い合わせることができまた寄与することができる。そして、このセミナーに最も関連のある事項として、シェンゲン協定には犯罪人引渡しに関する制度が含まれている[20]。したがって、1985 年は、それ以前の、各国が全ての他国と犯罪人引渡し条約を交渉しなければならないという制度に代えて、あるグループに属する国全部に適用される犯罪人引渡しに関する合意を形成しようとするヨーロッパの本当に最初の試みであった。

イギリスがシェンゲン協定に関心を示したのは非常に遅い。イギリスが島国であることが大きな要因であると思われる。追跡中（hot pursuit）という概念

---

　　effect on 1 November 1993
20) 　Articles 59-66 and Art 95, Schengen Convention 1985

は、混んだフェリー・ボートに乗るのに追跡を止めて順番を待つ場合には、その緊急性を失うことになるからである。アイルランド共和国が同様に感じていたことは明らかである。アイルランドは同様に署名しなかったからである。だが、シェンゲン協定が十分機能するものであることが証明されるにつれて事態が変わりはじめ、ますます多くヨーロッパの国々が署名するようになった。1999年までには、イギリスさえも、加盟することに向けて作業を開始したいと述べ始めた。そして、ほんの数週間前に、私は内務省（Home Office）と作業し、誤判審査委員会（the Criminal Cases Review Commission）がこの過程から利益を受けることができる方法を検討した。この作業はすぐに完了する。

VI 1992年ユーロポール（Europol 1992）

簡単にではあるが、触れるべきもう一つの機関はユーロポール（Europol）である[21]。

ユーロポールはインターポール（Interpol）に相当する、ヨーロッパ内でのみ機能する機関である。ユーロポールは、EUが創設された1992年に創設され、最初は、皆がユーロポールは存在すべきだと考えてはいたものの、ユーロポールが何をなすべきなのかについてはっきりしてはいなかったようである。まず、ユーロポールは薬物密輸入だけを扱ったが、1988年にEUの加盟国が信頼を寄せて、ユーロポールの権限を、テロリズム、通貨偽造、マネーロンダリング、コンピュータ犯罪、及び人身取引と自動車取引にも拡大することとなった。インターポール及びイギリスのNCIS（National Criminal Intelligence Service 全国犯罪情報サービス）と同様、ユーロポールは情報収集とネットワークのサポートのみをその任務とする。シェンゲン・データベースを改善するために新たなコンピューター・システムを発展させている。その全コストは、年約6,500万ユーロであり、その費用はEU加盟国が負担し、そのスタッフは約500名で

---

21) www.europol.eu.int

ある。

Ⅶ　マネー・ローンダリングと犯罪収益

　マネー・ロンダリングについて触れたばかりであるが、中野目教授がイギリス及びヨーロッパが犯罪収益の剥奪と犯罪収益であることを偽装することを助けた者の訴追について尋ねられたので、そのことについて触れよう。

　この領域について扱った欧州条約は、マネー・ローンダリング、捜索、押収、及び犯罪収益の没収に関する欧州評議会1990年条約 (the 1990 Council of Europe Convention on Laundering, Search, Seizure and Confiscation of the Proceeds of Crime) である。この1990年条約はマネー・ローンダリングの定義から始めた。この定義は1988年国連ウィーン条約からとられたものである。このウィーン条約は薬物犯罪のみに関わるものであるが、欧州条約は、あらゆる種類の犯罪収益を含み、テロリズムの場合も含む。この1990年条約の加盟国は3種類の犯罪をカバーする犯罪を定める約束をしている。

1．その財産が犯罪収益であることを知ったうえで、その財産の不法な源を隠匿又は偽装する目的で又はその犯罪の遂行校に関与した者がその行為の法的結果を逃れることを助ける目的で、その財産を別の形に代え又は移送すること
2．かかる財産が犯罪収益であることを知ったうえで、その財産の本当の性質、取得源、所在場所、処分、移動、その財産に関する権利又はその財産の所有権を隠匿又は偽装すること
3．その財産の受領時に、かかる財産が犯罪収益であることを知ったうえで、その財産を取得し、所持し又は使用すること

　イギリスは1993年刑事司法法で制定したのと非常に類似した犯罪を導入したが、我々独自の同様の改良をさらに加えた。犯罪収益を保持する者を幇助する犯罪を創設し、幇助対象となる者が犯罪を行ったかその犯罪から利益を受け

たことを知っているか疑っている場合には、その幇助行為を犯罪として定めた。したがって、会計士、銀行、通貨交換所又は法律家（弁護士）が容易に犯すことができる犯罪が定められたことになる。自己の依頼者が犯罪者であるとの単なる疑いがあれば、その者に対する幇助罪の刑事責任を問われる十分な根拠があることになる。この疑いを抱いていたこと以外に証明の必要がない。

　正直な専門家（professional）はこの犯罪から自己を守るには、何をすることができるのだろうか。関連する専門家からなる全ての機関は、自己の依頼者が善意で（in good faith）行動するのを確かなものとするために、助言し又は事前に注意を喚起するのにかなり時間を割いてきているが、わずかでも疑問があれば、イギリスの法律は、法の求める正しい側を守って行為する道を提供しているのである。疑わしい点を警察に示せば、犯罪を犯すことなくさらに歩を進めて依頼者に助言を与えることができ、かつ、依頼者から秘密保持違反を理由に民事訴訟を提起されることがないと確信することができる。なぜならば、この法の保障もまたこの法律により提供されているからである[22]。だが、警察に疑わしい点について報告したことを依頼者に述べることは禁止されている。なぜならば、マネーロンダリングの捜査に不利益を及ぼす蓋然性のある情報を開示した犯罪で責任を問われることになるからである[23]。これは、イギリスでは、自己の専門家としての地位を保護したければ、自己の依頼者についてわずかでも疑いがあればそれを全て通報する義務を負う、注意を怠らない中産階級の情報提供者のネットワークを警察が持つことを意味する。

Ⅷ　没収と賠償── 2002 犯罪収益法（Confiscation and Compensation–Proceeds of Crime Act 2002）

犯罪を行った者を有罪とするのは大変結構であるが、法が効果的であるため

---

22)　Section 93(A) Criminal Justice Act 1988
23)　Section 93(B) Criminal Justice Act 1988

には、犯罪者が得た収益を攻撃することが重要であり、可能である場合には犯罪被害者にその収益を還付する何らかの方法を発見することが重要である。この点に関するイギリスの最近の立法は 2002 年犯罪収益法（the Proceeds of Crime Act 2002）であり、POCA として法律家に知られている。POCA は、幸いなことに、カードゲームである「ポーカー」と発音が同じであり、共通する面が多くある。

　没収に関して裁判所に与えられている権限についてざっと見て見よう。まず、没収は、犯罪が何であれ、犯罪を理由とする有罪から生ずる。かつては、没収は薬物犯罪に限定されていたが、今やどのような犯罪にも用いられることとなった。

　次に、裁判所の手続について触れる。裁判所がまずしなければならないことは、その犯罪者が「犯罪者のライフスタイル」と呼ばれる生活を送っているか否かである。これは些細な、機会を捉えて犯罪を行う犯罪者を除外するためである。没収対象となる犯罪は、薬物取引（drug trafficking）、マネー・ローンダリング、テロリズム、脅迫及びそれに類する（とあなたが思うだろう）犯罪などの特定の種類の犯罪か又はそうでなければ、ある期間に亘る一連の行為の一部を構成するものでなければならない。——この点はその者が 3 つ以上の犯罪で有罪判決を受けたか又は手続の開始時までの 6 年間の間に複数の犯罪で既に有罪判決を受けていることを証明すればよい——[24]。

　一旦裁判所が、ある者が「犯罪者のライフスタイル」を送っていると判断したら、彼が一般的犯罪行為から利益を得ているかどうかを判断しなければならない。通常この判断に困難はあまり伴わないが、次の段階がより複雑である。つまり、その利益の価値を評価・算定しなければならず、そして次に「回復・没収可能な額」（recoverable amount.）として知られる総額を算定しなければならない。被告人が次の 4 つの前提を採ることが誤っていることを証明すること

24）　Section 75 (3) Proceeds of Crime Act 2002

ができなければ、その前提に立つことが許される[25]。
1. この没収手続の開始時までの6年間の間に被告人が所持するに至った財産は、彼の犯罪行為によって得られてものである。
2. 彼の有罪判決の期日後に彼が所持した全ての財産もまた彼の犯罪行為の結果取得されたものである。
3. この手続の開始期日までの6年間の間にその犯罪者が行った支出は犯罪行為の収益から支払われたものである。
4. 全ての財産は被告人が全て所有するものであり、他者の利益がそれに含まれていないものとして評価する。

その犯罪者がいくら支払うのかを知るにはもう1段階ある。裁判所は、その犯罪者が実際にいくらの金銭を得たのかを算定しなければならない。この法律の第9条は、非常に単純な作業と見える定め方をしている。同条は、裁判所が没収できる金銭は、犯行時にその犯罪者が所有している被告人が自由に使える財産の総額から、その他の罰金又は優先的債務（彼が破産した場合に優先的に支払わなければならない債務）を差し引いた額である。まず最初にその犯罪でその犯罪者が有罪であることを証明するよりも、このことを全部証明する方が遙かに易しい。挙証責任は依然として検察側にあるが、これらの没収の争点に関する証明基準は非刑事のテストであるのに過ぎない。つまり、蓋然性のバランスによって決められる。

IX 資産回復庁

この手続の全ての段階は、長たらしく退屈な調査と計算を行う過程である。この作業に責任を持つのは誰か。以前は、全ての没収対象資産を追跡し、価値のある財産を全て得る責任は検察官にあった。だが、今や、資産回復庁（the

---

25) Section 10 Proceeds of Crime Act 2002

Assets Recovery Agency) が2003年に発足し、ロンドンのオフィスからその作業を始めた[26]。この機関は、私が奉職する誤判審査委員会のように、議会がその運営費用を支払うが、その作業は裁判所からも政府自体からも独立している。資産回復庁は、罰金であるかのように、没収を執行することはしない。刑事裁判所に罰金を支払わなければ刑務所に送致され、罰金の支払を済ませれば刑務所から出所することができる。罰金の代わりに刑務所で一定時間収監されることになる。だが、資産回復庁は、非刑事の債務と同じ様に没収にかかる金銭の没収を執行し、この執行には刑事裁判所は全く関与しない。

資産回復庁は少額の総額のためにその時間を費やすことはない。資産回復庁は1万ポンド以上の額の没収にのみ関係する。また、専ら現金のみが関係する資産には警察による押収が容易にできるため扱わない。その金銭が徴収された場合には、その金銭は政府の中央資金に払い込まれるが、裁判所は被害者のために賠償命令（compensation order)[27]を言い渡すことができ、裁判所の賠償命令がある場合には被害者に最初の優先権が与えられる。残る金銭はその試算の50％を資産回復庁自身が使い、UK中の犯罪減少プロジェクトのために支払うことになる。残る半分は政府の一般資金に入る。

X 保全命令 (Restraint Orders)[28]

これらの新しい方策がイギリスの犯罪者の間でよく知られるようになるにつれて、容疑者は当局による捜査の対象となっているとの最初のヒントを得ると、自己の資産を隠匿するようになる虞があるが、それをとめるにはどうすべきか。再び、2002年犯罪収益法（the Proceeds of Crime of Crime Act 2002) はその回答を示している。保全命令（Restraint Order) がそれである。

---

26) www.assetsrecovery.gov.uk
27) Section 27 Proceeds of Crime Act 2002
28) Section 40 Proceeds of Crime Act 2002

財産を凍結する保全命令（A Restraint Order freezes property）[29]。保全命令は財産、現金、自動車、ビル、産業機械、土地など、財産の種類を問わず、財産を凍結する。凍結命令は、財産を所持する者が、売却、移転、担保としての借り入れ、それを用いた投資、その他いかなる方法であれ、その財産を扱うことを阻止する。一旦保全命令が発せられると、警察官は必要であればその財産を押収することができ、又はその財産の管理のためにある者を任命することができ（例えば、その場所がオフィスの1ブロック離れたところにあるとき）、その保全命令が解かれるまで管理を継続する。

保全命令を発することができる場合として次の3つの場合がある。

第一は、犯罪捜査がイングランド又はウェールズで開始された場合である。

第二は、実際の犯罪捜査・訴追手続が開始されたとき、つまり、令状又は召喚状が発付され、大陪審起訴が送達されたか、又は、そうでなければ、その者が逮捕され、その犯罪で、起訴（charged with）されたとき、

第三に、有罪判決後、没収手続及び賠償手続が続くとき

XI　イギリスの国外から発せられた命令

UKの国外の裁判所により発せられた没収命令又は保全命令については同様に扱われるのであろうか。昨年の夏まで[30]、UKで執行することができるのは「薬物」犯罪から得た収益に関連する外国の命令だけであったが、現在、2005年重大組織犯罪及び警察法（the Serious Organised Crime and Police Act 2005 (SOCA-PA)）は保全命令を発することができる犯罪の範囲を拡大し、UKの犯罪にその一部が類似する外国の犯罪も保全命令の対象とされることになった[31]。

---

29)　Section 41 Proceeds of Crime Act 2002
30)　1 July 2005, when Statutory Instrument 2005/1521 took effect.
31)　Section 95 of the Serious Organised Crime and Police Act 2005, amending section 9 of the Criminal Justice (International Co-operation) Act 1990.

しかし、このことが当てはまるのは没収命令 (confiscation orders) だけである。凍結命令（保全命令）は、SOCAPA の規定で定められており、内務省長官 (Home Secretary) に「別のヨーロッパの文書」に効果を与える規則を作成する権限を与えているだけである。それについて以下で触れる。

XII 枠組み決定 (Framework Decision)

時々、枠組み決定 (Framework Decision) と呼ばれる文書が Council of the European Union（欧州理事会）によって発せられる。欧州理事会は、欧州連合の政策に合意する機関であり（欧州連合は、ヨーロッパの経済的側面を扱う、より新しく、より小さな機関である)[32]、欧州評議会 (Council of Europe) と混同してはならない。欧州評議会は、より古い政治的側面について同意する機関である。枠組み決定はそれ自体は条約ではないが、現存する条約の一般的な範囲に該当する何らかのことを達成する極めて詳細な仕組みである。言及すべき 2 つの枠組み決定がある。一つは、凍結命令に関する枠組みである[33]。他の一つは、ヨーロッパ逮捕令状に関する枠組みである[34]。

ヨーロッパ「凍結命令」について語る場合、EU の加盟国の司法当局が、財産が破壊、変更、移動されるのを阻止するために採られる方策であることを意味する。凍結命令は、刑事手続で証拠として提出することができる対象物、文書、及びデータにも適用することができる。したがって、ヨーロッパのある国で発せられた裁判所の命令によりヨーロッパの他国の証拠又は犯罪収益を凍結

---

32) [the European Union] 欧州連合《1993 年欧州連合条約の発行により、EC から発展した国家共同体。フランス、ドイツ、イタリア、ベルギー、オランダ、ルクセンブルク、英国、デンマーク、アイルランド、ギリシャ、スペイン、ポルトガルの 12 ヶ国から成るが、1995 年に、オーストリア、フィンランド、スウェーデンの 3 ヶ国が加盟して 15 ヶ国の加盟国より成る。》
33) Council Framework Decision 2003/577/JHA, 22 July 2003, in force 2 August 2003
34) Council Framework Decision 2002/584/JHA, 13 June 2002, in force 1 January 2004

することができる。

　枠組み決定が適用される犯罪のリストがある。それらの犯罪はよく知られたものであり、国際条約が適用されるものである。組織犯罪、テロリズム、強姦、贈収賄 (corruption) 及び不正行為 (fraud)、人身取引、人種差別などの犯罪がそれであるが、このリストは European Commission がこのリストに新たに犯罪を追加することを勧告し、その勧告を欧州議会 (European Parliament) が承認すると欧州評議会 (European Council) により追加されることになる。条約によっては、対象となる犯罪は保全命令が執行される前にその犯罪が両国において犯罪であるとされていなければならないというルールを含むのもあるが、この「双罰性」のルールは凍結命令に関する枠組みには適用されない。このことは、とりわけ、例えば、人種差別に関係する犯罪について重要である。人種差別について何が許されるかについては文化による相違が大きいからである。凍結命令の対象となる犯罪がこのリストにない場合には、国がそれでもその犯罪を凍結命令の執行の対象とすることを認め、他国からの凍結命令を執行するであろうが、その場合でも、双罰性の要件を主張したいという場合もあろうし、また、自国の法により没収命令を執行する犯罪として認めることができる犯罪を限定したいという場合もあろう。

　凍結命令は、ある国の司法当局から他国の司法当局に、直接送付することができる。外交上のチャンネルを使う必要はない。このことはヨーロッパが統一化された司法制度を有する状態に一歩近づいたことを意味する。凍結要請を受理した裁判所は、凍結命令を発した国がその請求で示した形式及び手続を遵守して、その要請を執行するのに必要な手続を直ちに執ることになる。

　裁判所は凍結命令を執行することを拒み又は遅延させることができるのであろうか。一定の場合には、しかりである。その請求が不完全なものである場合、又は関係する財産に不利益な判決が既に下されている場合には、その命令を執行することが間違っているのは明らかである。同様に、自国の警察が犯罪捜査を行ってきており、凍結命令が執行されるとその捜査に支障が生ずることになると裁判所が認定するかもしれず、その場合には、遅延することはありうる。

XIII ヨーロッパ逮捕令状（European Arrest Warrant）

　次に第二の枠組み決定について触れよう[35]。この第二の枠組み決定は2002年6月に発せられたものであり、ヨーロッパの司法制度が単一のヨーロッパの司法制度に向かって進んでいるとみることができる変化の中で最も劇的なものである。ヨーロッパ逮捕令状がそれである。

　新たなヨーロッパ逮捕令状が本当に重要な変化であることを示すには、分断されていた古いヨーロッパの時代に、犯罪者と逃亡犯罪人を、ある国から別の国に、犯罪人引渡しにより移送する方法についてみてみることが役立つであろう。「警察」という言葉と同様に、「犯罪人引渡し」は1790年代のフランスにおける革命の結果として用いられるようになった用語であると思われる[36]。この言葉が19世紀の半ばにアメリカ人により取り上げられた。イギリスの法律にこの言葉が現れたのは1873年である。「犯罪人引渡し」は犯罪人を条約の条件に従って移送するためにとっておかれた言葉だったようである。移送について合意する条約がない場合には、例えば、軍の脱走兵を脱走兵の自国に戻す場合、'surrender' or 'rendition'（引渡し）と呼ぶのがより適切である。

　イギリスの1873年犯罪人引渡し法（Extradition Act of 1873）は、イギリスの法律の中で最も長きに亙って存続している立法の一つである。この法律は、新法が1989年に制定されるまで、119年間その効力があった。1989年でさえも、この新法は、古い法律に忠実に基づいている。2003年犯罪人引渡法（the Extradition Act of 2003）により2004年1月1日にヨーロッパ逮捕令状がイギリスに導入されたときに、この古い19世紀の制度は依然としてその効力を維持し、EU以外の国との関係での犯罪人引渡しに適用されたのである。

---

35) Council Framework Decision 2002/584/JHA, 13 June 2002, in force 1 January 2004
36) Professor I. A. Shearer, Extradition in International Law (Manchester University Press, 1971)

XIV 2003年犯罪人引渡し法

　最初に述べるのは、2003年引渡し法の第二の部分であり、これをみることでヨーロッパ逮捕令状が事態をどのように変えたのかを理解することができる。イギリスが犯罪人引渡しに関する取り決めをしてきた国のリストは常に変化しうるものであり、最新の状態をチェックしたければ内務省のウェブサイトをみればよい[37]。私がそれをみたところ、96ヶ国が示されていたが、日本はその一つではなく、驚いた。日本とUKの間に犯罪人引渡に関しどのような障害があるのかを誰か知っているであろう。

　犯罪人引渡の過程は二つの方法で開始することができる。通常は、請求国の裁判所が、自国の警察による逮捕を認める何らかの令状を発付する。ここでは、有罪判決後に逃亡した者に関する（逮捕）令状よりも、犯罪を犯したことを理由とする（逮捕）令状について述べる。請求国からのこの令状は、その令状を支える証拠とともに、法務大臣に送られ、その法務大臣が、外交状のチャネルを通して、情報のパッケージをUKの内務省の長官（Home Office 長官）に送るべく手配し、内務省の司法共助部がこれを受理する。この司法共助部はウェストミンスター大聖堂の近くにある。この司法共助部が、請求が適法な請求で、承認された方法に従ってなされたものであると判断すれば、内務省長官は証明書を発し、その令状はイギリスの裁判所に渡される。事実、全ての犯罪人引渡に関する令状は一つの裁判所に送付される[38]。ロンドンの中心にあり、コベントガーデンの王立オペラハウスの真後ろにあるバウ・ストリート・マジストレイト裁判所（Bow Street Magistrates' Court）がそれである。この裁判所の主席マジストレイトは非常に経験豊かなフルタイムの地区裁判官（District Judge）であり、この裁判官は、高度にセンシティヴな犯罪人引渡しの事件について日

---

37) www.homeoffice.gov.uk
38) Section 67 Extradition Act 2003

常的に取り扱う経験を有する。このマジストレイトは自分の下した判断が新聞の見出しに掲載され、高等法院（High Court）で争われ、貴族院（House of Lords）でさえも争われるのを、しばしばみるのである[39]。

通常の犯罪人引渡事件でバウ・ストリートの地区裁判官（District Judge）が自分に尋ねるのは次の二つの質問[40]のみである。第一は、その対象犯罪が適法な引渡しの対象となる犯罪か否か、である。これは、双罰性の古典的テストである。つまり、その行為が引渡し可能な犯罪であるためには、請求国とともに、UKにおいても犯罪でなければならず、UKにおいて最低限12月以上の収監刑を科すことができる犯罪でなければならない。この要件について議論の余地があるのは明らかである。イギリス法と外国法が犯罪の定義に関して同じである見込みはなく、したがって、バウ・ストリートの裁判官は何らかの常識と裁量を行使しなければならない。例えば、アメリカ合衆国には複数の州に跨る行為を犯罪の要件として定める犯罪が多くある。もちろん、イギリスや日本のように単一国家である国では、連邦犯罪と州の犯罪の間の区別はない。この種の事件では、イギリスの貴族院は、バウ・ストリートの裁判官は「行為を広く捉える」テストを採用すべきであると述べてきている[41]。イギリス法は、請求国と被請求国で全く同じ要素を求めてはいないとしても、同様に広い行為をカバーするイギリス法上の犯罪はあるのだろうか。

地区裁判官の尋ねるべき第二の問いは、共助要求を支える証拠はイギリス法の下で令状発付を正当化するのに十分なものであるのか否かである[42]。たいていの事件では、引渡しを求められている者がその犯罪を行ったと信ずる合理的根拠が証拠に照らせばあるといえるのか否かである。

一旦この2つの問いが肯定的に返答されれば、その裁判官は令状を発付し、

---

39) For example, R v Bow Street Stipendiary Magistrate, ex parte Pinochet Ugarte (No. 3) [2000] 1 AC 147
40) Section 71 (2) Extradition Act 2003
41) Government of the United States v McCaffery [1984] 1 WLR 867
42) Section 71 (3) (b) Extradition Act 2003

その令状はロンドン警視庁犯罪人引渡し及び国際共助部 (the Metropolitan Police Extradition and International Assistance Unit) に送付され、その部が引渡し請求のあった者を、その者がイギリス内にいれば、発見して逮捕する。引渡し班として知られるこの部は、ロンドン警視庁の一部局であるが、この目的との関係で、イギリス全土の警察に関して取り扱う。

　通常の犯罪人引渡しを開始する第二の方法がある。それは逮捕が緊急事態にあるとしてなされる必要がある場合である。この方法は、外交過程を全て省略する。「暫定逮捕令状（'provisional warrant'）」[43]と呼ばれる。緊急要請が海外の警察から直接引渡し班になされ、引渡し班がバウ・ストリートの裁判官にその請求を持って行く。この場合、請求国で令状が発付されている必要はない。バウ・ストリート（の裁判官）は、引渡し請求対象者がUK内にいるかUKに向かっており（したがって彼は長距離フライトにある飛行機中にいる）、その者は他国で引渡し対象となる犯罪を行ったとして告発され、イギリス法によれば令状発付の正当根拠となる証拠がある、と判断すれば、暫定的令状を発付することができる。

　この最後の点については、犯罪人引渡しを請求することができる国の中でさらに区別がある。内務省（Home Office）のカレントなリストで示された96ヶ国中42ヶ国が、令状の発付に「証拠」を必要とせず、かえって、「情報」だけに基づいて暫定的令状を発付することができる。したがって、後者の国では、正式の陳述又は宣誓証言中に証拠を含めなくともよいことになる。この情報は、傍受した携帯電話の通話のような、純粋な情報収集による資料でもよいことになる。

　当然のことであるが、暫定的令状は警察に普通の令状よりも少ない権限しか与えない。暫定的令状により逮捕された者は遅滞なくバウ・ストリートに引致し[44]、裁判官が、一組の完全な文書が請求国から外交チャネルを通して到着す

---

43) Section 73 Extradition Act 2003
44) Section 74 Extradition Act 2003

るまでその者の身柄拘束を継続するか、又は保釈を認めるかを判断することができるようにしなければならない。この身柄拘束期間は、通常 45 日以下である。これとは対照的に、通常の、緊急手続に拠らない逮捕の場合には、被逮捕者を、裁判所に引致されるまで、2 ヶ月間、身柄拘束しておくことができる。

いずれの手続が利用されるかを問わず、最終的には裁判所の完全な聴聞があり、そこで容疑者の弁護人はその手続への異議申立を開始することができる。この聴聞で提起される種類の争点は、次のものである。

その文書はそろっているか否か。
被逮捕者を誤認した逮捕に当たるか否か。
その犯罪は、本当に「引渡し対象となる犯罪」なのか否か。
二重危険のような、犯罪人引渡しに対する法的障害はないか否か。
その容疑者に責任を問うのに十分な証拠があるか否か。

容疑者が法的根拠を理由に釈放をするように（バウ・ストリート裁判所の）裁判官を説得できなかった場合には、その裁判官は、彼の引渡しに関する最終決定は内務大臣（Home Secretary）によりなされると告げ、その後、その容疑者は、内部大臣がその事件を検討している間、刑務所に身柄を拘束されるか保釈で釈放される。この裁判官の判断に対しては上訴権があるが、この上訴は、内務大臣が最終決定に至るまで待たなければならない[45]。

最後に、内務大臣は最後の 2、3 の要因について判断しなければならない。引き渡された場合、その者が死刑に処されるリスクはあるか否か。この点について、請求国から十分な保証がない場合、内務大臣はその引渡請求を拒否しなければならない[46]。犯罪人引渡しに関する文書に記載された犯罪でのみ裁判をその容疑者が受けることになると内務大臣が自信を持っていえるか。このルールは、特定性のルール（rule of speciality）と呼ばれ、犯罪人引渡しの最も初期

---

45) Section 92 Extradition Act 2003
46) Section 94 Extradition Act 2003

の頃から存在するルールである。イギリスの引渡しに関する条約の多くは、特定性に関する条項を含むが、特定の条約がその条項を定めていない場合でも、内務大臣はこの具体的事件でそのルールが適用されるとの約束を求めることができる。そして、内務大臣はかかる約束がないか、約束を信頼することができるとは思わなければ、引渡しを拒否しなければならない[47]。その容疑者が UK で何らかの犯罪で既に起訴されて (charged with) いる場合には、その告発が何らかの形で処理されるまでは、引渡しは行われない。そして、第三国との合意によりその容疑者が以前にイギリスに引き渡された場合には、内務大臣は通常、さらに引渡しがなされるのに先立って、その第三国の同意を得なければならない。

これらは、すべて、犯罪人引渡しの過程それ自体に関連するものであるが、これ以外に引渡しが成功裡に行われるのに障害となる他の事柄がある。同法はこれを「外部要素 (extraneous factors)[48]」とよんでいる。なぜならば、主たる争点の外にあるものから生ずるからである。これらの要件の一つは、特定性 (specialty) に関連するものである。つまり、犯罪人引渡し請求の背後にある真の目的が、容疑者を、人種、宗教、国籍、性別、性的志向又は政治的意見の故に処罰することにある場合には、その引渡し請求は拒否されなければならない。そして再び、引渡しの対象となる犯罪が本当のものであったとしても、彼の公判又は処罰が同様の考慮によって害される虞がある場合には、引渡し要求は拒否されなければならない。同法のこの規定の故に、政治犯罪を理由とする不引渡しのルールを存続させる必要がなくなった。政治犯の例外は適用が難しく、恣意的な適用となる虞が常にあるルールである。

最後の二つの外部的考慮は、犯罪人引渡しは犯行時からかなりの時間が経過しているため[49]又は容疑者が心身の病であるため引き渡すことが正義に反し又は抑圧的となるか否かである[50]。過去に、イギリスの裁判所は、次のように判

---

47) Section 95 Extradition Act 2003
48) Section 81 Extradition Act 2003
49) Section 82 Extradition Act 2003

示している[51]。「正義に反する」とは、公判それ自体が、犯罪発生後の時間の経過により、例えば、防御に必要な証拠が失われたため、公判それ自体が公正ではない場合を意味し、「抑圧的」とは、引渡し対象となる者の状況が変化して、そのために、引渡しが不適当とされる場合、例えば、おそらく、容疑者が結婚し家族を育て、被告人に依拠する家族がいるという場合を意味する、と。

一旦内務大臣が結論に到達すれば、その容疑者は手続のいかなる段階でも上訴をすることができ、これまでそうした上訴がなされて来ている。しかし、ヨーロッパ逮捕令状に関係する新しい手続について述べたあとで、数分で、上訴の説明をする。

ヨーロッパの制度と伝統的な犯罪人引渡しの制度との最も顕著な差異は、ヨーロッパの制度が政治家と非刑事の公僕の関与を完全に排し、全ての手続を刑事生制度内にとどめている点である。もちろんこの手続を利用することができる国家のリストに上がる国はずっと少ない。カテゴリ1の国（Category 1 states）に掲げられているのはわずか18ヶ国であり、カテゴリ2に掲げられる国が96ヶ国あるのと比較するとずっと少ない。これらの18ヶ国は、思うに、イギリスがその法制度を自己の法制度とほぼ同様に信頼する国である。または、おそらくはこれらの国はイギリスの法制度を信頼する用意のある国である。なぜならば、もちろん、この承認は双方向の過程だからである。

これらの国の裁判所がイギリスにいる被疑者の出頭を確保したいと望むのであれば、元々の枠組み決定（Framework Decision）で示された書式を使った令状をその国の裁判所が発付しさえすればよい。なぜならば、犯罪人引渡し法のこの部分はこの枠組み決定に基づいているからである。この書式では、容疑者の身元（ID）、その令状を発付した裁判所の詳細、その犯罪に関する記述及び事実を廻る状況、並びに最終的に有罪とされた場合に科される蓋然性のある具体的量刑が示される[52]。この令状がイギリス全国犯罪捜査情報サービス（the

---

50) Section 91 Extradition Act 2003
51) For example, Kakis v Government of Cyprus [1978] 1 WLR 779
52) Section 2 Extradition Act 2003

British National Criminal Intelligence Service (NCIS)）に直接送付される。NCIS はすぐに重大組織犯罪対策局（the Serious Organised Crime Agency (SOCA)）の一部となる予定である。NCIS 又は SOCA は容疑者の追跡の手はずを整え、逮捕し、ロンドンのバウ・ストリートの通常裁判所に引致する。再び、緊急の事件の場合にはこれに代わる別の方法がある[53]。つまり、イギリスの警察が、ヨーロッパ逮捕令状が発付されたか又は発付されると信ずる合理的理由があれば、イギリスの警察はイギリスで令状を受理する前に、「暫定的」逮捕をすることができる。通常逮捕と暫定的逮捕の唯一の差異は、逮捕が暫定的逮捕である場合には、その容疑者が 48 時間以内に裁判所に出頭しなければならない点であり、通常逮捕の場合には、「可及的速やかに」引致すればよく、引致までの許容最大期間は、21 日間である[54]。

　一旦バウ・ストリートの裁判官の前に引致されると、伝統的引渡しとこのヨーロッパの制度との他の大きな差異が明らかとなる。この裁判官は、容疑者の身元の審査のような予備的争点に限定されることなく、カテゴリ 2 の国に引き渡すとすれば内務省長官が判断しなければならない全ての事柄を含め、全般に亙る要素を審査しなければならない。したがって、その地区裁判官は、この犯罪が引渡可能な犯罪であること、二重危険違反がないこと、悪意（bad faith）でなされた請求ではないこと、我々が既にみた、裁判が、長時間経過した後のものであったり政治的抑圧のために行われるというような、正義に反する又は抑圧のためのものではないこと、UK で係属中の起訴（charges）がないこと、競合する引渡し要求がないことなどを確認しなければならず、これらは全て、非公開のオフィスのデスクを前に鎮座している政治家に書面を提出する方法によるのではなく、公開の法廷で争われなければならない。そして、引渡しの対象者側は、その犯罪人引渡しが人権に関する欧州条約のいずれかの条項に違反すると思料する場合には異議申立をすることができる。例えば、請求国の刑務

---

53)　Section 5 Extradition Act 2003
54)　Section 4 and 6 Extradition Act 2003

所制度が非常に過酷であり、そこでの処遇は「非人間的で且つ人間の尊厳を害する処遇」に当たるという主張がそれである。

　いずれの側もバウ・ストリート裁判所の判決に対し、7日以内に上訴することができる。その容疑者又は請求国が、その裁判官の判断に誤りがある又は考慮に入れるべき要因を考慮していないと思料する場合には、ストランドにある高等法院（High Court）に上訴することができる。そして、その事件が公共の重要性のある法的問題を提起している場合には、さらに貴族院（House of Lords）に上訴することができる。

　ヨーロッパ逮捕令状が犯罪人引渡しの手続をより迅速に行うようにすることに疑問はない。なぜならばヨーロッパ逮捕令状はより簡単で官僚の関与が少ないからである。遅滞が生ずる可能性があるのは上訴の段階だけである。上訴審では多くの事件が係属しており、この上級裁判所での審査を受ける時間を争っているからである。だがこれは公正であろうか。典型的なイギリスの弁護側の法律家は犯罪人引渡しの経験はほとんどない。リトアニアの刑務所の状況を検討する方法やポーランドの公判が政治的要素により害される虞を確かめる方法を知っている者はほとんどいない。ほんの数日間の余裕しかないのに、その数日の間にこのような検討をしようとする者が一体いるだろうか。バウ・ストリートの裁判官のように犯罪人引渡しの手続に通じ、他のヨーロッパの国々の類似の弁護ティームとコンタクトするネットワークを持つ、少数の法律家（弁護士）を有する必要がある。だが、現時点では、イギリスの刑事弁護士（criminal solicitor）でこの要求を満たす弁護士を私は全く知らない。ヨーロッパに支店を有する法律事務所は全て何らかの商事法に関与する活動をしている。刑事法は彼らを引きつけるには、支払が悪すぎる。いつの日か、開かれたこの機会を利用する法律家が出てくることは疑いがないが、そのときまで、ヨーロッパ逮捕令状は、個々の「容疑者」よりも、ヨーロッパの加盟「諸国家」に有利なものであると思料される。

　　　　　　　　　　　　　　　　　　　　　　　　（2006年2月15日）

4 犯罪収益の没収

Helen Garlick
訳・中野目 善則

I マネー・ローンダリング：その予防と処罰方法
―― 犯罪収益を隠匿し、偽装し、移動させる犯罪者を
助ける個人及び企業の活動の予防と処罰[1]

1．アバチャ事件

2001年3月8日、金融庁は、ナイジェリアの前軍事独裁者である故サニ・アバチャ将軍に関連する、UKにある銀行口座での取引についての調査結果を公表した。それによると関わったのは、全員で24名の行員と企業の会計士であり、2000件の取引があり、その合計額は13億ドルに及んでいた。

この捜査は3ヶ月を要し、23の銀行でのマネー・ローンダリングの統制について焦点を当てたものであったが、捜査の結果、15行にマネー・ローンダリング統制上次の重大な弱点があることが判明した。

・会社から利益を得る者についての確認上の弱点があること（その会社を事実所有し、コントロールし、その資産から利益を得ている者は誰なのか、言い換えれば、名目上の代表者の陰にいる者は誰なのか。）
・現存する会社の紹介に過度に依存し、独立した判断を行使していないこと
・疑わしい取引についての報告に関する産業界の指導に従っていないこと

---

1) 以下の報告については、内容を理解しやすいように、多少の組み替えを行った。

その後、UK[2]に主要な変化が起こった。

2．2000年金融及び市場法（The Financial Services and Markets Act 2000 (FSMA)）によるマネー・ローンダリングの規律

　この法律はアバチャ事件（Abacha case）が起こったときにはすでに施工されていたが、その影響力を判断するほどには長い間施行されていない。

　この法律は、金融庁（the Financial Services Authority, (the FSA)）にマネー・ローンダリングの統制違反についてより効果的に扱えるようにする権限を付与したものである[3]。この権限には次のようなものがある。

- 非刑事の罰金（civil fines）を課す権限を付与し、懲戒手続後に公の検査を行う権限を付与したこと
- 規制を受けるビジネスでマネー・ローンダリングに関する規則を制定しそれを執行する権限を付与したこと（これには、ソリシタ、不動産業者、両替商、画商、カジノ業者が含まれる）。

この金融庁の制定する規則の核心部分は次の通りである。

規制を受けるビジネスは、

　a．新しい顧客とビジネスを行う場合には、注意すること

　b．マネー・ローンダリングの可能性について警戒を怠らないこと

2）　UKはマン島、ジャージィ、ガーンジィの属領について責任を有する。UKは14の海外領土を有する。これには、バミューダ、ヴァージン諸島及びケイマン諸島が含まれる。複雑な憲法上の関係があり、この関係がUKとこれらの属領の関係を規律している。
　1980年以来、これらの属領は、資本の逃避先の役割を果たす磁石であり、犯罪者の基金のマネー・ローンダリングが行われる地域となってきた。
　これらの地域は、自立的であり、UKの一部ではない。これらの地域は主権はなく、条約又は国際的合意に署名はできないが、ある程度自律している。例えば、ジャージィはEUの一部ではない。

3）　「マネー・ローンダリング、とは、違法な又は汚い金を送金又は洗浄のサイクルを通過させて、出口において合法又はきれいな金であるとの外観を生ぜしめるを言う。」Mitchell and Talbot on Confiscation and the Proceeds of Crime.

c. 疑いがあればそれを犯罪の捜査訴追を行う当局に伝達すること
　　d. 犯罪捜査を助けることことができる記録を保持すること
　　e. 上級の管理者が確実に管理し監督するようにすること
　　f. すべての重要な被用者が情報を十分に持ってマネー・ローンダリングの摘発発見に参加すること

3．2002年犯罪収益没収法 (The Proceeds of Crime Act 2002 (POCA)) （施行日2003年2月24日）による没収

(1) 禁止行為
1) 同法は以下の行為を禁止する
　・犯罪収益の隠匿、仮装、除去―327条
　・他人が又は他人のために、犯罪により得た財産を獲得し、保持し、使用し、若しくは統制する仕組みに関わること―328条
　・犯罪により得た財産の獲得、使用及び所持―329条
　・以下の3条件を充たす場合の、疑わしい取引についての不申告
　　a) 他の者がマネー・ローンダリングを行っていることを知っているか、疑っているか、又は、他人がマネー・ローンダリングを行っていることを知っているか又は疑っていると認めるに足りる合理的理由がある場合
　　b) 規制を受けているセクタでのビジネスの過程でその情報を得た場合
　　c) 疑わしい取引であることを知ったか疑ったかその合理的理由があるときに、その情報を警察官又は権限を有するものに直ちに通報しなかった場合

　警察官は、通報を受けた取引が疑わしいものではないとの満足の行く心証を得た場合には、その取引に同意を与えることができる。または、その取引を続けることに同意する場合でも、一定期間その取引を監視するとい

う条件付きで同意することもできる。だが、警察が同意を与えたくもなければ、その資産を凍結する用意もできていないという場合がある。この場合、銀行としては如何にすべきか。この争点に関して訴訟があり、その結果、改正がなされ、同意は7日以内になされなければならず、何も返答がなければ、同意が与えられたものとみなされる。警察官が同意を与えるのを拒否した場合には、その警察官には、31日間の猶予期間があり、この間に資産凍結命令を申請するか、その手続がとられなければ、同意が与えられたものとみなされる。

2) 通報漏洩罪（The Offence of Tipping Off）の新設

マネー・ローンダリングに関わる疑わしい取引の報告が警察又は権限のある者にされたことを知っているかそのことを疑っている者がその事実をマネー・ローンダリングに関わる者に漏らせば、捜査に支障が生ずることになる。

3) 資産凍結（保金）

同法は今までよりも厳しい資産凍結措置を導入した。

・捜査開始直後に利用できることとなった（以前は手続が開始後か開始されようとしているときでなければ利用できなかった。被告人が犯罪行為から利益を得たと信ずる合理的な理由がなければならない。）。

・（被告人だけでなく）具体的に示された者が財産を取り扱うのを禁ずることができる。

・裁判所は凍結・没収した資産の価値が下落しないようにするため、ビジネスのような財産の管理・運営を担当する管財人を任命することができる。

・凍結した資産からは、生活費の支出を認めることはできるが、弁護費用のための支出は認められないこと。以前は、弁護費用を支払うことができたため、凍結資産の大部分又は全部が弁護費用に消え、補償又

は没収する財産が何も残っていないという事態が生じた。

4) 資産の回復・没収 (ASSET RECOVERY)

多くの犯罪者は、資産の没収は、自己の地位を危うくするものだと考えている。

組織犯罪の資産の基礎を除去することが重要である。資産の基礎が剥奪されれば、犯罪組織のボスが有罪とされた場合、新たに主導権を握る者が利用する資産は残されていないことになる。

5) 犯罪収益の推定等

同法は、「犯罪者としてのライフスタイル」を送っていると認められる有罪とされた被告人に関して今までよりも遙かに厳しい没収制度を定めた。

- 過去6年間に被告人が入手した財産はすべて被告人の犯罪行為の収益であると推定される。
- この犯罪収益であるとの推定対象となる財産には、被告人が所有する無料で取得した財産、受けた贈り物、及び市場価値よりも安く譲渡された財産が含まれる。
- 犯罪収益と推定される全額が評価され、没収される。
- 被告人の支払が認められるのは通常12ヶ月までであり、利子は未払い額の合計額を基礎にその額が計算される。
- 被告人が利子全額の支払について和解に達することができなかった場合、残余の期間、利子を支払うことになるが、没収命令はその場合でも、妥当する。

II 非刑事の没収（CIVIL CONFISCATION）——犯罪者であることが判明している者を公判に付し有罪とすることなく、彼らに対して取り得る措置は何か

1．非刑事の没収

- 新たな非刑事の権利回復訴訟が創設され、「違法行為」によって得られた財産を回復することができることとなった。
- この訴訟の提起は犯罪で有罪とされたことは要件ではない。
- この訴訟での証明基準は民事の証明基準である。つまり、刑事の合理的な疑いを入れない程度の有罪立証ではなく、証明の優越程度の証明（balance of probabilities）である。
- 犯罪行為が外国でなされた場合でも、その行為がUKで犯罪とされるものであれば、この非刑事の訴訟の理由となる。
- 当局は犯罪により得た財産を追跡しその財産を回復することができる。例えば、一件の家について共有持ち分があるような場合である。
- 現金は、銀行為替手形、無記名社債、株式も没収できる。
- 没収するには、それが取戻し可能な財産であるか、違法行為に利用することが意図されていると信ずる合理的な根拠がなければならない。

2．新たな調査権限の導入

次のような調査権限が定められた。
- 提出命令
    裁判官は、文書提出を命じ、家屋への強制的立ち入りを認めることができる
- 開示命令。質問に答えるように命ずることができる。
- 顧客の情報に関する提出命令。口座の運用に関する情報を入手するように命ずることができる。

・口座監視命令。この命令は最長 90 日まで及ぶことができる。

これらの権限は没収資産の調査のために利用できるものであり、犯罪で有罪とされた後に、非刑事の回復・取り戻しの調査のために利用できる。

3．刑事・非刑事手続間の障壁

ヨーロッパ人権規約の効果として、これらの義務づけ権限を用いて入手した証拠は、マネー・ローンダリング、欺罔を含む不正行為（fraud）又は贈収賄（corruption）に関する通常の刑事手続では利用することができない。SFO が、1987 年刑事司法法（Criminal Justice Act 1987）により SFO に与えられている独自の第 2 条の権限を行使して、犯罪収益を、有罪判決前に捜査してきているのは、このためである。なぜならば、犯罪収益に関する通常の捜査は、主たる（犯罪）捜査の一部をなすからである。第 2 条の捜査を行えない場合には、「万里の長城」を作らなければならないことになる。つまり、利益の相反を避けるため、SFO の資産凍結及び没収部局により得た証拠を、欺罔を含む不正行為（fraud）又は贈収賄（corruption）に関する主要な事件を捜査しているチームに引渡さないようにしなければならない。

外国に捜査・司法共助を提供する場合には、同様の証拠の取り扱いに関する制限を受ける。

III 凍結・没収命令執行法──2002 年犯罪収益没収法による凍結・没収命令（外国からの資産凍結・没収の請求及び命令）の執行に関する 2005 年法（2006 年 1 月 1 日施行）[4]

1．SFO による共助

第 6 条によると、イングランド又はウェールズにある財産に関する犯罪捜査

---

4) The proceeds of Crime Act 2002 (External Requests and Orders) Order 2005.

と手続に関する外国からの請求について、国は、適切な訴追機関にその請求を付託することができるとされており、SFO には、専らこの請求を取り扱う部門がある。

2．凍結命令

第 8 条では、凍結命令も利用できる[5]。この命令は一方当事者が申請することができ、この命令が発せられることをその命令の対象者に告知する必要はない。伝聞証拠を提出することができるが、影響を受ける者は、その命令の変更又は取り消しを求めることができる。

3．有罪判決後の没収命令

有罪判決後の命令は、Crown Court（刑事法院）が発しなければならない。第 18 条。ただし、上訴が係属していないことと、その命令の執行が欧州人権条約に反さないことが条件となる。支払命令額は支払命令の告知が送達されたときに支払わなければならないが、Crown Court はその支払期限を 6 ヶ月延長することができ、例外的な場合には、12 ヶ月まで延長することができる。

4．対物 (in rem) 没収訴訟

没収に関する新たなアプローチの諸原理の一つは、対人 (in personum) 訴訟ではなく、対物訴訟 (in rem) である、ということであり、没収対象となる財産が犯罪者の占有又はコントロール下にあるか否かを問わず、犯罪により汚染

---

5) 公判前の資産凍結の事例を SFO は数件扱ってきている。
　現在の最大の事件の一つはイラン政府に関するものである。これはイラン国家航空会社に関する贈収賄と不正行為（corruption and fraud）に関係している。この事件では、イラン国家航空会社が、ブルネイのスルタンが以前に所有していたエアバスを 1 億 3500 万ドルで購入しようとしたことに関して起こった。1 億 2,000 万ドルがニコシアにある銀行に振り込まれたが、航空機は到着せず、支払われたと主張されている金銭は盗まれてしまった。

された財産を回復することに焦点を当てている。

犯罪により得た財産の追跡。つまり、第三者の手に渡った財産を追跡することであり、その財産が処分されるか第三者に渡された場合でも、第三者が、「その価値について、善意で、その財産が財産取戻し訴訟の対象となりうる財産であることについて告知を受けずに」入手した場合でなければ、追跡して、(取戻し訴訟をすることができる)。

5．外国による非刑事の取戻し命令の取扱い

143条では外国による非刑事の取戻し命令（回復命令）への効果の付与について定める。

この手続は、適用される法と事実及び捜査状況を示した司法共助請求書 (Letters of Request) の送付を受けて開始される手続である。

SFOは、請求国が同意する場合には、証人の供述書を準備して、その請求書に添付する。請求国が同意しない場合には、概略書を同意の下に準備する。そしてそれをCrown Courtに提出して命令を申請することになる。

Crown Courtは、請求国における手続が迅速になされるように求めるので、進捗状況を請求国は定期的に報告することが求められる。

日本法も犯罪収益に関してMLA (Mutual Legal Assistance 法的相互共助) を認めている。

SFOは未だ有罪判決後の没収事件を取り扱っていないが、その用意はできている。2006年1月以前の事件を扱うことができる。

6．費用の払戻し

SFOは、法執行、訴追に要した費用の払戻しの約束を求める。これには、資産の凍結・没収を争う異議申し立てに対処するために要した費用も含まれる。

7．資産の本国への返還 (Repatriation of assets)

これは、高官が国家の富を私的に横領し、その国家の再建にはその横領され

た資産が必要であるというような、開発途上国の場合に特に重要である。

2005年12月15日の、政府の腐敗の禁止に関する国連条約51条は押収資産の返還の重要性と捜査段階での資産凍結の重要性を強調している。

横領された基金の場合には被害者がいるが、贈収賄（corruption）の場合には誰が被害者なのか。

UKはUSA及びカナダと、没収した資産の半分を返還することに合意した。

ナイジェリアの事件では、贈収賄（corruption）の収益として没収された資産をナイジェリアに返還し、それを同国の経済のために使うというのであるが、この約束をどのようにして執行するのか。

赤十字とかUNの発展途上国援助機関などの国際機関にその基金を返還するという示唆もなされているが、いずれの機関もそれを引き受ける能力がない。ナイジェリアの事件では、スイスは基金を国際仲裁銀行に移し、そうすることで、住宅建設プロジェクトと教育にために必要であることを求めてナイジェリアが訴訟を提起することができるようにした。

UKの発展途上国を担当する部局（UK Department for In Development）に返還すべしと言う示唆もある。

贈収賄（corruption）の収益をどこに返還すべきかについては議論が多く、この分野は発展途上にある。政府が被害者である場合、政府が被害を修復しその返還された資産を適切に使えるか否かを考慮すべきなのか、政府は公衆の利益に適うようにその収益を利用することを公衆に保証すべきなのか、又はその他の条件に従うことを求めるべきであるのか。

相互性を保証するため、政府が没収資産を他国に返還すべきか否かを事件ごとに判断することを認める法律が日本でも2006年末に発行した[6]。

(2007年2月13日)

---

6) 組織的な犯罪の処罰及び犯罪収益の規制等に関する法律64条の2（要請国への執行財産等の譲与等）

5 UKにおける国際協力

Helen Garlich

訳・中野目 善則

I 迅速な国際共助と手続に異議を申し立てる容疑者の権利のバランスを如何にしてとるか

1．SFOと共助

SFOは重大な不正事件及び腐敗事件の捜査をする外国のjurisdiction（執行上・裁判上の権限）に助力を提供する強制的権限を行使する。昨年度は23ヶ国から40の共助要請を受理した。

これらの事件で我々が長きに亙って共助を提供してきている事件は、ベルルスコーニ首相の税に関する不正行為と収賄に関するイタリアのマジストレイト（裁判官）の捜査であり、この共助の結果、文科省大臣の夫であるDavis Mills（ディヴィス・ミルズ）に対する起訴がなされた。

如何にして共助を得るかについて日本語版がSFOのウェッブ・サイトから入手できる。

2．1990年刑事司法（国際共助）法（Criminal Justice (International Co-Operation) Act 1990）による共助と手続の遅延や挫折を狙う異議申立

同法第4条は、法的共助請求を受け取った場合、UKの国務長官は、(a) 請求国の法律によれば犯罪が犯されたと疑う合理的根拠があり、且つ、(b) 請求国において、手続が開始されたか捜査が進行中であることについて、満足の行

く心証を得なければならない。

　この条文は、富裕で自己の主張を通すことを固く誓っている詐欺師（fraudster）に手続を遅滞させ挫折させるいくつかの機会を与える。

3．迅速な共助の提供と秘密保持の必要性

　パキスタン当局と、ブット首相（PM Benazir Bhutto）[1]と彼女の夫との、長きに亘る闘争で、イギリスの裁判官は、共助の事件で証拠を集める過程は公判ではない、と述べた。スピードと秘密の保持が必須である。

　判事であるビンガム卿（Lord Bingham）は次のように述べている。

>　「捜査及び訴追の対象となる蓋然性のある容疑者の中には、力があり、裕福で、冷酷で、精巧な手法を用いる犯罪者もいる。……（共助協定MLA）の手続は公判ではないことは明らかである。そのようにして収集された証拠の使用は請求国の問題である。……UKが、外国から行動することを依頼された場合、申請者の立場にある者から彼に不利益な事件の詳細を明らかにするように尋ねられたとき、その国家の要望を尊重するのは全く適切なことであると思われる。」

4．共助における時効期間満了を狙った戦術

(1)　ブット事件

　パキスタン当局は依然としてブット及び彼女の夫をスイスの裁判所で追跡している。ブットは1988年から1990年までと1993年から1996年まで2度首相をつとめたが、1996年に腐敗を理由に大統領により解任された。パキスタン当局は最初1977年にスイスに共助を求めた。パキスタン当局は、ブットとザダリが、Bhutto and Zadari契約を認める見返りに多額のキック・バックを受け取り、その支払いがBVIとパナマ国籍の会社に振り込まれ、その2社は、

---

[1]　故ブット首相は、2007年パキスタンのラワルピンディにおいて選挙集会直後にテロの犠牲となった。

スイスから運用され、口座がそこに開設されていたと、の説得力のある証拠を有していた。この2社のスイス人の運用者の一人が、ブットとザダリのために行為していたという証拠を認めた。スイスはマネー・ロンダリングの訴追を行い成功して、次に、ブットとザダリを加重マネー・ロンダリングにより起訴（indict）した。今までのところ、その手続が時間切れとなることを確実なものとすることを狙った、情け容赦のない圧力と手続を停止させるための戦術が使われてきている。スイスには時効（除斥期間）に関する法律（statute of limitation）がある。UKではこうしたことは起こらないが、これは多くの法域でみられる特徴である。イタリアではベルルスコーニ首相がこの戦術を用い、収賄（腐敗）を理由とする彼に対する訴追で良好な効果を収めてきている。

(2) アバカ（Abacha）事件

アバカは、1998年に死亡する5年前に、400億米ドルを超える金銭を盗み、彼の家族と友人がそこから利益を得た。新政府はその金を追跡し、回復し、その盗犯の生き残りを訴追することを始めた。盗まれた金銭の多くは現金であった。UKでの犯罪行為の参加者が7億5,000万米ドルを現金で受け取ったことを認めた。この金はナイジェリアの銀行口座に振り込まれ、彼らが管理するヨーロッパの口座を通して洗浄された。

FGN（ナイジェリア政府）は2000年6月にSFOに法的助力を求め、独自にマネー・ロンダリングの捜査を開始したスイス当局も助力を求めた。異議申立者はロンドンで非常に多くの法的異議申立を行った。彼らの主張の特徴は、ザダリ事件でなされたのと同一のものであった。

彼らの主張は、FGNは、非刑事の主張について和解に持ち込むために、刑事の共助を使っているが、それは誤りであるというものであった。

彼らは、スイス当局が得た資料は、ナイジェリア人が担保物権に関する非刑事の訴訟で利用すると思料されるというものであった。

彼らの異議の中でも重要なのは、彼らは、FGNの提出した共助請求書を閲覧することが許されていないという点であった。

この主張を解決するのに 4 年を要した。

II 複数の jurisdiction（それぞれ裁判権・執行権を行使できる複数国）の法執行機関の共同捜査

ヨーロッパモデル。捜査共助に関するヨーロッパ条約（the European Convention on Mutual Legal Assistance）によれば、複数国が、共同捜査チーム（a Joint Investigation team (JIT)）を形成する取り決めをする場合がある。これは、複数の地域・領土にまたがり、一国の jurisdiction（裁判権・執行権）を越える犯罪の捜査をすることに、関係国全てが利害を有する場合である。複数国は、このチームの構成について合意し、活動を行う国の法律と実務について合意し、どこの国で犯罪を訴追するべきかを決する方法について合意する。

最も重要なのは、互いに、正式の共助請求書（Letters of Request）を送付しなくとも済むことであり、これにより時間を節約することができ、法的異議申立がなされる機会を避けることができる。

我々は他国と、その事件限りの取り決めをすることができる。

III 複数の jurisdiction での（裁判権・執行権を行使できる複数国間での）同時に行われる非刑事と刑事の訴訟の調整——ザンビアの経験

2001 年にザンビアの大統領であるムワナワサ（Mwanawasa）により腐敗に関するタスク・フォースが創設され、1991 年から 2001 年まで大統領であった、前大統領フレデリック・チルバ（Frederick Chiluba）に対する捜査が開始された。

SFO は共助のための捜査を行い、検察庁（the Crown Prosecuting Service）は、資産の凍結とその資産の本国への返還を扱った。数多くの文書提出命令が銀行に発せられた。UK のソリシタの法律事務所からの文書提出が命じられた。

2006 年 5 月にロンドンのソリシタに対し、令状が執行された。

同時にザンビアのアターニー・ジェネラルは20人の被告に対し、非刑事の訴訟を開始した。この被告には、チルバが含まれており、彼は、傷害及び金の受領と不正な助力の提供について知っていたことを理由とする擬制信託のコンスピラシー（共謀）で有罪答弁していた。アターニー・ジェネラルは彼に対し1996年から2002年の間に彼が横領した金銭を取り戻す民事訴訟を提起したのである。要約すれば、収賄を正当化するために偽装契約が使われ、ごまかしの支払が政府の資金からロンドン・バンクの銀行口座になされたとの主張がなされた。この金は、次に、一部は、二人のイギリス人ソリシタ、ミーア・ケア・デサイとケイヴ・マリク（Meer Care Desai and Cave Malik）とコー（Co）の管理する、ロンドン・バンクの口座を通して洗浄された。次の3名の共謀者がいる。

a) Zamptrop（ザンプトロップ）

ロンドンにあるザンビアの国立商業銀行に、ザンビアの情報機関（Intelligence Services）が口座を開設し、この口座に、財務長官から、2つのアメリカ合衆国の会社との契約で政府が負うことになった賠償責任を満足させるために必要な金であるとの偽装に基づき、総額で2,500万ドルが支払われた後、この金を被告人らが分かち合った。

b) MOFED（モフェット）

実際には存在しないサービスの対価として財務大臣により「コサルタント料」の支払がなされた。

c) BK Facility（BKファシリティ）

財務長官がブルガリア人と武器に関する契約のために3,400万ドルを、ベルギーとスイスの口座に支払い、その後に、この資金がイギリス人のソリシタらを通して洗浄された。

被告人には、前大統領職のディレクター長官であるゼイビア・チュング（Xavier Chungu, the former Director General of the Office of the President）と前駐米大使であったアタン・シャンソンガ（Atan Shansonga, the former Ambassador to the US）が含まれる。そのソリシタらを除き、彼らは全員がUK外にいた。

UKのHigh Court（高等法院）はUK外にいる被告人らについてjurisdiction（裁判権）があると想定した。その理由は、その損害を生ぜしめたその行為はUKで行われ、金がUKの銀行口座に支払われ、被告人ら各人がその金について指示を与え及び・又はその金を受領することに関わっており、その盗まれた金は現金で分配されたまたはUKで債務の支払に用いられたというところにある。相当に多くの証拠もUKにあった。さらに、その非刑事の事件を分割して、一つはUKでもう一つをザンビアで、二つの裁判を行うことに利点は全くなかった。

　4人の被告はザンビアで刑事手続の被告人となり保釈で釈放されたが、パスポートを当局に提出することという条件がついた。ザンビアでの公訴事実は、UKの非刑事の手続よりも狭い範囲のものであったが、同じ事実に基づいていた。刑事公判は連続して開かれず、2007年の3月までは終了しないと思われる。（そして有罪とされれば上訴の可能性がある。）

　被告人らは手続を停止させるように申し立てた。つまり、ザンビアの刑事手続が終了するまで、UKの手続を延期すべきであると主張した。その理由は次の点にあった。

　　1．Kの非刑事の訴訟で文書が開示されるとそれがザンビアの事件で使われることになるので、刑事公判の被告人に不利益を及ぼすことになり、これは不公正であること。非刑事の事件では証拠開示の範囲が刑事事件の場合よりも遙かに広いのでこのようなことが生ずる。
　　2．非刑事の事件で文書を提出し文書を開示すると、ザンビアの事件での自己負罪拒否の権利を害すること。
　　3．ロンドンでの非刑事の訴訟において防御するために、ザンビアの事件での防御を明らかにせざるを得なくなること。
　　4．ロンドンでの非刑事の事件で証拠を提出し反対尋問をすればザンビアの事件での防御を掘り崩すことになること。

　公判裁判官は、ザンビアを出国できない被告人に生ずる不公正さは、イギリスの裁判所が、一時的にザンビアに非公開でその職務を行うことによって対処

できるであろうと命じた。それ以外の方法として、ファックスによって又はe-mailで公判調書を送付するかUKの手続とビデオで結び、彼らの弁護士にそのように指示を与えることができる。

　ザンビアが保釈の条件を緩め、4人の被告人のパスポートを返還すると期待するのは合理的ではない。逃亡の危険があり、UKに旅行することが許されればそれを止める術はない。

　UKの手続は非公開で聴聞が行われ、被告人が提出した証拠はいずれもそれをザンビアでの被告人らに不利益な証拠として利用することは、彼らが同意するか又はUKの裁判所がそう命じない限りは、できないとの命令を発することができる。

　被告らは、ザンビアが裁判所の発する命令に従わない虞があると主張したが、裁判官はザンビアのアターニー・ジェネラル（司法長官）の行為が信頼できないとする主張を受け入れなかった。

　公正な裁判は、公判裁判官が示唆した条件で行うことができ、被告らは彼の裁判の間、在廷している必要はなく、「重要なポイントは、各当事者が自己に不利益な主張の内容を知り、それに完全且つ適切に答えることができることを知っていなければならないことである。」

Ⅳ　犯罪人引渡し（EXTRADITION）——国際的義務を果たし、他方で被告発者のこの手続に異議を申し立てる権利を尊重するにはどのようにすべきか。

　UKと他の国との犯罪人引渡しの歴史は、大部分19世紀に合意された二国間条約として始まり、「外交官の言語」で作られてきた。

　犯罪人引渡し法に関する判例法は、これらの条約を解釈する試みによって支配されてきたのであり、双罰性の要件を充足するか否か（dual criminality test）（つまり、逃亡犯罪人は、その者の犯罪が犯したとして告発されている犯罪がUKにおいても犯罪として認識されているものであること）、また、一応の証明があるといえ

るか否か（prima facie test）が検討されてきた。犯罪人引渡し法は非常に技術的であり、引渡しにいたるまでの道のりは長いものであった。逃れようと決意している逃亡犯罪人は上訴による多くの異議申立方法を使い尽くすまで何年も過ごすことができた。

犯罪人引渡しに関するヨーロッパ条約は署名国間の犯罪人引渡しを簡素化し、双罰性の要件の代わりに、最低限の刑の要件が導入され、一応の証明の要件に代えて、事実と法の単純な陳述で足りることとなった。

現在、ヨーロッパ逮捕令状があり、2002年から用いられており、この令状により、手続がより簡素化された。ヨーロッパ逮捕令状は、メンバー国の間での、逮捕令状と容疑者の返還は相互に承認され執行されるべきものとの合意により導入されたものである。現在でも異議申立の余地はまだあり、国によっては憲法上の理由で自国民を引き渡すことができないとする国もあるが、ヨーロッパ逮捕令状は「単一の司法制度」に向かう動向であるとみる者もいる。とりわけ、EUの拡大との関連で、最近EUに入ることになったかつてのソヴィエトのブロックの、ルーマニア、ブルガリア、EUのメンバーとなろうとしているトルコのような国々にも、ヨーロッパ逮捕令状はヨーロッパ逮捕令状を導入すべきかが論争の的となっているのである。

二国間条約についての交渉が進展すると同時に、新しい英国と米国の条約についてUKで熱い論争の的となった。UKは2003年にこの条約を批准し、一応の証明をすべきであるとの要件を不要とした。これは大部分9月11日テロへの反応のためである。だが、米国議会上院はこの条約を批准しなかった。米国は、犯罪に当たるとされる行為を示せば良いだけである。UKの裁判所は、UKでその行為が犯罪に当たるのか否かを審理し、犯罪人引渡しが人権に不釣り合いな干渉を及ぼすものでなければ、その容疑者は引き渡されることになる。

UKは、米国に犯罪人引渡しを要求するときに、「相当理由」の要件を充足しなければならない、つまり、引渡しの対象者がその犯罪を犯したと信ずる相当理由があることについて、米国を満足させなければならない。だが、訴追が

開始されるのに先立って、また、引渡し請求をなすにはそれに先だって、大陪審起訴が米国でなさていなければならず、このことは、大陪審が相当理由があることについて満足の行く心証を得なければないことを要件としていることを意味する。

　だが、UKの報道機関と公衆の多くの者は、この点は不当であると信じており、詐欺犯だとされるUK在住のホワイトカラーについて、その者が米国に戻されれば、米国での公判を受けることになるという窮状について広く報道され、その詐欺犯に同情が集まった。こうした者の中で代表的な者は、「エンロンの3人」と呼ばれた者である。この英国と米国の条約に対する不満は、この条約は、9月11日テロが起こり急いで実施されることになったものであり、不公正であり、攻撃的であり、英国のビジネスマンに一方的に不利であるとする点にあった。この点は、エンロンの3人のような事件では特に激しく論争がなされている。エンロンの3人の場合には、公訴事実の理由となった関連する犯罪行為はUK及びアメリカ合衆国の両方で起こったものであり、UKの中で訴追することも可能であったかもしれない。エンロンの3人は、SFOが捜査を考慮すべきことを求め、UKでの訴追を要求した。その要求が拒否されると、司法審査を求めた。彼らはこの争いに敗れ米国での裁判に付されることになった。

　エンロンの3人の主張を排斥し、米国の犯罪人引渡し要求を認めるに当たり、Court of AppealはロンドンのDistrict Judgeの判断を承認した。このDistrict Judgeが最初の命令を発し、次のように述べた。

　　「被告人の各人はUKの国民であり、イングランドに住みイングランドで働いており、損失を被ったのはUKの銀行であるという事実は重要ではない。各被告人らの行為が、個別的にみると、UKでの行為がその行為の95％であり、米国の行為は5％に過ぎないとしても、その事実は重要ではない。」と。

　より最近の事件では、UKの国民であるイアン・ノリス（Ian Norris）が米国への犯罪人引渡しに対して上訴したが、同様の理由で棄却された。彼の犯罪は

カルテル犯であり、全ての行為は米国外で行われたが、違法な価格協定は米国の顧客に影響を及ぼし、そのことが、米国の jurisdiction（裁判権・執行権）を認定する十分な根拠となるとされ、犯罪人引渡しの正当根拠とされた。その裁判所は次のように述べた。「これは、大部分、米国の事件である。米国政府がその jurisdiction（裁判権・執行権）を主張する根拠が小さなものであるに過ぎないか又は関連があるとしてもわずかなものでしかない、という主張をすることはできない。」と。

　だが、この事件及び類似の事件で重要な争点が提起されている。国際的規模の詐欺事件に関して法執行機関はどのようなメッセージを送りたいのか。関係国がそれぞれ jurisdiciton（裁判権・執行権）を主張する場合にその競合をどのように解決するのか。「自分に都合の良い裁判地の選択（forum shopping）」をどのようにして防ぐのか。家族の崩壊のような人権に関する考慮をどの程度考慮に入れるべきなのだろうか。かかる問いが残されている。

（2007 年 2 月 14 日）

執筆者紹介（肩書きは講演当時のもの）

編者
中野目 善則（なかのめ・よしのり）／中央大学法科大学院教授
　専門分野　刑事法
　　福島県出身
　　1953 年生まれ
　　1975 年中央大学法学部卒業
　　1979 年中央大学大学院法学研究科刑事法専攻修士課程修了
　　1983 年中央大学大学院法学研究科刑事法専攻博士後期課程中退。
　　中央大学法学部教授を経て 2004 年より現職
　　日本比較法研究所所員

執筆者（肩書・当時）
渥美 東洋　　中央大学名誉教授・京都産業大学法科大学院教授
朴　榮 珆　　韓国ソウル高等検察庁検事
金　學 根　　韓国法務部検事・法務研修院研究委員
魏　在 民　　韓国法務部検事
梁　炳 鍾　　韓国大検察庁科学捜査第 1 担当官検事
John Wagstaff 誤判審査委員会（The Innocence Commission）法律顧問
Helen Garlick 重大不正犯罪捜査局（Serious Fraud Office）検事

国際刑事法
　国境を越える犯罪への対処　　日本比較法研究所研究叢書（90）

2013 年 3 月 30 日　初版第 1 刷発行

　　　　編　者　中野目　善則
　　　　発行者　遠　山　曉
　　発行所　中央大学出版部
　　　　〒192-0393
　　　　東京都八王子市東中野 742-1
　　　　電話 042-674-2351　FAX 042-674-2354
　　　　http://www2.chuo-u.ac.jp/up/

© 2013　　ISBN978-4-8057-0589-6　　㈱千秋社

日本比較法研究所研究叢書

1	小島武司 著	法律扶助・弁護士保険の比較法的研究	A5判 2940円
2	藤本哲也 著	CRIME AND DELINQUENCY AMONG THE JAPANESE-AMERICANS	菊判 1680円
3	塚本重頼 著	アメリカ刑事法研究	A5判 2940円
4	小島武司・外間寛 編	オムブズマン制度の比較研究	A5判 3675円
5	田村五郎 著	非嫡出子に対する親権の研究	A5判 3360円
6	小島武司 編	各国法律扶助制度の比較研究	A5判 4725円
7	小島武司 著	仲裁・苦情処理の比較法的研究	A5判 3990円
8	塚本重頼 著	英米民事法の研究	A5判 5040円
9	桑田三郎 著	国際私法の諸相	A5判 5670円
10	山内惟介 編	Beiträge zum japanischen und ausländischen Bank- und Finanzrecht	菊判 3780円
11	木内宜彦・M・ルッター 編著	日独会社法の展開	A5判 (品切)
12	山内惟介 著	海事国際私法の研究	A5判 2940円
13	渥美東洋 編	米国刑事判例の動向 I	A5判 5145円
14	小島武司 編著	調停と法	A5判 (品切)
15	塚本重頼 著	裁判制度の国際比較	A5判 (品切)
16	渥美東洋 編	米国刑事判例の動向 II	A5判 5040円
17	日本比較法研究所 編	比較法の方法と今日的課題	A5判 3150円
18	小島武司 編	Perspectives on Civil Justice and ADR : Japan and the U. S. A	菊判 5250円
19	小島・清水・渥美・外間 編	フランスの裁判法制	A5判 (品切)
20	小杉末吉 著	ロシア革命と良心の自由	A5判 5145円
21	小島・清水・渥美・外間 編	アメリカの大司法システム(上)	A5判 3045円
22	小島・清水・渥美・外間 編	Système juridique français	菊判 4200円

日本比較法研究所研究叢書

23	小島・渥美 清水・外間 編	アメリカの大司法システム(下)	A5判 1890円
24	小島武司・韓相範編	韓 国 法 の 現 在 (上)	A5判 4620円
25	小島・渥美・川添 清水・外間 編	ヨーロッパ裁判制度の源流	A5判 2730円
26	塚本重頼著	労使関係法制の比較法的研究	A5判 2310円
27	小島武司・韓相範編	韓 国 法 の 現 在 (下)	A5判 5250円
28	渥美東洋編	米国刑事判例の動向Ⅲ	A5判 (品切)
29	藤本哲也著	Crime Problems in Japan	菊判 (品切)
30	小島・渥美 清水・外間 編	The Grand Design of America's Justice System	菊判 4725円
31	川村泰啓著	個人史としての民法学	A5判 5040円
32	白羽祐三著	民法起草者穂積陳重論	A5判 3465円
33	日本比較法研究所編	国際社会における法の普遍性と固有性	A5判 3360円
34	丸山秀平編著	ドイツ企業法判例の展開	A5判 2940円
35	白羽祐三著	プロパティと現代的契約自由	A5判 13650円
36	藤本哲也著	諸 外 国 の 刑 事 政 策	A5判 4200円
37	小島武司他編	Europe's Judicial Systems	菊判 (品切)
38	伊従寛著	独占禁止政策と独占禁止法	A5判 9450円
39	白羽祐三著	「日本法理研究会」の分析	A5判 5985円
40	伊従・山内・ヘイリー編	競争法の国際的調整と貿易問題	A5判 2940円
41	渥美・小島編	日韓における立法の新展開	A5判 4515円
42	渥美東洋編	組織・企業犯罪を考える	A5判 3990円
43	丸山秀平編著	続ドイツ企業法判例の展開	A5判 2415円
44	住吉博著	学生はいかにして法律家となるか	A5判 4410円

日本比較法研究所研究叢書

45	藤本哲也 著	刑事政策の諸問題	A5判 4620円
46	小島武司 編著	訴訟法における法族の再検討	A5判 7455円
47	桑田三郎 著	工業所有権法における国際的消耗論	A5判 5985円
48	多喜寛 著	国際私法の基本的課題	A5判 5460円
49	多喜寛 著	国際仲裁と国際取引法	A5判 6720円
50	眞田・松村 編著	イスラーム身分関係法	A5判 7875円
51	川添・小島 編	ドイツ法・ヨーロッパ法の展開と判例	A5判 1995円
52	西海・山野目 編	今日の家族をめぐる日仏の法的諸問題	A5判 2310円
53	加美和照 著	会社取締役法制度研究	A5判 7350円
54	植野妙実子 編著	21世紀の女性政策	A5判 (品切)
55	山内惟介 著	国際公序法の研究	A5判 4305円
56	山内惟介 著	国際私法・国際経済法論集	A5判 5670円
57	大内・西海 編	国連の紛争予防・解決機能	A5判 7350円
58	白羽祐三 著	日清・日露戦争と法律学	A5判 4200円
59	伊従・山内 ヘイリー・ネルソン	APEC諸国における競争政策と経済発展	A5判 4200円
60	工藤達朗 編	ドイツの憲法裁判	A5判 (品切)
61	白羽祐三 著	刑法学者牧野英一の民法論	A5判 2205円
62	小島武司 編	ADRの実際と理論 I	A5判 (品切)
63	大内・西海 編	United Nation's Contributions to the Prevention and Settlement of Conflicts	菊判 4725円
64	山内惟介 著	国際会社法研究 第一巻	A5判 5040円
65	小島武司 著	CIVIL PROCEDURE and ADR in JAPAN	菊判 (品切)
66	小堀憲助 著	「知的(発達)障害者」福祉思想とその潮流	A5判 3045円

日本比較法研究所研究叢書

67	藤本哲也 編著	諸外国の修復的司法	A5判 6300円
68	小島武司 編	ＡＤＲの実際と理論Ⅱ	A5判 5460円
69	吉田　豊 著	手付の研究	A5判 7875円
70	渥美東洋 編著	日韓比較刑事法シンポジウム	A5判 3780円
71	藤本哲也 著	犯罪学研究	A5判 4410円
72	多喜　寛 著	国家契約の法理論	A5判 3570円
73	石川・エーラース グロスフェルト・山内 編著	共演　ドイツ法と日本法	A5判 6825円
74	小島武司 編著	日本法制の改革：立法と実務の最前線	A5判 10500円
75	藤本哲也 著	性犯罪研究	A5判 3675円
76	奥田安弘 著	国際私法と隣接法分野の研究	A5判 7980円
77	只木　誠 著	刑事法学における現代的課題	A5判 2835円
78	藤本哲也 著	刑事政策研究	A5判 4620円
79	山内惟介 著	比較法研究第一巻	A5判 4200円
80	多喜　寛 編著	国際私法・国際取引法の諸問題	A5判 2310円
81	日本比較法研究所編	Future of Comparative Study in Law	菊判 11760円
82	植野妙実子 編著	フランス憲法と統治構造	A5判 4200円
83	山内惟介 著	Japanisches Recht im Vergleich	菊判 7035円
84	渥美東洋 編	米国刑事判例の動向Ⅳ	A5判 9450円
85	多喜　寛 著	慣習法と法的確信	A5判 2940円
86	長尾一紘 著	基本権解釈と利益衡量の法理	A5判 2625円
87	植野妙実子 編著	法・制度・権利の今日的変容	A5判 6195円
88	畑尻　剛 工藤達朗 編	ドイツの憲法裁判第二版	A5判 予価8400円

日本比較法研究所研究叢書

89 大村雅彦 著　比 較 民 事 司 法 研 究　A5判 3990円

＊価格は消費税5％を含みます.